Direito em Debate

Direito em Debate

VOLUME 3

2022

Maria Helena Diniz
Coordenadora

ALMEDINA

DIREITO EM DEBATE
VOLUME 3

COORDENADORA: Maria Helena Diniz

DIRETOR ALMEDINA BRASIL: Rodrigo Mentz
EDITORA JURÍDICA: Manuella Santos de Castro
EDITOR DE DESENVOLVIMENTO: Aurélio Cesar Nogueira
ASSISTENTES EDITORIAIS: Isabela Leite e Larissa Nogueira
ESTAGIÁRIA DE PRODUÇÃO: Laura Roberti

DIAGRAMAÇÃO: Almedina
DESIGN DE CAPA: Roberta Bassanetto

ISBN: 9786556275574
Julho, 2022

Dados Internacionais de Catalogação na Publicação (CIP)
(Câmara Brasileira do Livro, SP, Brasil)

Direito em debate : volume 3 / Maria Helena
Diniz, coordenadora. -- São Paulo : Almedina,
2022.
Vários autores.

Bibliografia.
ISBN 978-65-5627-557-4

1. Direito 2. Direito - Brasil I. Diniz, Maria
Helena.

22-107968 CDU-34

Índices para catálogo sistemático:
1. Direito 34
Eliete Marques da Silva - Bibliotecária - CRB-8/9380

Este livro segue as regras do novo Acordo Ortográfico da Língua Portuguesa (1990).

EDITORA: Almedina Brasil
Rua José Maria Lisboa, 860, Conj.131 e 132, Jardim Paulista | 01423-001 São Paulo | Brasil
www.almedina.com.br

SOBRE A COORDENADORA

Detentora de inúmeros prêmios desde os tempos de seu bacharelado na PUC-SP, **Maria Helena Diniz** ostenta brilhante carreira acadêmica, com cursos de especialização em Filosofia do Direito, Teoria Geral do Direito, Direito Administrativo, Tributário e Municipal. Fez o Mestrado na Faculdade de Direito da USP e o Doutorado na PUC-SP, tendo nesta última obtido os graus de Mestre, Doutora, Livre-Docente e Titular, por concurso de provas e títulos.

A autora é Professora Titular de Direito Civil na PUC-SP, onde leciona essa matéria nos cursos de graduação e pós-graduação. É também coordenadora do Núcleo de Pesquisa em Direito da PUC-SP. Leciona ainda Direito Civil Comparado, Filosofia do Direito e Teoria Geral do Direito nos cursos de pós-graduação (mestrado e doutorado) em Direito da PUC-SP.

Parecerista e autora de mais de trinta títulos que se tornaram referência na área jurídica, a autora também traduziu consagradas obras do direito italiano, e escreveu mais de cem artigos em importantes revistas jurídicas nacionais e internacionais.

É membro da Academia Paulista de Direito (Cadeira 62 – patrono Oswaldo Aranha Bandeira de Mello), da Academia Notarial Brasileira (Cadeira 16 – patrono Francisco Cavalcanti Pontes de Miranda) e do Instituto de Direito Comparado Luso-brasileiro. Presidente do Instituto Internacional de Direito – IID, com sede em São Paulo.

É incontestável a importância do trabalho desta autora, sem dúvida uma das maiores civilistas de todos os tempos.

A editora

SOBRE OS AUTORES

Antonio Carlos Muniz

Professor aposentado da PUC-SP. Advogado.

Arturo Oropeza García

Doctor en Derecho e Investigador del Instituto de Investigaciones Jurídicas de la Universidad Nacional Autónoma de México. Arbitro No-Nacional por parte de Brasil dentro del Mecanismo de Solución de Controversias del MERCOSUR.

Claudia Cristina dos Santos Abrosio

Mestre em Direito Constitucional e Processual Tributário pela PUC-SP. Especialista em Direito Tributário pelo Instituto Brasileiro de Estudos Tributários – IBET. Advogada.

Fernando Gustavo Knoerr

Pós-Doutor em Direitos Humanos pelo *Ius Gentium Conimbrigae* da Faculdade de Direito da Universidade de Coimbra. Doutor e Mestre em Direito pela Universidade Federal do Paraná. Professor do Programa de Mestrado e Doutorado em Direito do Centro Universitário Curitiba. Membro do Conselho Recursal da Diretoria de Relações Internacionais da Coordenação de Aperfeiçoamento de Pessoal de Nível Superior – CAPES. Professor Benemérito da Faculdade de Direito UNIFOZ e Patrono Acadêmico do Instituto Brasileiro de Direito Político. Advogado.

Flávio Tartuce

Pós-Doutorando e Doutor em Direito Civil pela USP. Mestre em Direito Civil Comparado pela PUC-SP. Professor Titular permanente e coordenador do mestrado da Escola Paulista de Direito. Professor e coordenador dos cursos de pós-graduação *lato sensu* em Direito Privado da EPD. Professor do G7 Jurídico. Presidente Nacional do Instituto Brasileiro de Direito Contratual – IBDCONT. Presidente do Instituto Brasileiro de Direito de Família em São Paulo – IBDFAM/SP. Advogado, parecerista e consultor jurídico.

Gabriel Oliveira Brito

Mestre em Direito pela FMU. Especialista em Direito Civil pela PUC-MG. Bacharel em Direito pela FMU. Advogado.

Georg Freund

Professor Titular da cátedra de direito penal, direito processual penal e filosofia jurídica na Universidade Philipps de Marburg – Alemanha.

Gonzalo Levi Obregón Salinas

Licenciado en Derecho por UVM, Lago de Guadalupe. Estudios en la Especialidad en Derecho Tributario de la Escuela Libre de Derecho. Maestro en Derecho por la UNAM-Fes Acatlán. Doctor en Derecho UNAM-Fes Actatlán. Profesor Posgrado en Derecho UNAM-Fes Acatlán. Artículista y autor de la editorial Dofiscal-Thomson Reuters – México.

Ivo Waisberg

Livre Docente, Doutor e Mestre em Direito pela PUC-SP. LLM em Direito da Regulação pela New York University School of Law. Professor de Direito Comercial da PUC-SP. Advogado.

Jorge José Lawand

Doutor e Mestre em Direito Civil Comparado pela PUC-SP. Analista Judiciário do Tribunal Regional Eleitoral de São Paulo.

Julcira Maria de Mello Vianna Lisboa

Doutora, Mestre e Especialista em Direito Tributário pela PUC-SP. Professora da PUC-SP. Diretora Adjunta da Faculdade de Direito da PUC-SP. Juíza Suplente do TIT – Tribunal de Impostos e Taxas do Estado de São Paulo. Advogada.

Magali Hiromi Takashi

Enfermeira. Doutora em Ciências pela Universidade de São Paulo.

Mariana Ribeiro Santiago

Pós-doutora em Direito pela *Justus-Liebig-Universität Giessen*. Doutora e Mestre em Direito pela PUC-SP. Bacharel em Direito pela Universidade Federal da Bahia. Professora do Programa de Mestrado e Doutorado em Direito da Universidade de Marília. Editora-chefe da Revista *Argumentum*. Advogada.

Milton Flávio de A. C. Lautenschläger

Doutor, Mestre e Bacharel em Direito pela PUC-SP. Diretor Administrativo do Instituto dos Advogados de São Paulo – IASP (2016-2018). Advogado.

Mónica Jardim

Professora-doutora da Faculdade de Direito da Universidade de Coimbra. Presidente do Centro de Estudos Notariais e Registais.

Nathaly Campitelli Roque

Pós-Doutora pela Universidade de Lisboa e pela Universidade de Coimbra. Doutra e Mestre em Direito pela PUC-SP. Professora da Faculdade de Direito da PUC-SP. Procuradora do Município de São Paulo.

Nestor Duarte

Professor Titular da Faculdade de Direito da Universidade de São Paulo.

Odete Novais Carneiro Queiroz

Doutora e Mestre em Direito pela PUC-SP. Professora da Faculdade de Direito da PUC-SP. Advogada.

Rafael Chagas Mancebo

Doutor em Filosofia do Direito pela PUC-SP. Professor da FGV-RJ. Advogado.

Roberto Bolonhini Junior

Doutor e Mestre em Direito pela PUC-SP. Professor da Universidade São Judas. Advogado.

Rodrigo dos Santos Igrejas Filgueiras

Bacharel em Direito pela USP.

Rogério Donnini

Livre-docente, Doutor e Mestre em Direito pela PUC-SP. Professor do Programa de Mestrado e Doutorado da PUC-SP. Professor da *Facoltà di Giurisprudenza della Università degli Studi della Campania "Luigi Vanvitelli"* – Itália. Professor da Escola Paulista da Magistratura. Titular da Cadeira n. 73 da Academia Paulista de Direito. Advogado e parecerista.

Sara Tainá Soliani

Bacharel em Direito pela USP. Advogada.

Viviane Coêlho de Séllos Knoerr

Pós-Doutora em Direitos Humanos pelo *Ius Gentium Conimbrigae* da Faculdade de Direito da Universidade de Coimbra. Doutora e Mestre em Direito pela PUC-SP. Bacharel em Direito pela Universidade Federal do Espírito Santo. Professora e Coordenadora do Programa de Mestrado e Doutorado em Direito Empresarial e Cidadania do Centro Universitário Curitiba. Membro do Centro de Letras do Paraná e do Instituto dos Advogados do Paraná. Advogada.

William Jesús Oblitas Villalobos

Master en Derecho Constitucional y Especialista en Interpretación Constitucional por la Universidad Castilla La Mancha, Toledo – España. Maestro en Derecho Constitucional por la Universidad Federico Villarreal – Perú. Catedrático Universitario de Derecho Constitucional. Promotor Legal en Derechos Humanos por el Ministerio de Justicia y Derechos Humanos de Perú (PRONELIS). Ponente internacional y nacional sobre Derecho Constitucional – Perú.

Wilson José Gonçalves

Pós-Doutor em Teoria Geral das Obrigaçõe pela UMSA-AR. Doutor em Direito Civil Comparado pela PUC-SP. Mestre em Filosofia do Direito e do Estado pela PUC-SP. Professor Titular da UFMS.

APRESENTAÇÃO

Há mais de vinte anos abracei uma carreira duplamente jurídica e editorial, e nessa jornada como profissional do livro aprendi preciosas lições. Uma das mais relevantes, sem dúvida, foi que ser convidado para escrever a apresentação de uma obra é uma das maiores honras que alguém pode receber.

Pois bem. Entre pesquisas para o doutorado e a elaboração de pareceres editoriais, fui surpreendida com um convite da consagrada jurista Maria Helena Diniz para escrever a apresentação de uma nova série, coordenada por ela. Na hora pensei "como vou introduzir um livro de uma autora tão profícua, que publicou mais títulos do que, tristemente, muitas pessoas já leram?". Mas, como sempre gostei de desafios, eis aqui o resultado.

Sempre tive pra mim que transferir pensamentos para o mundo concreto é uma arte, e isso pode se dar por diversas formas, inclusive por meio das palavras faladas e das palavras escritas. Penso que escrever é a maneira mais generosa, significativa e corajosa de perpetuar ideias, e, claro, de se expor a críticas. É atitude reservada aos que não temem o bom combate. E esse é justamente o caso da coordenadora desta inovadora coleção.

Nesta era em que "mudança" tornou-se palavra de ordem, o Direito tem sido chamado para apresentar soluções rápidas e, por vezes, milagrosas. Em congruência com esse cenário, a série *Direito em Debate* convida o leitor a refletir sobre temas atuais por meio de estudos consistentes, plurais e dinâmicos, que percorrem temas relevantes e interdisciplinares, lançando mão de explanações lúcidas e consistentes. Como resultado, os artigos aqui apresentados conduzem o estudioso à construção do arcabouço da doutrina exposta, bem como o incentiva a navegar pela estrada, por vezes tortuosa, de alternativas práticas.

Em seu compromisso com a difusão do conhecimento, a editora Almedina, conhecida e respeitada casa portuguesa de publicações jurídicas, que agora também expande suas fronteiras além-mar, nos brinda com essa primorosa coleção, que se destina para estudiosos e docentes da área jurídica, além de advogados especializados e pesquisadores de áreas fronteiriças com o Direito, interessados no desenvolvimento do pensamento jurídico reflexivo.

Para fechar essa breve nota gostaria de deixar registrado meu orgulho e minha satisfação pessoal por contar com a amizade da querida autora. Esta série reflete mais um resultado decorrente de suas qualidades como estudiosa do Direito, e o convite para escrever esta apresentação é uma demonstração da generosidade infindável com que abraça seus alunos.

São Paulo, março de 2022.

Manuella Santos de Castro
Editora Jurídica e Advogada.
Doutora em Direito Civil pela USP.
Mestre em Direito Civil Comparado pela PUC-SP.
Bacharel em Direito pela PUC-SP.
Cursa Faculdade de História na USP.
Professora convidada de cursos de pós-graduação *lato sensu* em Direito.

SUMÁRIO

A DIGNIDADE HUMANA: UMA VISÃO TRANSCENDENTAL, METAFÍSICA E ECLESIÁSTICA

ANTONIO CARLOS MUNIZ

"A dignidade pessoal é o bem mais precioso que o homem tem graças ao qual ele transcende em valor todo o mundo material" e "A dignidade pessoal é propriedade indestrutível de cada ser humano"[1].

1. UMA VISÃO TRANSCENDENTAL E METAFÍSICA

"In" Gênesis[2], Deus disse: "Façamos o homem à nossa imagem, como nossa semelhança. Deus criou o homem à sua imagem, à imagem de Deus ele o criou, homem e mulher os criou", que, no Comentário de Santo Agostinho, "É para insinuar, por assim dizer, a pluralidade das pessoas, considerando o Pai e o Filho e o Espírito Santo"[3] e que, "Por isso, o Apóstolo diz: 'Renovai-vos no espírito de vossa mente, e revesti-vos do homem novo[4] que se renova no conhecimento de Deus, segundo a imagem daquele que o criou[5]', mostrando sobejamente que o homem foi criado à imagem de

[1] Direitos do Homem de João XXIII a João Paulo II – Princípia Publicações Universitárias e Científicas, Cascais, Portugal.

[2] Gênesis 1, 26-27

[3] COMENTÁRIO AO GÊNESIS, Paulus, página 107, Capítulo XIX, nº 29

[4] Ef 4,23-24

[5] CL 3,10

Deus, porque não foi nas linhas corporais, mas em certa forma inteligível da mente iluminada"[6], a culminar na sua insuflação para se tornar "uma alma viva", como se lê do Gênesis, "Deus insuflou no rosto do homem um hálito de vida, e o homem se tornou uma alma viva"[7].

É a Suprema manifestação de Deus em conferir ao homem dimensão divina, assemelhando-o à sua imagem ("Façamos o homem a nossa imagem como nossa semelhança"), concreção de sua dignidade e que vem de ser "uma dádiva ou um dom conferido ao ser humano pela divindade ou pela própria natureza"[8] , recebendo de Tomás de Aquino a consecução de que "Assim como o bem criado é uma certa semelhança e participação do Bem Incriado, assim também é a consecução de um bem criado é uma certa semelhança e participação da bem-aventurança final"[9] e pontificou que "Pessoa é o que de mais perfeito existe em toda a natureza"[10], a receber de Augusto A. Mezzomo o comentário de que "Esse conceito por certo lhe confere o máximo de dignidade possível"[11], posto que "O homem foi, é e continuará sendo uma maravilha sempre mais admirável e um mistério indecifrável"[12], sendo que "O fundamento da dignidade no fundamento cristão parte da natureza, da origem e destino do homem"[13].

E o homem, como imagem e semelhança de Deus, em demonstração de sua origem e natureza é "ordenado para um fim de felicidade eterna que não é proporcional à sua faculdade natural"[14], posto que "É justamente

[6] COMENTÁRIO AO GÊNESIS, Paulus, página 108, Capítulo XX, nº 30

[7] GN 2,7

[8] Sarlet, Ingo Wolfgang, AS DIMENSÕES DA DIGNIDADE DA PESSOA HUMANA: CONSTRUINDO UMA COMPREENSÃO JURÍDICO-CONSTITUCIONAL NECESSÁRIA E POSSÍVEL, Revista Brasileira de Direito Constitucional – RBDC n. 09 – jan/jun. 2007

[9] Verdade e Conhecimento, Martins Fontes, Tradução e Notas de Luiz Jean Lauand e Mario Bruno Sproviero, p.71-72.

[10] Summa Teológica, 1, q. 29, a3

[11] DIGNIDADE E DIREITOS DA PESSOA HUMANA – PESQUISA DA VISÃO ANTROPOLÓGICA E TEOLÓGICA NO PENSAMENTO DOS SÁBIOS AO LONGO DA HISTÓRIA, Revista BIOETHIKOS – Centro Universitário São Camilo, 2011, página 196.

[12] DIGNIDADE E DIREITOS DA PESSOA HUMANA – PESQUISA DA VISÃO ANTROPOLÓGICA E TEOLÓGICA NO PENSAMENTO DOS SÁBIOS AO LONGO DA HISTÓRIA, Revista BIOETHIKOS – Centro Universitário São Camilo, 2011, página 194

[13] DIGNIDADE E DIREITOS DA PESSOA HUMANA – PESQUISA DA VISÃO ANTROPOLÓGICA E TEOLÓGICA NO PENSAMENTO DOS SÁBIOS AO LONGO DA HISTÓRIA, Revista BIOETHIKOS – Centro Universitário São Camilo, 2011, página 195

[14] Summa Teológica, 1ª parte da 2ª parte, questão 91, 4º artigo

em virtude de sua natureza racional que o homem é à imagem de Deus como os Anjos"[15]. Nessa trajetória "A verdadeira dignidade do homem não consiste na sua qualidade de microcosmo, mas ter sido criado à imagem e semelhança de Deus"[16], como repete o Livro da Sabedoria de Salomão, ao advertir que "Deus criou o homem para a incorruptibilidade e o fez imagem de sua própria natureza"[17].

Aristóteles, inspirador de Tomás de Aquino, registrou, exemplar e espetacularmente, essa transcendência e divindade da dignidade do homem ao defini-lo como "Um ser com alma e dotado de razão, capaz de conhecer e elevar-se ao eterno e divino"[18] e "Quando é plenamente homem transcende a si mesmo e penetra o modo de ser divino e desta forma se imortaliza"[19].

Nessa dimensão transcendental e teológica descobre-se "- que o homem é um projeto maravilhoso e inteligente, impossível de explicar; - que o homem é um valor absoluto, porém não subsistente por si e autônomo; - que é livre, mas deve ser responsável pelos seus atos para o bem da sociedade na qual vive; - que tem, em Deus, um criador, seu ponto Alfa e Ômega, seu princípio e seu fim, sua origem e seu destino; - que n'Ele e somente n'Ele encontra o sentido de sua vida e de todos os acontecimentos que acompanham a sua existência terrena, humana e social; - que o homem é destinado sobreviver e ultrapassar as categorias matéria, tempo e espaço" e que , assim, "Cada ser humano, mesmo dentro dos limites tempo matéria e espaço, que o tornam precário, finito e mortal, possui uma dignidade absoluta e irrenunciável, é sempre um fim e não um meio para ser desfrutado e comercializado como foi no passado e infelizmente ainda é no presente"[20].

Não é por outra razão que Deus imprimiu no coração da sua mais fantástica criação a Sua lei natural e que São Paulo a expressou com a sua singular percuciência, espiritualidade e profundidade, ao consagrar que "Quando então os gentios, não tendo Lei, fazem naturalmente o que é prescrito pela

[15] Summa Teológica, II, q. 93, a.3.

[16] Jean-Yves Lacoste in "DICIONÁRIO CRÍTICO DE TEOLOGIA", Paulinas e Edições Loyola, página 151

[17] SB 2, 23.

[18] De Anima, III, 4, 1-5

[19] Ética a Nicômaco, 10, 11.77, a 12

[20] DIGNIDADE E DIREITOS DA PESSOA HUMANA – PESQUISA DA VISÃO ANTROPOLÓGICA E TEOLÓGICA NO PENSAMENTO DOS SÁBIOS AO LONGO DA HISTÓRIA, Revista BIOETHIKOS – Centro Universitário São Camilo, 2011, página 195

Lei, eles, não tendo Lei, para si mesmos são Lei; eles mostram a obra da Lei gravada em seus corações, dando disto testemunho sua consciência e seus pensamentos que alternadamente se acusam ou defendem... no dia em que Deus – segundo o meu Evangelho – julgará, por Cristo Jesus, as ações ocultas dos homens"[21].

Tomás de Aquino, de forma transcendente e teológica, retratou que essa lei natural "é a participação da criatura racional na Lei eterna" e estabelece uma glosa sobre a epistola de São Paulo aos Romanos supra transcrita, ao explicitar que "Quando os gentios, que não têm lei, cumprem por natureza aquilo que a lei ordena, comenta da seguinte maneira: Embora eles não tenham lei escrita, ainda assim têm a lei natural, por meio da qual cada um sabe e tem consciência de que é bom e do que é mau"[22].

Acrescenta o Aquinate que "há no homem uma inclinação para o bem, de acordo com a natureza de sua razão, natureza essa que é própria dele; desse modo, o homem tem uma inclinação natural a saber a verdade sobre Deus, e a viver em sociedade; e, neste aspecto, tudo o que diz respeito a essa inclinação pertence à lei natural, por exemplo, afastar-se da ignorância, evitar ofender aqueles entre os quais a pessoa tem de viver, e outras coisas referentes à inclinação acima".[23]

Essa Lei está tão ínsita, arraigada e integrante indissociável da natureza do homem, expressão máxima de sua dignidade voltada à divindade e ao que prescreve e proíbe, que Cícero a proclamou, em texto célebre do "De República"[24], como forma de uma norma transcendente e que assume uma função axiomática, pontificando que "De acordo com a opinião dos mais sábios, a Lei não é uma invenção do espírito humano nem um decreto dos povos, mas algo eterno que governa o mundo inteiro, mostrando que é sensato prescrever ou proibir"[25].

[21] Romanos 2, 14-16

[22] Summa Teológica, primeira parte da segunda parte, questão 91, segundo artigo, Obj.3, página 54

[23] OS GRANDES FILÓSOFOS DO DIREITO, Clarence Morris, Martins Fontes, questão 94, segundo artigo, página 61

[24] OS FUNDAMENTOS DA ORDEM JURÍDICA, Simone Goyarde-Fabre, Martins Fontes, página 34

[25] De Republica, III, § 13: "Existe uma lei verdadeira, é a reta razão, conforme à natureza, disseminada em todos os seres, sempre de acordo consigo mesma, não sujeita a perecer, que nos chama imperiosamente a cumprir nossa função, nos proíbe a fraude e dela nos afasta. O homem honesto nunca é surdo a suas prescrições e interdições; elas são ineficazes para

Não é por outra razão que o Direito Romano está assentado em preceitos máximos de moralidade e que, apesar da crença dos Romanos nos deuses mitológicos, a expressão de sua dignidade, decorrente de sua natureza, retumbou em som estridente e fez ditar as célebres condutas universais brotadas da lei natural inserta no coração da humanidade: "*Honeste vivere, neminem laedere, suum cuique tribuere*".

Não é espantoso, dentro da dimensão transcendental dessa expressão da dignidade, que tais preceitos estão retratados no Evangelho de São Mateus, na célebre regra de ouro "Fazei aos outros tudo aquilo que quereis que os outros vos façam a vós"[26] em São Lucas "Como quereis que os outros vos façam,fazei também a eles"[27].

Immanuel Kant, através de seu imperativo categórico, refletiu essa regra de ouro, ao enunciar que "age de tal modo que a máxima da tua vontade (i.e., o princípio que a inspira e move) possa se transformar em uma lei universal[28], recebendo do hoje eminente Ministro do Supremo Tribunal Federal, Luiz Roberto Barroso[29], os preciosos e judiciosos comentários de que "Em lugar de apresentar um catálogo de virtudes específicas, uma lista do que fazer e do que não fazer, Kant concebeu uma fórmula, uma forma de determinar a ação ética"[30]. Note-se bem aqui, todavia, a singularidade

o perverso. Não se admite nenhuma emenda a essa lei, não é lícito ab-rogá-la nem em sua totalidade, nem em parte. Nem o Senado nem o povo podem nos dispensar de obedecer-lhe e não é necessário procurar um Sextus Aelius para explicá-la ou interpretá-la. Essa lei não é outra em Atenas, em Roma, outra hoje, outra amanhã, ela é uma só e mesma lei, eterna e imutável, que rege todas as nações em todos os tempos; para ensiná-la e prescrevê-la a todos há um deus único: cabe a ele a concepção, deliberação, colocação em vigor da lei. Quem não obedece a essa lei ignora a si mesmo e, por desconhecer a natureza humana, padecerá a maior punição, ainda que escape aos outros suplícios".

[26] MT 7,12

[27] Lucas 6,31

[28] Nas palavras literais do autor: "O imperativo categórico é portanto só um único, que é este: Age apenas segundo uma máxima tal que possas ao mesmo tempo querer que ela se torne lei universal". V. Immanuel Kant, Fundamentação da metafísica dos costumes, 2004, p. 59. A imagem aqui relevante é a de todo indivíduo como um "legislador universal", isto é, com capacidade de estabelecer, pelo uso da razão prática, a regra de conduta ética extensível a todas as pessoas.

[29] A DIGNIDADE DA PESSOA HUMANA NO DIREITO CONSTITUCIONAL CONTEMPORÂNEO: NATUREZA JURÍDICA, CONTEÙDOS MÍNIMOS E CRITÉRIOS DE APLICAÇÃO, páginas 17/18.

[30] V. Marilena Chauí, Convite à filosofia, 1999, p. 346: "O dever (em Kant) não é um catálogo de virtudes nem uma lista de ´faça isto´ e ´não faça aquilo´. O dever é uma forma que deve

da filosofia kantiana: a lei referida não é uma imposição externa (heterônoma), mas a que cada indivíduo dá a si mesmo. O indivíduo é compreendido como um ser moral, no qual o dever deve suplantar os instintos e os interesses. A moralidade, a conduta ética consiste em não se afastar do imperativo categórico, isto é, não praticar ações senão de acordo com uma máxima que possa desejar seja uma lei universal[31]. A dignidade, na visão kantiana, tem por fundamento a autonomia[32]. Em um mundo no qual todos pautem a sua conduta pelo imperativo categórico – no ""reino dos fins"", como escreveu –, tudo tem um preço ou uma dignidade. As coisas que têm preço podem ser substituídas por outras equivalentes. Mas quando uma coisa está acima de todo o preço, e não pode ser substituída por outra equivalente, ela tem dignidade[33] . Tal é a situação singular da pessoa humana. Portanto, as coisas têm preço, mas as pessoas têm dignidade. Como consectário desse raciocínio, é possível formular outra enunciação do imperativo categórico: toda pessoa, todo ser racional existe como um fim em si mesmo, e não como meio para o uso arbitrário pela vontade alheia[34]. O tratamento contemporâneo da dignidade da pessoa humana incorporou e refinou boa parte das ideias expostas acima que, condensadas em uma

valer para toda e qualquer ação moral". Há quem veja no imperativo categórico kantiano a versão laica da regra de outro, de fundo religioso: "Faz aos outros o que desejas que te façam". A regra de prata envolveria pequena inversão na atuação do sujeito: "Não faças aos outros o que não desejas que lhe seja feito". Já a regra de bronze, ou lei de talião, incapaz de romper o ciclo de violência quando ela se instaure, é: "Faz aos outros o que te fazem". Sobre o ponto, v. Maria Celina Bodin de Moraes, O conceito de dignidade humana: substrato axiológico e conteúdo normativo". In: Ingo Wolfgang Sarlet (org.), Constituição, direitos fundamentais e direito privado, 2003, p. 139.

[31] V. Immanuel Kant, Fundamentação da metafísica dos costumes, 2004, p. 67, 75-76

[32] V. Immanuel Kant, Fundamentação da metafísica dos costumes, 2004, p. 79.

[33] V. Immanuel Kant, Fundamentação da metafísica dos costumes, 2004, p. 77: "No reino dos fins tudo tem ou um preço ou uma dignidade. Quando uma coisa tem um preço, pode-se por em vez dela qualquer outra como equivalente; mas quando uma coisa está acima de todo o preço, e portanto não permite equivalente, então ela tem dignidade"

[34] Este princípio do indivíduo como fim em si mesmo "é a condição suprema que limita a liberdade das ações de cada homem". Na formulação mais analítica do autor: "Os seres cuja existência depende, não em verdade da nossa vontade, mas da natureza, têm contudo, se são seres irracionais, apenas um valor relativo como meios e por isso se chamam coisas, ao passo que os seres racionais se chamam pessoas, porque a sua natureza os distingue já como fins em si mesmos, quer dizer como algo que não pode ser empregado como simples meio e que, por conseguinte, limita nessa medida todo o arbítrio". V. Immanuel Kant, Fundamentação da metafísica dos costumes, 2004, p. 71 e 68

única proposição, podem ser assim enunciadas: a conduta ética consiste em agir inspirado por uma máxima que possa ser convertida em lei universal; todo homem é um fim em si mesmo, não devendo ser funcionalizado a projetos alheios; as pessoas humanas não têm preço nem podem ser substituídas, possuindo um valor absoluto, ao qual se dá o nome de dignidade."

Esse imperativo categórico de Kant é a expressão, num plano dimensional, da solidariedade e respeito para com o semelhante no seu agir com o próximo, lei universal de conduta. Está retratado por São Lucas na Parábola do Bom Samaritano (Lucas 10, 29-87), que socorreu um homem vitimado por ladrões, roubado em seus pertences e gravemente ferido, mas que havia sido abandonado e entregue à sua própria sorte por dois outros transeuntes que por ali passaram ao largo, totalmente indiferentes com o sofrimento alheio, ou seja, contra o agir do imperativo categórico de Kant "age de tal modo que a máxima da tua vontade (i.e., o princípio que a inspira e move) possa se transformar em uma lei universal".

E dentro dessa dimensão transcendental da dignidade da pessoa humana, a atingir sua expressão de entrega ao semelhante, a traduzir e retratar o profundo sentimento à criatura, a tocar o íntimo do mais insensível ser, a revelar a misericórdia divina sem par, está consignada no fantástico e comovente diálogo de Cristo com a samaritana, que, sedenta, lhe foi oferecida "Água Viva" para saciar a sua sede, que vem de ser o próprio Cristo, que, ao responder o questionamento dessa samaritana acerca de onde tiraria a "Água Viva", externou-lhe essa bela e magistral manifestação de solidariedade e entrega de Si mesmo para a felicidade eterna daquela mulher : "Aquele que bebe desta água terá sede novamente; mas quem beber da água que lhe darei, nunca mais terá sede. Pois a água que eu lhe der tornar-se-á nele uma fonte de água jorrando para a vida eterna"[35] .

[35] São João 4, 7-14 "Fatigado da caminhada, Jesus sentou-se junto à fonte. Era por volta da hora sexta. Uma mulher da Samaria chegou para tirar água. Jesus lhe disse : 'Dá-me de beber!' Seus discípulos tinham ido à cidade comprar alimento. Diz-lhe, então, a Samaritana: 'Como, sendo Judeu, tu me pedes de beber, a mim que sou Samaritana?' (Os judeus, com efeito, não se dão com Samaritanos). Jesus lhe respondeu: 'Se conhecesses o dom de Deus e quem é que te diz: Dá-me de beber, tu é que lhe pedirias e ele te daria água viva!'. Ela lhe disse: 'Senhor, nem sequer tens uma vasilha e o poço é profundo; de onde, pois, tira essa água viva? És, por ventura, maior que o nosso pai Jacó, que nos deu esse poço, do qual ele mesmo bebeu, assim como seus filhos e seus animais?' Jesus lhe respondeu "Aquele que bebe desta água terá sede novamente; mas quem beber da água que lhe darei, nunca mais terá sede. Pois a água que eu lhe der tornar-se-á nele uma fonte de água jorrando para a vida eterna". Disse-lhe a

Saibamos embeber essa "Água Viva" da fonte divina e vamos reparti-la para o nosso semelhante, para o nosso próximo, no escopo de minorar o seu sofrimento, não importa de que matiz, gradação ou espécie, no escopo de resgatar a sua dignidade humana, expressão máxima da Lei Natural gravada em nossos corações, sem o que o nosso agir jamais será lei universal e a insensibilidade, bem como a indiferença, ganharão dimensões continentais, a perenizar as agruras sociais num mundo tão desproporcional e tão desigual.

2. UMA VISÃO ECLESIÁSTICA

A dignidade humana, expressão máxima da lei natural e dádiva divina, está identificada e retratada em inúmeras Encíclicas e Postulados da Igreja Católica, cujos ensinamentos dizem por si, a retratar a preocupação constante com o bem estar do homem, criado à imagem e semelhança de Deus, na busca incessante de seu resgate num mundo que o escraviza, como 'in' "*Mater et Magistra*"[36], ao invocar Santo Agostinho: 'Foi para ti, Senhor, que nos fizeste; e o nosso coração está inquieto até que descanse em ti' e dele extrair que "Qualquer que seja o progresso técnico e econômico, não haverá no mundo justiça nem paz, enquanto os homens não tornarem a sentir a dignidade de criaturas e de filho de Deus, primeira e última razão de ser de toda a criação"; como '*in*' "*Pacem in Terris*"[37], ao registrar que "Numa convivência humana bem constituída e eficiente, é fundamental o princípio de que cada ser humano é pessoa; isto é, natureza dotada de inteligência e vontade livre. Por essa razão, possui em si mesmo direitos e deveres, que emanam direta e simultaneamente da sua própria natureza. Trata-se, por conseguinte, de direitos e deveres universais, invioláveis e inalienáveis. E se contemplarmos a dignidade da pessoa humana à luz das verdades reveladas, não podemos deixar de tê-la em estima incomparavelmente maior"; como 'in' "*Gaudium et Spes*"[38] ao deixar assentado que "Entretanto,

mulher: 'Senhor, dá-me dessa água, para que eu não tenha mais cede, nem tenha de vir mais aqui para tirá-la!'

36 DIREITOS DO HOMEM DE JOÃO XXIII A JOÃO PAULO II – Giorgio Filibeck, Princípia Publicações Universitárias e Científicas, página 9, Cascais, Portugal

37 DIREITOS DO HOMEM DE JOÃO XXIII A JOÃO PAULO II – Giorgio Filibeck, Princípia Publicações Universitárias e Científicas, páginas 100/101, Cascais, Portugal

38 DIREITOS DO HOMEM DE JOÃO XXIII A JOÃO PAULO II – Giorgio Filibeck, Princípia Publicações Universitárias e Científicas, página 102, Cascais, Portugal

aumenta a persuasão de que o gênero humano pode e deve não só fortalecer o seu domínio sobre as coisas criadas, mas, além disso, estabelecer uma ordem política, social e econômica, que sirva sempre mais o homem, e que permita a cada um, a cada grupo, afirmar a sua dignidade própria e desenvolvê-la. Assim, o mundo moderno aparece, ao mesmo tempo, poderoso e fraco, capaz do melhor e do pior, na sua frente rasga-se o caminho da liberdade ou da escravidão, do progresso ou da regressão, da fraternidade ou do ódio.

Por outro lado, o homem toma consciência de que depende dele a boa orientação das forças que pôs em movimento e que podem esmagá-lo ou servi-lo. Eis a razão por que se interroga a si mesmo", como '*in*' "*Christifideles Laici*"[39] , ao deixar assentado que "Em virtude da sua dignidade pessoal, o ser humano é sempre um valor em si e por si, e exige ser considerado e tratado como tal, e nunca ser tratado como um objeto que se usa, um instrumento, uma coisa"; como 'in' "Boletim de nº 50 da União dos Juristas Católicos Italianos (UJCI 1979)"[40], ao proclamar que "Se a comunidade humana está a atravessar uma crise profunda tão profunda que se compromete valores fundamentais sobre que, no passado, se procurou acuradamente construir uma convivência civil, isto deve-se a deslustrarem-se, nos costumes e na legislação, a dignidade da pessoa humana e as exigências irrenunciáveis que advêm logicamente, de tal dignidade"; e, '*in*' "II Encontro dos Políticos e Legisladores da Europa"[41] ao pontificar que "Como se verificou na antiguidade com Sófocles e Cícero, o filósofo contemporâneo Jacques Maritain recorda que 'o bem comum das pessoas humanas' consista na 'vida boa da multidão'" e que "o ponto de partida dessa filosofia é a pessoa humana, que 'tem uma dignidade absoluta,pois ela esta numa relação direta com o absoluto'".

CONCLUSÕES

A dignidade humana, expressão máxima da lei natural gravada no coração do homem, criado à imagem e semelhança de Deus, a dispensar a sua

[39] DIREITOS DO HOMEM DE JOÃO XXIII A JOÃO PAULO II – Giorgio Filibeck, Princípia Publicações Universitárias e Científicas, página 105, Cascais, Portugal

[40] DIREITOS DO HOMEM DE JOÃO XXIII A JOÃO PAULO II – Giorgio Filibeck, Princípia Publicações Universitárias e Científicas, página 110, Cascais, Portugal

[41] DIREITOS DO HOMEM DE JOÃO XXIII A JOÃO PAULO II – Giorgio Filibeck, Princípia Publicações Universitárias e Científicas, página 114, Cascais, Portugal

positivação nos ordenamentos jurídicos, presente, ademais, sua dimensão como princípio e sobredireito, tem sido proclamada, a exigir-lhe o seu respeito cogente, na Declaração Universal dos Direitos Humanos, no Pacto Internacional dos Direitos Civis e Políticos, no Pacto Internacional dos Direitos Econômicos, Sociais e Culturais, "bem como em documentos regionais relevantes, americanos (Convenção Americana sobre Direitos Humanos), europeus (Convenção Europeia sobre Direitos Humanos) e africanos (Carta Africana de Direitos Humanos e dos Povos)"[42], além de fazer parte integrante de Constituições de inúmeros países.

Nada obstante, a multiplicação desses postulados, ditando o respeito à dignidade humana e estabelecendo meios de sua proteção e salvaguarda, não têm e não terão a eficácia esperada se o homem não se conscientizar de sua transcendência e de que os seus valores e direitos inalienáveis não podem ser palco de pisoteio e destruição, independentemente de raça, cor, origem, posição social, sob pena de se instaurar, como já está presente no mundo, o descalabro, em claro desprezo pelo ser humano, criado, paradoxalmente, à imagem e semelhança de Deus, que chora diante de tanta atrocidade que permeia os povos desvalidos e entregues à sua própria sorte.

[42] A DIGNIDADE DA PESSOA HUMANA NO DIREITO CONSTITUCIONAL CONTEMPORÂNEO: NATUREZA JURÍDICA, CONTEÙDOS MÍNIMOS E CRITÉRIOS DE APLICAÇÃO, páginas 20 e 21.

ANCESTRALIDAD Y DERECHO: EL SISTEMA JURÍDICO EN LA INDIA

Arturo Oropeza García

INTRODUCCIÓN

El Derecho Indio, a pesar de sus antecedentes de cerca de 3500 años, como indican David y Spinosi, "...tal cual se presenta hoy en día, es difícil de ser catalogado. Por el contrario, está en plena evolución" (David & Spinosi-Jauffret, 2010, pág. 383). Como parte inherente a su amplio acervo cultural, el Derecho Indio se presenta diferente, ancestral y difuso a la primera mirada que intenta resumirlo bajo una óptica de cultura jurídica occidental. Como parte de un todo, responde en primer lugar a las fuentes religiosas védicas que desde antes de nuestra era le dieron su primera sistematización. De igual modo que refleja claramente las influencias normativas que a través de su historia le dejaron sus diversas invasiones, como la del imperio mogol en el siglo XVI; al propio tiempo que su cuerpo legal se ve desbordado en los siglos XIX y XX por la "certidumbre" de un derecho inglés que le fue impuesto en diferentes grados durante cerca de 350 años; influencias todas que al final derivan en la concepción de un Derecho Anglo-Indio.

Todo ello está lejos de ser tan sólo la referencia histórica del Derecho de la India. A diferencia de otras naciones, los antecedentes jurídicos del país asiático siguen siendo una parte importante tanto de su Derecho Positivo como de su Derecho Vigente; pero más aún, fundamentos sociales y religiosos que antecedieron a su derecho original, siguen formando parte de una cultura que explica a un país con más de 1200 millones de habitantes, donde los derechos personales (civiles) del 80% de la población, continúan respetando su derecho religioso hinduista; el 14% el derecho religioso musulmán, y el resto se complementa bajo el mismo criterio con los miembros de las religiones sijhs, budistas, jainistas, cristianos, etc.. De ahí la importancia de tener una visión integral del estamento jurídico de la India-BRIC del siglo XXI.

1. PERIODO HINDÚ (XVI A.C. A SIGLO XVI D.C.)

Dice S. S. Dhavan que la India tiene el Sistema Judicial más antiguo del mundo; incluso V. Rao apunta que "Sería una experiencia fascinante viajar a través del linaje de 6000 años del Sistema de Justicia de la India" (Rao, 2015). Más allá de la discusión sobre lo asertivo de las fechas, lo cierto es que la filosofía original que dio vida a la idea del "deber ser" hindú sigue teniendo una enorme influencia en la regulación de su vida jurídica-social, en la medida que su fundamento religioso continúa siendo parte fundamental del ser y actuar del pueblo indio.

> "A mediados del segundo milenio antes de nuestra era –comentan Lorenzen y Preciado- llegaron al noroeste de la India, en el territorio del actual Pakistán, varias tribus de pastores nómadas que se denominaban a sí mismos arios (arya). Llegaron a la India procedentes de Afganistán y el norte de Irán, pero se cree que muchos siglos antes sus antepasados habrían iniciado su largo peregrinar desde algún punto entre Asia Central y la Europa Oriental". "Al llegar los indoeuropeos a la India, ya traen consigo una religión formada cuyas características no es posible conocer plenamente. Es probable que fuera una religión donde se divinizaron las fuerzas y los fenómenos de la naturaleza. Traen consigo también algunos himnos religiosos que con el tiempo, llegarán a formar la base del corpus de literatura sagrada de los indoarios: el Veda" (Lorenzen & Preciado Solís, 2003, págs. 23-24).

La cuenca del río Indo continua siendo una fuente abierta al debate histórico, sobre todo para esa población hinduista que sigue enfrentando el cuestionamiento de su identidad nacional sobre la premisa de los fundamentos de su origen. En cuanto a estos prolegómenos, a pesar de los vestigios en Mehrogarh (6000 a.C.) o Harappa (2500-1700 a.C.), los hechos trascendentes de la cultura Hindú, como señalan Lorenzen, Preciado, Embree, Wilhelm, Spear, entre otros, comienzan aproximadamente en

1500 a.C. con la llegada de las culturas indoeuropeas que se asientan en el valle del Indo y se corren con el tiempo, cultural y geográficamente, hacia las partes septentrionales y sureñas del subcontinente indio. Lo anterior resulta relevante para el entendimiento de la cultura jurídica de la India, en la medida de que a partir de esta fecha comienza a codificarse el ser y el deber ser de lo que con el tiempo se ha venido entendiendo como "hindú", lo cual define a más del 80% del pueblo indio.

A partir de la llegada de esta importante migración cultural, empiezan a generarse las escrituras sagradas sobre las cuales se fincaría el andamiaje de la exuberante cultura hindú en todas sus vertientes. El Veda, como el corpus central de su pensamiento religioso, además de ser en sí mismo un monumento literario, es el punto de partida de toda una literatura sagrada que sigue siendo respetada por más de 1000 millones de indios que profesan la doctrina hindú.

Cuadro 1. El Veda

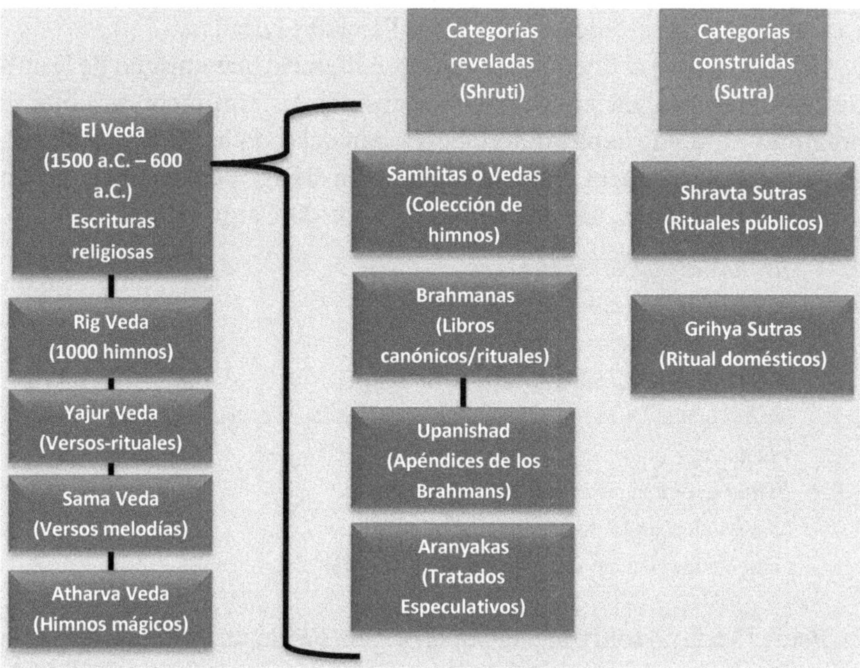

Elaboración propia con datos de Lorenzen, Preciado (2003), Pániker (2014)
(Su sistematización tiene únicamente un objetivo ilustrativo.)

Los libros que tienen un origen directo con el Veda, se consideran como "revelaciones divinas", de ahí su carácter sagrado y primigenio. Las siguientes categorías se estiman como libros preceptivos o construidos a la luz de los primeros. De los libros de los Vedas trasciende en importancia el Rig Veda, el cual está compuesto por más de 1000 himnos dedicados a sus dioses, a su forma de vida, orden social, etc. A partir de estas "sagradas escrituras", la construcción de la "escolástica hindú" siguió creciendo a través de las diferentes sociedades teocráticas-militares que se sucedían unas a otras, pero que tomaban como punto de partida de su origen, comportamiento, normativa, religiosidad, lo preceptuado por el Veda. La producción normativa que se fue escribiendo después de los Vedas es enorme y se construye durante el periodo que abarca del siglo V a. C. al XI d. C. (Pániker, 2014); periodo en el que destacan por su importancia, entre otros, los Dharma-sutras o Dharma-sastras, como textos explicativos de las escrituras védicas. De manera especial del siglo VI a. C. al VI d. C., aparecen las epopeyas como el Ramayana y el Mahabarata, del cual se desprende el famoso texto del Bhagavad-guita o Canción del Señor que tanto cautivó a Octavio Paz, o las crónicas mitológicas llamadas Puranas.

El Veda, que es el documento religioso literario más antiguo de la cultura indoeuropea, en su inicio es una cosmología argumentativa que se pregunta y trata de explicar desde el origen del todo hasta su posible fin, sobre el que sostiene un profundo debate. En el Rig Veda, por ejemplo, en una de sus secciones más reconocidas el sacerdote argumenta:

> *"No había nada, ni siquiera la nada,*
> *no había aire, ni, más allá, cielo.*
> *¿Qué cubría el cosmos, dónde estaba?*
> *¿Quién lo regía? ¿Había sólo agua y abismo?*
> *No había muerte ni inmortalidad, no se encendía ni apagaba la antorcha del día y la noche.*
> *El uno respiraba sin aire, se sostenía sin apoyo.*
> *Sólo había el uno y no había nadie"*
> (Rig Veda, Himno de la Creación (10:129))

Pero el Veda no sólo transita por el origen. Partiendo de él, se desborda por todo el ser y el quehacer humano y genera toda una filosofía de vida y de muerte que da orientación y sentido al ethos hindú; no sólo en el transcurso de su existencia física, sino yendo más allá, dibuja una dialéctica espiritual que sólo concluye con la perfección. De ahí ese entramado de vida-muerte-vida que define y explica al ser hindú como parte de una rueca sin fin que presenta siempre la posibilidad de mejora tanto espiritual como social.

Esta muerte sin fin, o su término sólo a través de la perfección y la pureza, no sólo es parte de una creencia espiritual destinada a practicarse en la intimidad o el templo, sino que en una proyección integral, este mismo pensamiento da origen y destino a una organización social bajo la cual la India ha edificado su quehacer diario en la política, la familia, la sociedad y la persona, los últimos 3500 años, bajo una constancia y diferenciación que no han registrado otros pueblos o civilizaciones y que hoy, después de tantos milenios, sigue siendo parte de una cotidianidad que la influencia occidental no ha cooptado. Para el Derecho Indio esta realidad social-religiosa es relevante, ante su vigencia en la conducta de la persona y la casta hindú.

El núcleo social de la India no es la familia. El origen y destino de la persona hindú lo fija la "casta", que es una organización sui generis que si bien parte de un concepto de organización adoptado por la mayoría de los pueblos antiguos, la India lo convierte en "mandamientos de vida" a través de los Vedas, los preceptos y los ritos, con una contundencia no registrada en ninguna otra cultura tanto por su práctica como su sostenimiento histórico. Muchas de las sociedades antiguas, por diferentes concepciones, compartían la idea de una organización estructurada en tres pilares que eran el teocrático, el político, militar y el comercio, lo cual fue compartido incluso por las sociedades mesoamericanas. La diferencia con India, es que desde su origen la "idea" de su organización social nace como parte de un concepto religioso, de una concepción de orden cósmico más allá de la orden de un rey o la exigencia de un Dios; como una pieza más de un engranaje que siempre ha existido y existirá; por lo que la pieza debe mantener su posición para no romper ese orden y sólo puede modificarlo bajo la lógica que establece ese mismo orden.

La casta (denominación adoptada por los portugueses en su entrada a la India en el siglo XVI) o célula original de la estructura hindú, se desprende de toda una filosofía de comportamiento y dominio que fue perfeccionándose con el tiempo a través de los diversos escritos sagrados. En el caso del Rig Veda, por ejemplo, en sus diferentes himnos se predibuja a la casta como una entidad derivada del origen del universo; como resultado de un sacrificio de un ser mágico de cuyo cuerpo desmembrado nacieron las cuatro clases de la sociedad. "Su boca era el brahmán. De los brazos el guerrero se hizo. Sus muslos el vaishya. De los pies el shudra nació". (Lorenzen & Preciado, pag. 44).

Desde esta visión antigua nace la vida social en India, la cual se fue perfeccionando con los demás libros sagrados, como el caso del Manu-Smriti, mejor conocido como las "Leyes de Manu", compuesto en el siglo I d. C., el cual explicaba que "para proteger la creación, el Resplandeciente asignó actividades distintas a cada uno de los que emanaron de la boca, brazos, muslos y pies". O el Visnu-Smriti, otro importante texto religioso, que describe la misión de cada clase social:

> "Los deberes son: para el brahmana enseñar (el Veda); para el Katriya, la práctica de las armas; para el Vaisya, el trabajo con el ganado; para el sudra, servir a los "dos-veces-nacidos". Para todos los "dos-veces-nacidos", sacrificar y estudiar (el Veda)" (Pániker, 2014, p 167).

Bajo esta filosofía o mandamiento central, la India se construyó bajo la hegemonía de los brahamanes como cabeza de la sociedad, al haber sido creados primero, por haber nacido por lo menos dos veces y tener un grado de pureza espiritual superior que las otras categorías. En segundo término aparecen los chatrias o katriyas, que son los que dominan la fuerza, el poder, la política, la administración. En tercer lugar se registra al vaisa o vaisya, al cual se le delegan los negocios, la producción, el comercio. Estas tres clases sostienen un nivel de privilegio bajo el fundamento de ser personas más puras por su ciclo de reencarnación. El cuarto nivel, o los pies, lo constituyen los sudras o shudras, que son los destinados a servir a las clases superiores por ser una vez nacidos o impuros. Existe un quinto estamento, una casta inferior a los sudras, compuesto de aquellas personas que son discriminadas por haber nacido en castas particulares y a los cuales se les conoce como "los intocables", a los que se les asignan las actividades más humillantes y excluyentes como el retiro de carroña, limpieza de letrinas, etc.; y a los cuales no se permite el acceso a templos, restaurantes, hoteles, asambleas municipales, escuelas, carreteras, pasos públicos; a los que por su condición de impureza no se les debe tocar. Esta última categoría, como las otras estratificaciones, está muy lejos de ser una página negra de la sociedad hindú. Su práctica en la vida social obligó a los constituyentes de 1950 a abolir a través del art. 17 constitucional la intocabilidad y su práctica en cualquiera de sus formas, pero como señala Pániker "tendrán que pasar décadas hasta que los prejuicios sobre el intocable desaparezcan"; presentando como evidencia que todavía en el terremoto de Gujarat en el 2001 y en el de Tamil Nadu de 2004, el gobierno tuvo que organizar en la reconstrucción de las ciudades residencias separadas para los intocables, lo cual nos da una idea clara de la vigencia de esta organización social en la vida política, económica y jurídica de la India-BRIC.

Lo relevante de los antecedentes históricos antes señalados, es su vigencia en el siglo XXI en el pensar y actuar indio en el terreno jurídico; sobre todo en lo que se refiere a los derechos personales o civiles, penales, políticos (derechos humanos) y sociales; de igual modo que la composición de castas en la que hoy se estructura la sociedad india, donde a la fecha existen un número aproximado de 5000 de ellas que se multiplican en millones, que si bien ya no responden a su concepción original por el transcurso del tiempo, todavía definen y orquestan el acontecer social del pueblo indio tanto con sus fortalezas culturales como con sus enormes debilidades en términos de adaptación a una sociedad moderna, unida, impulsada por un solo sentimiento de integración nacional. Si bien el sistema de castas es parte de la explicación de la milenaria sustentabilidad de la civilización india, actualmente es uno de sus principales obstáculos para lograr una sociedad más justa e igualitaria.

Como ya se indicó, la organización de castas no es sólo una organización social, es un orden de la creación y un reflejo del curso armonioso del universo (Pániker, 2014), determinado desde siempre y hasta hoy por el "varna" y por el "jati", donde el varna, que significa color, representa el equivalente a clase, dividiéndose en las cinco categorías ya vistas. Y el término jati vendría siendo la casta en sí misma, donde cada una vive su propio universo, maneja sus reglas, celebra a sus dioses, decide su dieta, desarrolla su actividad; donde el hindú que nace en ella tiene por obligación que crecer, casarse, desarrollarse y morir dentro de ella, sin que haya la oportunidad de romper este candado, salvo con la muerte; para ascender de clase, si uno cumplió con lo ordenado en la búsqueda de la perfección (sadhúe).

Hay un concepto central dentro de esta importante organización religiosa social que corresponde a la esfera del deber ser, que es el "Dharma", el cual es un concepto que forma parte de la escuela de vida que se desprende de los textos sagrados que tratan de normar en su integridad, lo que es correcto y lo que es incorrecto en la vida del ser humano, destacando dentro de esta escatología el propio dharma (dominio de la ley y la religión), artha (dominio de la política y el poder), kama (dominio del placer) y moksha (el dominio de la eternidad, beatitud, etc). Dharma, refieren Lorenzen y Preciado:

> "... se refiere al orden de la ley y de la justicia: tanto la ley civil como la ley penal y la religiosa, sobre todo esta última que tiende a incluir a las otras dos y todos los aspectos de la ética y la moralidad. Dharma abarca entonces todo lo que nosotros clasificamos bajo el orden jurídico, ético, moral, religioso y aún social. Los Dharma-Shustras o códigos del Dharma, compendios legales de la antigua India,, incluyen en su materia desde prescripciones sobre la higiene personal hasta la legislación de contratos de compra-venta. El Dharma abarca todos los aspectos de la vida humana, desde la procreación hasta la muerte del individuo, pasando por su nacimiento, crianza, educación, matrimonio y vida productiva. El orden social basado en el sistema de castas, está fundado sobre el Dharma; por tanto, cualquier perturbación al orden social es también un atentado contra el orden universal establecido" (Lorenzen & Preciado, pag. 92).

El Dharma es un concepto polifónico, complejo, que se aleja de la visión moderna occidental en la medida que si bien tiene una naturaleza normativa, su origen religioso, sagrado, sustentado en los santos libros del hinduismo, ligado a un orden y mecanismo universal, lo inhiben del deber ser occidental determinado en la mayoría de los casos por un imperativo coercitivo basado en una lógica normativa que cuida el interés de la persona y de la sociedad en un momento dado. Esta diferencia ha sido una de las principales razones de porque en la actualidad no existe en la India un Código Civil que sea común a los más de 1200 millones de indios y por el contrario, sean todavía vigentes los códigos personales de las variadas religiones, en especial los que corresponden a los grupos hinduistas y musulmanes. También sobre el Dharma subraya Pániker (2014):

> "El concepto central de la práctica "ortodoxa" o brahamánica del hinduismo, tanto a nivel personal como social, es dharma. La palabra puede traducirse por ley, deber, conducta apropiada, moralidad, religión, virtud, orden, enseñanza, etc. De hecho, es todas esas cosas a la vez. Porque si algo caracteriza al dharma es su condición polisémica". "Dharma como principio que

> ordena y sostiene el buen curso del universo. El mundo tal y como debería funcionar para conformarse a su verdadera naturaleza". "Dice Patrick Olivelle que el dharma remitía al orden social y a las leyes de la sociedad que el rey estaba obligado a hacer cumplir" -y concluye el mismo Pániker que- "Acabaría por ser una fuerza cósmica que se alza por encima del rey al convertirse en la ideología que mantiene unidas a todas las castas y comunidades en un todo. Porque es el dharma el que asigna a cada casta su lugar, la forma de relacionarse con los demás, su dependencia (o repulsa), etcétera. Ahí radica la fuerza del Dharma. Gracias a esta superestructura ideológica, el sistema de castas posee semejante cohesión interna y ha sido capaz de desarrollarse durante siglos" (Pániker, 2014, 175).

Esta es la fortaleza social y normativa de la India, la que la sostuvo durante los quince siglos de su bonanza económica en la era moderna; de igual modo que es la que la ha tenido postrada en una profunda miseria desde el siglo XVIII hasta la actualidad. En términos jurídicos, el dharma fue la barrera principal contra el culturalismo inglés que llegó a la India desde el siglo XVII y que a la fecha no ha logrado aplicar su Derecho Común de corte occidental en todo el territorio, a pesar de los importantes avances en cuanto a la homogeneización de la vida normativa del pueblo indio.

La religión y la cosmogonía que sustentan al sistema de castas, y el dharma o el orden normativo del pueblo hindú que todavía es respetado por millones de habitantes, representan al día de hoy un sistema vigente a través de la cual se explica la vida social, jurídica, cultural y política, de la mayoría de la población de la India. El dharma en su identidad polifónica también guarda diferentes naturalezas. Por un lado es un cuerpo jurídico escrito (dharma-sutras o códigos shustras del dharma) donde se previene todo tipo de conductas que van desde la enseñanza de los ritos; los sacrificios; las relaciones entre los hombres y mujeres; entre padres e hijos; maestros y alumnos; de los delitos penales y sus sanciones; de la herencia, de la propiedad y sus modalidades; de los deberes y estudios de cada clase; de las modalidades de las parejas y el matrimonio; hasta temas muy menores como la manera de lavarse la boca o la dirección a que debe mirarse al orinar; lo cual brinda una primera impresión de la rigidez que conlleva la normativa del dharma.

Sin embargo, ante el reconocimiento de su incapacidad para plasmar en uno o varios textos la interminable diversidad de miles de miles de castas y subcastas a las cuales les corresponde una cosmogonía particular de acuerdo a su "jati" o a su "varna", el dharma también se abre, después de la lectura védica, a la costumbre como otra fuente de creación de la norma. De este modo, la aplicación de la norma en materia de los derechos personales de los mil millones de hindúes gira alrededor de los dharma-sutras como norma aplicable, pero reconoce al mismo tiempo que la valoración de cada caso obedece a su naturaleza única e irrepetible, lo cual no acepta interpretaciones o antecedentes, lo que ha sido un choque y un obstáculo frente a la universalidad de la noma jurídica occidental en general y en especial respecto al *Common Law* inglés basado en un criterio de precedentes.

El dharma, la piedra filosofal de la cual parte la idea normativa del pueblo Hindú, ha sido un concepto de difícil apreciación para la normativa occidental. No obstante, su papel en el tiempo ha sido el de ser un derecho vigente total o parcial hasta el siglo XIX, donde el Código de Manú todavía tenía vigencia en los tribunales anglosajones; y a la fecha, como un derecho vigente a través de la amplia codificación de los Derechos Personales; al propio tiempo que como un Derecho Positivo en la medida que más allá de lo preceptuado por el cuerpo constitucional, como ya se vio con el ejemplo de los "intocables", la costumbre sigue imperando a pesar de lo ordenado por la ley.

Los Vedas, el varna, el jati y el dharma constituyen, entre otros, los diferentes andamios con los que se construye el concepto actual del hinduismo, a través del cual los partidos políticos hinduistas como el Bharatiya Janata Party (BJP) intentan edificar una identidad nacional común. En materia jurídica, a pesar que a partir de 1950 la India trabaja fuertemente en la sistematización de un sistema jurídico moderno, en materia de derechos personales (civiles), penales, políticos (derechos humanos), religiosos, entre otros, el corpus dharmico sigue determinando la cotidianidad de la mayoría del pueblo indio. La "lógica cósmica", la fuerza de las creencias religiosas, la costumbre, los intereses creados y las inercias, seguirán regulando el ser (castas) y el deber ser (Sva-dharma) hinduista, el cual continuará motivando a las castas inferiores a no romper el statu quo de su situación social y económica, a fin de conseguir a su muerte un ascenso a una casta superior y sólo así, a través de la pureza y el segundo nacimiento, acercarse a la santidad y a la mejora económica y social, en ese orden. Si cumplen con lo prescrito por la ley hace más de 3000 años, podrán aspirar a lo preceptuado por los Vedas (Upanishad), que dice que "quienes sean de conducta pura en este mundo tienen gran probabilidad de entrar en un vientre puro, el vientre de un brahamani...", mas quienes sean de conducta impura tendrán muchas probabilidades de entrar en "... el vientre de un perro, el vientre de un cerdo o el vientre de un descastado chandala". Al final, como señala Kinsley, "la doctrina del Karma-samsara explica y otorga coherencia racional a las desigualdades del sistema social hindú". (Pániker, 2014, 188-189).

2. PERIODO MOGOL (XVI D.C. A SIGLO XVIII D.C.)

La segunda etapa del Derecho Indio se caracteriza por la aparición del Derecho Musulmán en una buena parte del territorio y de la población hindú, como consecuencia de la conquista de la India a manos de los reyes mogoles, los cuales si bien registran antecedentes durante el primer milenio de la era moderna, es a partir de los triunfos del rey Babur en 1526, en la parte Noroeste del país, cuando la cultura mogola y el Derecho Musulmán adquieren su carta de naturalización, la cual se fue extendiendo bajo la hegemonía y conquista de los descendientes de Babur: con su hijo Humayun; su nieto Akbar (1556-1605), en cuyo reinado el imperio mogol y la India con él, adquirió su mayor dominio y magnificencia; declinando posteriormente su influencia con Jahagir, Shahjahan y Aurangzeb (1658-1707); para que a partir de este último rey iniciara una decadencia que se finiquitaría en 1858 ante la declaración inglesa del Virreinato de la India.

La influencia musulmana en la India (800 d.C. – 1858 d.C.) es de largo alcance, aunque su presencia directa, como ya se dijo, se despliega a principios del siglo XVI a mediados del siglo XIX, o sea que por más de 300 años imperó en los territorios mogoles un Derecho Musulmán que desde su inicio rivalizó con el Derecho Hindú. De manera violenta con Babur y Aurangzeb o de manera conciliatoria con Akbar, los mogoles intentaron durante su periodo imponer una normativa jurídica derivada de una religión diferente a la hindú, que en lo único que coincidían era en su naturaleza religiosa, pero que a partir de su propio origen se bifurcaban de manera irreconciliable como sucede hasta la fecha. Las diferencias de ambos derechos iniciaban desde sus orígenes; desde el monoteísmo islámico al politeísmo exuberante del hinduismo, donde los vedas registran tres milenios de antigüedad mientras el Corán, el libro sagrado de los musulmanes tenía como antecedente el siglo VII de nuestra era. De igual modo, a lo largo de esos milenios los vedas ya habían construido todo un sistema cósmico social con su marco jurídico, que operó como una capa repelente respecto a otras concepciones religioso-jurídicas que intentaron comprometerlo con otro ser y deber social que pasaba en primera instancia por lo religioso. Si bien la literatura jurídica musulmana preveía ya una sistematización en el Corán en temas de derechos personales, civiles, penales, de procedimientos jurídicos, "constitucionales", sobre economía y finanzas, internacionales, entre otros, a través de cientos de versículos del Corán y de la Sunnah o Hadiz (manera de ser y de comportarse del Profeta), su influencia en la India no pudo generalizarse durante el imperio mogol pero quedó como una práctica de una "minoría" que aún resuelve sus problemas familiares y personales (civiles), penales; bajo la tutela de las leyes musulmanas.

Las imposiciones violentas de la religión y el Derecho Musulmán de los reyes mogoles a través de su obligatoriedad, cobro de impuestos o destrucción de templos, no fue suficiente para la transformación cultural entre el pueblo dominante y el pueblo dominado. Tampoco lo fue la actitud madura y conciliadora de Akbar, que se distinguió por inaugurar una era de secularismo y respeto en términos de religión y Estado no sólo en la India sino en el mundo de su época.

Bajo una postura de conciliación y respeto que partía de la cancelación de los impuestos a los no musulmanes y la tolerancia de los diversos credos, Akbar dio prioridad a la razón sobre la prevalencia de dogmas o normas sostenidas únicamente por el tiempo y la tradición. "La búsqueda de la razón -decía Akbar- y el rechazo del tradicionalismo brillan con tanta luz propia que no es necesario apelar a argumento alguno. Si lo adecuado fuera el tradicionalismo, los profetas se habrían limitado a seguir a sus mayores (y no hubieran aparecido con nuevos mensajes)" (Sen, 2007, 344). Sobre esta preeminencia de la razón sobre el dogma, Akbar se opuso al matrimonio entre niños por una posibilidad inmediata de daño. De igual modo que se opuso a que la viuda, en Derecho Hindú, no pudiera volver a casarse por ser una penuria mayor. En cuanto a la división de los bienes apoyaba que en la religión musulmana la hija recibiera una parte mayor. Tampoco desdeño los rituales de ambas religiones y motivaba la práctica de la virtud "simplemente porque es buena" (Sen, 2007, 347).

La influencia del Derecho Musulmán en la India, a pesar de que el reino mogol fue uno de los intentos políticos militares más exitosos para unir al pueblo indio, nunca pudo avanzar de manera significativa en la población hindú. No obstante, dado su tiempo de permanencia y la fuerza de la cultura mogol, su vigencia y participación actual involucran a más de 170 millones de indios de ascendencia musulmana que practican y se rigen en su vida personal por el Derecho Musulmán, en especial por la escuela hanefita fundada por Abon Hanifa en el siglo VII d.C., y en menor medida por la escuela Chafeita inspirada por El Chafei en el siglo IX d.C.; que junto con las escuelas Malikí y Hambalí, dan cuerpo al sistema jurídico islámico.

3. PERIODO INGLÉS (SIGLO XVII A SIGLO XX)

La tercera etapa jurídica de la India corresponde al periodo en el que Inglaterra tuvo presencia dentro de su territorio, por eso es que en primer lugar se traslapa con la etapa del Imperio Mogol, porque ambos coincidieron en territorio indio desde la llegada inglesa en 1600, fecha en que se emitió el Decreto de Autorización de la Compañía Británica de las Indias Orientales (CBIO), hasta la declaración del Virreinato de la India en 1858, en la que Inglaterra toma el dominio político, militar y jurídico del país a costa de la hegemonía mogola, por lo que durante este periodo las dos influencias jurídicas y culturales convergen y compiten de diversos modos y en diferentes intensidades.

La presencia inglesa en la India, que se prolonga por 347 años (1600-1947), tiene la característica de ser segmentada de acuerdo al criterio del autor en turno, el cual a veces toma en cuenta la presencia de la Compañía de la Indias Orientales; las diferentes facultades económico-jurídicas que tuvo a lo largo de su estancia en el país; sus formas de gobierno; el momento en que Inglaterra toma política y militarmente el control total de la India, entre otros. Por eso no es extraño leer que la presencia inglesa en India se remonta a 100, 200 o 300 años, según el punto de vista aceptado. Para los efectos de este trabajo se toman los casi tres siglos y medio que median entre la Promulgación del Decreto de la Constitución de la CBIO (1600) y la Declaración de Independencia de la India (1947), porque desde el primer punto de referencia se parte de un acto jurídico que se prolonga en el tiempo, con una intención de hegemonía y dominio; lo mismo que se cierra con otro acto legal que fue el Acta de Independencia del 15 de agosto de 1947.

Inglaterra, junto con las potencias marítimas occidentales de los siglos XV al XIX, desde la llegada portuguesa de Vasco de Gama a la India en

1498, siempre tuvieron dentro de sus objetivos el dominio económico, político y militar de las diferentes naciones de Asia del Este, en especial de aquellas que desde siempre habían tenido noticias de su riqueza como India y China. Si bien Inglaterra no fue la primera hegemonía en llegar a la India, después de Portugal se convirtió en la segunda potencia en desembarcar con ánimo de dominio casi junto con Holanda. Después del Acta constitutiva que creo la CBIO, en 1601 salieron los primeros barcos ingleses para comerciar con el país asiático y ya en 1607 el emperador mogol Jehangir les autorizó una base comercial en la Cd. de Surat (Crespo, 2012), autorización que se formalizó en 1612 y fue el punto de partida para que el imperio inglés se fuera expandiendo hasta adueñarse de casi la totalidad de la India en el siglo XIX. A partir de estas victorias y logros, los actos jurídicos y la influencia del Derecho Inglés fueron impregnando la realidad jurídico-social del pueblo indio.

Como lo apunta Rao, en 1601 el otorgamiento a la CBIO de poderes para regular su negocio, fue la primera manifestación jurídica anglo-india. El edicto real del emperador Jehangir que autorizó la sede inglesa en Surat en 1612 fue la segunda; siguiendo después de éstas toda una orquestación legal por parte de los ingleses a fin de avanzar en su intento de normar su trato con el poder y la sociedad hindú a través del derecho inglés; escenificando una lucha entre las culturas anglosajona, hindú y musulmana que se fue decidiendo a favor de los ingleses, en la medida del avance de su situación de fuerza en el país, en contraposición a la decadencia del imperio mogol y la desarticulación de los diversos reinos de naturaleza hindú.

Al principio Inglaterra tuvo que aceptar que el Derecho Inglés sólo se aplicara en aquellas ciudades donde tenía un permiso para establecerse (Presidency Towns) como Bombay (Mumbai) Calcuta y Madras, y en aquellos casos en que el tema jurídico le correspondiera a actores ingleses o que por mutuo acuerdo se hubiera aceptado la competencia del Derecho Inglés, con la salvedad de que en el caso de existir derechos personales indios, estos estarían regulados en todo momento por lo preceptuado por la costumbre y las leyes indias, ya fueran hindúes, musulmanas u otras.

Esta modalidad, aunque fue una implementación limitada, se realizó a través de tribunales previamente establecidos y cubrió un periodo aproximado de 1612 a 1765, fecha en la que Inglaterra, después de haber vencido a Francia por la hegemonía India en la batalla de Plassey (1757) consiguió que el emperador Shah-Alam le otorgara una concesión para cobrar tributos y desplegar una administración civil en la mayor parte del imperio mogol a cambio de una renta anual, lo cual permitió un mayor crecimiento del poder inglés y del sistema legal anglosajón. Esta etapa de adaptación también tuvo otro cambio en su favor con la expedición del Reglamento de 1781, a través del cual se instalaron dos Tribunales Superiores de Apelación, uno en materia civil y otro en materia penal, lo cual definió en términos generales el ámbito de aplicación del Derecho Inglés hasta 1858; etapa que también se ve fortalecida en 1773 bajo la Ley de Regulación del Parlamento sobre la CBIO, que la desplaza políticamente a través de la figura política del Gobernador General de Bengala, lo que significó la toma de control desde Londres de las decisiones políticas de la Compañía.

Durante el periodo de convivencia del dominio inglés con los reinos hindúes y musulmanes predominó mayormente un interés por lo económico que por lo jurídico o social. Sin embargo, en la medida que su estrategia de poder desplazó poco a poco a los intereses portugueses, holandeses y franceses que le competían en territorio indio, su hegemonía fue expandiéndose en más ciudades y territorios en una alianza pasiva con el imperio mogol, y en un aprovechamiento de la falta de organización y debilidad permanente de los reinos hindúes. No obstante, durante estos tres siglos y medio se escenifica un choque de culturas donde el positivismo del derecho inglés se enfrenta a dos propuestas jurídicas de naturaleza religiosa que obedecían más a designios divinos y ordenes cósmicos que a la aplicación de un orden legal autónomo; donde por un lado el Derecho Hindú era respetado por la mayoría de la población y el Derecho Musulmán era impuesto por el imperio dominante. En cuanto al reto de aplicación de la norma hinduista, el juzgador inglés nunca pudo entender cabalmente su contenido y su aplicación, en primer lugar, por lo extenso de su codificación a través de toda una literatura sagrada y en segundo, porque más del 50% de esa normativa sólo se encontraba disponible en el lenguaje sánscrito. Al propio tiempo, como se señaló anteriormente, la aplicación del Derecho Hindú requiere del conocimiento de todos los preceptos escritos consignados en los Vedas y sus textos secundarios, para que a partir de ahí pueda aplicarse un criterio de justicia sobre la naturaleza y condiciones del caso concreto, el cual se estima diferente a todos los demás. Estas condicionantes, en el caso de las cortes inglesas, fueron verdaderos obstáculos que llevaron a una aplicación deficiente y limitada de las sentencias en que participaba una parte hindú. Era evidente que más allá de la eficiencia de cada orden legal, un juez inglés cuya memoria apenas evocaba la turbulenta época medieval inglesa y el inicio del renacimiento; en el que en el año de 1500 en el Reino Unido apenas había cuatro millones de habitantes, no podía entender a una cultura milenaria que en el mismo año sumaba 110 millones de personas (Ontiveros, Guillén, 2012). El Dharma, los Dharma-Sutras, los varnas, los jatis, el Veda, el lenguaje, eran parte de una exuberancia jurídica-cultural que al jurista inglés no le interesó entender y mucho menos aplicar dentro de la problemática jurídica que se le presentaba. Como señalan David y Spinosi (2010):

> "Cuando interactúan dos derechos, es el más desarrollado el que prevalece, a menos que una intervención gubernamental eficaz, pudiera llegar a impedirlo. Esta intervención, como era de esperarse, no sucedió en la India. El reemplazo de los derechos hindú e islámico, por el derecho inglés, se produjo por la vía de la competencia." (David, Spinosi, 2010, 365).

A pesar de su crecimiento hegemónico, nunca fue fácil para Inglaterra hacer un desplazamiento automático del heritage jurídico de la India. A lo largo de esta convivencia legal se llegó a afirmar "...que pocos son los países en los que priva tanta incertidumbre sobre la ley aplicable. Algunos jueces aplicaban a los cristianos al derecho canónico". "Otros jueces invocaban su sentimiento de justicia y otros aplicaban el derecho inglés" (David y, Spinosi; 372). Era evidente que en la convivencia de culturas, de verdaderas civilizaciones como la india, la musulmana y la europea, la confrontación del tema jurídico no fuera una asignatura dúctil y amable. A pesar de ello, en el avance de esta convivencia se dio inicio a una etapa de codificación a fin de dar un principio de orden al caos legal imperante a través de la propuesta de elaborar un Código Hindú, uno Musulmán y otro Inglés, que funcionara como una Ley Loci o territorial, como un código secular autónomo alejado de la religión o de la casta. Este primer intento fracasó en su visión integral y produjo tan sólo un Código Penal en 1860, dos años después de la conquista total de la India por parte de Inglaterra. En un segundo intento de codificación, bajo la idea inglesa de:

> "...poner por escrito bajo una forma ordenada, sistemática y oficial, un conjunto de reglas de derecho: aquellas reglas de derecho no escritas que figuran en un texto determinado, las que provienen de las decisiones de justicia;

y aquellas reglas de derecho que figuran en los manuales de derecho y que se adquieren una autoridad específica" (David, Spinosi, pag. 373).

Derivó en un resultado más concreto, en los Anglo Indian Codes (1887); entre los cuales destacan un Código de Procedimientos Civiles, un Código Penal, otro de Instrucción Criminal y una serie de Leyes importantes referentes a temas civiles y mercantiles.

Esta codificación hecha por ingleses, muchas veces desde Londres, fue rechazada y criticada en su momento por una India en donde empezaban a circular aires libertarios, pero ante la falta de una sistematización más eficaz y útil para una modernidad que agradecía la velocidad y la certeza de los fallos, constituyó el inicio de una adaptación del Derecho Inglés como columna vertebral de un Derecho Indio que poco a poco iba alejándose de sus raíces universales y se enfocaba en una herramienta de *Common Law* que daba certeza a la operaciones de una economía india dominada por la era de la globalización del Atlántico. De este modo, las etapas subsiguientes hasta 1947 se significaron por la implantación de una cultura de Derecho Común en que se capacitaba a los nuevos juristas indios en el manejo de las nociones del Derecho Inglés; en las técnicas del manejo del *Common Law*; en la aceptación de la regla del precedente sobre el caso único; respecto a los juicios orales y la preparación judicial; sobre la importancia del Estado de Derecho, etc.

Si bien el avance del *Common Law* y la influencia del Derecho Inglés como base central del nuevo Derecho de la India del siglo XX y XXI esta fuera de duda; el tema de los Derechos Personales, el gran universo de la vida personal, familiar y social hindú sigue siendo una realidad que se niega a claudicar frente a los criterios occidentales. La administración inglesa lo intentó con sensibilidad en 1856 con la propuesta de una ley aplicable a las viudas a fin de que recuperaran su derecho a volverse a casar. En 1929, subiendo la edad para los menores de edad a fin de evitar matrimonios infantiles. En 1930, rescatando el salario para el trabajador y no para la familia o la casta. En 1937, para dotar a las viudas de un derecho económico sobre el esposo fallecido. A partir de 1950, por medio de los diversos criterios jurídicos constitucionales que intentan la aprobación de un solo Derecho Civil. No obstante lo anterior, en la mayoría de los casos el derecho vigente no se ha vuelto positivo por la fuerza de una cultura de castas que se niega a su aceptación.

4. ETAPA MODERNA (DE 1947 A LA FECHA)

China entra a la época moderna en 1949 a través de un rompimiento previo con su pasado: en 1911, cuando cae la última dinastía de los Quing. En esos momentos relevantes de su historia política en el siglo XX, China se olvida de su heritage jurídico y se introduce directo a través de la Constitución de 1954 a un régimen jurídico socialista que retoma su transformación después de la muerte de Mao a un modelo de Derecho Romanista a partir de 1978. Rusia por su parte no tuvo problemas con su pasado jurídico porque en una primera etapa que va del 862 a 1917, prevaleció un derecho tradicional que partiendo de raíces propias basadas en la convivencia y la costumbre (Ruskaia Pravda), se enriqueció con la cultura jurídica del Derecho Romano Germánico, cuando la Rus de Kiev decidió salir más allá de sus primeras fronteras feudales y se acercó a Bizancio durante el alta edad media (862). A partir de ese encuentro se generó un mestizaje profundo en los ámbitos religioso y político, del cual se derivó toda una filosofía hacia el culto ortodoxo bizantino y a la normativa jurídica de Derecho Canónico y Civil. El paréntesis legal que vivió la ex Unión Soviética de 1917, fecha de su entrada al comunismo, a 1993, año de la promulgación de la nueva Constitución que rige a la Rusia del siglo XXI, sólo confirmó su vocación románica germánica en la que se suma una herencia jurídica de más de 1000 años (Oropeza, 2013, 21-23).

A diferencia de China y Rusia, donde la primera renuncia a su herencia jurídica y a partir de 1978 inicia un camino jurídico mayormente civilista; y la segunda, que mantiene una vocación romanista "con características rusas" que la motivan a actualizar bajo esa línea su entorno jurídico actual, la India en ningún momento renuncia a su bagaje jurídico-religioso y la línea de modernización legal impuesta por el *Common Law* inglés, en más de tres siglos de vida en común, lejos de ser un traspaso automático de un sistema legal a otro, ha sido un encuentro de culturas jurídicas que ha dado por resultado un nuevo derecho anglo-indio. Se comenta sobre este punto que "cuando se habla del *Common Law* en India, se parte de la amplia visión que se tiene sobre este Derecho Inglés, pero al mismo tiempo se piensa en las tradiciones de la India, en los principios generales de los estatutos del Derecho Inglés, en los métodos y los procesos del Sistema Británico de Administración de Justicia" (Setalvad & Vibhufhan, 1960, págs. 3-4).

El encuentro o choque de civilizaciones que se presenta entre Inglaterra y la India a partir del siglo XVII, se da entre una hegemonía preindustrial en ascenso con la potencia económica más sustentable de la era moderna, con más de 4000 años de historia. Cuando India escribía sus primeros códigos jurídicos-religiosos de los Vedas, Inglaterra apenas construía monumentos megalíticos y no terminaba de concluir su edad de bronce. Por ello el encuentro de culturas jurídicas entre estas dos civilizaciones nunca ha sido fácil, y aunque al final se impone bajo un criterio de dominio y de eficiencia el Derecho Inglés, su mestizaje continua siendo un proceso abierto donde siguen presentes los derechos personales o religiosos (hindúes, musulmanes, cristianos, parsis), el Derecho Común inglés, la nueva visión social del derecho indio, la cultura milenaria de India; en síntesis, la construcción de un nuevo derecho anglo-indio que deberá definirse en las próximas décadas.

El proceso de independencia de la India no fue un evento fácil. No sólo se daba la reivindicación de una nueva nación libre respecto a su hegemonía dominante, sino que por primera vez intentaba caminar sola frente al mundo como una nación unida; algo que no había hecho nunca en toda su historia. Además, ante su liberación, el país acusaba el inveterado problema de su falta de integración, lo cual a pesar de su demografía y su riqueza, había facilitado su dominación por parte del imperio británico. El costo que pagó la India durante el proceso de su independencia fue muy alto en vidas (cerca de un millón de personas); en desplazados (más de 14 millones de personas); en pérdida de población ante la división con Pakistán (70 millones de habitantes), y de superficie por la misma razón (cerca de 800 mil km2).

La independencia de la India, sus años previos y posteriores, fueron todo menos un cambio de terciopelo, más por su problemática interna que por la salida inglesa. No obstante, a diferencia de China que en 1949 retomó el camino de la reintegración acudiendo a la herencia de su identidad nacional; al igual que en 1991 lo opera Rusia sobre las mismas bases, la India tuvo que recurrir a sus antecedentes jurídicos, al derecho, para iniciar su camino como nación. Por eso desde el comienzo de la década de los cuarenta hasta el 26 de enero de 1950 en que se promulga la Constitución de la India, la construcción de la misma fue un intenso debate político, social, religioso y jurídico respecto a la estructura de su contenido, al cual le apostó como la columna vertebral del nuevo diálogo nacional, lo cual no sucedió en el caso de China, por ejemplo, ante el triunfo de la revolución del Partido Comunista Chino y el peso de la figura de Mao.

En el caso de India, su independencia, se propicia ante el fin de la etapa hegemónica occidental que se desprende del colapso económico y militar de las Guerras Mundiales, las cuales redibujaron la geopolítica de la época. Inglaterra en 1945, después del fin del conflicto armado lucía cansada, desconcertada; sin el ánimo ni la fortaleza de continuar su presencia en la India. Por otro lado, de manera interna la nación India venía de una toma de conciencia hacia su libertad desde fines del siglo XIX, por lo que en la década de los cuarenta del siglo XX su presión política, en el marco de la guerra, aumentó fuertemente para lograrlo. El problema es que esta efervescencia de libertad y nueva autonomía desencadenó las pasiones de los diferentes protagonistas del momento. El Partido del Congreso, que representaba a la mayor fuerza política organizada, étnicamente plural aunque mayoritariamente hindú. La Liga Musulmana, en defensa de su población creyente. Las corrientes leales a la corona o viejo régimen; comunistas; los representantes de la línea Hindú Mahasabha, entre otros. En este marco pluriétnico y multireligioso, el 9 de diciembre de 1946, antes de la formalización independentista se instaló la Asamblea Constituyente encabezada por el Doctor B.R. Ambed Kar, la cual dio como resultado la Constitución de la India de 1950, después de cuatro años de intensos trabajos y negociaciones. Bajo la influencia del gobierno inglés y de su estancia por más de tres siglos en suelo indio, el proyecto inicial partió de la experiencia alcanzada por esa vecindad política forzada, que en materia jurídica había generado un sin número de leyes, de igual modo que ya había enfrentado y dado un principio de solución al choque de las culturas jurídicas.

Por ello si bien el mestizaje legal anglo-indio no fue un tema resuelto a esa fecha, como no lo es del todo en la época actual, los alcances logrados ya representaban una propuesta razonable de solución para conciliar los diferentes intereses de las partes, sobre todo los de naturaleza religiosa. Derivado de lo anterior, la Asamblea partió de los antecedentes legales de 1919 y 1935 principalmente, donde se aprobó la Ley de Gobierno de la India, en el primer caso, y su mejoría y actualización en el segundo, donde a través de 321 secciones y 10 anexos se intentó un orden jurídico integral para toda la India, estableciéndose la estructura y líneas generales de gobierno.

Sobre lo anterior comenta Spear "La realización final del periodo de transición fue la Constitución. Fue redactada por la existente Asamblea Constituyente con notable tersura y puesta en práctica a partir de 1950. La ley de 1935 se utilizó principalmente como modelo de trabajo y su influencia la testimonian los largos pasajes de su texto insertados en la nueva Constitución. En esencia, la nueva Constitución describe un Estado federal de acuerdo con el modelo occidental, con un gobierno democrático de tipo parlamentario". Al propio tiempo "La nueva Constitución ha determinado el desarrollo del Tribunal Federal, cuya independencia y perspicacia han dado dignidad a su funcionamiento. También existen ciertos rasgos que no se encuentran en la antigua Constitución. Uno de ellos es la difusión de derechos fundamentales de acuerdo con el modelo norteamericano, y otro la inserción de directivas constitucionales o metas de actividad constitucionales, las cuales se han tomado de Irlanda. Toda la Constitución tiene un fuerte sabor occidental, que sólo aumenta con sus referencias a las instituciones indias tradicionales" (Spear, 2001, 349).

Resulta evidente en la nueva Constitución India, la cual rige hasta la fecha, el predominio del Derecho Inglés-occidental en su ingeniería estructural. A pesar de ello, en su propio artículo 372 dispuso la conservación del orden jurídico anterior, o sea, el de todas las leyes promulgadas con anterioridad, las cuales, bajo aclaración resolutoria de la Suprema Corte de la India de 1954, no podían ser incompatibles en su contenido con la propia Constitución. Derivado de lo anterior, a través de la *British Statutes Repeal Act* de 1960, se inventarió un número de 150 leyes vigentes anteriores al orden constitucional de 1950, lo cual representa una parte muy considerable del nuevo orden legal establecido.

Es conveniente resaltar que entre ese heritage jurídico preservado, aparecen todas las leyes anteriores que contienen la regulación de los derechos personales en la India, o sea los derechos civiles y familiares vinculados con la religión. Dentro de estas leyes destacan la Ley de Matrimonio Hindú de 1955, que es una actualización de su inmediata anterior a la Constitución y que regula los derechos personales de los creyentes hinduistas, budistas, Jainistas y Sijhs. También se incluye la Ley de Sucesión Hindú de 1956. La Ley Parsi de 1988 con su antecedente inmediato en 1936. La Ley familiar cristiana de 2001 que modifica la ley de 1872. La Ley Especial de Matrimonios para los creyentes musulmanes de 1954 (Shariat) que modificó la de 1937. La Ley Personal Musulmana de 1937. La Ley Musulmana de Divorcio de 1939, entre otros.

CONCLUSIONES

El "nuevo" derecho indio emanado de la Constitución de 1950, es un derecho soberano, "secular", "moderno", republicano, democrático, que originó entre otras consecuencias que en octubre de 1951 India comenzara a organizar sus primeras elecciones nacionales en las que participaron 176 millones de votantes (85% de los cuales eran analfabetos) y 17,000 candidatos de 75 partidos políticos, las cuales se desarrollaron en orden con la participación del 60% del padrón (Tharoor, 2009, págs. 176-177). También estableció su división de poderes en un solo territorio, la creación de una estructura judicial y un Tribunal Supremo, juicios orales, su sistema parlamentario, su organización administrativa, impartición de justicia, etc. Pero al propio tiempo, a la fecha no le ha sido posible contar con un solo texto civil para más de 1200 millones de indios, a los cuales se les regula de manera dividida, en diversos cuerpos legales que llevan a reconocer que "Ordenar las leyes personales de todas las religiones bajo un solo código es una tarea cuesta arriba que todavía tomará tiempo" (Malhotra & Malhotra, pág. 23). Para luego, retomando una exhortación que hizo Asoká hace 2000 años y Akbar hace 500 años, recomendar que "La religión tendrá que marchar al ritmo con la ley". "Los tiempos han cambiado, pero las leyes personales no lo han hecho al mismo ritmo" (Malhotra & Malhotra, pág. 23). Sobre este importante tema de la vigencia de la religión en el derecho y en general en la vida política y social de la India de hoy, Tharoor agrega que:

> "No puede haber una indicación más clara del fin del modelo nehruniano que el hecho de que, 55 años después de la partición y la independencia, la religión sea de nuevo un factor determinante de la identidad política en India". "La división entre hindúes y musulmanes es el enfrentamiento más visible, pero el que existe dentro del hinduismo, entre los hindúes de casta y los antiguos "intocables", y entre las castas superiores y las castas intermedias más bajas, conocidas como las "clases atrasadas", está transformando la sociedad india de maneras que Nehru no había previsto. Nehru aborrecía el sistema de castas y creía que desaparecería de la matriz social de la India moderna. Sin embargo, no sólo ha conseguido sobrevivir y prosperar, sino que se ha convertido en un instrumento de movilización política". (Tharoor, 2003, 237).

Así como no hay una sola India, sino muchas Indias; de igual modo no hay un solo derecho, sino que conviven en una matriz constitucional un Derecho Moderno que sigue las mejores prácticas occidentales, junto con un Derecho Personal y Familiar que se niega a renunciar a sus costumbres milenarias. El primero rige a la democracia más grande del mundo, da orden y administración a su vida política y económica y le permite dialogar con fluidez en un mundo global. El segundo sigue oficiando los ritos ancestrales y acudiendo a tribunales "especiales", así como volviendo derecho no positivo a lo preceptuado en el orden legal. Los dos son corrientes jurídicas poderosas que parten de la misma India y que siguen evolucionando conforme a la visión del mismo pueblo indio.

Las culturas, en este caso las normativas, son expresiones de los pueblos que echan fuertes raíces con el paso del tiempo. India, una de las civilizaciones más antiguas de la humanidad, seguramente requerirá de un tiempo mayor para terminar de definir el perfil de su nuevo derecho anglo-indio.

REFERENCIAS

David, R., & Spinosi-Jauffret, C. (2010). *Los Grandes Sistemas Jurídicos Contemporáneos.* México: Instituto de Investigaciones Jurídicas, UNAM.

Lorenzen, D. N., & Preciado Solís, B. (2003). *Atadura y liberación: las religiones de la India.* COLMEX.

Malhotra, A., & Malhotra, R. *Family Law and Religion: Indian Expirience.*

Navarrete, J. E. (2011). El BRIC virtual, el real y México. En O. G. Arturo, *BRICS: el difícil camino entre el escepticismo y el asombro* (págs. 27-30). México: IIJ/UNAM.

Oropeza García, A. (2013). *México-Rusia: culturas y sistemas jurídicos comparados.* México: Instituto de Investigaciones Jurídicas, UNAM.

Setalvad, M., & Vibhufhan, P. (1960). *The Common Law in India.* Stevens and Sons United.

Tharoor, S. (2009). *Nehru: la invención de la India.* Barcelona España: Tusquets.

A SELETIVIDADE DO IPI E DO ICMS COMO MECANISMO DE UMA ALIMENTAÇÃO SAUDÁVEL NO BRASIL

Claudia Cristina dos Santos Abrosio
Julcira Maria de Mello Vianna Lisboa

INTRODUÇÃO

A concretização dos direitos fundamentais elencados na Constituição da República Federativa do Brasil é um dos maiores desafios que impactam a sociedade brasileira. São direitos inerentes à proteção dos seres humanos, assegurados pelo Estado através de leis e políticas públicas, a fim de se obter condições mínimas de vida e desenvolvimento, de maneira construtiva e adaptável aos novos conceitos e preocupações da modernidade.

É de conhecimento geral que as leis existem para que sejam cumpridas, e os direitos, respeitados. Para que essa engrenagem possua pleno funcionamento, faz-se necessário ofertar o acesso, a informação e a execução plena. O conjunto de direitos fundamentais é uma estrutura complexa e interligada na escala dos atos de valoração, que compreende fatores inerentes à qualidade de vida da população brasileira. Fato é que a aplicação nem sempre é tão simples, especialmente devido ao conflito de interesses – distribuição dos investimentos e papéis em uma organização, até mesmo a responsabilidade fiscal no federalismo brasileiro. A discussão sobre o tema é extensa e requer considerações baseadas no direito individual com foco na sociedade como um todo.

Com frequência, comenta-se que os direitos fundamentais caminham paralelamente aos direitos humanos, tendo em vista o interesse precípuo de ambos na proteção aos indivíduos e suas garantias. Bem verdade, há uma correlação, inclusive na síntese conceitual. Em sede de globalização desses direitos, é possível constatar essa conexão nos ideais de universalidade dos direitos humanos defendidos pela Declaração de Direitos Humanos da Organização das Nações Unidas (ONU), adaptados às maiores necessidades de nosso país. Em ambos os lados, é inabalável o comprometimento com a dignidade humana, através de garantias concretas e institucionais.

É de fundamental importância que os direitos sejam assegurados ao indivíduo, de forma individual e coletiva, para que ele possa usufruir de uma vida salubre e digna. Dentre os direitos fundamentais, destaca-se o que diz respeito à alimentação saudável e à soberania alimentar, na compreensão de haver meios para que o indivíduo se beneficie de uma alimentação adequada e rica em nutrientes, levando em consideração as inúmeras características culturais dos povos e suas regiões.

Neste contexto, ressalta-se a aplicabilidade do mínimo existencial, que requer atenção, para que sua utilização, como auxílio, não seja apenas um resgate emergencial da condição de pobreza do indivíduo, mas uma ponte para a concessão dos demais direitos que lhe cabem como cidadão, sem qualquer diminuição dos padrões mínimos de existência, sendo este movimento, um ato primordial para melhor qualidade de vida.

É significativa, para esta ação, a consciência da estrutura social que acolhe o indivíduo na necessidade, mas tem por dever inseri-lo efetivamente nos demais direitos, a fim de proporcionar plena vivência em um Estado Democrático. Com fundamento nos estudos realizados nos últimos anos, bem como nas diretrizes fixadas pelos especialistas na área da saúde, inclusive mundialmente, verifica-se que o direito a uma alimentação saudável visa melhor qualidade de vida, impactando de forma significativa a saúde e a longevidade do indivíduo.

As transformações sociais e alimentares são avaliadas com grande veemência no Brasil, na medida em que os padrões e a forma como são preparados e consumidos os alimentos trazem efeitos positivos ou negativos, que podem ocasionar desequilíbrio na oferta de nutrientes e ingestão excessiva de calorias. No cenário atual em que vivemos, diante desse episódio atípico ocasionado pela atual pandemia da Covid-19, interessante observar que diversos órgãos e associações publicaram orientações salientando a necessidade de uma alimentação saudável regada a muitos nutrientes, com o objetivo de fortalecer a imunidade, auxiliando na defesa do organismo.

Em razão deste crucial fenômeno, a Associação Brasileira de Nutrição (Asbran) publicou uma cartilha com a seguinte orientação: "uma alimentação saudável é primordial para manter a saúde e é especialmente importante para manter seu sistema imunológico em ótimas condições, sem esquecer as medidas de higiene necessárias para evitar as contaminações."[1] Diante dessa moldura fática, constata-se que se alimentar de maneira saudável e equilibrada é fundamental para garantir qualidade de vida. Todavia, aprofundando este raciocínio, nota-se a inércia do Estado em promover meios suficientes para a concretização de uma alimentação balanceada, esbarrando, de maneira inevitável, na violação dos direitos fundamentais.

Feitas essas breves considerações, o presente artigo tem por finalidade adentrar no plano de políticas públicas e na seara tributária, com o fito de explorar os direitos e princípios alocados no plano constitucional. No caso, será analisada como a aplicação constitucional da seletividade do IPI e do ICMS, um dos pilares do Estado de Direito, pode contribuir como espécie de mecanismo para implementação de uma alimentação saudável na contemporaneidade.

1. ALIMENTAÇÃO SAUDÁVEL E SEUS DESAFIOS NA MODERNIDADE

Muito se tem discutido acerca dos desafios para que os hábitos alimentares dos brasileiros sejam mais saudáveis. Esse é um direito garantido desde 1948, nos termos da Declaração Universal dos Direitos Humanos:

> Artigo 25 – 1. *Todo ser humano tem direito a um padrão de vida capaz de assegurar a si e à sua família* saúde, bem-estar, inclusive *alimentação*, vestuário, habitação, cuidados médicos e os serviços sociais indispensáveis e direito à segurança em caso de desemprego, doença invalidez, viuvez, velhice ou outros casos de perda dos meios de subsistência em circunstâncias fora de seu controle. (grifamos)

No Brasil, resultante de amplo processo de mobilização social, foi aprovada, em 2010, a Emenda Constitucional nº 64, que incluiu o direito à alimentação no art. 6º da Constituição Federal de 1988: "Art. 6º *São direitos sociais* a educação, a saúde, *a alimentação*, o trabalho, a moradia, o trans-

[1] Asbran. Guia para uma alimentação saudável em tempos de COVID-19. Disponível em: <https://www.asbran.org.br/storage/downloads/files/2020/04/guia-alimentar-covid-19.pdf> Acesso em: 15 de dez. de 2020.

porte, o lazer, a segurança, a previdência social, a proteção à maternidade e à infância, a assistência aos desamparados, na forma desta Constituição". (grifamos)

Saliente-se, igualmente, que o texto da emenda mencionada não dispõe sobre um novo direito (alimentação), apenas o ratifica e traz para a Lei Maior, um caráter conscientizador já presente em diversos outros ordenamentos, inclusive em âmbito internacional, enfatizando uma nova cultura jurídica e humanitária no país. Ora, a condição mínima de existência dos indivíduos é se alimentar, por conseguinte, este direito está vinculado diretamente à dignidade da pessoa humana. Ocorre que, como qualquer outro direito concedido legalmente pelo Estado e à incumbência deste, pouco é posto em prática de maneira efetiva.

Em face da realidade, garantir o direito à alimentação adequada tornou-se um desafio da modernidade. Qualquer que seja o direito, o mesmo depende da oferta e meios para que a população o alcance em sua totalidade, como dispor de acesso econômico para que os indivíduos possam ter recursos ao alimento de maneira constante, independente das condições sociais nas quais essas pessoas se encontrem. É dever do Estado respeitar e promover todos os direitos em prol população, que primeiro precisa tomar conhecimento deles, a fim de exigir que sejam executados amplamente. De fato, a exigência de direitos é uma conduta de transformação social, na qual a população descobre, de maneiras variadas, a oportunidade de adquirir conhecimento sobre uma causa e perceber o quanto pode e deve se beneficiar com sua realização.

Nesta linha de raciocínio, são os ensinamentos de Anna Lucia Malerbi de Castro, "O conhecimento, em singela conceituação, consiste na forma de consciência humana em que o homem atribui significado ao mundo. Assim, conhecer algo é ter consciência sobre ele".[2] O direito à alimentação adequada é garantido pelo Estado, através das políticas públicas dele derivadas, reflete a necessidade de solucionar problemas relacionados à qualidade do alimento consumido pelo cidadão brasileiro e todas as consequências deste ato fundamental.

Nos dias atuais, é notória a percepção de que a alimentação saudável ainda é um tabu que precisa ser discutido e explorado, especialmente em

[2] CASTRO, Anna Lucia Malerbi de. **O princípio da dignidade da pessoa humana e a norma jurídica tributária.** São Paulo: Noeses, 2019, p. 59.

virtude da baixa adesão na maioria dos lares brasileiros. A dieta cotidiana é constituída pelo que lhe foi culturalmente introduzido como básico e abrange níveis elevados de sódio e gordura, além de ser pobre em nutrientes e de baixo custo.

Nesse contexto, entende-se que o consumo da população está relacionado ao impacto orçamentário e ao tempo gasto nas etapas de preparo, dando preferência aos produtos industrializados e ultraprocessados, pois geralmente têm valor comercial reduzido, visto que são produzidos em grande escala.

Na fabricação desse tipo de alimento, são introduzidas grandes quantidades de aditivos que substituem os nutrientes e aumentam a durabilidade. Por conseguinte, essas escolhas impactam inevitavelmente nos índices nacionais de precariedade na saúde da população, a saber, desenvolvimento de doenças e problemas de saúde. No terceiro trimestre de 2020, o Instituto Brasileiro de Geografia e Estatística (IBGE) divulgou dados do segundo volume de resultados da Pesquisa Nacional de Saúde (PNS) 2019, que serão utilizados como base para expandir iniciativas relacionadas à atenção primária à saúde e ao aperfeiçoamento do Sistema Único de Saúde (SUS).

Os dados confirmam o alarmante aumento de peso e de obesidade na média da população brasileira, impulsionando a urgência de se obter meios para controlar esta situação, ainda que não haja grande relevância na aceitação pública deste problema.[3] Os dados divulgados incluem fatores relacionados à desnutrição, ao sobrepeso e à obesidade em maiores de 15 anos de idade. Entre outros fatores, a pesquisa se baseou no Índice de Massa Corporal (IMC) dos indivíduos, que relaciona peso e altura, indicando sobrepeso com resultado acima de 25 kg/m^2 e obesidade acima de 30 kg/m^2.[4]

Nessa pesquisa, 60,3% da população adulta aponta sobrepeso (IMC $\geq$ 25 kg/m^2); são aproximadamente 96 milhões de pessoas. Os dados indicam maior prevalência de excesso de peso entre os adultos do sexo feminino (62,6%) do que entre os do sexo masculino (57,5%). Já a obesidade (IMC $\geq$ 30 kg/m^2) foi constatada em 21,8% dos homens e em 29,5% das

[3] IBGE. Pesquisa Nacional de Saúde – PNS 2019. Disponível em: <https://biblioteca.ibge.gov.br/index.php/biblioteca-catalogo?view=detalhes&id=2101758>. Acesso em: 15 de dez. de 2020.

[4] Relação entre peso e altura (IMC = peso / (altura x altura))

mulheres maiores de 18 anos. Quanto à desnutrição, nota-se um déficit de peso em adultos maiores de idade em 1,6% (1,7% para homens e 1,5% para mulheres), abaixo do esperado limite de 5% da população, de acordo com a Organização Mundial da Saúde (OMS).

Os hábitos saudáveis também foram analisados nessa pesquisa, com a intenção de melhorar o atendimento as pessoas que apresentam sobrepeso ou obesidade, como programas educacionais e apoio à promoção para alimentação adequada e saudável, em caráter profissional e social. Na atualidade, observamos cada vez mais adeptos da alimentação saudável, pessoas que consumem maior número de hortaliças e diminuem radicalmente a ingestão de embutidos, enlatados e similares. Todavia, dois pontos são cruciais para que a inserção e continuidade da alimentação saudável funcionem: (i) conhecimento e (ii) investimento financeiro.

O conhecimento sobre o que de fato é o alimento fora da embalagem e quais são as vantagens do consumo a longo prazo pode nortear o indivíduo a uma mudança no estilo de vida, proporcionando melhoras na saúde, diminuindo a necessidade de procura a médicos e tratamentos, trazendo longevidade também a produtividade social. Entretanto, para que o acesso à dieta saudável seja possível, faz-se necessária a criação de meios para a aquisição desses alimentos com menor custo para garantia de aquisição contínua. Sabe-se que alimentos saudáveis, orgânicos e livres de aditivos são onerosos, devido à menor produção e a pouca durabilidade. Diferente das empresas de grande porte, que tem sede e filiais para produção múltipla, diversos pontos para efetivação logística e alguns programas de subsídio governamental, o pequeno produtor tem elevado risco de investimento para manter a qualidade do produto, mesmo com a mão de obra limitada (frequentemente familiar) e o contingente para realizar o tratamento comercial do produto final.

Nesse contexto, os investimentos deveriam ser direcionados à produção de alimentos saudáveis, ainda que haja menor retorno financeiro. Atualmente, o que se percebe é o fomento à produção de alimentos das empresas com maior retorno financeiro. Por isso, é vital que o favorecimento através de incentivos seja equilibrado, compreendendo ações que proporcionem melhores condições de o pequeno produtor ampliar e solidificar sua atuação no mercado.

Segundo os resultados definitivos do Censo Agropecuário de 2017, pesquisa com periodicidade quinquenal, 3.897.408 estabelecimentos atenderam aos requisitos previstos na legislação aplicável e foram classificados como de agricultura familiar, o que reflete 77% dos estabelecimentos agropecuários mapeados pelo censo.[5]

Nos estabelecimentos da agricultura familiar, a população ocupada foi reduzida em 2,166 milhões de pessoas, enquanto nos estabelecimentos não caracterizados dessa forma, ocorreu o oposto: crescimento de 702,9 mil trabalhadores. De acordo com a pesquisa, a não obtenção de renda tem ocasionado aumento na procura por setores diferentes do agrícola, implicando no abandono da produção pelos membros destas famílias, dando espaço a mecanização, o que torna a atividade dispendiosa e impraticável no Brasil.

A este respeito, importante destacar que o Decreto nº 9.064 de 2017, que regulamentou a Lei nº 11.326 de 2006, mudou a maneira com a qual o estabelecimento é identificado e classificado nesta esfera, na medida em que o novo foco é a geração de renda do produtor. Neste particular, constatou-se que, dos 4,6 milhões de estabelecimentos de pequeno porte com potencial para classificação, somente 3,9 milhões preencheram os requisitos. Entretanto, ao contrário do que se pode pensar, a agricultura familiar segue representando 77% dos estabelecimentos agrícolas do país, mesmo ocupando uma menor área em hectares devido a sua classificação. Assim, os estabelecimentos de grande porte tornam-se encarregados de produzir as *commodities* agrícolas para exportação, enquanto a agricultura familiar observa a sua produção alcançar apenas 23% em todo o país.

De tal modo, verifica-se que a alimentação saudável, como novo hábito de consumo, tem favorecido a passos lentos a agricultura em prol do pequeno produtor, através de campanhas não governamentais de incentivo, com foco no aumento da oferta ao consumidor. Isso posto, ressalta-se que o maior incentivador para este tipo de operação deve ser o Governo, que já o faz com empresas de grande porte, mas não aplica o orçamento de forma direcionada aos pequenos produtores – ambas as categorias pertencem ao agronegócio.

Assim, é possível afirmar que, com investimento apropriado, o pequeno produtor cresce e fortalece o sistema, aumentando a produção e atendendo maior demanda, podendo, assim, diminuir o preço, pois o custo vai ser menor. Essa cadeia estimula e beneficia o consumidor final, proporcio-

[5] IBGE. Censo Agropecuário 2017. Resultados Definitivos. Disponível em: <https://biblioteca.ibge.gov.br/index.php/biblioteca-catalogo?view=detalhes&id=73096> Acesso em: 15 de dez. de 2020.

nando vivências positivas de alimentação saudável e sistema alimentar mais equitativo e sustentável. Diante do exposto, constata-se que os problemas de alimentação no Brasil possuem diversas ramificações e desdobramentos, impactando diariamente setores específicos e lares brasileiros, sendo debatido entre estudiosos, especialistas do setor da saúde, representantes do setor agrário e agentes governamentais, em caráter emergencial.

2. GUIA ALIMENTAR COMO INSTRUMENTO DE TRANSFORMAÇÃO

Como facilmente se percebe, obter o alimento *in natura* ou minimamente processado é um desafio no Brasil, inclusive sob a ótica financeira. No entendimento da soberania e da segurança alimentar e nutricional, os povos têm direito de definir políticas públicas de produção e consumo de alimentos, respeitando sua cultura, diversidade e autonomia na produção, além de garantir o acesso a alimentos de qualidade e em quantidade suficiente, permanentemente.

Pesquisas e discussões sobre saúde, qualidade da alimentação e incentivo estratégico às políticas públicas relacionadas a estes temas, contribuíram para a criação do Guia Alimentar para a População Brasileira, derivado dos conselhos da OMS, que recomenda a cada país elaborar um guia próprio por meio da estratégia global para a promoção da alimentação saudável, garantindo comprometimento do Estado com a saúde de seus cidadãos.[6]

O Guia tornou-se também importante ferramenta no auxílio ao desenvolvimento social e à mudança do estilo de vida dos indivíduos, sendo acessível a toda a população, envolvendo informações relevantes sobre o consumo consciente de alimentos saudáveis e adequados. Desde a primeira publicação em 2008, o Guia Alimentar da População Brasileira foi aprimorado e, após o lançamento da segunda edição em 2014 (versão vigente), alcançou camadas da população que, aos poucos, atribui valor a comida em sua forma mais natural.[7]

[6] BRASIL. Ministério da Saúde. Guia Alimentar para a População Brasileira, Brasília, 2008. Disponível em: <https://bvsms.saude.gov.br/bvs/publicacoes/guia_alimentar_populacao_brasileira_2008.pdf>. Acesso em: 15 de dez. de 2020.

[7] BRASIL. Ministério da Saúde. Guia Alimentar para a População Brasileira, 2ª ed., Brasília, 2014. Disponível em: <https://bvsms.saude.gov.br/bvs/publicacoes/guia_alimentar_populacao_brasileira_2ed.pdf>. Acesso em: 15 de dez. de 2020.

Nesta segunda edição, é possível encontrar recomendações nutricionais de consumo, explanações sobre o caminho percorrido pelo alimento – da produção até o consumidor final – promoção à alimentação adequada e saudável, informações sobre sustentabilidade e respeito à terra e implicações obtidas com o alto consumo de ultraprocessados, entre outros: "A depender de suas características, o sistema de produção e distribuição dos alimentos pode promover justiça social e proteger o ambiente; ou, ao contrário, gerar desigualdades sociais e ameaças aos recursos naturais e à biodiversidade."

Nesse contexto, vale destacar que, com dez passos para uma alimentação saudável, o Guia norteia o leitor a um possível caminho para mudança em seu comportamento alimentar, através de uma visão reflexiva sobre o consumo em prol da saúde e do bem estar social: (i) fazer de alimentos *in natura* ou minimamente processados a base da alimentação; (ii) utilizar óleos, gorduras, sal e açúcar em pequenas quantidades ao temperar e cozinhar alimentos e criar preparações culinárias; (iii) limitar o consumo de alimentos processados; (iv) evitar o consumo de alimentos ultraprocessados; (v) comer com regularidade e atenção, em ambientes apropriados e, sempre que possível, com companhia; (vi) fazer compras em locais que ofertem variedade de alimentos *in natura* ou minimamente processados; (vii) desenvolver, exercitar e partilhar habilidades culinárias; (viii) planejar o uso do tempo para dar à alimentação o espaço que ela merece; (ix) dar preferência, quando fora de casa, a locais que servem refeições feitas na hora; e (x) ser crítico quanto a informações, orientações e mensagens veiculadas em propagandas comerciais sobre alimentação.

Ainda que de grande valia para toda a população e exemplo a ser seguido pelo mundo, o Guia Alimentar para População Brasileira não é unanimidade, ao contrário do que pesquisadores e cientistas afirmam como coerente e de grande auxílio para a mudança de hábitos para uma vida mais saudável. No entanto, não é possível afirmar se a análise desfavorável (posição minoritária) tem por escopo aperfeiçoar as informações já veiculadas ou dificultar o acesso do indivíduo às diretrizes, favorecendo indiretamente o consumo industrial.

Ainda que a alimentação saudável seja um meio para alcançar uma vida digna, é notório que o custo para manter esse hábito está além do orçamento médio da população brasileira (condições externas). O indivíduo leva em consideração o investimento próprio quando adquire o alimento e considera a necessidade real de dispensar habilidades culinárias para ter uma alimentação adequada e de qualidade. Assim, é imprescindível proporcionar ao próprio sujeito a informação quanto o poder de escolha, criando oportunidades para promover o alimento saudável de forma justa e contínua.

3. JUSTIÇA SOCIAL E OS DIREITOS FUNDAMENTAIS

De início, menciona-se que o conceito de justiça social compreende temas diretamente vinculados a igualdade de direitos, garantias ao indivíduo e solidariedade. É um assunto amplamente discutido em esferas organizacionais, mas desconhecido por grande parte da população. Ainda que de maneira substancial, é de extrema importância viabilizar o acesso à informação, tendo em vista o entendimento de que coexistimos em sociedade e precisamos de políticas públicas que amenizem a desigualdade na qual vivemos e pela qual, involuntariamente, consentimos.

Pois bem. Direitos fundamentais são aqueles considerados inerentes à própria natureza do indivíduo, indispensáveis para assegurar uma sociedade livre, justa e solidária, na garantia do desenvolvimento nacional. Frisamos, a qualificação de direitos constitucionais como fundamentais está inserida no âmbito jurídico de proteção, garantidos por cláusula pétrea (art. 60, §4º, inciso IV), inclusive com aplicação imediata de seus preceitos (art. 5º, §1º).[8]

Cumpre trazer à baila o princípio constitucional da dignidade da pessoa humana, que representa a ideia de que todo e qualquer elemento que promova a existência mínima do cidadão deve ser classificado como direito fundamental. No âmbito da República Federativa do Brasil de 1988, a dignidade humana é evidenciada como critério indispensável para a existência do Estado Democrático de Direito, em virtude das inúmeras garantias fundamentais nela presentes, sendo considerada por Dalmo de Abreu Dallari como a mais democrática de todas que o Brasil já teve, comprometida com a supremacia do direito e a promoção da justiça.[9]

[8] COSTA, Regina Helena. **Curso de Direito Tributário:** Constituição e Código Tributário Nacional. 9ª ed. São Paulo: Saraiva, 2019, pp. 38 e 39.

[9] DALLARI, Dalmo de Abreu. **Educação em Direitos Humanos:** Fundamentos teórico-metodológicos. 3ª ed. João Pessoa: Editora Universitária, 2007, p. 29. Disponível em: <http://observatorioedhemfoc.hospedagemdesites.ws/observatorio/wp-content/uploads/2017/06/Anexo59_BrasilRumoSocie_Justa_04_cap_1_artigo_01.pdf> Acesso em: 15 de dez. de 2020.

Realmente, observe-se que o conceito de justiça social deve ser assimilado como instrumento decisivo para o crescimento e promoção do país, atuando na vida humana como valor supremo, toando inclusive como alicerce para os demais direitos. Ao lado disso, dentre as diversas incumbências a cargo do Estado encontra-se no art. 6º da Constituição Federal de 1988 a alimentação. Deste modo, verifica-se que o constituinte originário dedicou parte do texto ao direito à alimentação, adicionando esse vocábulo aos chamados direitos sociais.

Com base no atual cenário e novas descobertas científicas, clarividente que não basta garantir apenas o direito à alimentação, faz-se necessário promover ações que gerem condições mínimas para o indivíduo manter uma alimentação saudável no decorrer da sua vida, minimizando o percentual de desenvolvimento de doenças e problemas de saúde. É inegável que no Brasil o direito fundamental a uma alimentação saudável não é aplicado de forma edificativa. A alimentação saudável tende a ser compreendida como ostentação na vida dos indivíduos que conseguiram implementá-la, quando deveria ser um percurso que conduz a prosperidade social, cultural e econômica, impactando (positivamente) até mesmo nos gastos com o SUS no futuro.

Estamos percebendo, destarte, que é indispensável que o Estado assegure o acesso à alimentação saudável para todos os indivíduos de forma igualitária, como um bem ao qual se têm direito. Políticas públicas inadequadamente aplicadas representam para a sociedade o *status* de declínio no âmbito da saúde. Em contrapartida, é patente que o Estado não acolhe de maneira universal seus cidadãos. A desigualdade é inimiga soberana de uma nação, dela derivam os males que nos tornam distantes social e individualmente, desacelerando a pretendida evolução em prol da humanidade, fato este que evidencia a intenção de fomentar a máquina econômica e arrecadadora de maneira ágil, ainda que ineficiente a longo prazo.

Sem garantia efetiva da aquisição de seus direitos, o indivíduo caminha em direção ao retorno financeiro imediatista. Significa dizer que sua decisão diária estará relacionada com impacto do alimento no orçamentário da família e com o tempo gasto nas etapas de preparo da comida.

4. JUSTIÇA FISCAL NO ORDENAMENTO BRASILEIRO

Registre-se que as leis sempre tiveram uma finalidade significativa para o desenvolvimento da sociedade como um todo. Se introduzidas no ordenamento de forma acertada, podem ocasionar mudanças expressivas no comportamento dos indivíduos, minimizando inclusive as desigualdades. O tributo tem como finalidade promover a manutenção do sistema público, visando a necessidade de ativar recursos que assegurem a garantia de determinados valores indispensáveis ao desenvolvimento social.

Esta ideia é bem sintetizada por Roque Antonio Carrazza: "Não é porque o Estado, para sobreviver, precisa de meios pecuniários (dinheiro) que os contribuintes podem ter seus direitos atropelados".[10] Ao exigir tributos dos indivíduos, o Estado deve observar os limites que a ordem constitucional lhe impôs, até mesmo, e principalmente, no que atina com os direitos subjetivos dos indivíduos. [11]

Nesta perspectiva, indispensável repensar o papel do Estado em atender suas finalidades, na medida em que a carga tributária não deve desrespeitar a dimensão individual e familiar do contribuinte, considerando que a política tributária deve caminhar para um sistema realmente justo para os cidadãos. Assim, para que seja alcançada a verdadeira justiça fiscal, as regras tributárias devem levar em consideração os direitos fundamentais previstos na Lei Maior, uma política de estabilização econômica e social, o valor justo da moeda e os conceitos e diretrizes aplicáveis na linha do tempo, entre outros aspectos imperativos.

Isso porque, o dever de pagar tributos não pode e não deve impactar, em sua essência, os direitos fundamentais. O Estado Democrático de Direito exige que a arrecadação dos tributos e os direitos fundamentais não se excluam, mas se complementem. [12]

5. A SELETIVIDADE DO IPI E ICMS COMO MECANISMO DE UMA ALIMENTAÇÃO SAUDÁVEL

Antes de adentrarmos na seletividade aplicável ao IPI e ao ICMS, bem como seus desdobramentos no ordenamento, faz-se necessário registrar uma breve introdução desses tributos para bem situar o exame dos dispositivos legais envolvidos. O IPI é um tributo de competência da União Federal que incide sobre produtos industrializados, tendo sua regra matriz capitulada no art. 153, inciso IV, da Constituição Federal de 1988.

[10] CARRAZZA, Roque Antonio. **Curso de Direito Constitucional Tributário**. 32ª ed. São Paulo: Malheiros, 2017, p. 70.

[11] Ibidem, p. 338.

[12] Ibidem, p. 340.

Em complemento ao disposto na Magna Carta, o art. 46, inciso II, parágrafo único, conjugado com o art. 51 do Código Tributário Nacional (CTN – Lei nº 5.172 de 1966) define o fato gerador do IPI, como sendo a saída do produto industrializado do estabelecimento industrial que o manufaturar, ou seja, aquele "lhe modifique a natureza ou a finalidade, ou o aperfeiçoe para o consumo." No mesmo sentido, o art. 2º e o art. 3º da Lei nº 4.502 de 1964 dispôs que o imposto incide quando da saída dos produtos de fabricação nacional do estabelecimento produtor, sendo considerado fabricação ou industrialização o método que altere a natureza, funcionamento, acabamento ou apresentação do produto, salvo o acondicionamento destinado ao seu transporte.

Deste modo, o IPI é um tributo federal, incidente sobre operações com produtos industrializados, ou seja, aqueles que tenham sofrido quaisquer dos procedimentos definidos como industrialização pelo legislador ordinário, a saber: transformação, acondicionamento ou reacondicionamento, beneficiamento, montagem e renovação ou recondicionamento. Por outro lado, o ICMS é um tributo de competência dos Estados e do Distrito Federal, que incide sobre operações relativas à circulação de mercadorias e sobre prestações de serviços de transporte interestadual e intermunicipal e de comunicação, com fundamento no art. 155, inciso II, da Constituição Federal.

Em complemento ao disposto na Constituição Federal, e ao regular a exigência do ICMS, a Lei Complementar nº 87 de 1996 dispôs que o tributo incide sobre operações relativas à circulação de mercadorias (art. 2º, inciso I). Em ambas as hipóteses, verifica-se que os tributos em questão (indiretos) recaem sobre a cadeia produtiva como um todo, impactando diretamente o consumidor final. Isso porque, os produtos trazem em seu ônus não somente o valor agregado da produção, mas também os impostos.

Chegamos aqui. De acordo com as balizas constitucionais, o IPI *será* seletivo em função da essencialidade do produto, com fundamento no art. 153, §3º, inciso I. No mesmo sentido, o ICMS *poderá* ser seletivo, nos termos do art. 155, §2º, inciso III. Em síntese, o fim do critério constitucional da seletividade consiste em abrandar a injustiça do imposto, estabelecendo o impacto tributário (carga tributária). Em termos práticos, a seletividade representa discriminação ou sistema de alíquotas diferenciadas por espécies de mercadorias, ou seja, como instrumento de adequação do produto à vida do maior número de habitantes do país. De tal modo, as mercadorias essenciais à existência social devem ser tributadas mais suavemente. [13]

A este respeito, Maurício Dalri Timm do Valle ressalta que o legislador constitucional tomou o devido cuidado ao obrigar à observância da seletividade do IPI em função da essencialidade por parte do legislador ordinário, através da veiculação de normas infraconstitucionais.[14]

Nas palavras de José Soares de Melo, a própria ordem econômica social, a proteção a família, o reconhecimento do trabalho humano, a harmonia entre as categorias sociais de produção e a expansão de oportunidade de empregos produtivos constituem valores prestigiados pela Constituição da República Federativa do Brasil, motivo pelo qual deve ocorrer a implementação da graduação de alíquotas do IPI, mitigando o ônus dos produtos essenciais. De fato, com base nesse regramento constitucional o Estado deve promover os fundamentos básicos para dimensionar o arquétipo do IPI.[15]

Conforme se depreende das lições de Regina Helena Costa, a seletividade do IPI significa que a lei procederá discriminações de tratamento em função da essencialidade do produto, critério definido constitucionalmente. Assim, a exigência do IPI deve ser realizada no ordenamento de acordo com o grau da essencialidade dos produtos industrializados, cujo ônus tributário não é suportado pelo *de jure*, mas sim pelo contribuinte *de facto* (consumidor final).[16] Para atender à seletividade do imposto, importante trazer à baila, por oportuno, as lições de Paulo de Barros Carvalho: (i) produtos necessários >> a incidência há de ser dar através da aplicação de alíquotas baixas, se não for possível conceder-se a isenção; (ii) produtos úteis >> a incidência há de ser aplicada através de alíquotas moderadas; e (iii) produtos supérfluos ou nocivos >> a tributação deve ser realizada através da aplicação de alíquotas elevadas.[17]

[13] BALEEIRO, Aliomar. **Direito Tributário Brasileiro.** 10ª ed. 1984, p. 206; 11ª ed. Atualizada por Misabel Abreu Machado Derzi. Rio de Janeiro: Forense, 2006.

[14] VALLE, Maurício Dalri Timm do. **Princípios constitucionais e regras-matrizes de incidência do imposto sobre produtos industrializados.** São Paulo: Noeses, 2016, p. 473.

[15] MELO, José Eduardo Soares de. **IPI – Teoria e Prática**. São Paulo: Malheiros, 2009, p. 212.

[16] COSTA, Regina Helena. **Curso de Direito Tributário:** Constituição e Código Tributário Nacional. 9ª ed. São Paulo: Saraiva, 2019, p. 381.

[17] CARVALHO, Paulo de Barros. **IPI – Comentários sobre as regras gerais de interpretação da tabela NBM/SH.** Revista Dialética de Direito Tributário nº 12. São Paulo: Dialética, setembro de 1996, p. 52.

Em síntese, o critério da seletividade se concretiza no ordenamento jurídico através da definição das alíquotas. Ou seja, quanto mais essencial o produto para satisfazer as necessidades básicas da sociedade, menor a alíquota aplicável. Por outro lado, quanto menos essencial aquele produto maior a alíquota do imposto, levando em consideração a superfluidade do mesmo. Feitas essas considerações, importante observar que a seletividade também é fator indispensável para que se possa averiguar as limitações do poder de tributar, na medida em que esse critério se presta a desdobrar a real capacidade contributiva do contribuinte de fato.

Portanto, o critério constitucional da capacidade contributiva deve ser aplicado para todo e qualquer imposto, mesmo aqueles classificados como indiretos. Melhor dizendo, nos impostos tidos como indiretos a maneira para que se possa alcançar a capacidade contributiva não é a capacidade econômica do contribuinte, levando-se em consideração o fato tributado. Nesses casos a forma é outra, qual seja, o consumo. Ora, para que se alcance a minimização das injustiças sociais é preciso então que se aplique a análise da capacidade contributiva. E, para que isto ocorra, o legislador ordinário deve analisar, minuciosamente, a regra matriz do imposto para que, com o intuito de promover a tão almejada justiça social, adote um critério que cumpra a capacidade contributiva. Tal princípio é aquele que informa os impostos.

Nesse sentido, Hugo de Brito Machado nos revela que o consumo tem sido apontado como excelente índice de capacidade contributiva. Por essa razão, ao nos reportarmos aos impostos ditos reais – dos quais é exemplo o IPI – afirmamos que também em relação a estes pode ser praticada a diretriz constitucional em referência. Significa dizer que, o consumo é um autêntico rival da renda pessoal como índice da capacidade contributiva e como base para a cobrança de impostos progressivos. [18] O contribuinte, nos casos do IPI e do ICMS, é o comerciante, industrial ou produtor, chamado de contribuinte de direito. Mas, quem suporta o encargo financeiro é o contribuinte de fato, ou seja, o consumidor final. Buscou-se, nesses casos, uma igualdade genérica, onde se preserva e se resguarda aqueles que são mais fragilizados, sob o ponto de vista econômico.

Nesses casos, o critério para se cumprir tal princípio não é o da capacidade econômica analisado de forma objetiva, mas sim, a essencialidade

[18] MACHADO, Hugo de Brito. **Os Princípios Jurídicos da Tributação na Constituição de 1988**. 5ª ed. São Paulo: Dialética, 2004, p. 87.

do produto. Alíquotas maiores para produtos supérfluos. Alíquotas menores para produtos essenciais. Por derradeiro, temos para nós que o critério da seletividade deve ser atualizado reiteradamente e de forma constante, com o fito de acompanhar as necessidades básicas do indivíduo em determinado momento da vida. Em consonância com tudo que foi exposto, constata-se que as alíquotas do IPI atualmente aplicáveis vão ao encontro da seletividade. De tal modo, a carga tributária desse imposto foi modelada para prover uma alimentação variada e saudável aos cidadãos, direito humano básico. Confira-se:

Tabela 1: Tabela de Incidência do Imposto sobre Produtos Industrializados (TIPI)[19]

Descrição	TIPI	Alíquota % IPI
Carnes e miudezas, comestíveis	Capítulo 2	**NT e 0**
Peixes e crustáceos, moluscos e outros invertebrados aquáticos	Capítulo 3	**NT e 0**
Leite e lacticínios; ovos de aves; mel natural; produtos comestíveis de origem animal	Capítulo 4	**NT e 0**
Produtos hortícolas, plantas, raízes e tubérculos, comestíveis	Capítulo 7	**NT e 0**
Fruta; cascas de citros (citrinos) e de melões	Capítulo 8	**NT e 0**
Café, chá, mate e especiarias	Capítulo 9	**NT e 0**
Cereais	Capítulo 10	**NT**

"NT" (não-tributado)

Por outro lado, averígua-se que os Estados e o Distrito Federal (ICMS) não dão a mesma efetividade ao critério da seletividade quando falamos em alimentação saudável, sobretudo quando comparada com as diretrizes fixadas atualmente no âmbito federal (IPI).

[19] BRASIL. Receita Federal. Decreto nº 8.950, de 29 de dezembro de 2016 (com alterações). Aprova a Tabela de Incidência do Imposto sobre Produtos Industrializados (TIPI). Disponível em: <http://receita.economia.gov.br/acesso-rapido/legislacao/documentos-e-arquivos/tipi-1.pdf/view> Acesso em: 15 de dez. de 2020.

Convém anotar, por exemplo, que nos Estados de Minas Gerais, Santa Catarina, São Paulo e Rio de Janeiro, as alíquotas para os produtos saudáveis partem – de forma geral – de um percentual aproximado de 10%. Ressalta-se que, em que pese o legislador derivado tenha aplicado o vocábulo "poderá" para dispor sobre a seletividade do ICMS – trazendo na visão de alguns estudiosos a facultatividade para o legislador infraconstitucional (diferente do que ocorre com o IPI, comando obrigatório) – é notório que a Constituição impõe deveres aos Estados-membros, que compreendem os direitos fundamentais.

Dando operatividade aos regramentos constitucionais, Roque Antonio Carrazza considera obrigatória a observância da seletividade em relação ao ICMS, não representando uma mera faculdade ao legislador, pelo contrário, lhe está impondo um inarredável dever. Na sua visão, o vocábulo "poderá" equivale, na verdade, a um peremptório "deverá", uma vez que as pessoas políticas possuem competência e poder para instituição e cobrança de tributos, mas, por outro lado, possuem deveres, entre os quais destaca-se a observância das diretrizes constitucionais. Não é por outro motivo que manifesta o entendimento de que qualquer outro objetivo visado pelo legislador ordinário que importe descaracterização do IPI ou do ICMS como impostos seletivos viola a diretriz constitucional obrigatória.[20]

José Soares de Melo afirma que a seletividade do ICMS é facultativa, no entanto, manifesta entendimento intermediário na sua aplicabilidade: "Penso que, embora facultativa, a seletividade do ICMS também deverá observar as superiores diretrizes constitucionais que nortearão o IPI. As únicas diferenças de tributação consistirão no elemento espacial (território nacional como unidade, e territórios estaduais, isoladamente), e no tipo de coisa corpórea (produtos industrializados e mercadorias-serviços)".[21] Como amplamente explorado, a justiça se incorpora às leis no ordenamento, passando a ser exercitada na vida social dos cidadãos. A ausência da aplicação da seletividade no ICMS esbarra diretamente na concretiza-

[20] CARRAZZA, Roque Antonio. **ICMS**. 7ª ed. São Paulo: Malheiros, 2001, p. 223. O autor enfatiza: "A ideia que predomina – e que nos soa juridicamente absurda – é no sentido de que o Constituinte, neste ponto, fez uma mera recomendação ao legislador ordinário, para ser seguida segundo suas conveniências." (p. 301)

[21] MELO, José Eduardo Soares de. **Princípios constitucionais tributários**. In MARTINS, Ives Gandra da Silva (Coord.). Caderno de Pesquisas Tributárias, n. 18. São Paulo: Ed. Resenha Tributária, 1993, p. 259.

ção do direito fundamental à dignidade da pessoa humana, que carece de qualidade para aqueles que dela se utilizarão.

Por fim, o que podemos concluir é que a falta de conhecimento da relevância dos direitos fundamentais pelos nossos governantes têm sido um grande problema na qualidade da alimentação da população brasileira, seja em prover informação nesse sentido (educação alimentar), seja em oferecer soluções práticas no mundo real (impacto no custo dos produtos).

CONCLUSÕES

Levados em consideração os aspectos analisados, fica evidente o baixo oferecimento de orientação e compartilhamento de informações pertinentes aos direitos garantidos pela Constituição Federal. O direito humano à alimentação saudável consiste em promover e disseminar o acesso de todos os indivíduos aos alimentos, de forma a garantir uma alimentação balanceada de modo contínuo.

As diretrizes dos direitos fundamentais são irrefutáveis, cabendo ao Estado a aplicação urgente de novas políticas públicas para garantir a execução desses direitos. O acesso à alimentação saudável se faz fundamental diante dos desafios modernos, como alto consumo de alimentos ultraprocessados e índices elevados associados à obesidade, diabetes e doenças cardíacas. Isso mostra que parte dos cidadãos dependem do SUS desde o atendimento básico até possíveis internações hospitalares em casos mais extremos, resultados da baixa influência de uma alimentação adequada e rica em nutrientes.

Os problemas de alimentação no Brasil possuem diversas ramificações e desdobramentos, sensibilizando diariamente setores específicos e lares brasileiros. Com base nas ações do Ministério da Saúde para implementação de novas formas de parametrizar o tipo de alimento que consumimos, podemos hoje ter acesso ao Guia Alimentar para a População Brasileira, elogiado por especialistas na área, uma vez que aborda com clareza a forma com a qual o brasileiro deve consumir o alimento, como também alerta para as consequências de uma alimentação inadequada, trazendo o pensamento de escolha consciente como melhor escolha para si.

Nítida a preocupação constitucional ao prever a imediata exigibilidade do direito à alimentação, uma vez que o poder constituinte originário outorgou aos direitos fundamentais, uma força normativa mais intensa, de modo a não admitir a sua efetividade com base no livre arbítrio do legislador infraconstitucional.

Ocorre que, tendo em vista a ausência de estímulos para concretização desse direito, constata-se que a seletividade do IPI e do ICMS pode e deve atuar como instrumento concretizador desse direito fundamental, auxiliando na efetivação de uma alimentação saudável, com escopo central na longevidade e na qualidade de vida. Diante do exposto, resta claro que, além da necessidade da propagação das informações relacionadas aos hábitos alimentares saudáveis, bem como da implementação de políticas públicas, ousamos afirmar que existem mecanismos financeiros que influenciam na alimentação da população brasileira, tendo em vista que os alimentos trazem em seu custo os impostos indiretos.

REFERÊNCIAS

Asbran. *Guia para uma alimentação saudável em tempos de COVID-19.* Disponível em: <https://www.asbran.org.br/storage/downloads/files/2020/04/guia-alimentar-covid-19.pdf> Acesso em: 15 de dez. de 2020.

Baleeiro, Aliomar. *Direito Tributário Brasileiro.* 10ª ed. 1984, p. 206; 11ª ed. Atualizada por Misabel Abreu Machado Derzi. Rio de Janeiro: Forense, 2006.

BRASIL. Ministério da Saúde. *Guia Alimentar para a População Brasileira*, Brasília, 2008. Disponível em: <https://bvsms.saude.gov.br/bvs/publicacoes/guia_alimentar_populacao_brasileira_2008.pdf> Acesso em: 15 de dez. de 2020.

BRASIL· Ministério da Saúde. *Guia Alimentar para a População Brasileira*, 2ª ed., Brasília, 2014. Disponível em: <https://bvsms.saude.gov.br/bvs/publicacoes/guia_alimentar_populacao_brasileira_2ed.pdf>. Acesso em: 15 de dez. de 2020.

BRASIL. Receita Federal. Decreto nº 8.950, de 29 de dezembro de 2016 (com alterações). Aprova a Tabela de Incidência do Imposto sobre Produtos Industrializados (TIPI). Disponível em: <http://receita.economia.gov.br/acesso-rapido/legislacao/documentos-e-arquivos/tipi-1.pdf/view> Acesso em: 15 de dez. de 2020.

Carrazza, Roque Antonio. *Curso de Direito Constitucional Tributário.* 32ª ed. São Paulo: Malheiros, 2017.

Carrazza, Roque Antonio. *ICMS.* 7ª ed. São Paulo: Malheiros, 2001.

Carvalho, Paulo de Barros. *IPI – Comentários sobre as regras gerais de interpretação da tabela NBM/SH.* Revista Dialética de Direito Tributário nº 12. São Paulo: Dialética, setembro de 1996.

Castro, Anna Lucia Malerbi de. *O princípio da dignidade da pessoa humana e a norma jurídica tributária.* São Paulo: Noeses, 2019.

Costa, Regina Helena. *Curso de Direito Tributário*: Constituição e Código Tributário Nacional. 9ª ed. São Paulo: Saraiva, 2019.

Dallari, Dalmo de Abreu. *Educação em Direitos Humanos*: Fundamentos teórico-metodológicos. 3ª ed. João Pessoa: Editora Universitária, 2007. Disponível em: <http://observatorioedhemfoc.hospedagemdesites.ws/observatorio/wp-content/uploads/2017/06/Anexo59_BrasilRumoSocie_Justa_04_cap_1_artigo_01.pdf> Acesso em: 15 de dez. de 2020.

IBGE. Censo Agropecuário 2017. Resultados Definitivos. Disponível em: <https://biblioteca.ibge.gov.br/index.php/biblioteca-catalogo?view=detalhes&id=73096> Acesso em: 15 de dez. de 2020.

IBGE. Pesquisa Nacional de Saúde – PNS 2019. Disponível em: <https://biblioteca.ibge.gov.br/index.php/biblioteca-catalogo?view=detalhes&id=2101758>. Acesso em: 15 de dez. de 2020.

MACHADO, Hugo de Brito. *Os Princípios Jurídicos da Tributação na Constituição de 1988*. 5ª ed. São Paulo: Dialética, 2004.

MELO, José Eduardo Soares de. *IPI – Teoria e Prática*. São Paulo: Malheiros, 2009.

MELO, José Eduardo Soares de. *Princípios constitucionais tributários*. In MARTINS, Ives Gandra da Silva (Coord.). Caderno de Pesquisas Tributárias, n. 18. São Paulo: Ed. Resenha Tributária, 1993.

VALLE, Maurício Dalri Timm do. *Princípios constitucionais e regras-matrizes de incidência do imposto sobre produtos industrializados*. São Paulo: Noeses, 2016.

O CORONAVÍRUS E OS CONTRATOS: EXTINÇÃO, REVISÃO E CONSERVAÇÃO – BOA-FÉ, BOM SENSO E SOLIDARIEDADE

Flávio Tartuce

O novo coronavírus – tecnicamente chamado de Covid-19 – transformou-se em uma pandemia de repercussões inimagináveis para todos, atingindo em cheio os contratos e demais negócios jurídicos. Desde o surgimento do vírus no Brasil, muito já se produziu a respeito das repercussões contratuais, destacando-se, de imediato, os textos publicados na coluna *Migalhas Contratuais*, do Instituto Brasileiro de Direito Contratual (IBDCont). Por certo é que não só nos momentos de aguda crise, mas também depois que ela passar, enormes são e serão os desafios a superar no enfrentamento das questões contratuais.

Neste meu breve estudo, procurarei demonstrar, em termos gerais, os grandes dilemas que dizem respeito à extinção, revisão ou conservação das avenças. O texto está dividido em cinco partes, de forma bem didática. Na *primeira* delas, serão expostas as ferramentas que o Direito Privado apresenta para a extinção ou revisão dos contratos. Na *segunda*, demonstrarei os instrumentos de conservação, de permanência do negociado, de respeito à palavra dada. Na *terceira parte*, apresentarei uma dúvida do Professor Anderson Schreiber, sobre duas possíveis soluções para a análise dos contratos em tempos de pandemia, dando a minha resposta. Na *quarta*, tomarei por base o artigo de Eduardo Nunes e Rodrigo da Guia, sobre a distinção de três hipóteses concretas que devem ser analisadas, dependendo da situação em que se situe cada negócio jurídico e os institutos aplicáveis para sua extinção ou revisão. Na *quinta* e última parte, trarei algumas sugestões para solucionar as novas dúvidas do cotidiano dos negócios em geral.

Pois bem, iniciando-se pelos instrumentos existentes no sistema para a revisão ou resolução contratual, elenco os seguintes, muitos deles já destacados em textos até aqui publicados, em rol meramente exemplificativo:

a) Alegação de caso fortuito – evento totalmente imprevisível – ou força maior – evento previsível, mas inevitável –, nos termos do art. 393 do Código Civil, para justificar o inadimplemento. Por esse comando, o devedor não responde pelos prejuízos resultantes desses eventos se expressamente não se houver por eles responsabilizado, por força do contrato.
b) Resolução ou revisão do contrato com base na teoria da imprevisão ou da onerosidade excessiva, o que tem fundamento, nas relações civis, nos arts. 317, 478, 479 e 480 do Código Civil. Nunca é demais lembrar que a codificação privada exige, além da onerosidade excessiva, que o fato novo superveniente que causou o desequilíbrio seja, ao menos, imprevisível, afirmação que vale para a pandemia de Covid-19. Quanto aos contratos de consumo, a revisão ou resolução contratual dispensa a imprevisibilidade, bastando um fato novo que cause a quebra da base objetiva do negócio, da proporcionalidade das prestações (art. 6º, inc. V, da Lei n. 8.078/1990).
c) Utilização do instituto da impossibilidade da prestação, mesmo que sem culpa da parte da relação obrigacional, o que gera a sua resolução ou extinção, sem a imputação de perdas e danos, ou seja, sem que surja o dever de responder por eventuais prejuízos causados pela extinção do negócio. A impossibilidade tem por fundamento o art. 234 do Código Civil – no caso de obrigação de dar –, o seu art. 248 – em se tratando de obrigação de fazer – e o art. 250 da codificação privada – presente a obrigação de não fazer.
d) Argumento da exceção de contrato não cumprido, retirado do art. 476 do Código Civil, segundo o qual, em um contrato bilateral – com deveres proporcionais para ambos os pactuantes –, uma parte não pode exigir que a outra cumpra com a sua obrigação se não cumprir com a própria. Como efeito resolutivo, se ambas as partes não cumprirem com o que é devido, o negócio será reputado como extinto e resolvido, desde que isso seja alegado em uma demanda judicial, pois trata-se de uma cláusula resolutiva tácita (art. 474 do CC).

e) A exceção de contrato não cumprido também cabe no caso de iminência de descumprimento por uma das partes, como se retira do art. 477 do CC/2002, podendo-se exigir o cumprimento antecipado ou garantias prévias, sob pena de resolução. Desse último preceito retira-se a *exceção de inseguridade*, suspendendo-se o cumprimento do contrato até que as exigências contidas na norma sejam atendidas (Enunciado n. 438 da *V Jornada de Direito Civil*). Também é possível dele abstrair a tese da *quebra antecipada do contrato* ou *inadimplemento antecipado*, quando os fatos demonstrarem, de forma séria e real, que o descumprimento é iminente (Enunciado n. 437 da *V Jornada de Direito Civil*).
f) Alegação da *frustração do fim da causa do contrato*, como se retira do Enunciado n. 166 da *III Jornada de Direito Civil*, outra afirmação doutrinária interessante para os dias atuais: "a frustração do fim do contrato, como hipótese que não se confunde com a impossibilidade da prestação ou com a excessiva onerosidade, tem guarida no Direito brasileiro pela aplicação do art. 421 do Código Civil". Apesar de o Código Civil Brasileiro não ter adotado expressamente a teoria da causa do contrato ou do negócio jurídico – como fez, por exemplo, o Código Civil Italiano (arts. 1.325, 1.343 a 1.345) –, tem-se associado a tese da frustração do fim com a função social do contrato, em sua eficácia interna, o que conta com o meu apoio doutrinário. Assim sendo, se, por um motivo estranho às partes, o contrato perder sua *razão de ser*, será reputado extinto, mais uma vez com a resolução sem perdas e danos.

Expostos os principais argumentos para a revisão ou resolução dos contratos, tem-se, por outra via, com vistas à sua manutenção, se não de acordo com o que foi inicialmente pactuado, em sentido muito próximo:

a) Boa-fé objetiva, o que tem fundamento nos arts. 113, 187 e 422 do Código Civil, sem prejuízo de outras regras específicas, como a norma relativa ao seguro (art. 765 do CC). Como é notório, a *Lei da Liberdade Econômica* (Lei n. 13.874/2019) alterou o primeiro comando, inserindo dois novos parágrafos, valorizando sobremaneira o avençado e aumentando a força da autonomia privada. Assim, nos termos do novo § 1º do art. 113 do CC/2002, a interpretação do negócio jurídico deve lhe atribuir o sentido que: for confirmado pelo comportamento das partes posterior à celebração do negócio; corresponder aos usos, costumes e práticas do mercado relativos ao tipo de negócio; corresponder à boa-fé; for mais benéfico à parte que não redigiu o dispositivo, se identificável; e corresponder àquela que seria a razoável negociação das partes sobre a questão discutida, inferida das demais disposições do negócio e da racionalidade econômica das partes, consideradas as informações disponíveis no momento de sua celebração. Ademais, está previsto que as partes poderão livremente pactuar regras de interpretação, de preenchimento de lacunas e de integração dos negócios jurídicos diversas daquelas previstas em lei. A valorização da boa-fé também é retirada do art. 3º, incs. V e VIII, da Lei n. 13.874/2019 ("Art. 3º São direitos de toda pessoa, natural ou jurídica, essenciais para o desenvolvimento e o crescimento econômicos do País, observado o disposto no parágrafo único do art. 170 da Constituição Federal: (...) V – gozar de presunção de boa-fé nos atos praticados no exercício da atividade econômica, para os quais as dúvidas de interpretação do direito civil, empresarial, econômico e urbanístico serão resolvidas de forma a preservar a autonomia privada, exceto se houver expressa disposição legal em contrário; (...) VIII – ter a garantia de que os negócios jurídicos empresariais paritários serão objeto de livre estipulação das partes pactuantes, de forma a aplicar todas as regras de direito empresarial apenas de maneira subsidiária ao avençado, exceto normas de ordem pública").

b) Força obrigatória das convenções e dos contratos, concretizado na máxima *pacta sunt servanda*, adotada expressamente por vários preceitos da Lei da Liberdade Econômica, com destaque para o seu art. 2º – ao valorizar a liberdade como princípio inerente à garantia no exercício de atividades econômicas – e para os últimos comandos transcritos.

c) Função Social do Contrato, novamente em sua eficácia interna, no sentido de conservar ao máximo os negócios pactuados e a autonomia privada (arts. 421 e 2.035, parágrafo único, do CC). Nesse sentido, destaco o Enunciado n. 22, aprovado na *I Jornada de Direito Civil:* "a função social do contrato, prevista no art. 421 do novo Código Civil, constitui cláusula geral que reforça o princípio de conservação do contrato, assegurando trocas úteis e justas". Constata-se, portanto, que esse princípio pode ser utilizado, em suas diferentes expressões, tanto para a extinção como para a manutenção do contrato.

d) Função Social do Contrato, em sua eficácia externa, no sentido de que a solução contratual não pode trazer lesões a interesses difusos e coletivos, bem como prejuízos a terceiros, caso de consumidores. Dentro dessa ordem, o contrato não pode ofender valores ambientais ou atinentes à concorrência.

e) Princípio da Intervenção Mínima do Estado nas relações contratuais, constante do novo parágrafo único do art. 421 do Código Civil, inserido pela citada *Lei da Liberdade Econômica:* "nas relações contratuais privadas, prevalecerão o princípio da intervenção mínima e a excepcionalidade da revisão contratual". Apesar de dúvida levantada por alguns civilistas quanto à existência ou não desse princípio nas relações contratuais – mormente diante de um Código Civil com várias normas de ordem pública e com caráter intervencionista –, é possível reconhecer a sua aplicação restrita aos contratos paritários – com ampla negociação do seu conteúdo –, foco principal da Lei n. 13.874/2019.

f) Incidência das regras relativas ao inadimplemento, seja absoluto ou relativo, caso dos arts. 389, 390, 391, 394 e 396 do Código Civil, sem prejuízo das consequências jurídicas dele advindas, constantes das normas seguintes, as relativas aos juros e à cláusula penal. Como consequência dos dispositivos que tratam do inadimplemento contratual, o art. 475 do Código Civil prevê que "a parte lesada pelo inadimplemento pode pedir a resolução do contrato, se não preferir exigir-lhe o cumprimento, cabendo, em qualquer dos casos, indenização por perdas e danos". Sobre a exigência de cumprimento do contrato, constante do último preceito, o Código de Processo Civil consagra mecanismos de tutela específica para as obrigações de dar coisa certa, fazer e não fazer, como a fixação de multa diária ou *astreintes* (arts. 497, 498 e 536 do CPC/2015).

Expostos os argumentos que podem ser utilizados de forma contraposta nas demandas relativas à pandemia, todos eles muito plausíveis, cabe interrogar, como fez Anderson Schreiber em mensagem eletrônica, qual seria a melhor solução para os contratos em tempos de pandemia. Aplicar a *generalização* para a extinção ou revisão imediata, com a utilização dos primeiros mecanismos listados, liberando-se o devedor de suas obrigações em muitas das situações ou até como regra geral? Ou, por outra via, analisar o *impacto específico* para cada contrato, sendo possível também utilizar os mecanismos de conservação? A minha resposta, como quer o jurista citado, é pelo segundo caminho, buscando-se um equilíbrio entre as teses conflitantes.

A propósito, em artigo muito bem desenvolvido, Eduardo Nunes de Souza e Rodrigo da Guia procuram separar três grupos ou hipóteses de contratos, propondo soluções diversas com vistas à resolução ou revisão (*Resolução contratual nos tempos do novo coronavírus*[1].

No primeiro grupo estão aqueles contratos em que houve a intervenção do Estado por atos normativos para fazer cessar as atividades, um *fato do príncipe*, como nos casos de cinemas, restaurantes, teatros e lojas em *shopping centers* ou fora deles. Para esses negócios, os autores sugerem a incidência da impossibilidade da prestação, com a suspensão de pagamentos ou eventual resolução no futuro, sem imputação de culpa a qualquer uma das partes.

No segundo grupo de contratos situam-se os negócios em que não há ato normativo de intervenção, mas está presente a falta de interesse da parte quanto ao seu conteúdo, o que se verifica para as compras de passagens áreas. Nesses, incide a tese da frustração do fim da causa, que, como visto, tem relação com a função social do contrato, resolvendo-se este sem a imputação de culpa a qualquer uma das partes. De todo modo, não se pode admitir, com essa solução, uma proteção exagerada de qualquer uma das partes para que, por exemplo, os valores sejam devolvidos somente após um longo período de tempo, fora da esperada razoabilidade. Assim, um prazo de doze meses para a devolução dos valores relativos às passagens áreas me parece algo excessivo.

Por fim, no terceiro grupo temos os contratos em que houve um agravamento do sacrifício econômico para uma ou ambas as partes, caso de grandes contratos de fornecimento entre empresas, ou empréstimos bancários para o incremento do capital de giro. Aqui, devem ser subsumidos os preceitos relacionados à revisão ou mesmo resolução por onerosidade

[1] Disponível em: https://www.migalhas.com.br/coluna/migalhas-contratuais/322574/resolucao-contratual-nos-tempos-do-novo-coronavirus. Acesso em: 26 mar. 2020).

excessiva, caso dos arts. 317 e 478 do Código Civil. Não se pode esquecer que, diante do princípio da conservação e da correspondente função social do contrato, a extinção do contrato deve ser a última medida a ser tomada. Nesse contexto, cito o Enunciado n. 176 da *III Jornada de Direito Civil:* "em atenção ao princípio da conservação dos negócios jurídicos, o art. 478 do Código Civil de 2002 deverá conduzir, sempre que possível, à revisão judicial dos contratos e não à resolução contratual".

A divisão proposta pelos autores parece-me perfeita. Porém, não se pode perder de vista algumas ressalvas para a manutenção das avenças, para o *salvamento dos contratos.* Além da premissa de ser a revisão a regra e a resolução contratual a exceção, é sempre recomendável o atendimento aos deveres de informar e de transparência, relacionados à boa-fé objetiva. Assim, penso que as partes devem, sempre que possível e imediatamente, comunicar qual a sua situação econômica e se pretendem ou não cumprir com as suas obrigações futuras. No caso da impossibilidade de cumprimento, é saudável que a parte apresente já um plano de pagamento, com diluição das parcelas no futuro.

Nesse contexto, pode ser aplicado algo próximo à *moratória legal,* prevista no art. 916 do Código de Processo Civil. Conforme esse comando, em havendo execução de quantia certa, no prazo para embargos, reconhecendo o crédito do exequente e comprovando o depósito de trinta por cento do valor em execução, acrescido de custas e de honorários de advogado, o executado poderá requerer que lhe seja permitido pagar o restante em até seis parcelas mensais, acrescidas de correção monetária e de juros de um por cento ao mês. Esse plano de pagamento, previsto na própria lei processual, é interessante e pode ser aplicado extrajudicialmente. Isso não obsta, contudo, que os prazos e percentuais sejam alterados, a depender das circunstâncias fáticas e da própria natureza da pactuação. Também é possível sustentar – uma vez que a pandemia é um fato que gera consequências não imputáveis aos contratantes –, o afastamento da cobrança dos encargos e acessórios da dívida, como juros moratórios e multas contratuais.

Aprofundando, entendo ser interessante, por colaboração entre as partes, a instituição de "prazos de graça" ou de "prazos de favor", com a extensão para pagamento ou para cumprimento posterior das obrigações. Tal solução, a propósito, consta do art. 47 da Convenção de Viena sobre Venda Internacional de Mercadorias (CISG), que no Brasil foi internalizada por força do Decreto n. 8.327/2014. Vejamos o seu teor:

> "(1) O comprador poderá conceder ao vendedor prazo suplementar razoável para o cumprimento de suas obrigações. (2) Salvo se tiver recebido a comunicação do vendedor de que não cumprirá suas obrigações no prazo fixado conforme o parágrafo anterior, o comprador não poderá exercer qualquer ação por descumprimento do contrato, durante o prazo suplementar. Todavia, o comprador não perderá, por este fato, o direito de exigir indenização das perdas e danos decorrentes do atraso no cumprimento do contrato".

Trata-se do que se denomina como *extensão de prazo* (*Nachfrist*), cuja aplicação, nesses tempos de crise, pode ser ampliada para outros contratos e negócios jurídicos, além da compra e venda internacional de mercadorias. Nesse contexto, é viável a concessão de um prazo adicional ou período de carência de uma parte à outra, período em que não caberá alegar a resolução contratual por inadimplemento, o que tem o intuito de conservar a avença, diante do dever de colaboração retirado da boa-fé.

Sem prejuízo dessas soluções consensuais, seria interessante a edição de leis emergentes para a solução dos contratos privados, como normas que estabeleçam moratórias em determinados contratos? Essa é uma dúvida atroz, que já tem dividido os juristas. Cito, como tal proposição, o Projeto de Lei n. 884/2020, originário do Senado Federal, que pretende suspender imediatamente as cobranças de aluguéis em todas as locações, por noventa dias. A proposta também almeja que os valores de aluguéis devidos deverão ser assumidos pelo Governo Federal quando o proprietário do imóvel alugado possuir patrimônio em valor inferior a R$ 2.500.000,00 (dois milhões e quinhentos mil reais) declarado em seu imposto de renda. O grande problema de propostas como essa – além da comum crítica de uma intervenção excessiva do Estado nos contratos – é o de cair na antes citada generalização. De todo modo, a aprovação de uma lei geral privada sobre o regime jurídico temporário a ser aplicado nos tempos de crise oriunda da pandemia viria em boa hora, caso do Projeto de Lei n. 1179/2020, originário do Senado Federal.

Assim, reitero a minha posição de que todos os contratos merecem uma análise pontual, dentro do esperado bom senso, como consequência imediata do princípio da boa-fé objetiva. As partes devem, assim, procurar soluções intermediárias e razoáveis, movidas pela equidade e pela boa razão. Os *contratos relacionais ou cativos de longa duração*, concretizados no tempo e com grande possibilidade de continuarem a se perpetuar no futuro, merecem prioridade de cumprimento, além daqueles negócios que envolvem *conteúdo existencial*, além do patrimônio, caso dos contratos de plano de saúde.

Chegou o momento de as partes contratuais no Brasil deixarem de se tratar como adversários e passarem a ser comportar como parceiros de verdade. Ao invés do confronto, é preciso agir com solidariedade. De nada adiantará uma disputa judicial por décadas, com contratos desfeitos e relações jurídicas extintas de forma definitiva.

Bom senso, boa-fé e solidariedade. Essas ferramentas, mais do que remédios jurídicos, serão essenciais, no presente e no futuro, muitas vezes mais do que os remédios ou instrumentos jurídicos antes citados, sejam aqueles que geram a extinção ou a conservação dos negócios.

A RESPONSABILIZAÇÃO CIVIL DOS INFLUENCIADORES DIGITAIS PELOS PRODUTOS ANUNCIADOS AOS CONSUMIDORES

Gabriel Oliveira Brito
Rodrigo dos Santos Igrejas Filgueiras

INTRODUÇÃO

Busca-se por meio deste artigo analisar a relação entre os influenciadores digitais e o seu público, bem como a sua responsabilidade civil nas promoções feitas em suas páginas digitais.

Para a realização de tal análise, será feito o estudo da teoria da confiança contratual, com o objetivo de identificar a existência do vínculo entre os influenciadores digitais e os seguidores em relação aos produtos divulgados nas redes sociais, posteriormente será feito o estudo sobre o papel da informação na atualidade, com análise dos conceitos de economia da informação e sociedade da informação, com o objetivo de identificar o papel da informação prestada pelos influenciadores digitais aos seguidores na concretização da compra de produtos ou serviços que possam apresentar vícios ou defeitos. Por fim, o presente estudo contemplará recentes julgados sobre o tema, com o objetivo de verificar se os conceitos analisados ao longo do estudo apresentam ou não correlação no sentido de possibilitar e ensejar a responsabilização civil dos influenciadores digitais por vício e fato do produto ou do serviço.

O presente estudo utiliza da análise de referências bibliográficas e revisão jurisprudencial, para obter um resultado através do método dedutivo.

1. A TEORIA DA CONFIANÇA CONTRATUAL E O VÍNCULO JURÍDICO ENTRE INFLUENCIADORES E O CONSUMIDOR

Sabe-se que as relações contratuais entre particulares na maioria dos sistemas jurídicos romano germânicos se pauta no tripé (i) autonomia privada; (ii) boa-fé; (iii) equilíbrio das prestações[1]. Para o presente artigo, analisaremos principalmente os dois primeiros.

A autonomia privada, evolução direta do instituto da autonomia da vontade, pode ser entendida como o princípio que garante às partes a manifestação de suas vontades quando da assinatura de contratos, sendo certo que, como repetido em diversos códigos civis elaborados durante o século XIX, "o contrato faz lei entre as partes"[2].

Desta feita, tem-se que as partes, salvo em situações excepcionais, deverão cumprir com o quanto se comprometeram quando da assinatura dos contratos. A autonomia privada possui importância tão grande no direito contratual brasileiro que em recente alteração do Código Civil, foi incluído o parágrafo único ao artigo 421, que garante que a intervenção judicial deverá ser excepcional, exatamente por se considerar que as partes assumem suas obrigações nos contratos por vontade própria e que devem cumprir com o que acordaram. Em suma, não sendo comprovada qualquer situação de coação ou de grande alteração das bases contratuais, as partes devem cumprir com o acordado.

Por sua vez, a boa-fé contratual, cuja importância em qualquer relação jurídica não precisa de grandes explicações, talvez tenha importância ainda maior em uma situação como a que será analisada no presente artigo, de um contrato atípico, pois não há documento assinado pelas partes, mas mera promessa do influenciador de entregar produto em caso de sorteio ou afirmações de que o produto pode ser consumido, por ser um produto de qualidade.

A relação entre consumidores e influenciadores digitais é baseada, via de regra, no distanciamento entre as partes: o consumidor, embora não conheça pessoalmente o influenciador, acompanha as suas redes digitais e pauta-se no pressuposto de que as informações transmitidas por ele são verdadeiras.

[1] VICENTE, Dário Moura, A autonomia privada e os seus diferentes significados à luz do direito comparado, *Revista de Direito Civil Contemporâneo*, v. 8/2016, p. 275/302

[2] RODRIGUES JUNIOR, Otavio Luiz, A doutrina do terceiro cúmplice: autonomia da vontade, o princípio do res inter alios acta, função social do contrato e a interferência alheia na execução dos negócios jurídicos, *Revista dos Tribunais*, v. 821/2004, p. 1225/1250

Por conta do número de pessoas que podem ser atingidas pelos influenciadores, muitas empresas buscam vincular as suas marcas a famosos, seja por uma relação de patrocínio, na qual o influenciador recebe para fazer propaganda de marca ou produto, seja pela realização de sorteios, em que o influenciador recebe de empresa ou marca para realizar um sorteio de mercadorias em suas páginas, buscando levar seu produto a um número maior de pessoas.

Ao se comprometer a realizar sorteio ou ao fazer propaganda de marca específica, o influenciador cria uma relação com as pessoas que acompanham o seu trabalho, que podem se inscrever em sorteios ou adquirir os produtos anunciados pelo influenciador. Com essa criação de vínculo com o consumidor, o influenciador passa a também ter responsabilidades frente ao consumidor, ainda que não as mesmas que o fornecedor do produto.

2. A INFORMAÇÃO COMO FIGURA CENTRAL DA ECONOMIA

Para ilustrar o papel da informação, vale destacar o entendimento de Dário de Moura Vicente, para quem a informação "constitui hoje um instrumento de poder, susceptível de minar a autoridade do Estado e de limitar a liberdade dos cidadãos."[3] De acordo com José de Oliveira Ascensão, a informação "torna-se um elemento estratégico decisivo da evolução social e fator com capacidade determinante do comportamento dos povos."[4] Para Manuel Castells, "informação e conhecimento sempre foram cruciais no crescimento da economia, e a evolução da tecnologia determinou em grande parte a capacidade produtiva da sociedade e os padrões de vida, bem como formas sociais de organização econômica."[5]

Entretanto, o referido autor alerta que o paradigma tecnológico emergiu de tal forma que possibilitou que a própria informação se tornasse o produto do processo produtivo.[6] De tal forma, deve ser caracterizada a informação como figura de extrema importância tanto na economia quanto em toda a sociedade. Marc Porat[7] considera a informação um dos mais

[3] VICENTE, Dário de Moura. *Direito internacional privado:* problemática internacional da sociedade da informação. Almedina. Coimbra: Almedina· 2005. p. 19

[4] ASCENSÃO, José de Oliveira. Sociedade da informação e mundo globalizado. *Revista Brasileira de Direito Comparado.* Rio de Janeiro, n. 22, p. 161-182, jan./jun., 2002. p. 167

[5] CASTELLS, Manuel. *A sociedade em rede.* 19. ed. São Paulo: Paz e Terra. 2018. p. 135.

[6] Ibidem. p. 135.

[7] PORAT, Marc Uri. Global implications of the information society. **Journal of Communication**, v. 28, n. 1, p. 70-80, 1978. p. 79: "Information is the most curious of all resources. It is

curiosos recursos, por ser infinitamente renovável, isto é, o ato de consumo não destrói a informação, e ela pode ser utilizada de forma repetida e simultânea por muitas pessoas. A informação nem mesmo se deteriora com o uso, e pelo contrário, quanto mais uso de certos tipos de informação, mais valiosos eles se tornam, como o conhecimento, a lei. Os bens e serviços de informação não necessitam de utilização de recursos naturais ou energia em larga escala, e geram apenas uma modesta poluição no meio ambiente

Yoneji Masuda[8] destacou ainda em 1980 que a sociedade da informação seria uma sociedade que se desenvolveria em função da produção de valores informacionais, e que seria fundamentalmente diferente das sociedades agrícola e industrial do passado. De acordo com o autor, a expressão "sociedade da informação" estaria ligada a uma economia em que a informação estaria no centro das necessidades econômicas da cidade; a economia e a própria sociedade crescem e se desenvolvem em função da produção de do uso de valores informacionais, e a importância da informação como produto econômico excede a de bens, energia e serviços, esta estrutura econômica o autor denominou de economia centrada na informação.[9]

Assim, nota-se que a informação assumiu uma grande importância na economia e consequentemente em todas as áreas da sociedade, de modo que já é possível avançar no presente estudo para a análise de como se dá o acesso à informação, pois se ela é tão crucial para a economia e para a sociedade, deve ser tratada como tal e seu acesso deve ser caracterizado como uma das principais tarefas dos países e pessoas na sociedade, pois se a informação é o principal ativo econômico da atualidade, sem informação a economia e a sociedade não funcionariam.

Diante de todo o exposto, vivendo na era da informação, e sendo esta a figura central da economia, deve se encarar tal importância para além do sistema econômico, analisando também a sua relevância jurídica para situações que envolvem a sociedade informacional, como por exemplo: a

infinitely renewable the act of consumption does not destroy the information, and it can be used repeatedly and simultaneously by many people. Information does not even depreciate with use. On the contrary, the more one uses certain types of information (knowledge, the law), the more valuable they become. Information goods and services do not require huge inputs of natural resources or energy, and generate only modest waste or environmental pollution."

[8] Masuda, Yoneji. *A sociedade da informação como sociedade pós-industrial.* Rio de Janeiro: Editora Rio, 1982. p. 111.

[9] Ibidem. p. 111.

profissão de influenciador digital. O influenciador digital nos dias atuais é uma pessoa com grande relevância em redes sociais, com muitos seguidores, que realiza trabalhos de publicidade e divulgação para marcas contratantes.

Sendo certo que vivemos na economia da informação, seria possível vincular a informação passada pelos influenciadores digitais como fator preponderante para que os seguidores e consumidores consumam produtos e serviços? E sendo fator preponderante, poderiam ser considerados responsáveis por eventuais vícios dos produtos e serviços ou até, por fato do produto ou do serviço? É o que será analisado a seguir.

3. A RESPONSABILIZAÇÃO CIVIL DOS INFLUENCIADORES DIGITAIS POR VÍCIO OU FATO DO PRODUTO OU DO SERVIÇO

O Código de Defesa do Consumidor estabelece a responsabilização dos fornecedores, produtores, fabricantes, dentre outros responsáveis pela circulação de produtos e fornecimento de serviços, que estão expressamente previstos no referido diploma legal, pelos vícios do produto e do serviço, bem como pelos fatos do produto e do serviço.

Convém lembrar que, por ser de 1990, naturalmente a legislação consumerista não apresenta disposição expressa sobre influenciadores, uma vez que se trata de uma figura surgida a partir dos anos 2010. Contudo, com o avanço da sociedade em rede e das redes sociais, é necessário analisar a possibilidade de que os influenciadores digitais sejam responsabilizados por vícios do produto ou do serviço, ou fato do produto ou do serviço que estão divulgando em suas plataformas digitais.

Isso porque, conforme a teoria da confiança tratada no tópico 1 do presente estudo, bem como pela análise do papel da informação na economia, como figura central, é certo que a informação prestada pelo influenciador digital em sua rede social, de que determinado produto ou serviço é confiável e garantido, fará com que diversos consumidores comprem o produto ou contratem o serviço única e exclusivamente pela confiança que depositam naquela figura que seguem nas redes sociais.

Diretamente da aplicabilidade do Código de Defesa do Consumidor, não é possível a responsabilização dos influenciadores digitais por vício ou fato do produto e do serviço, tendo em vista que inexiste previsão expressa nesse sentido; entretanto, partindo do princípio que a atividade econômica dos influenciadores digitais é a divulgação de produtos e serviços em suas plataformas digitais, e que muitos utilizam inclusive de pessoa jurídica para receber pelas campanhas publicitárias, seria possível a responsabilização dos influenciadores digitais por ato ilícito nos termos do art. 927, parágrafo único do Código Civil, que trata sobre a obrigação de reparar o dano, independentemente de culpa, em casos especificados em lei, ou quando a atividade desenvolvida pelo autor do dano implicar, por sua natureza, risco para os direitos de outrem.

A responsabilização civil objetiva dos influenciadores digitais seria possível na medida em que o serviço prestado por eles aos seus seguidores (consumidores do conteúdo), é justamente a indicação de produtos e serviços, de modo a influenciar seus seguidores a comprarem o que se divulga. Sendo assim, sendo certo que os influenciadores recebem valores para divulgarem determinadas marcas, a própria atividade desenvolvida pelo influenciador pode causar dano aos seus consumidores de conteúdo digital, que pela teoria da confiança acabam comprando um produto ou serviço única e exclusivamente por ter sido divulgado por determinado influenciador.

Dessa forma, é possível caracterizar a responsabilidade civil objetiva dos influenciadores digitais no que diz respeito aos danos sofridos por seus consumidores, sempre que houver um vínculo de confiança contratual, entre o influenciador digital e o consumidor que apenas adquire o produto porque aquele divulgou. Há julgados recentes que tratam sobre o tema, senão vejamos:

4. RECENTES JULGADOS

No sentido do quanto especificado acima, e considerando a tendência dos Tribunais Pátrios de buscar, cada vez mais, decisões que amparem as vítima dos atos ilícitos, como muito bem analisado, em artigos distintos, por José Luiz Gavião[10] e Giselda Hironaka[11], vêm sendo proferidas decisões reconhecendo a responsabilidade dos influenciadores digitais pelos produtos que sorteiam ou vendem em suas páginas digitais. Em decisão proferida em março de 2021, foi concedida liminar determinando que o cantor e youtuber Leonardo Schulz Cardoso, popularmente conhecido

[10] Almeida, José Luiz Gavião de. *Novos rumos da responsabilidade civil por ato ilícito*, in. José Luiz Gavião de Almeida (org.). Temas Atuais de Responsabilidade Civil. São Paulo: Atlas, 2007

[11] Hironaka, Giselda. *Responsabilidade pressuposta – evolução de fundamentos e de paradigmas da responsabilidade civil na contemporaneidade*, in Responsabilidade Civil: 50 anos em Portugal e 15 anos no Brasil, coord. Mafalda Miranda Barbosa e Francisco Muniz, Salvador, Juspodivm, 2017.

como Léo Stronda, realizasse em 15 dias a entrega de um *Iphone* 11, que havia prometido em sorteio feito em sua página de *Instagram*, mas que não havia sido entregue dentro do prazo prometido quando da realização do sorteio. Embora o envio do aparelho tenha sido prometido por patrocinadores do cantor, que deixaram de enviar o celular no prazo acordado, o Juízo Cível de Tupã entendeu que Leonardo deveria ser responsabilizado pela entrega, uma vez que a promoção foi feita em sua página, sendo a promessa de entrega do prêmio feita por ele ao realizar o sorteio, gerando sua responsabilidade civil.

A decisão acima foi proferida no mesmo sentido de outra decisão de agosto de 2020, quando a influenciadora Virgínia Fonseca foi condenada pelo Tribunal de Justiça do Rio de Janeiro a ressarcir consumidora que não recebeu um *Iphone* 8 comprado em loja indicada pela influencer. A decisão do Tribunal Fluminense reconheceu que embora não exista vínculo consumista entre a influenciadora e a compradora lesada, é certo que aquela deve ser responsabilizada pelo prejuízo sofrido pela compradora, uma vez que a compra apenas se deu por conta da indicação feita pela influenciadora para que seus seguidores comprassem produtos na loja indicada. Deste modo, embora a *influencer* não tenha sido a responsável pela ausência de entrega do aparelho adquirido, por ter indicado para seus seguidores a loja que efetuava golpes, ela deveria ser condenada, nos termos do art. 927 do Código Civil.

A análise dos casos acima demonstra que os tribunais entendem que para a responsabilização do influenciador digital sobre danos sofridos por seus seguidores basta a comprovação do nexo causal entre o dano efetivamente sofrido e o ato do influenciador. Ou seja, basta a comprovação de que o ato do influenciador teve relevância para o prejuízo sofrido pela vítima do ilícito que haverá o dever de indenizar do *influencer*, por possuir responsabilidade civil pelos prejuízos sofridos por terceiros por produtos que indicou ou sorteou.

Em uma sociedade altamente digital, que criou a nova figura dos *influencers*, que são remunerados por patrocinadores ou por promoções esporádicas com lojas, decisões como as citadas vêm criando uma jurisprudência nacional que defende o consumidor, mesmo que ausente a relação de consumo com o influenciador.

Essa jurisprudência demonstra que a evolução da responsabilidade civil no país não evoluiu apenas com uma expansão da responsabilidade objetiva com o advento do Código de 2002 quando comparado com o Código de 1916, mas que a responsabilidade civil se expandiu também para áreas que sequer eram imaginadas quando da elaboração do já não tão novo código.

Deste modo, é claro que o instituto da responsabilidade civil, bem como todo o direito, evolui junto com a sociedade, adaptando-se para os novos tempos e novas situações que inexistiam anteriormente.

CONCLUSÕES

O presente estudo permite concluir que os influenciadores digitais, ainda que não sejam os responsáveis pela fabricação dos produtos que promovem na internet, podem ser responsabilizados pelos vícios inerentes de tais produtos, como vêm decidindo os Tribunais pátrios. Referidas decisões se coadunam com a evolução da responsabilidade civil no ordenamento pátrio, que no código de 1916 era pautado na responsabilidade subjetiva, tendo sido alterada para um sistema misto de responsabilidade objetiva e subjetiva com o código de 2002.

Tal entendimento nos parece correto, uma vez que os influenciadores digitais, ao servirem como uma ponte para a anunciação dos produtos, lucram com a venda das mercadorias que anunciam. Na medida em que o anúncio de referidos produtos por parte dos influenciadores consiste em relevante concausa para que os consumidores adquiram os produtos anunciados, a sua responsabilização pelas mercadorias é um importante modo de garantir tanto a defesa do consumidor, caso seja lesado, como garantir uma maior qualidade dos produtos anunciados, visto que os influenciadores passarão a ter mais cuidado com o que promovem, buscando se certificar sobre sua qualidade.

Embora a responsabilização dos influenciadores dos produtos digitais nos pareça correta, acreditamos ser relevante ressaltar que tal responsabilização ocorre pelo fato de o anúncio da mercadoria servir como uma das concausas para o dano do consumidor, existindo nexo causal entre o anuncio pelo influenciador e o dano do consumidor, não devendo ser confundida com uma responsabilidade pressuposta, teoria que começa a ser defendida no direito brasileiro, trazida do direito europeu por Geneviève Schamps[12].

[12] SCHAMPS, Geneviéve. La mise en danger: un concept fondateur d' un principe general de responsabilité (analyse de droit compare) Bruxelles-Paris, Bruylant/LGDJ, 1998

A responsabilidade do influenciador, embora possa existir, é subjetiva, devendo sempre ser demonstrado o dano do consumidor e o nexo causal entre o anúncio efetuado pelo famoso em questão e a compra por parte do consumidor.

REFERÊNCIAS

ALMEIDA, José Luiz Gavião de, *Novos rumos da responsabilidade civil por ato ilícito*, in. José Luiz Gavião de Almeida (org.). Temas Atuais de Responsabilidade Civil. São Paulo: Atlas, 2007

ASCENSÃO, José de Oliveira. Sociedade da informação e mundo globalizado, *Revista Brasileira de Direito Comparado*. Rio de Janeiro, n. 22, p. 161–182, jan./jun., 2002.

CASTELLS, Manuel. *A sociedade em rede*. 19. ed. São Paulo: Paz e Terra. 2018

MASUDA, Yoneji. *A sociedade da informação como sociedade pós-industrial*. Rio de Janeiro: Editora Rio, 1982.

HIRONAKA, Giselda, *Responsabilidade pressupopsta – evolução de fundamentos e de paradigmas da responsabilidade civil na contemporaneidade*, in Responsabilidade Civil: 50 anos em Portugal e 15 anos no Brasil, coord. Mafalda Miranda Barbosa e Francisco Muniz, Salvador, Juspodivm, 2017.

PORAT, Marc Uri. *The information economy:* definition and measurement. US Dept. of Commerce, Office of Telecommunications, 1976.

PORAT, Marc Uri. Global implications of the information society. *Journal of Communication*, v. 28, n. 1, p. 70-80, 1978.

RODRIGUES JUNIOR, Otavio Luiz, A doutrina do terceiro cúmplice: autonomia da vontade, o princípio do res inter alios acta, função social do contrato e a interferência alheia na execução dos negócios jurídicos, *Revista dos Tribunais*, V. 821/2004, p. 1225/1250.

SCHAMPS, *La mise en danger: un concept fondateur d' un principe general de responsabilité (analyse de droit compare)*, Bruxelles-Paris, Bruylant/LGDJ, 1998

VICENTE, Dário Moura, A autonomia privada e os seus diferentes significados à luz do direito comparado, *Revista de Direito Civil Contemporâneo*, v. 8/2016, p. 275/302.

VICENTE, Dário de Moura. *Direito internacional privado:* problemática internacional da sociedade da informação. Almedina. Coimbra: Almedina, 2005.

STRAFTATBEGRIFF DER PERSONALEN STRAFTATLEHRE UND DELIKTSAUFBAU

Georg Freund

I. FUNKTIONALER STRAFTATBEGRIFF UND SKIZZE DER HISTORIE

Die Entwicklung des Straftatbegriffs und seine Zukunftsperspektiven stehen in engem Zusammenhang mit der Aufgabe der Strafe. Wer durch „Strafe" gefährlichen Personen entgegentreten möchte, wird ein Täterstrafrecht vertreten und in letzter Konsequenz auf schuldhaftes personales Fehlverhalten verzichten. Vielleicht wird er sogar für „strafrechtliche" Maßnahmen ante delictum plädieren. Indessen kommt nach heutigem Verständnis der Strafe etwas Derartiges nicht in Betracht. Vielmehr ist anerkannt, dass die Bestrafung mit ihrem Schuldspruch und ihrem konkreten Strafausspruch ein *entsprechendes* – und zwar in der Vergangenheit liegendes – personales Fehlverhalten zum Vorwurf macht. Daher ist echtes Strafrecht reines *Tat*strafrecht. Ein „*Täter*strafrecht", das die Allgemeinheit vor gefährlichen Personen schützen soll, ist dagegen ein für die Rechtsstaatlichkeit des Vorgehens gefährlicher Etikettenschwindel.[1]

[1] Zur notwendigen Differenzierung zwischen einem strikt tatbezogenen Strafrecht und einem täterbezogenen – sachlich dem Polizeirecht zuzuordnenden – Recht der Maßregeln der Besserung und Sicherung s. *Freund*, GA 2010, 193 ff.; *dens.*, Strafrecht Allgemeiner Teil – Personale Straftatlehre (AT), 2. Aufl. 2009, § 1 Rn. 7 ff., 24 ff.; *Timm*, Gesinnung und Straftat – Besinnung auf ein rechtsstaatliches Strafrecht, 2012, S. 38 f., 111 ff.

1. KLASSISCHER UND NEOKLASSISCHER STRAFTATBEGRIFF

Als geschlossenes System erscheint die Lehre von der Straftat erstmals im sog. „klassischen" Straftatbegriff, der unter dem prägenden Einfluss *v. Liszts*[2] und *Belings*[3] um die Wende zum 20. Jahrhundert entstanden ist. Die „klassische" Straftat ist konzipiert als tatbestandsmäßige, rechtswidrige und schuldhafte Handlung. Der Begriff der Handlung ist dabei rein naturalistisch zu verstehen als von einem Willen überhaupt getragenes Verhalten. In seiner strengen Unterscheidung zwischen den „objektiv-äußerlichen" (Unrechts-)Elementen einer Tat einerseits und der „subjektiven" Schuld des Täters andererseits liegt das Hauptkennzeichen des klassischen Straftatbegriffs.

Unter dem Einfluss des Neukantianismus entwickelte sich der „neoklassische" Straftatbegriff.[4] Der Tatbestand wurde nicht länger als wertfreie Umschreibung eines Außenweltgeschehens, sondern in seiner Rechtsgüter schützenden Funktion gesehen. Damit verband sich die Erkenntnis, dass bereits für das Verständnis tatbestandlichen Unrechts normative und subjektive Elemente in die Betrachtung mit einzubeziehen waren (etwa beim Diebstahl, der nicht bloß eine „objektive" Wegnahme, sondern eine solche gerade subjektiv in Zueignungsabsicht erfordert). Im Ergebnis blieb die klassische Unterscheidung von Unrecht und Schuld auch im neoklassischen System erhalten, nun jedoch nicht länger als Trennung von Objektivem und Subjektivem, sondern von materieller Sozialschädlichkeit und persönlicher Vorwerfbarkeit.

2. STRAFTATBEGRIFF DES FINALISMUS

Nach dem Ende des Nationalsozialismus etablierte sich in Deutschland der Finalismus,[5] der untrennbar mit dem Namen und Werk *Hans Welzels*[6] verbunden ist und bis etwa 1960 die Straftatlehre dominierte. Für *Welzel* war der Begriff der Handlung sachlogisch vorgegeben. Die Handlung war

[2] Das deutsche Reichsstrafrecht, 1881 (seit der 2. Aufl. Lehrbuch des deutschen Strafrechts).

[3] Grundzüge des Strafrechts, 1899; Die Lehre vom Verbrechen, 1906.

[4] Näher dazu etwa *Jescheck/Weigend*, Strafrecht Allgemeiner Teil (AT), 5. Aufl. 1996, § 22 III (S. 204 ff.); *Walter*, in: Leipziger Kommentar zum Strafgesetzbuch (LK-StGB), 12. Aufl. 2007, Vor § 13 Rn. 23; ferner *Freund*, in: Münchener Kommentar zum StGB (MK-StGB), 3. Aufl. 2017, Vor § 13 Rn. 7 ff.

[5] S. auch dazu näher *Jescheck/Weigend*, AT (Fn. 4), § 22 V (S. 209 ff.).

[6] Das Deutsche Strafrecht, 1. Aufl. 1947; 11. Aufl. 1969.

„final überdeterminiert", d.h. auf bestimmte Zwecke hin ausgerichtet. Das stand in deutlichem Gegensatz zum (blind-)kausalen Handlungsbegriff des klassischen Systems. Die Finalität setzte *Welzel* gleich mit dem strafrechtlichen Vorsatz, der damit in den Bereich des Tatbestands vorverlagert wurde (während das Bewusstsein der Rechtswidrigkeit auf der Ebene der Schuld verortet blieb). Eine nachhaltige Konsequenz des Finalismus liegt in der Herausarbeitung eines auf die Person des Täters bezogenen „Handlungsunrechts" und eines auf das Verletzungsobjekt bezogenen „Erfolgsunrechts".[7]

3. GEGENWÄRTIG VERBREITETE MISCHFORMEN

Die jüngeren Straftatkonzepte lassen sich kaum unter einem einheitlichen Begriff zusammenfassen. Mehrheitlich stellen sie eine Synthese zwischen dem neoklassischen und dem finalen Straftatbegriff dar. Der Aufbau der Straftat gibt danach folgendes Bild ab: Die Dreiteilung in Tatbestand, Rechtswidrigkeit und Schuld bleibt erhalten. Ersterer, verstanden als Unrechtstatbestand, zerfällt in einen objektiven und einen subjektiven Teil. Auch die Rechtswidrigkeit besteht aus objektiven und subjektiven Elementen. Die Schuld setzt Schuldfähigkeit, (potentielles) Unrechtsbewusstsein sowie das Fehlen von Schuldausschließungs- und Entschuldigungsgründen voraus. Sowohl Vorsatz als auch Fahrlässigkeit nehmen eine sonderbare „Doppelfunktion" ein, indem sie einerseits auf Tatbestands-, andererseits auf Schuldebene erscheinen.[8]

Der von mir vertretenen konsequenten personalen Straftatlehre[9] durchaus nahestehend ist die von *Lesch*[10] geforderte Revision des Verbrechensbegriffs. Nach dieser Konzeption ist der Tatbestand als Unrechtstatbestand mit dem Schuld- oder Verbrechenstatbestand identisch und bezeichnet den Inbegriff aller Merkmale des Verbrechens. Die Aufspaltung in einen

[7] Zur im Verhältnis zum Verhaltensunrecht nachrangigen Relevanz des „Erfolgsunrechts" im Strafrecht s. MK-StGB/*Freund* (Fn. 4),Vor § 1 Rn. 84 ff., 322 ff.

[8] Vgl. zu dieser merkwürdigen Doppelrelevanz des Vorsatzes beim Deliktsaufbau etwa *Wessels/Beulke/Satzger*, Strafrecht Allgemeiner Teil, 47. Aufl. 2017, Rn. 200 ff., 645 f., 1201.

[9] S. dazu bereits die Präsentation des entsprechenden Konzepts in meinem Lehrbuch zum AT (*Freund,* Strafrecht Allgemeiner Teil – Personale Straftatlehre, 1998); ferner etwa MK-StGB/*Freund* (Fn. 4), Vor § 13 Rn. 24 ff., 37 ff., 127 ff.

[10] *Lesch,* Der Verbrechensbegriff – Grundlinien einer funktionalen Revision, 1999, S. 175 ff., 205 ff., 274 f., 280.

objektiven und in einen subjektiven Unrechtstatbestand und dessen Verselbständigung im Verhältnis zur Schuld werden zutreffend als sachlich verfehlt erkannt.[11] Vergleichbares gilt für die Konzeption von *Pawlik*, der sich mit Recht gegen die Sinnhaftigkeit der Trennung von Unrecht und Schuld wendet.[12]

II. STRAFTATBEGRIFF DER PERSONALEN STRAFTATLEHRE

Während das klassische Straftatkonzept in sich durchaus stimmig war, leiden die an seine Stelle getretenen Mischkonzepte an inneren Brüchen und Unstimmigkeiten. Denn sie enthalten allesamt subjektive – personalisierte – Unrechtselemente. Personalisiertes Unrecht passt jedoch nicht zu dem angeblich objektiv-äußerlichen Unrechtskonzept.

Wenn dennoch von einem „objektiven Tatbestand" gesprochen wird,[13] so ist das irreführend. Irreführende Bezeichnungen sollten aber aufgegeben werden. Sachlich lässt sich das, was regelmäßig mit dem „objektiven Tatbestand" gemeint ist, besser durch die Begriffe „Tatbestandsmäßiges Verhalten und Erfolgssachverhalt" zum Ausdruck bringen. Dabei ist das „tatbestandsmäßige Verhalten" der spezifische Verhaltensnormverstoß, der als personales Fehlverhalten selbstverständlich auch subjektive Momente enthält. Die rein objektiv-äußerliche Komponente ist demgegenüber im „Erfolgssachverhalt" (bzw. in gleichwertigen Gegebenheiten) „untergebracht" und straftatsystematisch klar vom eigentlichen Fehlverhalten als dem grundlegenden und unverzichtbaren Erfordernis jeder Bestrafung unterschieden.

[11] S. dazu *Lesch* (Fn. 10) S. 275, 280.

[12] *Pawlik*, FS Otto, 2007, S. 133 ff.; vgl. auch *dens.*, Das Unrecht des Bürgers, 2012, S. 259 ff. – Gegen die Trennung von Unrecht und Schuld etwa auch *Binding*, Die Normen und ihre Übertretung, Bd. 1, 3. Aufl. 1916, S. 243 ff., 299; *Freund*, AT (Fn. 1), § 4 Rn. 20 f.; MK-StGB/*Freund* (Fn. 4), Vor §§ 13 ff. Rn. 138; *ders.*, GA 2010, 193, 197; *ders.*, GA 1991, 387, 390 ff., 396 ff., 403 ff.; *Jakobs*, Der strafrechtliche Handlungsbegriff, 1992, S. 41 ff.; *Koriath*, Grundlagen strafrechtlicher Zurechnung, 1994, S. 256 ff., 328 f.; *Puig*, ZStW 108 (1996), 758, 775 f.; *Renzikowski*, ARSP-Beiheft 104 (2005), 115, 133 ff.; *Timm*, Gesinnung und Straftat (Fn. 1), S. 150 ff. m. Fn. 425; *Walter*, Der Kern des Strafrechts, 2006, S. 116 f., 196 ff.; LK-StGB/*Walter* (Fn. 4), Vor § 13 Rn. 27.

[13] Vgl. zu diesem irreführenden Begriff statt vieler etwa *Wessels/Beulke/Satzger*, AT (Fn. 8), Rn. 212 ff., 246 ff. (zum ebenfalls irreführenden Begriff der – angeblich – „objektiven" Zurechnung).

Strafrechtlich relevantes Verhalten lässt sich ohne Rückgriff auf subjektive Momente nicht angemessen umschreiben.[14] Die für das Strafrecht wesentliche Missachtung oder Nichtbeachtung des Rechts durch ein Subjekt ist ohne Rückgriff auf Umstände, die für dieses Subjekt relevant sind, nicht begründbar. Der Schuss eines Jägers auf einen Pilzsammler kann rechtlich gesehen ein bedauerliches Unglück sein, für das niemand die Verantwortung trägt. Ob eine fahrlässige Tötung oder gar ein Totschlag oder Mord vorliegt, kann ohne Berücksichtigung der konkreten Entscheidungssituation des Jägers nicht beantwortet werden. Der Gegenstand der Bewertung muss zwingend die individuellen Verhältnisse in der konkreten Situation berücksichtigen. Dabei geht es nicht etwa um eine Subjektivierung der rechtlichen Bewertung. Vielmehr ist das Verhalten (Tun oder Unterlassen) eines Subjekts nach rechtlichen – und in diesem Sinne objektiven – Maßstäben zu bewerten.[15]

1. NOTWENDIGKEIT DER LEGITIMATION VON STRAFE

Das Strafrecht ist Teil des Öffentlichen Rechts. Denn mit dem Strafrecht tritt der Staat dem Einzelnen kraft seiner Hoheitsgewalt entgegen. Er greift etwa durch die Verhängung einer Geld- oder Freiheitsstrafe massiv in Grundrechte ein. Deshalb gelten für das Strafrecht dieselben Legitimationsbedingungen, die bei staatlichen Rechtseingriffen ganz allgemein zu beachten sind.[16] Strafrechtliche Reglementierung ist infolgedessen von vornherein nur in dem Rahmen zulässig, der durch die staatlichen Aufgaben abgesteckt wird. Zu diesen Aufgaben gehört zwar der Schutz der Daseins- und Entfaltungsbedingungen des Einzelnen, der Opfer einer Straftat *werden* kann. Schuldausgleich um seiner selbst willen nach bereits

[14] Bei *Stratenwerth/Kuhlen*, Strafrecht Allgemeiner Teil I (AT I), 6. Aufl. 2011 § 2 Rn. 32 wird zutreffend betont, dass das inzwischen allgemein anerkannt ist; s. dazu auch *Struensee*, JZ 1987, 53 ff. mit lehrreichen Beispielen.

[15] Klarstellend insofern bereits *Freund*, AT (Fn. 1), § 5 Rn. 34 ff.

[16] S. dazu etwa *Appel*, Verfassung und Strafe – Zu den verfassungsrechtlichen Grenzen staatlichen Strafens, 1998; *Lagodny*, Strafrecht vor den Schranken der Grundrechte – Die Ermächtigung zum strafrechtlichen Vorwurf im Lichte der Grundrechtsdogmatik dargestellt am Beispiel der Vorfeldkriminalität, 1996; *Rudolphi*, in: SK StGB, 26. Lfg. Juni 1997, vor § 1 Rn. 1 ff.; vgl. a. *Eser/Hecker*, in: Schönke/Schröder, Kommentar zum Strafgesetzbuch, 29. Aufl. 2014, Vor § 1 Rn. 30 ff.; Maunz/Dürig/*Grzeszick*, Grundgesetz, 69. Ergänzungslieferung 2013, Art. 20 Rn. 27, 107 ff.

begangener Tat ist dagegen nicht die Aufgabe der staatlichen Strafe. Der Einsatz von Strafe muss vielmehr zweckrational legitimiert sein.

Dabei wird freilich oft nicht klar genug die spezifische Schutzaufgabe der Strafe erfasst. Der Schutz von Rechtsgütern wie Leben, Leib, Freiheit und Eigentum liegt zwar allgemein im Aufgabenbereich des Staates, er kann aber durch das Instrument der Strafe nur in einem vermittelten Sinne erreicht werden: Wenn Strafe verhängt wird, ist „das Kind bereits in den Brunnen gefallen": Die Bestrafung des Mörders macht das Opfer nicht wieder lebendig. Durch die Bestrafung des Täters einer Sachbeschädigung wird die zerstörte Vase nicht wieder heil. Für das konkret betroffene Rechtsgut kommt die Strafe immer zu spät. Der Schutz von Rechtsgütern wie Leben, Eigentum und Freiheit lässt sich nur durch das Aufstellen von Ge- und Verboten erreichen.[17]

Demgegenüber ist tragende Funktion der Strafe die Wiederherstellung des gestörten Rechtsfriedens durch angemessen missbilligende Reaktion auf einen *begangenen* Normverstoß (Straftat). Im Verstoß gegen eine rechtlich legitimierte Verhaltensnorm seitens einer verantwortlichen Person ist eine Infragestellung der Normgeltung zu erblicken. Auf diese Infragestellung muss angemessen missbilligend reagiert werden, wenn das Recht langfristig keinen Schaden nehmen soll: *Strafe ist der Widerspruch gegenüber dem Verhaltensnormverstoß zur Beseitigung der Gefahr eines Normgeltungsschadens.*[18] In diesem zweckrationalen Strafrechtskonzept hat der Gedanke gerechter Vergeltung seinen ihm gebührenden Stellenwert. Denn nur eine angemessen missbilligende Reaktion auf den begangenen Verhaltensnormverstoß wird der Aufgabe der Strafe gerecht, das Recht zu wahren und seine Geltung zu sichern.[19]

[17] Nur rechtliche Verhaltensnormen sind geeignete Mittel, die relevanten Rechtsgüter unmittelbar zu schützen. Zur Problematik der Legitimation von Verhaltensnormen s. sogleich noch im Text!

[18] Näher zu diesem Strafrechtskonzept MK-StGB/*Freund* (Fn. 4), Vor § 13 Rn. 37 ff., 65 ff.; s. auch schon *Freund*, Erfolgsdelikt und Unterlassen. 1992, S. 88 ff.; *Jakobs*, Strafrecht Allgemeiner Teil (AT), 2. Aufl. 1991, 1/9 ff.; *dens.*, Staatliche Strafe: Bedeutung und Zweck, 2004, S. 28 ff.

[19] Im Sinne eines strafrechtlichen Konzepts geltungssichernder ausgleichender Ahndung auch *Timm*, Gesinnung und Straftat (Fn. 1), S. 40 ff., insbesondere S. 52 ff., die sich in ihrem retributiven straftheoretischen Modell gegen jedwede präventive Ausrichtung der Strafzwecklehre wendet. Strafe dient danach der Kommunikation mit dem Täter, der durch seinen Verhaltensnormverstoß das Recht in Frage gestellt hat. Die gesellschaftliche Antwort in Gestalt von Strafe bestätigt die fortdauernde Geltungskraft der übertretenen Norm sowie den

2. STRAFRECHT ALS SEKUNDÄRE NORMENORDNUNG UND VORFRAGE DER VERHALTENSNORMBEGRÜNDUNG

Erst wenn der Verstoß gegen eine Verhaltensnorm vorliegt, stellt sich die Frage der Sanktionierung. Das Strafrecht besitzt also einen sekundären oder genauer noch: einen akzessorischen Charakter. Das hat weitreichende Konsequenzen für das Verständnis der eigentlichen Funktion der Strafgesetze: Sie sollen nicht regeln, was verboten oder was geboten ist. Das regeln bereits die von den Strafgesetzen vorausgesetzten Verhaltensnormen – also die Ver- und Gebote der primären Normenordnung. Die Strafgesetze als solche regeln nur, auf welche Verhaltensnormverstöße unter welchen weiteren Voraussetzungen strafrechtlich reagiert werden soll.[20]

Bevor über die Strafbarkeitsfrage nachgedacht wird, muss das bei der Begründung von Ver- und Geboten auftauchende Problem der Interessenkollision unter Beachtung der verfassungsrechtlichen Vorgaben angemessen gelöst werden. Schlagwortartig formuliert: Die Handlungsfreiheit des einen Bürgers konkurriert mit dem Schutz der Güter des anderen. Die im Wege der Güter- und Interessenabwägung zu bestimmende Verhaltensordnung erschöpft sich nicht in abstrakten Normen wie etwa: „Du sollst nicht töten". Vielmehr müssen die konkreten Verhaltensanforderungen herausgearbeitet werden, die z. B. im Interesse des Lebensschutzes anderer einzuhalten sind. Denn auch angeblich absolut geschützte Güter wie das Leben genießen in Wahrheit keinen Schutz um jeden Preis, sondern müssen sich erhebliche Abstriche von einem lückenlosen Rundumschutz gefallen lassen.[21]

Man denke nur an den gesamten Bereich des Straßen- und Luftverkehrs, der zahlreiche tolerierte Lebensrisiken beinhaltet. Wer die Verkehrsregeln einhält und auf dem Weg über ein solches toleriertes Risiko

Status des Delinquenten als Mitglied der Rechtsgemeinschaft. In Abkehr insbesondere auch von positiv generalpräventiven Straftheorien richtet sich der Zweck von Strafe danach auf den Ausgleich des individuellen Normverstoßes im Wege der Kommunikation mit dem Täter. Auf spezifische Drittinteressen – etwa in Gestalt der Stärkung des kollektiven Rechtsbewusstseins – greift dieses Konzept von Strafe nicht zurück, sodass es ihm im Gegensatz zu sämtlichen *insofern* präventiv ausgerichteten Straftheorien gelingt, die Subjektqualität des Einzelnen zu wahren.

[20] Diese Einsicht hat Bedeutung für die Anforderungen, die sich aus dem Gesetzlichkeitsgrundsatz (Art. 103 II GG) ergeben; näher zu den Vorgaben des Gesetzlichkeitsgrundsatzes *Freund*, FS Wolter, 2013, S. 35 ff.

[21] Zutreffend betont von *Jakobs*, AT (Fn. 18), 2/23.

den Tod oder die Körperverletzung eines anderen Menschen verursacht, verstößt bereits nicht gegen ein rechtverstandenes Tötungs- oder Körperverletzungsverbot. Ein solches kann sich nicht in einem „Verursachungsverbot" erschöpfen, sondern muss die im Rechtsgüterschutzinteresse zu beachtenden Verhaltensanforderungen benennen. Eine kontext- und adressatenspezifisch konkretisierte Verhaltensnorm muss gebildet werden. Diese konkretisierte *Verhaltensnorm* muss dem verfassungsrechtlichen Verhältnismäßigkeitsgrundsatz entsprechen und im Einzelnen folgende Voraussetzungen erfüllen:[22]

1. Sie muss einen *legitimen Zweck* verfolgen. Man kann auch sagen: Sie muss dem Schutz eines konkret zu benennenden schutzbedürftigen und schutzwürdigen (Rechts-)Guts dienen.
2. Sie muss überhaupt ein *geeignetes Mittel* zur Erreichung des angestrebten Rechtsgüterschutzzwecks sein. Demzufolge sind zur Zweckerreichung untaugliche Verhaltensnormen unter keinen Umständen legitimierbar.
3. Die Verhaltensnorm muss das *erforderliche Mittel* zur Erreichung des angestrebten Zwecks sein. Das bedeutet, dass sie unter mehreren gleich geeigneten Mitteln das relativ mildeste sein muss.
4. Schließlich muss die Verhaltensnorm das *angemessene Mittel zur Erreichung des angestrebten Rechtsgüterschutzzwecks* sein. Für diese Angemessenheitsfeststellung bedarf es einer rechtlichen Bewertung und Abwägung der im Einzelnen kollidierenden Güter und Interessen.

Präzisierung und Klarstellung: Die entscheidende Perspektive, aus der heraus beurteilt werden muss, ob und womit genau eine bestimmte Verhaltensnorm legitimierbar ist, kann nicht die eines allwissenden Beobachters sein, sondern nur die des potentiell Normunterworfenen. Ver- oder Gebote dürfen nicht zur Funktion von Umständen gemacht werden, die aus der Perspektive des potentiellen Normadressaten im Verhaltenszeitpunkt gar nicht bekannt sein können. Sie müssen vielmehr auf seine Ent-

[22] Zu den Anforderungen, die sich aus dem Verhältnismäßigkeitsgrundsatz ergeben, s. etwa *Huster/Rux*, in: Epping/Hillgruber, Kommentar zum Grundgesetz, 2009, Art. 20 Rn. 189 ff.; *Sachs*, in: Sachs, Kommentar zum Grundgesetz, 6. Aufl. 2011, Art. 20 Rn. 145 ff.; ferner *Appel*, Verfassung und Strafe (Fn. 16), S. 569 ff.; *Lagodny*, Strafrecht vor den Schranken der Grundrechte (Fn. 16), S. 10 ff.; ergänzend *Freund*, AT (Fn. 1), § 1 Rn. 13 ff.; MK-StGB/*Freund* (Fn. 4), Vor § 13 Rn. 152 ff.

scheidungssituation zugeschnitten sein und dürfen dem Betreffenden nichts Unmögliches abverlangen (ultra posse nemo obligatur). Denn das wäre unsinnig und daher niemals zu rechtfertigen.[23] Beispiel: Wer mit im Fachgeschäft erworbenen Pilzen für einen Gast ein Pilzgericht zubereitet, verstößt gegen keine ihm gegenüber legitimierbare Verhaltensnorm, wenn sich für ihn nicht erkennbar ein Giftpilz darin befindet, der für den Gast gesundheitsschädlich ist. Die Beurteilung ändert sich, wenn der Gastgeber als Hobbyspezialist für Giftpilze den giftigen Pilz zufällig rechtzeitig erkennt oder jedenfalls deutliche Anhaltspunkte ignoriert, das Gericht aber dennoch serviert.

3. DIE LEGITIMATIONSGRÜNDE VON VERHALTENSNORMEN ALS SPEZIFIKA TATBESTANDSMÄSSIGEN VERHALTENS

a) Spezifischer Nutzen der Normeinhaltung als Legitimationsgrund (legitimer Zweck)

Eine erste wichtige Weichenstellung in der Frage, ob es sich um ein tatbestandsmäßiges Verhalten[24] handelt oder nicht, erfolgt durch das von der übertretenen Verhaltensnorm geschützte Rechtsgut. Oft ist ganz klar, welche Art von Verhaltensnormverstößen durch eine bestimmte Sanktionsnorm erfasst wird: So ist eine Bestrafung wegen eines Körperverletzungsdelikts nur möglich, wenn eine Verhaltensnorm übertreten wurde, die gerade im Interesse des Schutzes der körperlichen Integrität anderer legitimiert werden kann. Die Sanktionsnormen der Tötungsdelikte setzen voraus, dass eine Verhaltensnorm übertreten wurde, die gerade im Interesse des Schutzes menschlichen Lebens legitimierbar ist.

b) Rechtliche Sonderverantwortlichkeit als zusätzlicher Legitimationsgrund (Verhaltensnormmodell der zwei Säulen)

Ohne einen legitimen (Schutz-)Zweck gibt es keine legitimierbare Verhaltensnorm. Indessen wird das Verhaltensunrecht eines bestimmten Straftatbestands in der Regel nicht allein dadurch definiert. Vielmehr sind

[23] Näher dazu *Freund*, AT (Fn. 1), § 2 Rn. 23 ff., § 3 Rn. 9 ff. (mit Blick auf Rechtfertigungsgründe); MK-StGB/*Freund* (Fn. 4), Vor § 13 Rn. 179 ff., 217 ff. (mit Blick auf Rechtfertigungsgründe), jew. mwN.

[24] Grundlegend zum tatbestandsmäßigen Verhalten als zentralem Straftaterfordernis *Frisch*, Tatbestandsmäßiges Verhalten und Zurechnung des Erfolgs, 1988; s. auch bereits *dens.*, Vorsatz und Risiko, 1983, S. 74 ff., 118 ff.

Verstöße gegen zwei qualitativ unterschiedliche Arten von Verhaltensnormen zu unterscheiden:[25]

Einige Verhaltensnormen lassen sich zwar ausschließlich wegen des Nutzens für den Rechtsgüterschutz legitimieren. Hierzu zählt beispielsweise die rechtliche Inpflichtnahme des bei einem Unglücksfall zufällig Hinzukommenden (vgl. § 323c Abs. 1 dStGB). Wenn von ihm verlangt wird, z. B. den lebensgefährlich Verletzten ins Krankenhaus zu bringen, kann diese Inpflichtnahme ausschließlich im Interesse des Lebensschutzes begründet werden. Wenn jemand seiner Hilfeleistungspflicht nicht genügt, verstößt er gegen eine Verhaltensnorm, die gleichsam nur auf *einer Säule* ruht: dem *Rechtsgüterschutz.* (Verhaltensnormtyp 1: monistisch legitimierte Verhaltensnorm)

Demgegenüber gibt es Verhaltensnormen, bei denen zur Einschränkung der Handlungsfreiheit des Normadressaten ein zusätzlicher Legitimationsgrund vorliegt: Es gibt besondere Verantwortlichkeiten, aufgrund deren gerade eine ganz bestimmte Person Adressat einer Verhaltensnorm ist – einer Verhaltensnorm, die auf *zwei Säulen* gegründet wird: den *Rechtsgüterschutz und* die *Sonderverantwortlichkeit* (Garantenverantwortlichkeit). (Verhaltensnormtyp 2: dualistisch legitimierte Verhaltensnorm)

In den praktisch bedeutsamsten Fällen der Verhaltensnormen, die aktive Gefahrenschaffungen gegenüber bestimmten Rechtsgütern *verbieten,* ist eine derartige Sonderverantwortlichkeit so gut wie immer vorhanden. Daher wird sie – mehr oder weniger bewusst – als selbstverständlich vorausgesetzt und bei der erforderlichen Interessenabwägung mit in die Waagschale geworfen: Wer fremde Sachen zerstört, indem er sie in einen Abgrund wirft, einen anderen körperlich verletzt oder tötet, indem er mit einem Messer auf ihn einsticht, ist selbstverständlich *in besonderer Weise* für das schadensträchtige Geschehen verantwortlich. Nicht anders verhält es sich etwa auch bei dem, der es übernommen hat, ein zweijähriges Kind zu beaufsichtigen: Erfüllt er die übernommene Pflicht nicht, verstößt auch er gegen eine Verhaltensnorm, deren Legitimation nicht nur auf dem Rechtsgüterschutz, sondern auch auf der *besonderen Verantwortlichkeit* des Normadressaten speziell für das schadensträchtige Geschehen beruht.

Auf der Basis dieses Verständnisses tatbestandsspezifischen Verhaltens können Straftatbestände verwirklicht werden, ohne dass es auf eine

[25] Näher zu diesem Verhaltensnormmodell der „zwei Säulen" *Freund,* AT (Fn. 1), § 2 Rn. 16 ff.; grundlegend insofern *ders.*, Erfolgsdelikt und Unterlassen (Fn. 18), S. 51 ff., 54 ff., 68 ff.

bestimmte Verhaltens*form* ankommt. Die bloße Erscheinungsform eines Verhaltens als (aktives) Tun oder Unterlassen ist – entgegen einem verbreiteten Missverständnis – normativ nicht entscheidend. Vielmehr kommt es allein darauf an, ob die Kriterien der jeweiligen Tatbestandsverwirklichung erfüllt sind.[26] Beispielsweise wird gegen die tatbestandsspezifische Verhaltensnorm der Tötungsdelikte nur, aber auch immer dann verstoßen, wenn es für die übertretene Verhaltensnorm zwei Legitimationsgründe gibt: den Lebensschutz und die besondere Verantwortlichkeit des Normadressaten speziell für den von Rechts wegen zu vermeidenden tödlichen Verlauf.

4. VERHÄLTNIS DER TATBESTANDSVERWIRKLICHUNG ZUR (FEHLENDEN) RECHTFERTIGUNG

Zur Vermeidung von Missverständnissen: Die Frage des ausnahmsweisen Eingreifens eines Rechtfertigungsgrundes stellt sich erst, wenn ein Verhalten überhaupt grundsätzlich tatbestandlich missbilligt ist. Daher geht es bereits im Unrechtstatbestand um ein Rechtswidrigkeitsurteil. Nur handelt es sich dabei noch nicht um eine abschließende rechtliche Bewertung des Verhaltens, sondern um ein Vorbehaltsurteil: Das Verhalten ist grundsätzlich tatbestandlich missbilligt. Nur wenn kein Rechtfertigungsgrund eingreift, ist es auch im Endergebnis rechtswidrig.[27]

Rechtfertigungsgründe können allerdings bereits auf das tatbestandliche Unrecht „durchschlagen". Wer im Auftrag des Eigentümers Kleinholz hackt, verwirklicht schon den Unrechtstypus der Sachbeschädigung nicht. Oder man denke an den Bereich der Fahrlässigkeitstaten: Wer in einer Notwehrsituation so mit einer Pistole hantiert, wie es situationsbedingt gerechtfertigt ist, hat nach zutreffender Auffassung nicht etwa eine gerechtfertigte fahrlässige Tötung des Angreifers begangen, wenn sich versehentlich ein Schuss löst. Denn ein gerechtfertigtes Verhalten kann nicht als „fahrlässig" qualifiziert werden.[28]

[26] Zu den für Tatbestandsverwirklichungen durch (aktives) Tun und Unterlassen vollkommen identischen Kriterien der Tatbestandsverwirklichung näher *Freund*, FS Herzberg, 2008, S. 225 ff. (mit einem der Klarstellung dienenden Gesetzesvorschlag S. 243); s. dazu auch MK-StGB/*Freund* (Fn. 4), § 13 Rn. 65 ff. mwN.

[27] Zu diesem Vorbehaltsurteil auf Tatbestandsebene s. auch *Freund*, AT (Fn. 1), § 3 Rn. 1 ff.

[28] S. dazu auch *Freund*, AT (Fn. 1), § 5 Rn 58 f. mwN zu dieser umstrittenen, aber für das Ergebnis der nicht möglichen Verhaltensmissbilligung irrelevanten Frage; ferner *Stratenwerth/ Kuhlen*, AT I (Fn. 14), § 15 Rn 35.

5. HINREICHENDES GEWICHT DES VERHALTENSNORMVERSTOSSES

Schließlich ist noch auf ein ganz grundlegendes Erfordernis jeder Straftat hinzuweisen: Es darf nicht „mit Kanonen auf Spatzen geschossen" – also nicht überreagiert werden. Wegen des gewichtigen Vorwurfs, der speziell mit einer strafrechtlichen Reaktion auf Fehlverhalten verbunden ist, muss nicht nur überhaupt ein tatbestandsspezifisches Fehlverhalten vorliegen. Vielmehr muss der Verstoß gegen eine tatbestandsspezifische Verhaltensnorm dafür auch hinreichend gewichtig sein. Das folgt jedenfalls aus dem verfassungsrechtlichen Verhältnismäßigkeitsgrundsatz, der nur eine dem rechtlichen Fehlverhalten *angemessene* missbilligende Reaktion zulässt.[29]

6. TATBESTANDSMÄSSIGE VERHALTENSFOLGEN – ANFORDERUNGEN AN DIE GRUNDFORM DER FOLGENVERANTWORTLICHKEIT

Nach dem Gesagten gibt es keine Straftat ohne hinreichend gewichtiges personales Verhaltensunrecht. Allerdings kennt das geltende Recht viele Straftaten, bei denen neben diesem Fehlverhalten zusätzliche Sanktionserfordernisse erfüllt sein müssen. Ein Beispiel für ein solches zusätzliches Sanktionserfordernis (neben dem tatbestandsmäßigen Verhalten) bietet der wohl bedeutsamste Deliktstyp des vollendeten (Begehungs-)*Erfolgsdelikts*. Bei diesem Deliktstyp ist für die Strafbarkeit neben dem tatbestandsmäßig-missbilligten Verhalten ein Erfolg in der Außenwelt vorausgesetzt – etwa der Tod oder die Verletzung eines Menschen. Der schadensträchtige Verlauf zum Erfolg hin, so wie er sich wirklich zugetragen hat, dient seinerseits als zusätzlicher Vorwurfsgegenstand.

Berechtigt ist dieser zusätzliche Vorwurf nur, wenn das konkrete erfolgsverursachende Geschehen ein solches ist, das – gedanklich als Möglichkeit antizipiert – Legitimationsgrund der übertretenen Verhaltensnorm war. Eine entsprechende „Unrechtsfolge" liegt nur vor, wenn sich ein schadensträchtiger Verlauf ereignet, der durch richtiges Verhalten hätte vermieden werden können und sollen. Mit diesen klaren Vorgaben wird das sachlich angemessen erfasst, was traditionell unter den Stichworten der „Kausalität", der „Quasi-Kausalität" und der sog. „Erfolgszurechnung"

[29] S. dazu näher MK-StGB/*Freund* (Fn. 4), Vor § 13 Rn. 243 ff.; *Freund*, AT (Fn. 1), § 2 Rn. 37 f.

– reichlich verwirrend – thematisiert wird.[30] Liegt die bei den klassischen Erfolgsdelikten selbstverständlich vorausgesetzte Sonderverantwortlichkeit des Normadressaten vor, ist zugleich die Grundform der Folgenverantwortlichkeit gegeben. Diese ist – von Sonderfällen abgesehen[31] – bei sämtlichen vollendeten Vorsatz- und Fahrlässigkeitstaten notwendig.[32]

7. SPEZIFISCHE ANFORDERUNGEN VORSÄTZLICHEN VERHALTENS UND VORSÄTZLICHER FOLGENHERBEIFÜHRUNG

Die Vorsatztat erfordert zunächst qualifiziertes personales Verhaltensunrecht. Während der reine Fahrlässigkeitstäter die Lage in tatbestandsrelevanter Hinsicht falsch einschätzt (etwa einem Sachverhaltsirrtum unterliegt), weiß der Vorsatztäter genau, was er tut. Er kennt die tatbestandsspezifische Unwertdimension seines Verhaltens – genauer noch: er kennt die Umstände der nicht gerechtfertigten Tatbestandsverwirklichung und handelt oder unterlässt dennoch. Darin liegt eine qualifizierte Infragestellung der übertretenen Verhaltensnorm, auf die das Strafrecht eher und schärfer reagieren muss als auf bloß fahrlässiges Verhalten.[33] Beispiel: Wer in Richtung auf einen Menschen schießt und dabei erkennt und in Kauf nimmt, dass dieser tödlich getroffen werden kann, muss deutlich strenger bestraft werden als derjenige, der Gleiches tut, aber für sich davon ausgeht, die Kugel werde das Opfer, das nur erschreckt werden soll, knapp verfehlen.

Um – über das qualifizierte Verhaltensunrecht des Vorsatztäters hinaus – eine ebenfalls qualifizierte Folgenverantwortlichkeit des vorsätzlich Handelnden oder Unterlassenden zu begründen, muss sich im konkreten erfolgsverursachenden Geschehen gerade die spezifische Gefährlichkeit des vorsätzlichen Verhaltens realisieren. Eine fahrlässige Folgenherbeiführung, die nur in zufälligem Zusammenhang mit dem vorsätzlichen Fehl-

[30] Vertiefend und weiterführend dazu MK-StGB/*Freund* (Fn. 4), Vor § 13 Rn. 310 ff.; *Freund*, AT (Fn. 1), § 2 Rn. 45 ff.

[31] Sonderfälle sind – soweit ersichtlich – im StGB nur die unterlassene Hilfeleistung (§ 323c Abs. 1 dStGB) und die Nichtanzeige geplanter Straftaten (§ 138 StGB), bei denen für die Verhaltensnormlegitimation nur der Rechtsgüterschutz von Bedeutung ist; einer Sonderverantwortlichkeit bedarf es nicht.

[32] Näher zur Grundform der Folgenverantwortlichkeit *Freund*, AT (Fn. 1), § 2 Rn. 45 ff., § 5 Rn. 61 ff., § 6 Rn. 100 ff.

[33] Zur qualifizierten personalen Fehlleistung – genauer: zum spezifischen Verhaltensunrecht des Vorsatztäters eingehend *Frisch*, Vorsatz und Risiko (Fn. 24), S. 46 ff., 195 ff. et passim.

verhalten steht, genügt nicht.[34] Beispiel:[35] Ein Vater möchte sein Kleinkind töten und geht irrig davon aus, Dosenchampignons seien für Kleinkinder tödlich. Er gibt deshalb seinem Kind eine entsprechende Mahlzeit. Obwohl seine Annahme nicht zutrifft, stirbt das Kind, weil die Champignons verdorben waren. Das hätte der Vater nur erkennen können und müssen, hat es aber nicht erkannt. Daher ist er zwar strafbar wegen eines untauglichen Tötungsversuchs (jedenfalls nach §§ 212 I, 22, 23, 12 I StGB)[36] an seinem Kind in Tateinheit (§ 52 StGB) mit fahrlässiger Tötung (§ § 222 StGB). Er hat aber keine vorsätzliche vollendete Tötung begangen.

III. FAZIT

Auf der Basis des Dargelegten kann folgende *Definition der allgemeinen Straftatkriterien* gegeben werden:[37]

DEFINITION DER ALLGEMEINEN KRITERIEN EINER STRAFTAT

Eine Straftat begeht, wer durch hinreichend gewichtiges personales Fehlverhalten den Tatbestand eines Strafgesetzes rechtswidrig verwirklicht.

Personales Fehlverhalten liegt nur vor, wenn der Täter nach seinen individuellen Verhältnissen in der Lage war, zu erkennen und zu vermeiden, dass er möglicherweise den Tatbestand eines Strafgesetzes nicht gerechtfertigt verwirklicht, und wenn genau dies von ihm rechtlich erwartet werden konnte.

Mit diesen Bestimmungen sind die Einsichten der personalen Unrechtslehre konsequent umgesetzt. Die unverzichtbaren Schuldfaktoren sind bereits im strafrechtsrelevanten Unrecht berücksichtigt. Liegen sie nicht vor, verstößt Strafe gegen das Schuldprinzip. Außerdem ist Strafe dann auch schon zweckrational nicht zu rechtfertigen, weil der erhobene Vorwurf nicht zutrifft. In Anknüpfung an die allgemeinen Kriterien einer jeden Straftat schlage ich folgende Definition fahrlässigen Verhaltens vor:[38]

[34] Näher zur schwierigen Problematik der genauen Anforderungen an die vorsätzliche Vollendungstat MK-StGB/*Freund* (Fn. 4), Vor § 13 Rn. 370 ff.; *Freund*, AT (Fn. 1), § 7 Rn. 115 ff.; *ders.*, FS Maiwald, 2010, S. 211 ff.

[35] S. zu einem ähnlichen Beispiel *Jakobs*, AT (Fn. 18), 8/67; *Freund*, AT (Fn. 1), § 7 Rn. 130 ff.

[36] Zu denken ist sogar an einen versuchten Mord (§§ 211, 212 I, 22, 23, 12 I StGB); indessen soll darauf hier nicht näher eingegangen werden.

[37] Zur folgenden Definition s. bereits *Freund*, FS Küper, 2007, S. 63, 78; ferner MK-StGB/*Freund* (Fn. 4), Vor § 13 Rn. 291.

[38] S. zu dieser Definition bereits *Freund*, FS Küper, 2007, S. 63, 78; ferner MK-StGB/*Freund* (Fn. 4), Vor § 13 Rn. 292.

DEFINITION FAHRLÄSSIGEN VERHALTENS (HANDELNS UND UNTERLASSENS)

Fahrlässig verhält sich, wer angesichts der von ihm vorgefundenen Sachlage die nach seinen individuellen Verhältnissen vorhersehbare, vermeidbare und von Rechts wegen zu vermeidende Möglichkeit der nicht gerechtfertigten Tatbestandsverwirklichung schafft oder nicht abwendet.

In diesem Zusammenhang bedeutet *Vorhersehbarkeit:* Der Täter muss individuell in der Lage sein, die drohende nicht gerechtfertigte Tatbestandsverwirklichung zu erkennen – bei Erfolgsdelikten insbesondere den drohenden Schaden. *Vermeidbarkeit* bedeutet: Dem Täter muss es durch seine individuellen Fähigkeiten und Kenntnisse möglich sein, die Gefahr nicht zu schaffen oder diese abzuwenden. *Vermeidenmüssen* bedeutet: Im Rahmen einer Gesamtabwägung muss das zu schützende Interesse das Täterinteresse überwiegen (Güter- und Interessenabwägung).

Diese Definition fahrlässigen Verhaltens reformuliert zwangsläufig die zuvor bereits definierten Grundkriterien jeder Straftat. Das hängt damit zusammen, dass das fahrlässige Verhalten der Grundtyp personalen Fehlverhaltens ist. Mit der hier vorgeschlagenen Definition fahrlässigen Verhaltens liegt ein für die Rechtskonkretisierung hilfreiches Prüfungsverfahren vor. Die gängigen Begriffe der Vorhersehbarkeit und der Vermeidbarkeit werden in den erforderlichen Zusammenhang mit dem normativen Kriterium des rechtlichen Vermeiden-Müssens gebracht. Ihr beschränkter Stellenwert und die zutreffende Prüfungsreihenfolge kommen klar zum Ausdruck: Die Vorhersehbarkeit ist Grundvoraussetzung dafür, dass etwas überhaupt vermieden werden kann; und die Vermeidbarkeit ist wiederum Grundvoraussetzung dafür, dass erforderlichenfalls etwas vermieden werden muss (Vermeiden-Müssen). Andererseits ist nicht alles, was vorhersehbar ist, auch vermeidbar, und es muss keineswegs alles, was vermeidbar ist, von Rechts wegen vermieden werden.

Mit dieser Einsicht lässt sich die bei jeder Straftat zu beachtende – nicht zuletzt rechtsstaatlich bedeutsame – Problematik der rechtlichen Verhaltensmissbilligung strafrechtsdogmatisch überzeugend bewältigen. Dabei ist die in der vorgeschlagenen Definition angelegte individualisierende Vorgehensweise bei der Prüfung des fahrlässigen Fehlverhaltens – nicht nur in strafrechtsdogmatischer Hinsicht, sondern auch strafprozessual gesehen – einem „gespaltenen" Fahrlässigkeitsbegriff überlegen. Ich verweise insofern nur auf die Probleme des Sonderwissens und der

Sonderfähigkeiten.[39] Diese entpuppen sich als Scheinprobleme, wenn man das Verhalten des konkret Handelnden oder Unterlassenden auf der Basis der sich ihm (im verhaltensrelevanten Zeitpunkt ex ante) darbietenden Sachlage rechtlich bewertet, wozu spätestens das rechtsstaatlich unverzichtbare Schuldprinzip ohnehin zwingt.

Auf der Basis der gegebenen Definition fahrlässigen Verhaltens fällt es leicht, auch die Kriterien der fahrlässigen Vollendungstat klar zu formulieren:[40]

DEFINITION DES ERFOLGSSACHVERHALTS DER FAHRLÄSSIGKEITSTAT

Der Erfolgssachverhalt liegt vor, wenn sich die für den Täter nach seinen individuellen Verhältnissen vorhersehbare, vermeidbare und von Rechts wegen zu vermeidende Möglichkeit der nicht gerechtfertigten Tatbestandsverwirklichung realisiert.

Bei Erfolgsdelikten kann man sagen: Der eingetretene Erfolg (z. B. der Tod eines Menschen) muss spezifische Folge des fahrlässigen Fehlverhaltens sein. Das ist er, wenn er das Endglied eines schadensträchtigen Verlaufs bildet, der von Rechts wegen hätte vermieden werden können und sollen. Bei den klassischen Erfolgsdelikten wie beispielsweise der fahrlässigen Tötung oder Körperverletzung gehört zum spezifischen Vermeiden-Müssen selbstverständlich die Sonderverantwortlichkeit des Normadressaten.[41] Nur dann liegt die *Grundform der Folgenverantwortlichkeit* vor.[42]

Während fahrlässiges Verhalten den Grundtyp personalen Fehlverhaltens bildet, ist vorsätzliches Verhalten dessen qualifizierte Form. Die Infragestellung der Verhaltensnormgeltung durch den Vorsatztäter ist erheblich gewichtiger, weil der Vorsatztäter die für die Verhaltensnorm-

[39] Näher dazu *Freund*, AT (Fn. 1), § 5 Rn. 29 ff. mwN.

[40] S. zu dieser Definition bereits *Freund*, AT (Fn. 1), § 5 Rn. 87 f.; ferner MK-StGB/*Freund* (Fn. 4), Vor § 13 Rn. 369.

[41] Vgl. dazu oben II 3 b.

[42] Eine Minderform der Folgenverantwortlichkeit findet sich beispielsweise bei der Unterlassenen Hilfeleistung (§ 323c Abs. 1 dStGB) und der Nichtanzeige geplanter Straftaten (§ 138 dStGB) im Kontext der Strafzumessung; qualifizierte Formen der Folgenverantwortlichkeit gibt es vor allem bei der vollendeten Vorsatztat, aber etwa auch – als Zwischenstufe zwischen Vorsatz und einfacher Fahrlässigkeit – bei der Körperverletzung mit Todesfolge (§ 227 dStGB); s. zu diesen wichtigen Differenzierungen bei der Folgenverantwortlichkeit *Freund*, FS Frisch, 2013, S. 677 ff. mit dem Vorschlag de lege ferenda, einen Tatbestand der *besonders leichtfertigen Tötung* (als qualifizierten Fall der fahrlässigen Tötung) zu schaffen.

bildung relevanten Umstände richtig erkannt hat. Daraus ist die treffende Definition abzuleiten:

DEFINITION VORSÄTZLICHEN VERHALTENS

Vorsätzlich handelt oder unterlässt, wer die Umstände kennt, welche die nicht gerechtfertigte Tatbestandsverwirklichung begründen.[43]

Dementsprechend kann das Spezifikum der vollendeten Vorsatztat folgendermaßen definiert werden:

DEFINITION DER ANFORDERUNGEN AN EINE VOLLENDETE VORSATZTAT

Die vollendete Vorsatztat erfordert, dass sich im Erfolgssachverhalt die spezifische Gefährlichkeit des vorsätzlich-tatbestandsmäßigen Verhaltens realisiert.[44]

Dieses Erfordernis muss erfüllt sein, damit die im Verhältnis zur (fahrlässigen) Grundform qualifizierte Form der Folgenverantwortlichkeit im Sinne einer vollendeten Vorsatztat begründet werden kann.

AUFBAUSCHEMA DER PERSONALEN STRAFTATLEHRE

- für das fahrlässige Begehungsdelikt
- für das fahrlässige begehungsgleiche Unterlassungsdelikt
- für das vorsätzliche Begehungsdelikt
- für das vorsätzliche begehungsgleiche Unterlassungsdelikt (jeweils als vollendetes Erfolgsdelikt)

I. PERSONALES VERHALTENSUNRECHT

1. Tatbestandsmäßiges Verhalten
   Tatbestandsspezifisch missbilligte Schaffung oder Nichtabwendung von Möglichkeiten eines schadensträchtigen Verlaufs – zu beurteilen auf der Basis der für den Handelnden oder Unterlassenden verfügbaren Fakten („Perspektivenbetrachtung“) unter Berücksichtigung der individuellen Momente von Verhaltensanforderungen sowie der Sonderverantwortlichkeit.

[43] Zu dieser Definition vorsätzlichen Verhaltens s. bereits *Freund*, FS Küper, 2007, S. 63, 82; ferner MK-StGB/*Freund* (Fn. 4), Vor § 13 Rn. 305.

[44] S. zu dieser Bestimmung der Anforderungen an die vorsätzliche Vollendungstat *Freund*, AT (Fn. 1), § 7 Rn. 146a.

2. Fehlen von Rechtfertigungsgründen
3. Fehlen von Schuldausschließungs- oder Entschuldigungsgründen

II. WEITERE SANKTIONSERFORDERNISSE

1. Tatbestandsmäßige Verhaltensfolge(n)
   Ein schadensträchtiger Verlauf hat sich ereignet, der hätte vermieden werden können und sollen
2. Sonstige Sanktionserfordernisse (z.B. objektive Strafbarkeitsbedingungen, Strafantrag)
   Beim Vorsatzdelikt:

III. WEITERE VORAUSSETZUNGEN DES VORSATZDELIKTS

1. Vorsätzlichkeit des Verhaltensunrechts
   Kenntnis der Umstände, welche die nicht gerechtfertigte Tatbestandsverwirklichung begründen.
2. Vorsätzliche Herbeiführung oder Nichtabwendung der tatbestandsmäßigen Verhaltensfolge(n)

LA MODIFICACIÓN DE LA SOBERANÍA POR EL FENÓMENO DE LA GLOBALIZACIÓN JURÍDICA, EN EL CASO MEXICANO DE LA CORTE PENAL E INTERAMERICANA[1]

GONZALO LEVI OBREGÓN SALINAS

1. ESTADO MODERNO Y ESTADO POSMODERNO

1.1. ESTADO MODERNO

En la época del Estado moderno surgieron varios doctrinarios que buscaron explicar el concepto de Estado y aportar el fundamento ideológico para la justificación del monopolio del poder así como las justificaciones de porque el monarca poseía la soberanía sobre las demás personas, algunos de los teóricos que consideramos más emblemáticos son los siguientes:

Thomas Hobbes, precursor de la corriente ideológica liberalista (1588 a 1679), fue el teórico moderno del absolutismo, desplegando su hipótesis de la legitimidad del poder, fue conocido por el individualismo metodológico por lo que entenderemos como "la justificación del poder político a partir de un acto de voluntad racional o como, se diría luego, a partir del consentimiento individual."[2] Con este concepto fundamentaría su doctrina en el sentido del porque se tendría que respetar al soberano o al Estado dando la justificación sobre la vinculación estatal con el individuo y su necesidad de los dos para subsistir.

Una de las obras donde manifestó la necesidad de esa vinculación entre gobernante y gobernado la encontramos en el Leviatán, donde se considera que "si en el pasado el gobernante era un déspota, un tirano, un

[1] Este trabajo fue realizado con el apoyo del Consejo Nacional de Ciencia y Tecnología.

[2] DEL AGUILAR, Rafael. Manual de ciencia política. Madrid, Ed. Trotta, 1997, p. 59

absolutista y un abusador del gobernado, a pesar de estar controlado por la iglesia con la amenaza de la excomunión; ahora, sin ese control, lo que el hombre ha creado es un monstruo que destruirá a la sociedad"[3], por tal motivo la existencia del Estado verdadero era necesaria ya que "sólo aquel era capaz de acoger las funciones para las que es creado, en concreto la salvaguarda de la paz social".[4]

El Leviatán coincide con el pensamiento de Hugo Grocio[5], al afirmar que la paz es mejor que la guerra, por eso los hombres deben esforzarse por la paz mientras tengan la esperanza de lograrla, pero, si no pueden obtenerla deben seguir el camino de la guerra sin ninguna limitación. Para obtener la paz, los hombres deben pactar con otros individuos que renuncian a todos sus Derechos a favor de un semejante o una congregación, con la única condición de que todos, los otros sujetos declinen sus Derechos a favor del mismo hombre o asamblea, que serán los gobernantes. "En tal forma todos quedarán en igualdad de condiciones, excepto los gobernantes ya que los gobernados se comprometen a realizar lo que el Estado les ordene. Por lo mismo Hobbes considera al Estado como un dios mortal, más fuerte que el mismo hombre pero creado para defenderlo y protegerlo".[6], para protegerlo en contra de las adversidades que podrían ser los enfrentamientos en contra de personas que tengan más fuerza, o bien más recursos económicos.

Hobbes menciona otra justificación en relación al gobernante y al Estado, considera que existe la necesidad de un gobierno fuerte ya que asegura que el hombre en estado de naturaleza es salvaje por la ambición, la envidia y el deseo de ser más que los otros hombres y esto lo asemeja a los lobos. Con la justificación de que el hombre es un salvaje, necesita de un gobierno fuerte equiparándolo con un domador, que controle a esos lobos para evitar la destrucción de la sociedad.

Estos argumentos dan lugar a dos conclusiones la primera: podemos mencionar la individualización de los hombres que realiza Hobbes para

[3] Hobbes, Thomas. Leviatán. México, Ed. Fondo de Cultura Económica, 2003 p.137-292

[4] Del Aguilar, Rafael. Op. Cit.

[5] Fue un niño prodigio; a los 9 años conocía la poética y hacía versos de calidad; comenzó sus estudios de Derecho a los 11 años, Leiden (Holanda) en 1594 y se graduó cuatro años más tarde en Orleans (Francia) en Jurisprudencia y Filosofía, habiendo además aprobado los cursos de Astrología, Matemáticas y Teología.

[6] Thomas Hobbes. *Op. Cit.*

observarlos como seres divisibles (anteriormente los hombre solamente eran vistos como colectividad por ello, Hobbes inventa la divisibilidad de la congregación de humanos en individuos) y únicos con derechos propios, de los cuales se desprende, de tratarlos como un todo que permitia el contro de la Iglesia, y al ser individuales tienen capacidad de decisión.

Verbigracia la facultad de tener consentimiento al poder elegir al gobernante para después poder hacer la consideración de que al tener la facultad de escoger y delegar facultades existirá la legitimidad en los gobiernos, por lo tanto, mediante la creación de conceptos científicos, se logró sustentar la figura del Estado, que tiene la separación de la Iglesia, lo que justifica la supremacía del gobernante frente a cualquier lider religioso.

En la segunda conclusión nos encontramos que el gobernado no tiene facultades para exigirle cuentas al gobernante en virtud de haber renunciado a todos sus derechos, entre ellos el de violencia que le puede servir perfectamente para hacer efectiva su seguridad, consideramos que esa prerrogativa pone en peligro la existencia del gobernante ya que el monopolio de la fuerza es el que lo mantiene vivo, con lo cual genera los derechos que deben ser reconocidos por el mismo gobernante, es decir, que no va en relación a lo que naturalmente es, sino, en relación con lo que dice el gobernante que es. John Locke es el primer gran teórico de la burguesía y del Estado individualista burgués fue John Locke, (1632 a 1704), quien mantuvo la idea del individualismo, que daba como resultado la existencia de un conjunto de Derechos Fundamentales[7], de los cuales se pueden desprender: el derecho a la vida, libertad, y "propiedad"[8] o la posesión de bienes, les considera derechos al ser individuales, ya no dependen de su dueño, ahora son serés libres y se les tienen que reconocer derechos.

Locke afirma que en el siglo XVIII el poder político corresponde a los dueños de la riqueza, por tener el dominio de la tierra y el capital, de tal modo que los individuos que no poseían tierra ni riqueza no deberían participar en el gobierno, ya que no tenían nada que defender. Además la

[7] Veremos más adelante que los Derechos Fundamentales son una causa generadora de la Globalización Jurídica, pues se busca la protección de los mismos, por ser intrínsecamente al hombre ya que la Jurisdicción Universal tiene como objetivo su protección.

[8] En esta facultad intrínseca a la persona se puede observar con claridad la tendencia de los razonamientos de Locke hacia la burguesía, ya que reconoce la individualidad que dará como resultado el derecho de propiedad, y ser susceptible de enajenación y venta, siendo este acto una clara evidencia del proceso capitalista.

facultad para gobernar es para el creador de las Leyes él es quien las genera, ya que sólo él conoce las leyes que requiere para ello. La segunda justificación: se refiere al estado de naturaleza, el cual es anterior al Estado, por el hecho de que el ser humano tiene Derechos inmanentes a la persona, que por serlo, deben ser reconocidas por el Estado; este mismo razonamiento se utilizó para facilitar la entrada de la burguesía en el comercio, debido a que en el estado natural, el individuo, tenía Derechos Fundamentales, como el de la disposición de la propiedad: por ello el sujeto podía entrar al comercio, permitiendo al burgués el dominio mercantil y por ende el político, con lo que da mayor impulso al proceso capitalista en esa época.

Los antecedentes del Estado moderno dieron origen a diferentes definiciones del mismo, las cuales nos permitiremos mencionar para entender cómo se estudió desde el punto de vista doctrinario y a qué conceptos se le otorgan más importancia, así como los elementos que lo conforman, dependiendo de la ideología o postura teorica del autor del concepto, así como de su visión. El Estado, "Se integra una organización con una población –elemento humano, o grupo social sedentario, permanente y unificado-, asentada sobre un territorio o porción determinada del planeta, provista de un poder público que se caracteriza por ser soberano y se justifica por los fines sociales que tiene a su cargo". [9], lo que tiene mayor aplicación en el elemento población, dando la pauta para considerar que sin población no podría existir un Estado, donde haya un soberano que aplique a los gobernados su supremacía.

Aguilar realiza un cierto énfasis en forma de permanencia de la población debido a que se tiene que habitar el territorio de forma permanente, asignando una característica *sine quan non*, ya que debe de subsistir en un territorio de forma sedentaria, por ello es de vital importancia para la existencia del Estado, de otra manera la población sería errante y no se podría definir perfectamente su estancia, creando múltiples confusiones de fronteras y problemas con las naciones vecinas sobre la delimitación territorial.

Para Hans Kelsen[10] "El estado es un orden jurídico parcial inmediato al Derecho de gentes relativamente centralizado, con ámbito territorial y temporal de validez jurídico, internacionalmente delimitado, y con una pretensión de totalidad, respecto del ámbito material de validez, sólo res-

[9] Del Aguilar, Rafael. *Op. Cit. p.178*

[10] Hans Kelsen fue un jurista, filósofo y político austriaco (Praga, 1881- Berkeley, California, Estados Unidos 1973). Profesor de Filosofía del Derecho de la Universidad de Viena desde 1917.

tringida por la reserva del Derecho Internacional"[11]. La importancia que efectúa Kelsen, sobre su definición de Estado estriba en la relación que se da entre la norma coactiva y el individuo, la cual hace que se mantenga el Estado de Derecho. Consideramos que la norma es una parte del Estado que depende de la soberanía, no como apunta Kelsen, un elemento esencial del mismo por lo tanto que la existencia de la norma no condiciona la subsistencia del Estado.

Miguel Acosta Romero expone que el Estado "... es la organización política soberana de una sociedad humana establecida en un territorio determinado, bajo un régimen jurídico, con independencia y determinación, con órganos de gobierno y administración que persiguen determinados fines mediante actividades concretas".[12] Acosta Romero hace especial énfasis en la organización política que debe tener un Estado, la cual tiene como característica fundamental la soberanía, la cual debe imperar dentro de una estructura orgánica capaz de realizar sus labores de forma correcta, para el mejoramiento del Estado.

Eduardo García Máynez dice que Estado "es la organización jurídica de una sociedad bajo un poder de dominación que se ejerce en determinado territorio que actúa como un ente orgánico unitario, estructurado jurídicamente, bajo la forma de una corporación que detenta el ejercicio del poder"[13] consideramos que este autor, da un peso especifico al concepto de soberanía, efectúa la necesaria y constante dominación de parte del Estado en un territorio determinado, en donde sólo éste puede detentar el ejercicio del poder. Las diferentes definiciones que se han citado por los distintos juristas nos permiten distinguir los elementos esenciales, así como la importancia que cada uno de ellos otorga a un elemento o a otro, con lo cual se retomaremos los elementos de las definiciones anteriormente citadas, para dar paso a un concepto más actual de los elements del Estado-Nación.

Después de haber citado las referencias sobre el concepto de Estado proponemos una definición, que, nos parece, contiene todas las anteriormente citadas, además de fijar la postura en este trabajo: El Estado se con-

[11] KELSEN, Hans. *Teoría pura del derecho*. México, Ed. Porrúa, 1990, p. 145

[12] ACOSTA ROMERO, Miguel. *Teoría general del derecho administrativo*. México, Ed. Porrúa, 1986, p. 40

[13] GARCÍA MAYNEZ, Eduardo. *Introducción al estudio del derecho*. México, Ed. Porrúa, 2004, p. 98

forma de un conjunto de individuos, que habitan de forma permanente en un territorio delimitado, que organizados por un gobierno que busca el bien común, realiza actos soberanos entre sus similares (otros Estados) o gobernados, con la facultad de poder derivar o atribuir Soberanía a sujetos internacionales para mantener el resguardo de los Derechos Fundamentales de las personas, la paz y la cooperación internacional.

Consideramos que la definición propuesta va más acorde con nuestra situación actual, ya que la definición de Estado que se ha estudiado en las Universidades, Escuelas o Facultades de Derecho en México, así como en los autores mencionados son las que se instruyen a lo largo de la formación de los estudiosos del Derecho, pero en la actualidad con la globalización jurídica frente a la soberanía, ha dado la pauta para la modificación del concepto mencionado. Esto es así debido a la modificación de las Constituciones de los Estados para adecuarse a las normas internacionales verbigracia los Derechos Humanos; lo que genera que los Tribunales puedan aplicar directamente la constitución y que los derechos humanos puedan tener injerencia en el sistema judicial de las naciones que hayan firmado y ratificado tratados en derechos humanos, más aun como es el caso de México reformar el artículo primero costitucional, y que puedan aplicar de manera directa la Constitución.

Por ello es que se considera que el "concepto político jurídico de la Soberanía está en crisis, porque el Estado contemporáneo ya no es un centro de poder único y autónomo por el carácter de las relaciones internacionales, en donde las interdependencias estatales son cada día más vigorosas y estrechas a causa de fenómenos jurídicos, económicos, políticos e ideológicos."[14], con lo cual los conceptos tienen que ser reformulados a la necesidades actuales de la sociedad mundial. La imposibilidad del Estado de dar solución a la transgresión de Derechos Humanos, es evidente que ha sido superado, su soberanía es utilizada por el Estado, para eximir de alguna responsabilidad a los gobernantes, utilizar la facultad discrecional, o facultad reglada, para evitar el reconocimiento de los derechos humanos, o eximir de su responsabilidad anteponiendose a la Globalización jurídica de los derechos humanos, anteponiendo su ley y actos bajo la soberanía o su competencia.

[14] GONZÁLEZ, G., María de la Luz. *Teorías acerca de la Soberanía y la Globalización*. México, Ed. Porrúa, Facultad de Derecho UNAM,2005, p. 101

La soberanía de los Estados se presenta en la creación de legislación, (proceso legislativo), así como decisiones judiciales vinculantes, es así que, al momento de confrontarse con el concepto de Globalización jurídica "pierden el control sobre la realización de disposiciones jurídicas en cada vez más campos prácticos"[15], por lo tanto cuando hablamos de derechos humanos, existe una regulación forzosa que va en contra incluso del comportamiento del Estado, o sus deseos de evitar o excluir los derechos humanos de su legislación. De esta manera, al ser la legislación y las decisiones judiciales una expresión de soberanía (definiéndola como competencia de la competencia), al momento que se delegan atribuciones como puede ser a la Corte Interamericana de los Derechos, tales como funciones jurisdiccionales así como revisión de los juicios concluidos, la soberanía se encuentra modificada debido a que el Estado se desprende de funciones que eran inmanentes a él.

1.1.1. ELEMENTOS DEL ESTADO MODERNO

El Estado, para su conformación, requiere de la existencia de las partes o estructuras que deben estar enlazadas, con el fin de obtener un resultado; ya que sus elementos, de manera aislada, parecería que no generan consecuencias jurídicas pero que relacionados, conforman algo que es totalmente originado el Estado Nación. El Estado es el resultado de esa correlación entre sus elementos, que para George Jellinek[16] son Territorio, Población y Gobierno; además analiza la situación jurídica de los elementos con su creación. En el presente inciso examinaremos cada uno de esos elementos principiando por el de Territorio: "Territorio, en una primera instancia, es una porción de la superficie terrestre perteneciente a una nación, provincia o región. En según da instancia, territorio es una entidad política regida por un gobernador, ocupada por un pueblo, sometida a la misma soberanía y separada de los pueblos vecinos por límites o fronteras" [17]

El primer punto de análisis es el Territorio como zona, extensión o espacio que ocupa un país como lugar de ubicación geográfica; en la segunda parte de la definición citada se estudia como el lugar en donde el gober-

[15] Beck, Ulrich. *¿Qué es la Globalización?*. Buenos Aires, Ed. Paidós, 1998, p. 188

[16] Georg Jellinek fue jurista y teórico, hijo de Adolf Jellinek, nació el 16 de junio de 1851 en Leipzig y falleció en Heidelberg el 12 de enero de 1911.

[17] *Breve Diccionario Porrúa De La Lengua Española*. México, Ed., Porrúa, 2002, p. 742

nante puede ejercer su dominio y donde ningún otro presidente o representante de gobierno o sujeto internacional puede emitir mandatos, crear leyes, dictar sentencias o resoluciones ni cobrar impuestos. Por su parte Eduardo García Máynez[18] define al Territorio como "la porción del espacio en que el Estado ejercita su poder"[19], en esta aportación se hace referencia a la importancia que tiene el *Territorio*, "en sentido de ámbito espacial, de validez"[20] de las normas o del poder político del Estado, es por ello que un solo poder soberano debe tener su propio Territorio, pues deberá aplicar sólo sus facultades, para que tenga congruencia su mandato, ya que si existen dos poderes políticos no hay coherencia en las decisiones del gobernante. Desde el punto de vista de María De la Luz González González, veremos como:

> "el Territorio de un Estado comprende no solamente una determinación de superficie sino también el subsuelo, el espacio atmosférico, costas y litorales con su mar territorial; Es el elemento imprescindible para el Estado, ya que sin él, no puede cumplir con sus funciones por lo que puede inferirse que si el Estado no puede obrar ni conservar su existencia si carece de territorio debe poseer un autentico derecho sobre el mismo"[21].

No solamente se analiza el concepto Territorio como la superficie en donde se puede aplicar el poder del soberano, sino también lo considera como parte imprescindible del dominio real, directo y visible frente a otros sujetos internacionales en relación a éste, es de donde emana la competencia territorial, el lugar donde tendrá efectividad las decisiones del gobernante así como la pertencia de las personas que habiten ese lugar.

En este sentido Georg Jellinek argumenta: "Es también posible que un Estado, mediante la celebración de un Tratado permita a otro que ejecute en su territorio ciertos actos de imperio. El poder que concede la autorización queda de este modo restringido, pero como la limitación se

[18] Eduardo García Máynez (Ciudad de México, 11 de enero de 1908 – 2 de septiembre de 1993) fue un jurista y filósofo del Derecho mexicano.

[19] García Maynez, Eduardo. *Op. Cit.* 98

[20] Hans Kelsen considera que *validez* tiene como significado que el ordenamiento jurídico debe ser obedecido y aplicado, es decir, que la validez de una norma positiva no es otra cosa que el modo particular de su existencia.

[21] Gonzaléz Gonzalez, María de la Luz. *Valores en el Estado del pensamiento político.* México, Ed., Mc Graw Hill, 2ª ed., 1997, Pp. 233-234

basa en un acto consentido libremente, el principio de impenetrabilidad conserva su vigencia"[22]. Es cierto que un Estado necesita tener dominio sobre el territorio que ocupa, pero no menos cierto es que el soberano, al permitir mediante la firma de un tratado la injerencia de un sujeto internacional a su territorio, está permitiendo que se apliquen otras decisiones sobre la misma superficie modificando el principio de impenetrabilidad que menciona Eduardo García Maynez, más aun, cuando se tienen que adecuar las decisiones del gobernante conforme a los acontecimientos de la comunidad internacional.

Por lo tanto, consideramos que la existencia del principio de impenetrabilidad no se encuentra condicionado a la injerencia de otros Estados o sujetos internacionales, mediante la firma de un tratado, ya que dicho principio solamente es modificado cuando las facultades inmanentes al Estado son atribuidas o delegadas mediante la firma de un tratado a un organismo internacional como Corte Penal Internacional (CPI), ó la Corte Interamericana de Derechos Humanos, bien cuando la legislación es modificada con base en disposiciones o actos externos

Otro elemento más que constituye el Estado es la Población, de la cual Georg Jellinek apunta "en cuanto sujetos del Estado son miembros de éste, es por tanto al propio tiempo asociación de autoridad y asociación corporativa. A causa de la autoridad del poder del Estado es el pueblo objeto de *imperium* y se encuentra desde este punto de vista en una mera subordinación; mas como los individuos en su cualidad de elementos del Estado se hallan en la situación de miembros y son por tanto sujetos."[23]

Desde la perspectiva que maneja el autor citado, define a la población con base a la relación de subordinación que existe entre los sujetos y el Estado dándose ésta de parte de los segundos sobre los primero o también desde la óptica del conjunto que hacen los individuos al conformar el elemento subjetivo, que puede ser entendido como el segmento de personas que son parte del grupo social. Ahora bien, por su parte Eduardo García Maynez define *Población*, como: "los hombres que pertenecen a un Estado componen éste. La pertenencia al Estado hállase condicionada por un vínculo jurídico específico: la nacionalidad. Esta última debe ser distinguida

[22] JELLINEK, Georges, *L'Etat moderne et son droit*, Trad. Fardis, II, Cap. XIII, citado en GARCÍA MAYNEZ, Eduardo, *Introducción al estudio del derecho*, México Ed. Porrúa, 2004, P. 99.
[23] JELLINEK, Goerg. *Teoría General del Estado*, Buenos Aires. Ed., Albatros, 1943 p. 333.

de la ciudadanía, que implica la facultad de intervenir, con el carácter de órgano en la vida pública"[24].

Desde la perspectiva de Eduardo García Máynez podemos observar que se enfoca a la población como el elemento que conforma el Estado, es decir determina a la población como las personas que habitan su Territorio, debido a esto, el Estado les otorga la nacionalidad para la identificación de las mismas, además de distinguirla con ciudadanía, ya que ésta es la facultad de poder incidir en las decisiones del Estado, por parte de los que tengan las aptitudes que se necesiten para poder tenerla.

Otro elemento más es el de poder que también puede ser entendido como gobierno; el cual se define como "la capacidad o facultamiento jurídico que tienen los órganos del Estado de ejercer coercíblemente, mediante determinados procedimientos, las tareas de producción o de ejecución de normas jurídicas que son atribuidas a las funciones que realizan"[25], por lo tanto podemos entender al gobierno como la facultad que tiene el Estado para poder efectuar la amenaza de violencia, creando y aplicando las disposiciones jurídicas para cumplir sus funciones que le son atribuidas.

Para María González y González el poder del Estado es "siempre legal o sea poder político jurídicamente organizado, pero a causa de su función social, el poder del Estado no ha de conformarse con la legalidad técnico jurídica, sino por imperativo de su propia subsistencia, debe preocuparse de la justificación moral de sus normas jurídicas es decir buscar la legitimidad ya que se vuelve más sólido cuando se apega a sus preceptos ético jurídicos"[26]. Se realiza la distinción del poder entre legitimidad y legalidad que debe encontrarse en las normas jurídicas para un desempeño justo del poder.

Eduardo García Máynez apunta en razón al poder que "Toda sociedad organizada ha menester de una voluntad que la dirija, esta voluntad constituye el poder de grupo. Tal poder es de tipo coactivo; otras, carece de este carácter. El poder simple, o no coactivo, tiene capacidad para dictar determinadas prescripciones a los miembros del grupo, pero no está en condiciones de asegurar el cumplimiento de aquellas por sí mismo, es decir, con medios propios"[27].

[24] García Maynez, Eduardo, *Op. Cit.*, 2004, Pp. 100 – 102.

[25] Osorio Y Florit Manuel. *Enciclopedia jurídica Omeba, Tomo X Empa- Est.*, Buenos Aires, Ed. Driskill., 1993, p. 862

[26] Gonzaléz Gonzalez, María de la Luz. *Op. Cit.*, 226

[27] García Maynez, Eduardo, *Op. Cit.*, 2004, p. 102

Se hace la distinción entre la voluntad que dirige y la voluntad que la constituye, ya que la primera será la que ordene al grupo viniendo necesariamente del Estado, y la segunda es que, debido a los resultados de la voluntad única se obtienen consecuencias. En cuanto al poder coactivo, es la violencia que el Estado utiliza, cuando los organizados no cumplen con lo estipulado por la voluntad única siendo esta la decisión de todos los gobernados de las reglas a utilizar para llegar al bien común en sociedad. Las cuales deben de ser respetadas.

Para nosotros *Poder* o *Gobierno*, es la facultad que tiene el Estado para ejercer las políticas de organización en relación a los deberes que tienen frente a la población que habita su territorio delimitado. Siendo que Territorio, Población y Gobierno son elementos esenciales para su existencia se podría considerar que si estos tienen un detrimento en su estructura, necesariamente el Estado sufriría consecuencias esenciales en su conformación, ya que al menoscabo de los elementos que lo constituyen, podría pensar que éste necesariamente sufrirá problemas estructurales.

SOBERANÍA

A la Soberanía no siempre se le de el carácter de elemento cuando hablamos del Estado y muchas veces se le confunde con Gobierno, lo que para nosotros es inexacto, ya que son dos conceptos muy diferentes, debido a que el gobierno está dedicado a la manera dirigir a los individuos que habitan un determinado territorio mediante disposiciones jurídico-normativas y organismos creados para desarrollar funciones especificas. Mientras que la soberanía es la facultad que tiene el Estado para autodelimitarse, además de ser un poder supremo e independiente, para efectos de esta investigación será un elemento más que conforma el Estado.

El concepto de Soberanía "nació en la Edad Media como un concepto político y polémico"[28], se considera que el concepto de soberanía se comienza a gestar, como antecedentes a los principios de un Estado independiente y supremo, de los inicios tenemos que:

> "el soberano indicaba solamente una posición de preeminencia, es decir, aquel que era superior en un preciso sistema jerárquico, por lo que también los barones eran soberanos en sus baronías y, evidentemente, los duques en sus ducados, los condes en sus condados, etc. tal como los reyes lo eran en la

[28] JELLINEK, Georg. *Op. Cit. p.* 435.

extensión política y territorial de su reino. Así, en la Edad Media ya se conocía el término soberano (aunque no el de soberanía), según el cual el rey era soberano para todos y 'por la tutela general del reino."[29]

En este sentido apunta Bodin que "la Soberanía es el verdadero fundamento, es el eje alrededor del cual gira el Estado de una ciudad. Es la potestad absoluta y perpetua de una república que los latinos llaman *maiestatem*, es la potestad suprema sobre ciudadanos y súbditos no sometida a leyes"[30]. Jean Bodin ve a la soberanía como absoluta, perpetua, inalienable, indivisible, imprescriptible, como un poder originario. El citado autor llega a las mencionadas características para dar justificación al absolutismo que ejercía el Rey de Francia, siendo la soberanía el elemento esencial de existencia del Estado y a su vez, la potestad suprema sobre ciudadanos o súbditos no sometidas a la Ley.

Para Thomas Hobbes, la Soberanía radica en el pueblo y debido a que se a constituido un pacto que genera al Estado, cuando éste realice juicios que recaigan a las acciones emitidas por sus pactantes será como si ellos mismos se castigaran, ya que la soberanía la han cedido al gobernante y tratar de detentarla tomando del soberano, lo que a hecho suyo sería una injusticia. Cabe destacar que para Thomas Hobbes[31] igual que Jean Bodino[32] a pesar dc quc cl primero consideraba que existía un pacto entre los ciudadanos y el soberano lo cual a primeras luces puede parecer más igualitario, coincidía con el segundo en cuanto al absolutismo que tenía el Soberano, ya que este no regresaría la Soberanía a sus gobernados.

Además de que consideraba que "esta institución es la paz y la defensa de todos, y como quien tiene derecho al fin lo tiene también a los medios, corresponde de derecho a cualquier hombre o asamblea que tiene la soberanía, ser juez, a un mismo tiempo acerca de los obstáculos e impedimentos

[29] MATTEUCCI, Nicola. *Bien común, Diccionario de política de Norberto Bobbio*, t. 1., México, Ed. Siglo XXI, 1999, P.144.

[30] BODIN, Jean, *Los seis libros de la Republica*, libro I, c. VII, s/e, Paris, 1577, p. 99. Citado en MATTEUCCI, Nicola, *Op. Cit.*, P.145

[31] Thomas Hobbes (5 de abril – 4 de diciembre de 1679) filosofo ingles, cuya obra Leviatán (1651) estableció la política occidental.

[32] Juan Bodino (francés: *Jean Bodin*) (Angers, 1529/30 – † Laón, 1596) fue un destacado intelectual francés que desarrolló sus ideas en los campos de la filosofía, el derecho, la ciencia política y la economía. Sus aportes a la teoría del Estado, en particular mediante el concepto de *soberanía*, han sido de gran importancia para la modernidad y conservan en gran medida valor.

que se oponen a los mismos"[33], referente a los medios es donde precisamente permanece el principio de absolutismo ya que puede utilizar cualquier medio para seguir siendo el soberano.

Para John Locke la Soberanía queda reservada al pueblo, ya que considera que en él existe Derecho a la revolución, además de la facultad de resistencia, argumentando que las prerrogativas otorgadas al Estado se ven limitadas por la paz, la seguridad y poder representativo de salvaguardar el Estado para sus ciudadanos. Con lo anterior se puede resumir que las constantes del concepto de soberanía, radican en el Estado, así como la facultad de ejercerla y detentarla; aunque también existe la posibilidad de que el hombre, mediante un pacto social, la entregue al soberano, pero en realidad, se puede observar que la línea que se sigue es que el gobernante no reconoce a otro poder ni frente ni por encima de él.

Georg Jellinek nos habla de la Soberanía haciendo mención "a que no es otra cosa que la negación de subordinación del Estado a cualquier otro poder; pero esta negación es doble, es una negación interna y una negación externa"[34]. La primera se refiere directamente a que ningún poder dentro de los límites territoriales del Estado, puede ser igual o estar sobre él. La segunda se refiere a que ningún poder fuera de su territorio puede ser superior, entendiéndose como la facultad del Estado de organizarse de manera internamente, además de igualdad y libertad internacionalmente.

Para Hans Kelsen las normas jurídicas deberían ser la soberanía del Estado, en donde el orden normativo debe ser tratado como supremo con la premisa de que las normas son lo más alto; éstas deberían de a la soberanía, al no reconocer otra facultad o disposición frente a él, la legislación y su obligatoriedad mediante la creación del procedimiento legislativo es el único requisito para que su mandato mediante la ley sea cumplido.

Concordamos con Hans Kelsen desde el punto de vista en donde la norma jurídica es parte de la soberanía, ya que el propio Estado, con la intención de autodeterminarse, crea las disposiciones legales para poder regular las relaciones dentro de su demarcación territorial; creando, al mismo tiempo, una norma suprema que contiene las facultades, así como demás de alcances de los nacionales y la autoridad. Pero no coincidimos

[33] HOBBES, Thomas. *Leviatán.*, México, Ed. Fondo de Cultura Económica, 2003 Pp.142-276

[34] Visto en, GONZALÉZ GONZALEZ, Mª de la Luz, *Valores en el Estado del pensamiento político*, México, Ed. Mc Graw Hill,2ª ed., 1997, p. 203

en que la norma jurídica será lo más alto y supremo, ya que sólo basta que otra norma se aplique dentro de su superficie espacial de un Estado para que la soberanía desaparezca, debido a que desde el primer momento que entraran en relación una norma con la otra se abrogaría, por lo tanto, la soberanía del Estado receptor dejaría de existir cuando se aplique una disposición jurídica que no pertenezca a las que el Estado ha creado.

Por su parte, Robert Litell reflexiona que el concepto de soberanía introducido en el siglo XVI ha perdido mucho de su significado original, porque quizá estamos en vías de pasar de Estados a comunidades económicas. La Soberanía como concepto del Derecho Internacional tiene tres aspectos fundamentales: externo, interno y territorial. El aspecto externo de la soberanía es el Derecho del Estado de determinar libremente sus relaciones con otros estados, o con otras entidades, sin restricción o control por parte de otro Estado. El aspecto interno de la Soberanía consiste en el derecho o la competencia exclusivos del Estado para determinar el carácter de sus propias instituciones, asegurar y proveer lo necesario para el funcionamiento de ellas, promulgar leyes según su propia selección y asegurar su respeto.

> El aspecto territorial de la soberanía consiste en la autoridad completa y exclusiva que un Estado ejerce sobre todas las personas y cosas que se encuentran dentro, debajo o por encima de su territorio.[35]

Una última definición de soberanía es: "La competencia de la competencia (*die Kompetenz Kompetenz*) la determinación de su propia competencia, la que se ha llamado la competencia de la competencia, constituye el criterio propio y esencial de la Soberanía"[36]. La soberanía contemporánea se basa en el poder supremo de parte del Estado, que no permite un poder frente o superior a él. Dividiéndose en interna y externa, ante esto la parte interna de la soberanía se refiere a la aplicación de las normas que el propio Estado genera para mantener el Estado de Derecho en su Territorio. La soberanía externa se refiere al ámbito internacional, es decir que el Estado tenga capacidad de representación frente a otros Estados o suje-

[35] Sorensen, Máx., *Manual de Derecho Internacional Publico*, México, Ed. Fondo de Cultura Económica, 1973 P. 264.

[36] Cabrera, Beck, Carlos G., El nuevo Federalismo Internacional, la Soberanía en la Unión de los países, Porrúa, Facultad de Derecho de la Universidad Anahuac, México, 2004 Pp. 210 - 213.

tos internacionales y que estos no interfieran en las decisiones en cuanto a la autodeterminación de sus gobiernos.

Para Emilio Rabasa, la soberanía es la "facultad del pueblo para hacer y aplicar sus leyes, y es también su derecho de autodeterminación, o sea, de escoger y modificar libremente la forma en que habrá de ser gobernado"[37], Rabasa hace referencia a que la soberanía proviene de las personas que habitan un Territorio determinado, por ello son únicos facultados de escoger el tipo de gobierno con el que se constituirá el Estado, de igual manera los gobernados tienen la facultad de alterar el gobierno así como sus facultades, al ser los que constituyen el Estado.

La soberanía tiene dos posturas: una positiva Carré de Malberg menciona que la soberanía es "una potestad pública que ejerce autoritariamente el Estado sobre todos los individuos que forman parte del grupo nacional"[38] y una negativa, en donde es definida por Georg Jellinek "como la negación de toda subordinación o limitación del Estado por cualquier otro poder."[39]

Tena Ramírez concluye que "Esas dos nociones, que en realidad no son sino aspectos de una sola idea, engendran las dos características del poder soberano: es *independiente* y *supremo*"[40], pues la manera positiva se encuentra en razón del ejercicio de facultades así como de su competencia, sobre los gobernados, relacionando la negativa en el sentido de que ningún otro Estado, podrá tener facultades o competencia mayor. En donde la independencia de un Estado estriba en la igualdad de las relaciones internacionales que se tengan con Estados Soberanos, y que si en algún momento uno de ellos se somete en esa relación, ésta se desvanece o desaparece, debido a que dependerá de sus políticas internas, como es la especulación que se ha realizado en México, por la elección de Estados Unidos de Norte América, con el Candidato electo Donald Trump.

Hace depender a México, de todas las políticas que pretenda realizar o cumplir Donal Trump, en cuanto a su campaña, ya que, ha generado un ambiente de inestabilidad económica con la promesa de incrementar sus impuestos a las empresas Estadounidenses, que pretendan realizar inver-

[37] RABASA, Emilio. *Mexicano: ésta es tu Constitución, México Editorial.*, Ed. Miguel Ángel Porrúa., 1995 P.151

[38] *Ibídem.*

[39] *Cfr.* TENA RAMIREZ, Alfredo., *Derecho Constitucional Mexicano*, 22ª ed., México, Ed. Porrúa, 1997, P. 6

[40] *Ibíd.*

siones fuera de su territorio y, las que se encuentren fuera de su territorio verbigracia en México, incrementará el Impuesto a ese tipo de empresas, situación que hace perder a México supremacía soberana.

Debido a que el concepto de supremacía, se refiere exclusivamente a la soberanía interior, por lo que la facultad de imperio se ejerce sobre los habitantes que residen de una forma constante dentro de la superficie del Estado concluyendo con Tena Ramírez que la soberanía exterior es un comparativo y la interior es un superlativo de igualdad, Soberanía que en el Estado Mexicano se ha visto modificada por un candidato electo a la presidencia de Estados Unidos de Norte América, como lo es Donal Trump, simplemente por el incremento del dólar para México, desde que ganó la candidatura a la presidencia de Estados Unidos de Norte América.

Podemos ultimar con base en la postura de Alfredo Tena Ramírez, que la soberanía es el carácter esencial de un poder soberano permanente e independiente, que no supone otros poderes que lo menoscaben o destruyan. El concepto de soberanía nos ofrece dos conceptos: la soberanía Interna y la externa, en donde la primera es una pertenencia del Estado que consiste en la única fuerza social interna organizada jurídicamente, que se impone a cualquier otra fuerza; la segunda que es la externa, se considera como el derecho de un país para mantener y sostener su independencia de toda subordinación frente a otro Estado en relación a las funciones.

María de la Luz González y González, en cuanto a la soberanía interna y externa menciona que "La supremacía universalidad que determina a las unidades decisorias modernas, o sea, la soberanía no esta bifurcando en dos direcciones la correspondiente al plano externo y la del interno, porque la Soberanía corresponde a la unidad estatal en su ámbito territorial, en cuyos límites se ejerce, así la soberanía es sólo una"[41]. Es decir, no realiza división de las mismas, sino únicamente menciona que se compone de una sola, pero las funciones que realiza el Estado pueden ser al interior o al exterior.

De las posturas citadas la constante es que la soberanía se divide en dos fragmentos: el interno que es la supremacía del gobierno sobre sus nacionales o agrupaciones; y el segundo, al exterior, en relación con los sujetos internacionales partiendo del reconocimiento de la igualdad. Por lo tanto, la soberanía será única y se encontrará compuesta de dos clasifi-

[41] GONZALÉZ GONZALEZ, María de la Luz. *Op. Cit.* P. 208

caciones que dependerán de la relación que el Estado mantenga con los diferentes sujetos.

Para Andrés Serra Rojas el concepto de soberanía queda comprendido en la división del Derecho Constitucional; es un reflejo de la titularidad de la soberanía del Estado ya que corresponde a gobernar a sus intereses y realizar sus propios reparos políticos. El Derecho Internacional lo define como "una característica de nuestro tiempo la formación de un orden jurídico externo, que se condensa en un genérico: Derecho internacional o Derecho de gentes, dominado por las contingencias de Hecho y Derecho de la comunidad internacional. De un modo de pactos internacionales que no se cumplen."[42] Andrés Serra Rojas concluye con la división de Derecho Internacional encontrando su justificación, con el propio Hans Kelsen:

> Si el Derecho Internacional, por tanto los mismos Tratados internacionales han de valer como normas jurídicas objetivas, independientemente como voluntad de los Estados obligados... es preciso que el conocimiento jurídico internacional parta la idea del primado del orden jurídico internacional... Pero esto significa que en tal supuesto ningún Estado es soberano, puesto que todos se hallan sometidos en la misma medida al orden de la comunidad jurídica internacional en el cual recae toda la soberanía. Pero significa, además que desaparece la distinción fundamental entre el Estado y las comunidades no estatales que lo integran, así como solamente pueden considerarse Estados ciertas comunidades relativamente supremas.[43]

Los Estados contratantes de un Tratado internacional, al someterse a las normas que regulan la comunidad internacional estarían perdiendo la soberanía en cuanto al tema de lo que verse el Tratado, recayendo en esta disposición internacional la regulación de los acontecimientos que anteriormente eran conocidos por el Estado, dando lugar a la inexistencia en ese momento de la soberanía en cuanto a la materia de su acuerdo.

Podemos consdierar que sin la soberanía "me atrevo a afirmar que su inexistencia llevaría al fin del Estado. Tan importante es la Soberanía que sin ella el Estado carecería de personalidad jurídica, es decir, no podría ser titular de derechos ni de obligaciones. Cuando los representantes de

[42] SERRA ROJAS, Andrés., *Teoría del Estado.*, México, Ed. Porrúa, 2000, P. 435.
[43] *Idem.*

los Estados se sientan a negociar, cada uno de ellos lleva implícito el respeto de la soberanía de los demás y debido a ese reconocimiento son libres para negociar"[44]. Una tercera aportación lo hace María de la Luz González y González, al mencionar que:

> La Soberanía no sólo se enfrenta al derecho internacional, sino que es supuesto previo del mismo, porque sino existieran Estados soberanos interrelacionados, el derecho internacional sería nulo. La doctrina sostiene que ante la existencia de unidades decisorias, el derecho internacional se encuentra equilibrado, porque sus miembros son soberanos e iguales cada uno dentro de su ámbito territorial es una unidad decisoria autodeterminada, que en el ámbito externo debe tener los mismos derechos y obligaciones.[45]

Por lo anteriormente expuesto consideramos ahora que el Estado, como lo conocemos, estaría en una etapa de transición que no se detiene, y que los países tienen que cambiar la soberanía para poder adentrarse en la colectividad universal; igualmente para regular asuntos que le competen a la comunidad internacional, no dejando de incluir a los intereses de las poblaciones que forman parte de esos sujetos internacionales.

La soberanía es una parte esencial del Estado, y al momento que es impactada por la Globalización Jurídica, aquella se modifica, "El estado-nación por ejemplo, entra en decadencia, como realidad y concepto. No se trata de decir que dejara de existir, sino que está realmente en decadencia"[46] por ello es que con la "globalización no se produce sólo una erosión de la estructura en la misión de las instituciones estatales, sino una transformación fundamental de sus presupuestos".[47]

Cuando hablamos del impacto de la Globalización Jurídica en el Estado, "quiere decir en esencia crisis de la Soberanía estatal, que se manifiesta en el desplazamiento de cuotas crecientes de poder y de funciones públicas tradicionalmente reservadas a los Estados, más allá de los confines nacionales. En la era de la globalización, el futuro de un país depende cada vez

[44] Arnaiz Amigo, Aurora., *Estructura del Estado,* México, 4ª, Ed. Mc Graw-Hill, 2003, P. 479

[45] Gonzaléz Gonzaléz, María de la Luz., *Valores en el Estado del pensamiento político,* 2ª, México, Ed. Mc Graw Hill, 1997, P. 208

[46] Ianni, Octavio., *Teorías de la Globalización, 7ª edición.,* Buenos Aires, Ed. Siglo XXI, 2006 P.70

[47] Beck, Ulrich., *Op. Cit.* P. 146

menos de la política interna y cada vez más, en cambio, de decisiones externas adoptadas en sedes políticas supranacionales..."[48]

Al momento de delegar soberanía y depender de decisiones externas como las de la Corte Interamericana de los Derechos Humanos, la elección presidencial de otro Estado Nación (situación Donald Trump-México), necesariamente vemos al Estado y directamente a la soberanía impactada, las funciones de creación de normas, persecución, castigo de transgresión a los derechos humanos y revisión de juicios eran solamente reservadas para los Estados y no para otros sujetos internacionales, ni mucho menos para una Corte Interamericana o Penal.

Podemos concluir que los Estados nacionales "no han correspondido a la construcción de una esfera pública a la altura de los procesos de la globalización que están teniendo a lugar, faltan o son en extremo débiles de las garantías de los derechos formalmente proclamados es decir, las previsiones de los deberes y obligaciones que su satisfacción comporta."[49], los Estados-Nación han permitido la transgresión de los derechos humanos, por lo tanto, mediante la globalización jurídica de los derechos humanos, se han modificado la resistencia que era realizada bajo la protección de la soberanía nacional.

De igual forma la problemática de la aplicación de la Globalización Jurídica, no solamente viene con la falta de regulación de los derechos humanos o fundamentales, también la inefectividad de las normas jurídicas, se presenta cuando las legislaciones no cumplen con el principio o el objetivo de los tratados internacionales, o con las Cortes que protegen los derechos humanos, ya que de primera vista los Estados al realizar normas jurídicas que consideren una Reparación del daño derivado de una responsabilidad en cuanto a la inobservancia de los derechos humanos.

La realidad es que utilizan la soberanía que aun no es delegada, a un sujeto internacional como son las Cortes Internacionales, que protegen los Derechos Humanos, para emitir legislaciones que los eximiran de cumplir con el objeto que es evitar la transgresión de los derechos humanos, pero al contrario buscan mediante legislaciones evitar la aplicación efectiva del objeto o principio que es la protección de los derechos humanos, como se vera co la modificación al artículo 21 de la Constitución Política

[48] FERRAJOLI, Luigi., *Razones jurídicas del pacifismo.*, Madrid, Ed. Trotta,2004, P. 137
[49] *Ibídem*, P. 142.

de los Estados Unidos Mexicanos, y la Ley Federal de Responsabilidad Patrimonial para el Estado.

1.2. EL ESTADO POSMODERNO Y EL SIN SENTIDO DE LAS FRONTERAS

El Estado Posmoderno no hace mucha referencia a la soberanía, entendida como el poderío que no reconoce otro poder frente o superior a él, ya que el interés nacional que protegía ese concepto ahora no es necesario, debido a que la distinción entre lo nacional e internacional en este momento ya no marca la pauta, porque los objetivos son distintos que los que en un principio existían.

El territorio, que anteriormente era delimitado con las fronteras para no permitir la libre migración entre distintos territorios ahora es traspasado con el Internet, satélites y los habitantes que deciden trasladarse de un sitio a otro, sin experimentar el sentimiento patriótico de pertenencia, ya que la zona a la que se llega también concuerda con la forma de pensar dentro del objetivo primordial que se tenía en el lugar de residencia. En cuanto al Estado posmoderno Robert Cooper argumenta lo siguiente:

> "El sistema posmoderno en que vivimos nosotros, los europeos, no se fundamenta en el concepto de equilibrio, ni enfatiza la soberanía o la distinción entre los asuntos nacionales y los internacionales. La Unión Europea se ha convertido en un sistema altamente desarrollado de interferencia mutua en los asuntos internos de cada estado, incluso en lo que se refiere a cerveza y salchichas. El Tratado de Fuerzas Convencionales en Europa (CFE en sus siglas en inglés), según el cual las partes firmantes deben notificar la localización de sus armas pesadas y permitir inspecciones, sitúa ciertas áreas muy cercanas al núcleo duro de la soberanía nacional de cada país bajo constreñimientos internacionales. Es importante reconocer la significativa revolución que esto constituye. Además, evidencia la paradoja de la era nuclear en la que para defenderse, uno tenía que estar preparado para destruirse a sí mismo. El interés común de los países europeos para evitar una catástrofe nuclear ha demostrado ser capaz de superar la habitual lógica estratégica de desconfianza y ocultación. La vulnerabilidad mutua se ha convertido en transparencia mutua.[50]

[50] Cooper, Robert., *The Post-modern State, reordering the World: the long term implications of September 11.*, London, Ed., The Foreign Policy Centre. 2002

El sistema posmoderno resalta los nuevos intereses en que se basan los participantes de ese sistema, dejando atrás las consideraciones de la soberanía y lo internacional, ya que los países o comunidades que tenían una delimitación territorial, y reconocían lo interno y externo, ahora con el país vecino se encuentra un interés en común con otras personas que posiblemente no sean fisiológicamente parecidas sino lo único que importa es la comunión económica-política, jurídica y la buena relación entre los que conforman el mundo posmoderno. Para el citado autor las características de un Estado Posmoderno son las siguientes:

> La disolución de la distinción entre asuntos nacionales e internacionales.
>
> La interferencia mutua en asuntos domésticos (tradicionales) y la vigilancia recíproca.
>
> El rechazo al uso de la fuerza en la resolución de disputas y la consecuente codificación de reglas de comportamiento auto-impuestas.
>
> La creciente irrelevancia de las fronteras: consecuencia del papel cambiante del estado, así como de los misiles, automóviles y satélites.
>
> La seguridad basada en la transparencia, la apertura, la interdependencia y en la vulnerabilidad recíproca.
>
> La idea misma de una Corte Penal Internacional es un ejemplo sorprendente de la disolución, en el mundo posmoderno, de la distinción entre asuntos nacionales e internacionales. Ahora, la razón de estado y la amoralidad de las teorías maquiavélicas sobre el arte de gobernar, que han definido las relaciones internacionales en la era moderna, han sido sustituidas por una moralidad que se aplica tanto a las relaciones internacionales como a los asuntos nacionales; de ahí la reaparición del interés por la guerra justa."[51]

Jorge Castro comenta que la percepción generalizada de que los acontecimientos económicos y tecnológicos escaparon al control de los Estados tiene fundamento en la realidad; que el Estado es una constante territorial y la regla en el mundo de hoy es la desterritorialización de la riqueza, el poder y la información, porque la reproducción del capitalismo, como mecanismo de acumulación se globalizó y que por eso, la internacionalización productiva del capitalismo que se despliega en las dos últimas décadas, no es sólo la aparición de una nueva era histórica de carácter global,

[51] GRÜN, Ernesto., *La Globalización del Derecho: un fenómeno sistémico y cibernético.* Revista Telemática de Filosofía del Derecho, Argentina, 1998, P.124

sino también es "una quiebra de los supuestos del conocimiento: una ruptura epistemológica. ... Cambió el contexto mundial, se modificó la forma de pensar. Lo que era válido hace veinte años no lo es ahora."[52] Además apunta que el sistema jurídico ha caído en un desequilibrio, debido a la tecnología y; ¿cómo afecta esto a la población?:

> Es que nos encontramos en un nuevo momento, los sistemas jurídicos de la modernidad, de los Estados nacionales, están en crisis. La época posterior a la Segunda Guerra Mundial, estos últimos cincuenta años, ha traído profundas transformaciones, en todas las áreas del conocimiento y la tecnología, se han complejizado tanto las relaciones sociales, por el crecimiento absolutamente extraordinario de los medios de comunicación (el avión, el satélite, la televisión, el fax, el correo electrónico, Internet, etc.), la economía global y la explotación de los recursos naturales frente a la explosión de la población, todo ello ha hecho surgir nuevas funciones que el derecho debe asumir no solamente a nivel del sistema social, sino también del ecológico por lo que están dadas las condiciones para que, sometido a todas estas influencias del entorno social y natural, se transforme, su estructura devenga diferente, sus funciones se amplíen y modifiquen. El sistema jurídico mundial, y sus subsistemas nacionales están otra vez lejos del equilibrio, como ha sucedido reiteradamente en el curso de su evolución desde el primitivo derecho consuetudinario, pasando por el jurisprudencial y llegando al del imperio de la ley escrita y la influencia de la doctrina de los juristas.[53]

La crisis de la noción de "Estado nacional denunciada por la posmodernidad tiene su correlato en el mundo jurídico en el debilitamiento de la identificación entre Derecho y norma jurídica como producto de la facultad monopólica de ese mismo Estado."[54] Como apunta Ulrich Beck "se destruye una premisa central de la primera época moderna, esto es la idea de vivir y actuar en espacios cerrados y delimitables entre sí de estados nacionales y sus respectivas sociedades nacionales."[55] La consecuencia imprevistas de la globalización es la destrucción del Estado-Nación, con-

[52] Ibídem.
[53] *Ibídem.*
[54] Bobbio Norberto., *Teoría General del Derecho.*, Bogotá, Ed. Temis. 1992 citado por Russo Eduardo Ángel., "*Teoría General del Derecho en la modernidad y la posmodernidad* "., Abeledo Perrot., 1995 P. 254
[55] Beck, Ulrich., *Op. Cit.* P.44

tinuarán declinando como unidades efectivas de poder: son demasiado pequeños para resolver los grandes problemas, y demasiado grandes para resolver los problemas pequeños, tienen intereses más grandes como proyectos económicos, en la macro economía, pero en transgresiones a individuos, algo tan grande no puede resolver a un individuo su transgresión.

> "La noción clásica de que el Estado Nacional tiene el monopolio de la fuerza ya está dejando de tener validez, por lo que venimos diciendo, y ello explica, quizá, muchos de los fenómenos que se registran en diversas partes del mundo: el aumento de la violencia, la desjerarquización de la Justicia, la imposibilidad de control eficiente de las migraciones, la aparición de métodos alternativos de resolución de conflictos. Del trabajo de Cleveland sobre el metafórico nacimiento de un nuevo mundo, el capitulo que más atrae por su propuesta de transformación del Estado a nivel mundial, en general, y latinoamericano, en particular, es el dedicado al análisis del fracaso de los Estados nación, al que antecede una expresión también de carácter negativo: "La falsa Analogía" En este Estado posmoderno la aplicación del derecho internacional le es muy importante ya que no puede objetar que incumple una norma internacional por el hecho de que tiene que respetar sus normas internacionales porque puede ser visto desde el punto de vista en el cual quiere escapar del imperio de la norma internacional."[56]

El Estado Posmoderno nos transmite que los elementos de Estado, Población y Territorio han sido superados, ya que el Territorio para la tecnología actual ya no es factor en la comunicación, al no existir fronteras que detengan el libre tránsito de la información, de igual manera acontece con los satélites emiten señales que van de un continente a otro al mismo tiempo que están ocurriendo los acontecimientos. Por ello es que se puede hablar de una sociedad global, que es resultado de "las relaciones económicas se entremezclan con el Estado nacional dado que existe pluralidad de círculos sociales, redes de comunicación, relaciones de mercado y forma de vida que exceden en todas direcciones de las fronteras territoriales del Estado nacional."[57]

[56] SAUCEDO GONZÁLEZ, José Isidro., *Posibilidades de un Estado Comunitario Hispanoamericano*, México, Instituto de Investigaciones Jurídicas, Universidad Nacional Autónoma de México, 1999, P.22

[57] GONZÁLEZ, GONZÁLEZ, María de la Luz., *Op. Cit.* P. 129.

Ahora bien debido a la reducción de distanciamiento entre los seres humanos, las personas de diferentes lugares del mundo, pueden tener una relación directa e instantánea, lo que da como origen la sociedad global, como resultado, el Estado Posmoderno. Una de las situaciones más importantes que ocurren en un o varios Estados, que afectan a toda la humanidad, son las violaciones a los Derechos Fundamentales, que mediante la tecnología existe la posibilidad de conocer inmediatamente, sobre este tipo de transgresiones a las prerrogativas humanas; además que "la comunicación electrónica posibilita algo que hasta ahora era imposible: la toma de contacto activa, simultáneamente y recíproca entre actores individuales traspasando cualquier frontera de país, religión y continente."[58]

La diferencia tecnológica entre el Estado: moderno y Posmoderno es que "mucha gente percibió suyas algunas guerras en las que la población tuvo que soportar enormes sufrimientos y en que los derechos humanos, cuyos principios son reconocidos por la sociedad internacional, fueron violados, y en que esta percepción se inició a merced a una cobertura mundial de los medios de la información."[59] La información por parte de los medios de comunicación a nivel mundial forman un segmento de la globalización tecnológica, "la intensificación de los espacios, sucesos, problemas, conflictos y biografías"[60] crea una conciencia global en relación a los Derechos Fundamentales, debido a que la facilidad de comunicación ha hecho visible la igualdad de los seres humanos identificando las guerras o sucesos que van en contra de la humanidad.

La opinión mundial ha sido informada sobre los genocidios, crímenes de guerra o de Lesa Humanidad, así como cualquier violación a los Derechos Fundamentales. El Estado moderno ha sido insuficiente para la persecución de los mismos porque el autor de los delitos es el mismo que pretende juzgarlos y hoy necesita ceder a la Corte Penal Internacional o Corte Interamericana de Derechos Humanos, cierta competencia para que los regule. La Corte Penal Internacional se encarga principalmente de la persecución de las conductas antijurídicas señaladas, y la Corte Interamericana de Derechos Humano en protección a la transgresión de los derechos más esenciales de las personas, es una característica de la globalización visible al acotar distancias y tiempos entre los individuos, lo que

[58] BECK, Ulrich, *Op. Cit., Pp.* 132- 146

[59] *Ibídem*

[60] *Ibídem p. 127*

conlleva a las necesidades de protección a los Derechos Fundamentales, o Humanos, su distinción podría recaer en positiivado o no, pero los derechos Humanos son indivisibles.

Esto quiere decir que la diferencia de connotación de los derechos humanos o fundamentales, es que los segundos son positivados, pero los derechos humanos, son indivisibles aun y cuando se vuelven fundamentales, los derechos humanos no se pueden separar o dividir de los demás derechos humanos, lo cual, al positivar o reconocer un derecho humano en fundamental, genera se vean positivados otros derechos humanos, que no han sido considerados como fundamentales.

Debido a las necesidades de la humanidad sobre la protección de estos Derechos Fundamentales, el Estado no puede ser parte y juez por ello tiene que "ceder parte de su poder y soberanía a instituciones y organizaciones transnacionales y desarrollar una nueva autocomprensión que sirve de nudo de comunicación y coordinación para dependencias transnacionales"[61]. Es otro síntoma de desvanesencia del Estado moderno que no permitía otra competencia frente o por encima de él mismo, por hoy se encuentra cediendo soberanía a Cortes u organismos internacionales, resultado que da lugar al Estado Posmoderno.

En conclusión, el Estado ha cambiado y sus elementos, como Territorialidad, Población y Soberanía han sido modificados a causa del impacto de la globalización, si las fronteras han sido superadas mediante la tecnología de la información, aquellas solamente son una división política, y restricción del paso de personas no obstante, cualquier persona se puede comunicar con otra o allegarse de diferente información, creando una similitud de las necesidades de protección entre un ser humano de un país diferente al de otra nación. Es por ello que tal elemento como Territorio, es modificado.

El interés social, al momento que la información es recibida en diferentes lugares del mundo, las personas crean una prioridad diferente a la su nacionalidad y ahora son compatibles con las diferentes personas, de otras naciones creando conclusiones, rumbos y preocupaciones similares a las de otros individuos internacionales. En cuanto a la soberanía, ha tenido un impacto debido a que la globalización, modifico los elementos al Estado moderno (Territorio, Población, Gobierno y Soberanía), en el pasado no existía la posibilidad de tener una competencia frente o sobre

[61] *Ibídem P.* 136

este, por tal motivo, al momento de ceder soberanía es modificada, ya que las atribuciones con las que cuenta, han sido transmitidas a organismos internaciones y estos desarrollan funciones de competencia del Estado y ahora pasa a ser un elemento del Estado posmoderno.

1.3. LA SOBERANÍA MEXICANA FRENTRE A LA GLOBALIZACIÓN JURÍDICA

Se define a la Jurisdicción como la "Facultad de decidir con fuerza vinculativa para las partes, una determinada situación jurídica controvertida. Desde el punto de vista etimológico viene de dos palabras latinas: *jus* derecho; y *dicere* decir, ósea decir el Derecho" [62] También se puede delimitar Jurisdicción como: "La facultad- deber del Estado de Administrar Justicia"[63] otra enunciación podría ser como "el poder estatal emergente de la soberanía, o de sus demarcaciones políticas autónomas, de decidir los conflictos de interés que someten a decisión de sus órganos las personas físicas o jurídicas que integran la comunidad, inclusive la administración del propio Estado.[64]

Con esta definición podemos destacar que la Jurisdicción es una expresión de la Soberanía que podría encontrarse enfocado el dominio que tienen los órganos jurisdiccionales dentro del territorio al país que pertenece sobre la población que habita dentro de la zona, por la jurisdicción el país tiene la facultad de aplicar las Leyes que a creado el Estado para la buena interrelación de sus ciudadanos.

Siguiendo a la Soberanía tenemos que "el Estado tiene para la consecución de sus fines sobre todos los miembros de la colectividad un poder supremo, un señorío, al que corresponde a los particulares un estado de subordinación o dependencia."[65] "La Jurisdicción Soberana satisface la necesidad de hacer Justicia, que tiene potestad de querer: facultades decisorias que condensan en la sentencia y poderes adecuados para realizar su voluntad soberana" [66]

[62] BECERRA BAUTISTA José., *El proceso Civil en México.*, México, Ed. Porrúa, décimo octava edición, 2003 P. 5

[63] IBAÑEZ FROCHAM MANUEL., *La Jurisdicción.*, Buenos Aires, Ed. Astrea, 1972, P. 28.

[64] *Ibídem* P. 47

[65] ROCCO Ugo., *Derecho Procesal Civil.*, México, Ed. Esp. 1944 P. 81

[66] BECERRA BAUTISTA José, *El proceso Civil en México*, décimo octava edición, México Ed. Porrúa, 2003 Pp. 8

De lo antes mencionado decimos que la Jurisdicción es la facultad Soberana que tiene el Estado para poder resolver algún conflicto Jurídico dentro de su espacio geográfico delimitado, no permitiendo que otro Estado o Sujeto Internacional decida sobre los actos u hechos jurídicos acontecidos dentro de su Territorio, con ello podemos entender que la jurisdicción forma parte de la soberanía interna de los Estados.

En cuanto a los elementos de la jurisdicción encontramos el de la competencia "En general, se reconocen cinco principios básicos de atribución de competencia: el principio de territorialidad, el principio de nacionalidad o personalidad activa, el principio de nacionalidad o personalidad pasiva, el principio de protección de intereses nacionales, y el principio de jurisdicción universal. De entre ellos, el principio de territorialidad tiene cierta preponderancia en la medida en que el lugar de comisión del crimen (*locus delicti*) es la base principal para el ejercicio de la jurisdicción estatal y, por tanto, se garantiza el principio del "juez natural"[67]

Ahora bien, si nos encontramos hablando de la resolución de controversias jurisdiccionales, ¿qué pasará con las situaciones antijurídicas que el Estado no pueda resolver? ¿Se quedan en la impunidad, jurídicamente hablando? sí quedaban en la impunidad, no existía una regulación exacta sobre una conducta transgresora de los Derechos Fundamentales, como son los casos de Genocidio, Crímenes de Guerra y Lesa Humanidad, en el primer delito se encuentra tipificado en México pero el segundo y tercero en la legislación antes de la entrada en vigor del Estatuto de Roma que regula el comportamiento de la Corte Penal Internacional (CPI) no.

"En contraposición, la tradición en el Derecho Mexicano ha sido la de considerar la competencia de la jurisdicción territorial que se establece por el lugar donde se cometen los delitos. Entendiéndose que el juez será competente cuando tenga la jurisdicción, es decir que el Estado al que pertenece tenga el poder o autoridad para aplicar su ley en un juicio."[68]

En México, en cuanto a la regulación y persecución nacional (jurisdicción nacional) solamente se encuentra tipificado en el artículo 149 BIS del Código Penal Federal, que menciona lo siguiente:

[67] Toro Huerta, Mauricio Iván., La *Jurisdicción Universal en Materia Civil y el deber de reparación por violaciones graves a los Derechos Humanos*, Revista de Derecho Comparado, México, Universidad Nacional Autónoma de México, Instituto de Investigaciones Jurídicas, http://www.juridicas.unam.mx/publica/rev/derint/cont/7/art/art9.htm, 20 de Marzo de 2008, 17:45 P.M.

[68] Rosales HerrerA Eduardo Alfonso, *El Juicio del Siglo*, México, UNAM, UVM, AIU, P y V, México 2007, P. 14.

LIBRO SEGUNDO. TÍTULO TERCERO. DELITOS CONTRA LA HUMANIDAD

CAPÍTULO II. GENOCIDIO

[Artículo 149 bis]

Artículo 149-bis. Comete el delito de genocidio el que con el propósito de destruir, total o parcialmente a uno o más grupos nacionales o de carácter étnico, racial o religioso, perpetrase por cualquier medio, delitos contra la vida de miembros de aquellos, o impusiese la esterilización masiva con el fin de impedir la reproducción del grupo.

Por tal delito se impondrán de veinte a cuarenta años de prisión y multa de quince mil a veinte mil pesos.

Si con idéntico propósito se llevaren a cabo ataques a la integridad corporal o a la salud de los miembros de dichas comunidades o se trasladaren de ellas a otros grupos menores de diez y seis años, empleando para ello la violencia física o moral, la sanción será de cinco a veinte años de prisión y multa de dos mil a siete mil pesos.

Se aplicarán las mismas sanciones señaladas en el párrafo anterior, a quien con igual propósito someta intencionalmente al grupo a condiciones de existencia que hayan de acarrear su destrucción física, total o parcial.

En caso de que los responsables de dichos delitos fueren gobernantes, funcionarios o empleados públicos y las cometieren en ejercicio de sus funciones o con motivo de ellas, además de las sanciones establecidas en este artículo se les aplicarán las penas señaladas en el artículo 15 de la Ley de Responsabilidades de los Funcionarios y Empleados de la Federación.

El cardinal en cuestión es una creación del Estado mexicano que regula la protección de un derecho fundamental como lo es la de diferentes grupos sociales, con diferentes creencias ideológica, religiosas o grupos étnicos, situación que solamente era regulado con jurisdicción nacional en cuanto al Genocidio, incorporándose la regulación universal al momento de firmar y ratificar el Estatuto de Roma, ya que el cardinal anteriormente citado, menciona la frase "grupos nacionales" como un sólo Estado, pero añadiendo la Corte Penal Internacional (CPI) al sistema jurídico mexicano, los grupos sociales son incluidos en la sociedad mundial, por el cuidado de los Derechos Esenciales, estableciendo la CPI, para el castigo contra los delitos (crímenes de guerra, lesa humanidad y Genocidio) pasando a un orden diferente al de la Jurisdicción Universal desde la perspectiva de la sociedad que protege.

En el ordenamiento Jurídico Mexicano el principio de la Justicia Universal o de la Jurisdicción Universal aun no ha sido reconocida como sucede en la mayoría de los países europeos cuando se trata de la protección de los Derechos Humanos, ya que para estos países en la jerarquía del Derecho Positivo sitúan a los Tratados y Convenciones en materia de Derechos Humanos por encima de las propias Constituciones nacionales prevaleciendo en todo momento el interés superior de la victima de violación de los Derechos Fundamentales.[69]

Se presenta la Jurisdicción Universal por carecer de alguna disposición normativa subjetiva, objetiva u orgánica de una CPI que tenga decisiones vinculativas para la protección de los Derechos Fundamentales de la sociedad mundial, deja de lado los gobiernos de países, así como sus diferencias; acerca las similitudes mediante la globalización, dando con ello origen a la globalización Jurídica y una de sus expresiones es la de juzgar a una persona, identifiquémosla como sujeto activo que tiene la comisión u omisión del delito en contra de los derechos universalmente protegidos de un sujeto pasivo.

Un síntoma de la globalización jurídica es el de la Jurisdicción Universal, la idea de no permitir la exclusión de la jurisdicción judicial a los sujetos que cometen una atrocidad (delito) en contra de los Derechos Fundamentales que pertenecen a las personas, siendo la persecución a nivel mundial el acuerdo invisible de la sociedad mundial para su procesamiento. "Se trata, más bien, de precisar que el principio de jurisdicción universal se ha visto reforzado en el sistema mundial globalizado: *desde Nüremberg a La Haya*."[70]

En el caso mexicano, la globalización jurídica modifica a la soberanía jurisdiccional. Nuestro país se enfrenta a la tendencia moderna de creación de tribunales internacionales que aparentemente parten de la idea de que los países que se estructuran corruptamente en sus órganos oficiales dejan impunes no solo los delitos, sino otras actividades públicas individuales; razón por la cual se debe pensar en la creación de tribunales internacionales que sustituyen o complementan la jurisdicción nacional, bajo el supuesto de lograr una justicia universal.

[69] *Ibíd.*

[70] DIAZ MULLER, Luis T. *Globalización y principio de jurisdicción universal: un estudio de caso Boletín mexicano de Derecho comparado,* UNAM Instituto de Investigaciones Jurídicas de la UNAM 2006, http://www.jurídicas.unam.mx/publica/rev/boletín/cont/105/art/art4. 20 de Marzo de 2008, 17:45 P.M.

Consideramos que el concepto de soberanía en México, sufre una modificación esencial en su estructura real y de concepto al momento de ser impactada por la globalización jurídica; con ello no se quiere decir que la soberanía deje de existir por el hecho de delegarla a un organismo internacional ya que la situación de inexistencia de la soberanía al cederla daría la pauta para la disolución de los Estados, es más bien en cuanto algunas de sus funciones sobre todo en las jurisdiccionales.

Al momento de delegar soberanía y depender de decisiones externas, como las de la Corte Penal Internacional (CPI) así como del Estatuto de Roma (ER), la globalización jurídica se encuentra impactando la soberanía debido a que las funciones de creación de normas, persecución, castigo de los delitos y revisión de juicios no serán solamente reservadas para los países sino también para otros sujetos internacionales como la CPI, para la protección de los Derechos Fundamentales, que son universales al ser inmanentes al hombre.

A los Derechos Fundamentales los distingue su universalidad, es decir corresponde a todos y en la misma medida, situación que es "contraria a lo que sucede con los derechos patrimoniales de ser o no titular de los que cada uno es titular con exclusión de los demás."[71]Debido a la universalidad de los Derechos Fundamentales es que México tendrá que respetar con sus legislaciones y autoridades la eficacia dc la CPI, así dc cualquier Corte que los protega.

La importancia de la protección de los Derechos de los individuos se puede diferenciar en cuanto a la competencia material que tienen la CPI y las jurisdicciones nacionales, ya que la Corte protege el cuidado y prevención de los delitos de Genocidio, Crímenes de Guerra y Lesa Humanidad; la jurisdicción nacional regula Derechos patrimoniales así como intereses nacionales, la jurisdicción universal regulará los que hasta la fecha son los delitos internacionales, tipificados en su estatuto, interés universal.

Consideramos que el concepto de soberanía sufre una modificación esencial en su estructura real y de concepto al momento de ser impactada por la globalización jurídica; con ello no se quiere decir que la soberanía deje de existir por el hecho de delegarla a un organismo internacional ya que la situación de inexistencia de la soberanía al cederla daría la pauta para la inexistencia de los Estados.

[71] *Ibíd.*

Modificación de soberanía que da la oportunidad de aplicar la Jurisdicción Universal, es decir no solamente los Estados, u juzgadores de determinados paíes, o una Corte Internacional, sino cualquier juzgador desde el ambito de su competencia tendrá la obligación de procurar la protección de los derechos humanos, por ello, en el caso de que los juzgadores en el Estado Mexicano, no lo realicen podrá existir otro ente o sujeto, para perseguir las transgresiones.

> Los Estados han reformulado sus legislaciones, cada vez que firman, ratifican o se adhieren a un Tratado o Convención; con ello el primer ejemplo de la globalización jurídica o impacto al Estado se hace presente, al modificar la normatividad de un país, esto es necesario para encontrarse en armonía con las disposiciones internacionales y acontece cuando la constitución es impactada por una norma internacional debido a que en ésta carta magna se encuentran los principios rectores, ya sea del funcionamiento del Estado, o el de las facultades de la Nación o prerrogativas de los individuos. La globalización jurídica inside en los elementos del Estado de tal manera que tiende a combinarlos y modifica su estructura cuando frente a su elemento lo relaciona con los derechos humanos, para lograr los objetivos comunes así como homologar los sistemas jurídicos y las jurisdicciones.[72]

Es una jurisdicción que es ocasionada por la globalización jurídica, ya que el fenómeno globalizador impacta a las Estados en normas, soberanía, competencia y jurisdicción, encontrando la protección de los intereses universales, como son los Derechos Fundamentales, en la Corte Penal Internacional así como los Derechos Humanos en la Corte Interamericana, trata de proteger, aunque la diferencia en algunos casos puede ser en cuanto al sujeto responsable o sujeto activo.

Al momento de delegar soberanía y depender de decisiones externas, como las de la Corte Penal Internacional (CPI) así como del Estatuto de Roma (ER), la globalización jurídica modifica la soberanía estatal, debido a que las funciones de creación de normas, persecución, castigo de los delitos y revisión de juicios no serán solamente reservadas para los países sino también para otros sujetos internacionales como la CPI, o Corte Interamericana de Derechos Humanos (CIDH)

72 OBREGON SALINAS, Gonzalo Levi., "La Potestad Tributaria frente a la Globalización Jurídica del Derecho Humano al Mínimo Vital"., *Lavado de Dinero y Derechos Humanos*, México, Thomson Reuters, Dofiscal, 2014, p. 194

La creación de la CPI y CIDH, son los efectos de la globalización jurídica globalizador por la ratificación de tratados o positivación de derechos humanos, que los convierte en derechos fundamentales, de todos los ciudadanos, la oposición a la globalización jurídica, sigue siendo la soberanía debido a que los Estados-Nación en el caso de México, la utiliza para que los derechos humanos no sean efectivos, ya que la evolución de las políticas públicas nacionales no ha correspondido con la construcción de una esfera pública a la altura de los procesos de la globalización.

En este sentido aun cuando legalmente contamos con garantías y derechos formalmente proclamados hay carencias o son en extremo débiles en su aplicación. Esto puede ser constatado en el actuar del Estado mexicano cuando adiciona el párrafo octavo al artículo 21 de la constitución mexicana (que no cumple con las necesidades de protección de los Derechos Fundamentales) en el pasado esto era una función de los Estados, sin embargo, debido a su importancia internacional o mundial ahora son protegidos por (CPI). Vamos a suponer que en el caso del delito de Genocidio se dice que solamente intervendría la CPI si el Poder Judicial se niega. Porque aquí está la trampa porque si se niega, la jurisdicción nacional no es por capricho, si no veo el delito no lo oculto y no hago un juicio. Entonces quedaría por encima la soberanía internacional, que si ve el delito. Al intervenir la jurisdicción quiere decir que se observó un delito que el poder judicial mexicano no consideró como una conducta, antijurídica, típica, punible y culpable. La modificación de la soberanía en nuestro país es evidente cuando se crea el párrafo octavo del artículo 21 Constitución, el cual dice lo siguiente: "El ejecutivo federal podrá con la aprobación del senado, en cada caso reconocer la jurisdicción de la Corte Penal Internacional"

La exposición de motivos ha sostenido que el reconocimiento de los procedimientos resulta fundamental, ya que evitaría incurrir en insuficiencias de tipo procesal al momento de cumplir con los compromisos adquiridos por México, pero la realidad es que el Gobierno Mexicano tendrá la facultad de decidir cuando aplica la jurisdicción de la CPI, lo cual lleva a la consclusión de que la decisión se encuentra en el ambito de la política no de la ciencia jurídica, al ser discrecional la jurisdicción de la CPI, por autoridades Mexicanas.

Entre las Constitución y el Estatuto de Roma existen diferentes antinomias las cuales son las siguientes:

1. La constitución menciona el estudio, caso por caso, de la jurisdicción de la Corte Penal Internacional mientras que el Estatuto de Roma no permite el previo estudio de su aplicación.
2. Se encuentra en razón de competencia sobre la ventilación de los juicios de orden criminal, ya que los artículos 103 y 104 se refieren a que los tribunales nacionales realizarán el estudio de los juicios de orden criminal y la aplicación de los tratados celebrados entre México y la Corte Penal Internacional; habla también sobre la aplicación de su competencia en razón de los Crímenes de trascendencia internacional.
3. El artículo 23 maneja dos hipótesis: la primera una es en razón de que no puede existir más de tres instancias en un juicio penal y la segunda en razón de que nadie puede ser juzgado dos veces por el mismo delito, situación que el artículo 20 del Estatuto de Roma contradice en atención a que podrá procesar a individuos que hayan sido sustraídos de la jurisdicción desde la perspectiva de la CPI.

Artículo 20 que dice lo siguiente:
Artículo 20 Cosa juzgada
1. Salvo que en el presente Estatuto se disponga otra cosa, nadie será procesado por la Corte en razón de conductas constitutivas de crímenes por los cuales ya hubiere sido condenado o absuelto por la Corte.
2. Nadie será procesado por otro tribunal en razón de uno de los crímenes mencionados en el artículo 5 por el cual la Corte ya le hubiere condenado o absuelto.
3. La Corte no procesará a nadie que haya sido procesado por otro tribunal en razón de hechos también prohibidos en virtud de los artículos 6, 7 u 8 a menos que el proceso en el otro tribunal:
a) Obedeciera al propósito de sustraer al acusado de su responsabilidad penal por crímenes de la competencia de la Corte; o
b) No hubiere sido instruido en forma independiente o imparcial de conformidad con las debidas garantías procesales reconocidas por el derecho internacional o lo hubiere sido de alguna manera que, en las circunstancias del caso, fuere incompatible con la intención de someter a la persona a la acción de la justicia.

Conforme al artículo 20, 3, a) y b), del Estatuto de Roma la Corte Penal Internacional podrá procesar a un individuo que haya sido condenado o absuelto, lo que puede crear consecuencias de juzgar dos veces a una persona por el mismo delito, y le genera una facultad discrecional, la de ser una Corte Internacional de anulación de procesos criminales, que se encuentra sometido a la jurisdicción de la CPI, en caso de considerar que no existió debido proceso para condenar o absolver a un sujeto activo de la acción.

Por ello es que existe una antinomia entre el Estatuto de Roma con los principios de legalidad y seguridad jurídica, debido a que la CPI, tiene la discrecionalidad de procesar a un individuo, cuando su proceso haya culminado y se hayan realizado incluso tres instancias por ello podría anular las decisiones incluso del máximo tribunal, de igual manera no será efectivo el Estatuto de Roma, por ende la jurisdicción de la CPI, en cuanto al fuero, incluso podría considerarse inconstitucional el Estatuto de Roma.

Cuando hablamos de la seguridad jurídica y debido proceso sin duda hablamos de los derechos humanos, que existen para que los individuos sean protegidos, más aun, el derecho humano de inocencia, pero con el Estaturo de Roma, la Constitución Mexicana en su artículo 15, al considerar más de tres instancias, de igual manera en su artículo 20, 3, a) y b), regula la posibilidad de anular un proceso judicial que haya sido absuelto un gobernado por así considerarlo la CPI, cardinal 15 que menciona lo siguiente:

> Artículo 15. No se autoriza la celebración de tratados para la extradición de reos políticos, ni para la de aquellos delincuentes del orden común que hayan tenido en el país donde cometieron el delito, la condición de esclavos; ni de convenios o tratados en virtud de los que se alteren los derechos humanos reconocidos por esta Constitución y en los tratados internacionales de los que el Estado Mexicano sea parte.

De lo anterior la problemática existe que incluso un Estatuto de Roma, que trata proteger los Derechos Humanos, estaría transgrediendo los mismos, por ello, podría ser inconstitucional frente a la Constitución Mexicana, al violar el debido proceso, por no respetar la cosa juzgada, más aun, en caso de que el presunto responsable sea absolueto, por una autoridad jurisdiccional la Corte Internacional, podría considerar que no se cumplio el derecho humano al debido proceso por existir medios para liberar de cualquier sanción corporal que el Estado haya realizado para inaplicar alguna sanción.

El artículo 21 párrafo octavo, que regula la competencia o el ingreso de la CPI, en la Jurisdicción mexicana también genera una antinomia con el Estatuto de Roma, al generar posibles reservar, para la inaplicación del Estatuto de Roma, lo que arroja falta de efectividad de aplicación, ya que el artículo en comento considera que será el presidente con aprobación del Senado los que tendrán que decidir sobre la competencia de la Corte Penal, aunque el Estatuto de Roma mencione que será aplicado por igual, y que no permitirá reservas.

El artículo 21, octavo párrafo de la Constitución Política de los Estados Unidos Mexicanos (CPEUM) ha sido modificado, en razón del Estatuto de Roma (ER), identificando este acontecimiento como el impacto de la globalización jurídica en la soberanía, pero tal adición en lugar de plasmar la certeza jurídica que las normas deben otorgar al gobernado, ha realizado una incertidumbre en razón de contradicciones entre el Estatuto de Roma y la propia CPEUM, lo cual nos coloca en colisión de principios dado que la problemática se presenta en razón de cuál principio debe prevalecer: si la aplicación de la soberanía o el principio de los Derechos Fundamentales.

Ahora bien, el hecho de que la Constitución sea la máxima Ley del Estado mexicano, no quiere decir que no tenga que reconocer alguna norma internacional, sino que ésta no se encontrará por encima de la propia CPEUM para su aplicación en determinadas situaciones que sean exclusivas del Estado; por tanto, al regular la soberanía, la carta magna mexicana encuentra la aplicación de manera primordial sobre el ER, pero éste protege Derechos Fundamentales de los hombres, lo que da origen a una antinomia en razón de jerarquía, ya que existe la disyuntiva en cuanto a la aplicación de la protección de los Derechos Fundamentales de los hombres (norma internacional) o la aplicación de la soberanía (norma interna).

Otro reto más lo tiene México en cuanto a la globalización jurídica al impactar la soberanía, como lo es la Corte Interamericana de Derechos Humanos, que en varias ocasiones ha sancionado a México a la reparación de la transgresión a los derechos humanos[73], sin duda el que mayores modificaciones al sistema jurídico mexicano, así como a los operadores jurídicos fue el Caso Rosendo Radilla Pacheco, ya que, se planteo de manera clara la sujeción del Estado mexicano a la Corte Interamericana, por lo

[73] Jorge Castañeda Vs. México, Caso González y otras (campo algodonero) Vs. México, Inés Fernandez Ortega y Valentina Rosendo Cantú Vs. México, Cabrera García y Montiel Flores Vs. México.

tanto, las sentencias que dicte, la Suprema Corte de Justicia de la Nación, máximo tribunal en México, se debe abstener de cuestional la competencia de la Corte, más aun, debe cumplir en el amito de su competencia las decisiones de la Corte.

Del caso Rosendo Radilla Pacheco se concluyo que la jurisprudencia de la Corte Ineramericana, deberá ser obligatoria cuando el Estado Mexican, haya sido parte las cuales serán vinculantes, la jurisprudencia que no se determine cuando México no sea parte, tendrá el carácter de orientadora para los juzgadores mexicano, pero será complementaria con el principio *pro personae*, que se encuentra regulado en el artículo primero de la Constitución Mexicana.

En el Gobierno Méxicano actualmente tendrá que responder a la Corte Interamericana de Derechos Humanos, por la problemática de los desaparecidos y los desplazados, esto es así debido a que "El corte estadístico más reciente (31/10/16), divulgado esta semana por la Secretaria de Gobernación (SG), revela la existencia de 28 mil 937 expedientes de "personas no localizadas", cuya investigación corresponde a procuradurías y fiscalias estatales. Hay 639, casos ocurridos hace casi una decada; 236 anteriores a 2007, y 429 de los cuales se desconoce incluso la fecha exacta de la desaparación o aunsencia."[74]

La modificación de la soberanía es evidente, debido a que un Estado tiene informar a un sujeto internacional como lo es la Corte Interamericana de Derechos Humanos, sobre acontecimientos que tienen relación con la transgresió de estos, por tal motivo, el Estado se ha vuelto incapaz, en poder dar una respuesta o solución, más aun, pareciera que en el caso mexicano, las explicaciones con desaparecidos, se vuelven más confusas cada vez, que hace una postura pública sobre casos de desaparición concreta.

La desventaja que ha tenido los Nacionales Mexicanos, es que cuando la Corte Interamericana sanciona a México en materia de Responsabilidad por la transgresión a los Derechos Humanos, solamene sanciona a los aparatos del Estado, no busca individualizar la sanción a las personas que se encontraban en su cargo, pero la mayor problemática es que el presupuesto para los gastos de la Nación, tiene una partida para cubrir en el caso de que México transgreda.

[74] La Jornada, Política, "México, otra vez anta la CIDH por los desaparecidos y los desplazados", cuatro de diciembre de 2016, http://www.jornada.unam.mx/2016/12/04/politica/005n1pol, cuatro de diciembre de 2016, 14:44, p.m.

Con ello, no quiere decir que no se encuentre a favor de la reparación del Daño, por una responsabilidad, va más relacionado con la inefectividad de incriminar a las personas que realizaron los comportamientos arbitrarios y transgresores, pero que cuando se repare el daño económico no salga del dinero que es destinado para las necesidades de todos los mexicanos sino, del bolsillo de los "servidores públicos", que realizarón tan indigno, y aberrante comportamiento como lo es la transgresion de los derechos humanos. Ley Federal de Responsabilidad Patrimonial para el Estado:

> ARTÍCULO 6.- Los entes públicos federales, tomando en cuenta la disponibilidad de recursos para el ejercicio fiscal correspondiente, incluirán en sus respectivos anteproyectos de presupuesto los recursos para cubrir las erogaciones derivadas de responsabilidad patrimonial conforme al orden establecido en el registro de indemnizaciones a que se refiere el artículo 16 de la presente Ley.
>
> La suma total de los recursos comprendidos en los respectivos presupuestos aprobados de los entes públicos federales, no podrá exceder del equivalente al 0.3 al millar del gasto programable del Presupuesto de Egresos de la Federación para el ejercicio fiscal correspondiente.

Se hace evidente que no existe ninguna sanción económica al Estado, por realizarse con recursos económicos, que serán destinados para cumplir con los bienes y servicios de un año para la población, lo cual evita que a los gobernados les lleguen recursos a rubros como salud, educación, vivienda, seguridad, ó inversión al campo, por lo tanto, los gobernados además de la impotencia del Estado de poder proteger los derechos humanos de los gobernados, aun transgrede los Derechos Humanos, y la población es la verdadera sancionada, ya que se destina menos presupuesto a sus necesidades, por pagar transgresiones a los Derechos Humanos, del Estado hacia sus ciudadanos, o gobernados.

En el caso de Rosendo Radilla Pacheco, fue la Secretaria de Gobernación, y no un funcionario público, el que realizó el pago de la indemnización que ordenó, la Corte Interamericana, por la cantidad de 238, 300 dolares, "El pasado primero de agosto de 2014, la Secretaría de Gobernación (SG) depositó dicha cantidad en el juzgado décimo como parte del cumplimiento de la sentencia de la Corte, la cual ordenó compensar a cada uno de los hijos de Rosendo Radilla con 40 mil dólares por reparación del daño inmaterial."[75]

El ejemplo en materia local de transgresión a los derechos humanos, y el resarcimiento por parte del Estado Mexicano, (Ciudad de México) toma el presupuesto dirigido para cumplir los bienes y servicios públicos, lo que tiene como consecuencia que no se utilice para el bienestar social, incluso fomento a los derechos humano:

> A qué equivale
>
> Los 126 millones 678 mil 659 pesos erogados por la CDHDF pudieron ser invertidos en:
>
> 220 taxis eléctricos. La flota de 20 vehículos costó 11 millones 539 mil pesos.
>
> Duplicar la ampliación al presupuesto para renovar equipo para el Heroico Cuerpo de Bomberos del DF, fijada en 54 millones de pesos.
>
> Duplicar el presupuesto de 55 millones de pesos para rehabilitar puentes vehiculares
>
> Podrían construirse 10 biciestacionamientos masivos, como el que se hará en Pantitlán, cuyo costo es de 11 millones 868 mil 733 pesos.[76]

Sin duda mientras no se realice la busqueda e identificación del sujeto activo de la transgresión de los derechos humanos, y más aun, que el presupuesto de los gobernados se destine a cubrir, la omisión, o comisión de alguna transgresión de los derechos humanos, no existira una protección efectiva, ya que para el gobernante puede ser sencillo transgredir los derechos humanos, si la reparación del daño lo realiza el Estado Mexicano.

Como se puedo observar la Globalización Jurídica, impacta a la Soberanía de los Estados, cuando ratifican o reconocen un tratado internaciona, positivan un derecho humano, o bien reconocen la jurisdicción de alguna Corte Internacional, pero la Soberanía de los Estados, de manera ambivalente también da la posibilidad de que los Estados como lo es en el caso

[75] La Jornada, Caso Radilla, Política, Familiares ya pueden cobrar indemnización, http://www.jornada.unam.mx/2011/08/16/politica/015n1pol, visto cuatro de noviembre de 2016, 17:04, p.m.

[76] Excelsior, comunidad, 126, millones, 78 mil, 659 pesos, erogados por el GDF, en indemnizaciones por violaciones a derechos humanos, 30/05/2014, http://www.excelsior.com.mx/comunidad/2014/05/30/962285, visto 4/12/2016, 16:59, p.m.

mexicano, no exista una efectividad de las normas jurídicas que regulan los derechos humanos, más aun, en México, no existe un estudio previó de las normas jurídicas para valorar su validez sustancial.

La soberanía legislativa tiene como obligación que se cumpla con el proceso legislativo, al momento de crear una norma jurídica, pero es omisa en observar algún medio de control constitucional, previó a su emisión, lo que hace que las normas jurídicas, tengan aplicación, así como injerencia en la esfera jurídica de las personas, aun cuando pueden transgredir derechos humanos, lo que hace que los derechos humanos no puedan ser del todo efectivos, y la globalización jurídica se vea inaplicada.

BIBLIOGRAFÍA

ACOSTA ROMERO, Miguel. *Teoría general del derecho administrativo.* México, Ed. Porrúa, 1986.

ARNAIZ AMIGO, Aurora., *Estructura del Estado,* México, 4ª, Ed. Mc Graw-Hill, 2003.

BECERRA BAUTISTA José, *El proceso Civil en México,* décimo octava edición, México Ed. Porrúa, 2003.

BECK, Ulrich. *¿Qué es la Globalización?.* Buenos Aires, Ed. Paidós, 1998.

BOBBIO Norberto., *Teoría General del Derecho.*, Bogotá, Ed. Temis. 1992 citado por Russo Eduardo Ángel., "*Teoría General del Derecho en la modernidad y la posmodernidad*"., Abeledo Perrot., 1995.

Breve Diccionario Porrúa De La Lengua Española. México, Ed., Porrúa, 2002.

CABRERA, BECK, Carlos G., El nuevo Federalismo Internacional, la Soberanía en la Unión de los países, Porrúa, Facultad de Derecho de la Universidad Anahuac, México, 2004.

COOPER, Robert., *The Post-modern State, reordering the World: the long term implications of September 11,* London, Ed., The Foreign Policy Centre. 2002.

DEL AGUILAR, Rafael., *Manual de ciencia política.* Madrid, Ed. Trotta, 1997.

DIAZ MULLER, Luis T. *Globalización y principio de jurisdicción universal: un estudio de caso Boletín mexicano de Derecho comparado,* UNAM Instituto de Investigaciones Jurídicas de la UNAM 2006, http://www.jurídicas.unam.mx/publica/rev/boletín/cont/105/art/art4. 20 de Marzo de 2008.

FERRAJOLI, Luigi., *Razones jurídicas del pacifismo.*, Madrid, Ed. Trotta, 2004.

GARCÍA MAYNEZ, Eduardo. *Introducción al estudio del derecho.* México, Ed. Porrúa, 2004.

GONZALÉZ GONZALEZ, Mª de la Luz, *Valores en el Estado del pensamiento político,* México, Ed. Mc Graw Hill,2ª ed., 1997.

—. *Teorías acerca de la Soberanía y la Globalización.* México, Ed. Porrúa, Facultad de Derecho UNAM,2005.

GRÜN, Ernesto., *La Globalización del Derecho: un fenómeno sistémico y cibernético.* Revista Telemática de Filosofía del Derecho, Argentina, 1998.

HOBBES, Thomas., *Leviatán.*, México, Ed. Fondo de Cultura Económica, 2003.

IANNI, Octavio., *Teorías de la Globalización, 7ª edición.*, Buenos Aires, Ed. Siglo XXI, 2006.

IBAÑEZ FROCHAM MANUEL., *La Jurisdicción.*, Buenos Aires, Ed. Astrea, 1972.

JELLINEK, Georges, *L´Etat moderne et son droit,* Trad. Fardis, II, Cap. XIII, citado en GARCÍA MAYNEZ, Eduardo, *Introducción al estudio del derecho,* México Ed. Porrúa, 2004.

JELLINEK, Goerg. *Teoría General del Estado,* Buenos Aires. Ed., Albatros, 1943.

KELSEN, Hans. *Teoría pura del derecho.* México, Ed. Porrúa, 1990.

MATTEUCCI, Nicola. *Bien común, Diccionario de política de Norberto Bobbio,* t. 1., México, Ed. Siglo XXI, 1999.

OBREGON SALINAS, Gonzalo Levi., "La Potestad Tributaria frente a la Globalización Jurídica del Derecho Humano al Mínimo Vital"., *Lavado de Dinero y Derechos Humanos,* México, Thomson Reuters, Dofiscal, 2014.

OSORIO Y FLORIT Manuel. *Enciclopedia jurídica Omeba, Tomo X Empa- Est.,* Buenos Aires, Ed. Driskill., 1993.

RABASA, Emilio. *Mexicano: ésta es tu Constitución, México Editorial.,* Ed. Miguel Ángel Porrúa., 1995.

ROCCO Ugo., *Derecho Procesal Civil.,* México, Ed. Esp. 1944.

ROSALES HERRERA Eduardo Alfonso, *El Juicio del Siglo,* México, UNAM, UVM, AIU, P y V, México 2007.

SAUCEDO GONZÁLEZ, José Isidro., *Posibilidades de un Estado Comunitario Hispanoamericano,* México, Instituto de Investigaciones Jurídicas, Universidad Nacional Autónoma de México, 1999.

SERRA ROJAS, Andrés., *Teoría del Estado.,* México, Ed. Porrúa, 2000.

SORENSEN, Máx., *Manual de Derecho Internacional Publico,* México, Ed. Fondo de Cultura Económica, 1973.

TENA RAMIREZ, Alfredo., *Derecho Constitucional Mexicano,* 22ª ed., México, Ed. Porrúa, 1997.

HEMEROGRAFÍA

Excelsior, comunidad, 126, millones, 78 mil, 659 pesos, erogados por el GDF, en indemnizaciones por violaciones a derechos humanos, 30/05/2014, http://www.excelsior.com.mx/comunidad/2014/05/30/962285, visto 4/12/2016.

La Jornada, Caso Radilla, Política, Familiares ya pueden cobrar indemnización, http://www.jornada.unam.mx/2011/08/16/politica/015n1pol, visto cuatro de noviembre de 2016, 17:04, p.m.

La Jornada, Política, "México, otra vez anta la CIDH por los desaparecidos y los desplazados", cuatro de diciembre de 2016, http://www.jornada.unam.mx/2016/12/04/politica/005n1pol, cuatro de diciembre de 2016.

LEGISLACIÓN

Código Penal Federal.
Constitución Política de los Estados Unidos Mexicanos.
Estatuto de Roma
Ley Federal de Responsabilidad Patrimonial para el Estado

A INTERFACE ENTRE O DIREITO CONCORRENCIAL E O DIREITO RECUPERACIONAL

Ivo Waisberg
Sara Tainá Soliani

INTRODUÇÃO

Nos termos do artigo 170, inciso IV[1], da Constituição Federal, a livre concorrência corresponde a um dos princípios da ordem econômica, razão pela qual, com base no art. 173, §4º do diploma constitucional, o Estado deve reprimir todo e qualquer abuso de poder econômico que vise à dominação dos mercados, à eliminação da concorrência e ao aumento arbitrário dos lucros.

Assim, é certo que a Constituição Federal definiu a concorrência como um instrumento para o alcance de um bem maior, qual seja, o interesse coletivo e de ordem pública[2], motivo pelo qual a livre concorrência deve ser tutelada. A Lei Antitruste (atual Lei nº 12.529/2011), orientada pelos referidos ditames constitucionais, surgiu justamente com o propósito de prevenir e reprimir as infrações contra a ordem econômica, bem como os abusos de poder econômico. Para tanto, a referida lei dispõe sobre a competência de órgãos que devem zelar pela concorrência, dentre eles o Con-

[1] Art. 170. A ordem econômica, fundada na valorização do trabalho humano e na livre iniciativa, tem por fim assegurar a todos existência digna, conforme os ditames da justiça social, observados os seguintes princípios: IV – livre concorrência;

[2] Forgioni, Paula. *Os Fundamentos do Antitruste.* São Paulo: Editora Revista dos Tribunais, 1998. p. 170.

selho Administrativo de Defesa Econômica (CADE), que é a autarquia responsável por investigar e decidir sobre a matéria concorrencial, bem como estimular a livre concorrência.

A Constituição Federal, além da livre concorrência, também define a função social da propriedade como um princípio da ordem econômica, nos termos do art. 170, inciso III. Tal princípio é corolário dos princípios da função social da empresa e da preservação da empresa, os quais estão tipificados no art. 47 da Lei nº 11.101/2005[3] e regem a recuperação judicial de empresas. Assim, verifica-se que tanto a livre concorrência como a função social da empresa fazem parte da ordem econômica, de modo que suas leis específicas (Lei nº 12.529/2011 e Lei nº 11.101/2005) têm o propósito de materializar a referida ordem, convergindo para o bem-estar social.

No entanto, em que pese o direito da concorrência e o direito recuperacional terem como fim precípuo o bem-estar social e apresentarem, portanto, um interesse público, há um aparente contraste entre ambos os regimes, conforme exposto por um dos presente autores em outro estudo[4]. Isto porque, o direito antitruste tem como objetivo a preservação da livre concorrência e a manutenção de concorrentes com base nas qualidades e sua eficiência, enquanto o direito recuperacional busca meios para auxiliar a empresa em crise, a qual, teoricamente, deixou de ser eficiente e não mais suporta a concorrência de mercado[5].

Em vista disso, quando se está diante do caso concreto, podem surgir conflitos não somente quanto à aplicação das normas concorrenciais e recuperacionais e à prevalência de um regime sobre o outro, como também em relação à competência para definir a destinação de certo ativo no caso concreto, ou seja, se tal incumbência deve ser atribuída ao juízo da recuperação judicial ou ao CADE. Com este pano de fundo, o presente artigo buscará tratar da interação entre os regimes recuperacionais e o

[3] A Lei nº 14.112/2020 manteve o quanto disposto no art. 47 da Lei nº 11.101/2005, que diz o seguinte: "Art. 47. A recuperação judicial tem por objetivo viabilizar a superação da situação de crise econômico-financeira do devedor, a fim de permitir a manutenção da fonte produtora, do emprego dos trabalhadores e dos interesses dos credores, promovendo, assim, a preservação da empresa, sua função social e o estímulo à atividade econômica".

[4] WAISBERG, Ivo; YOKOMIZO, Clarissa. Alguns aspectos da relação entre a lei de defesa da concorrência e a lei de recuperação de empresa. *In*: GABAN, Eduardo Molan; DOMINGUES, Juliana Domingues (coord.). *Estudos de direito econômico e economia da concorrência*. Curitiba: Juruá, 2009. p. 68-69.

[5] Idem.

direito concorrencial, abordando, sobretudo, a competência para analisar atos de concentração provenientes de planos de recuperação judicial em caso de conflito.

1. A INTERAÇÃO ENTRE O DIREITO CONCORRENCIAL E O DIREITO RECUPERACIONAL

Conforme exposto em estudo anterior, em razão desse possível embate entre o direito da concorrência e o direito recuperacional em casos concretos, cabe tanto ao juízo da recuperação judicial quanto ao CADE, quando do exercício de sua competência, examinar e balancear os aspectos concorrenciais e recuperacionais[6]. Nesse sentido, observa-se que o direito antitruste tem aplicado aspectos do direito da insolvência ao utilizar, por exemplo, teorias como a *Failing Firm Defense.* Da mesma forma, aspectos do direito da concorrência também têm sido observados em decisões proferidas nos processos de recuperação judicial[7] e, em certas ocasiões, conforme será demonstrado adiante, o CADE tem sido notificado para opinar sobre atos de concentração envolvendo empresas em recuperação judicial.

1.1. TEORIA DA *FAILING FIRM DEFENSE*

Uma resposta estratégica para as empresas em crise se reorganizarem e se reestruturarem corresponde à celebração de acordo com outros agentes do mercado, com intuito de praticar atos de concentração[8]. No entanto, tais acordos podem vir a ser apreciados pela autoridade antitruste com-

[6] Waisberg; Yokomizo, *op. cit.*, p. 71.

[7] Transcreve-se trecho de decisão proferida nos autos da recuperação judicial da VASP: "Tais fatos surgem com condutas onde o credor indiferentemente ao resultado em especial quando já conseguiu o que lhe interessava, e com a finalidade de tentar reduzir sua responsabilidade na hipótese de quebra, deixa de se posicionar sobre o plano; ou, ainda, naquilo que o Direito Concorrencial denomina de *interlocks* que, de maneira genérica, se caracteriza por coligações gerenciais ou administrativas, contendo pessoas comuns em cargos de direção (por exemplo, diretoria ou conselho de administração), ou mesmo alianças entre empresas (entre companhias aéreas, é fato notoriamente comum" (Disponível em: https://www.conjur.com.br/2006-ago-24/plano_recuperacao_judicial_vasp_homologado?pagina=3. Acesso em: 07 fev. 2021).

[8] Nesse sentido, destacam-se os ensinamentos de Kokkoris e Olivares Caminal: "A strategic response for struggling firms and one of the means of implementing a successful restructuring process is to combine in order to achieve competitively necessary efficiencies. Either a failing firm within a booming industry or firms in distressed industry will choose to merger, acquire or be acquired, or choose to sell loss-making divisions on order to enhance the firm's viability and profitability. [...] Merger and joint ventures in industries may be essential during crises as a means to ensure the viability not only of the firms themselves but also of whole industries

petente, a depender da legislação de cada país, que determinará se a operação é viável ou não[9].

É nesse contexto que surgiu no direito antitruste estadunidense a teoria da *Failing Firm Defense* (FFD), a qual consiste no reconhecimento de que, em determinadas ocasiões, aprovar uma operação problemática do ponto de vista concorrencial, envolvendo empresas em crise, não implica efeitos anticompetitivos, sendo uma alternativa bastante eficiente[10]. Em outras palavras, de acordo com a referida teoria, é preferível, em certas ocasiões de insolvência, que a autoridade antitruste permita altos níveis de concentração ao invés de deixar que o agente econômico encerre suas atividades[11], eis que, na prática, tal concentração não geraria ou fortaleceria o poder de mercado[12]. De acordo com Calixto Salomão Filho, a justificativa para a aplicação da referida teoria seria a seguinte:

> A saída da empresa do mercado, tanto quanto a concentração empresarial, leva ao aumento de poder no mercado de agentes que já estão no mercado. Portanto, a aquisição de uma empresa em crise não importa substancial aumento do poder de mercado, uma vez que comparada essa situação com o que se verificaria se a empresa fosse à falência e sua capacidade produtiva fosse desmontada ou dirigida a outra atividade. Assim, desde que haja realmente garantia da existência de crise irremediável, a concentração não implica real aumento do poder de mercado do adquirente[13].

Nos EUA e na União Europeia, a teoria em questão passou a ser adotada pela autoridade antitruste[14], desde que preenchidos os seguintes requisitos: (i) a sociedade empresária em crise deve ser incapaz de cumprir suas

[...]" (Kokkoris, Ioannis; Olivares-Caminal, Rodrigo. *Antitrust Law amidst financial crises*. New York: Cambridge University Press, 2010. p. 104-105 e 203).

9 Romanielo, Enrico Spini. *Direito Antitruste e Crise – Perspectiva para a realidade brasileira*. Dissertação (mestrado em direito) – Faculdade de Direito, Universidade de São Paulo, São Paulo, 2013. p. 108.

10 Idem.

11 Romanielo, *op. cit.*, p. 12.

12 Hovenkamp, Herbert. *Federal Antitrust Policy:* the law of competition and its practice. 3. ed. Saint Paul: Thomson/West, 2005.

13 Salomão Filho, Calixto. *Direito concorrencial:* as estruturas. 2. ed. São Paulo: Malheiros, 2002. p. 195-196.

14 A *Failinig Firm Defense* foi suscitada em casos da justiça estadunidense como *International Shoe Co. vs. Federal Trade Commission* (1930) e *Citzen Publishing Co. vs. U.S* (1969).

obrigações financeiras em um futuro próximo; (ii) a sociedade em crise deve ser incapaz de se reorganizar de acordo com as leis de recuperação judicial e falência; (iii) devem ter sido empreendidos esforços de boa-fé para obter solução alternativa menos anticompetitiva sem, contudo, obter êxito, ou, alternativamente, demonstrar que solução menos anticompetitiva é inviável; e (iv) deve restar demonstrado que, sem a operação, os ativos da empresa em crise sairiam do mercado[15].

Embora não haja, na legislação brasileira, a previsão de aplicação da FFD, verifica-se a sua análise e discussão em precedentes do CADE[16], que, em alguns casos, aprovou atos de concentração com base na referida teoria[17]. Igualmente, vale mencionar que o CADE, no Guia para Análise de Atos de Concentração Horizontal (2016), discorreu a respeito da teoria da FFD, especificando os critérios que devem estar presentes no caso concreto para que a referida tese seja adotada[18].

Vale mencionar que, além de sua aplicação nos EUA e União Europeia, a teoria da *Failing Firm Defense* também é aplicada em países como Canadá, Reino Unido, Japão, Coreia do Sul, Nova Zelândia, Chile, Turquia e África do Sul, que seguem critérios semelhantes, em maior ou menor grau, àqueles estabelecidos pela prática antitruste estadunidense (Romanielo, *op. cit.*, p. 12).

[15] Oliveira Júnior, Fernando Antônio Alves de. O estudo da *failing firm defense*, a partir da lei de falências, nos atos de concentração submetidos ao CADE a aplicação do princípio da preservação da empresa no controle de estruturas. *Revista do IBRAC*, v. 19, p. 137-172, jan./jun. 2011; Romanielo, *op. cit.*, p. 12.

[16] Atos de Concentração nº 0044/1995, nº 0092/1996, nº 0084/96, nº 08012.007374/1997-34 e nº 08012.005205/99-68.

[17] Atos de Concentração nº 08012.014340/2007-75, nº 08012.000304/1998-81, nº 08012.04423/2009-18 e nº 08012.007520/2009-18.

[18] "A prática internacional e a jurisprudência do Cade têm adotado extrema cautela na aplicação dessa teoria, restringido sua validade a casos em que as requerentes comprovem, cumulativamente, a satisfação das seguintes condições: (i) Caso reprovada a operação, a empresa sairia do mercado ou não poderia cumprir suas obrigações financeiras em decorrência de suas dificuldades econômicas e financeiras; (ii) Caso reprovada a operação, os ativos da empresa não iriam permanecer no mercado, o que poderia significar uma redução da oferta, um maior nível de concentração do mercado e uma diminuição do bem-estar econômico; e (iii) Se a empresa demonstrar que empreendeu esforços na busca de alternativas com menor dano à concorrência (por exemplo, por meio de compradores alternativos ou de um processo de recuperação judicial) e que não resta outra solução para a manutenção de suas atividades econômicas que não a aprovação da operação. Igualmente, aqui, o requisito de efeitos líquidos não-negativos deve ser preenchido. É dizer que o Cade deve concluir que os efeitos antitrustes decorrentes da reprovação da operação (e da, acredita-se, provável falência da empresa) seriam piores que a concentração gerada pela operação". Disponível em: http://www.cade.gov.br/

Assim, diante do exposto, tem-se que, tanto no âmbito internacional como no contexto brasileiro, as autoridades antitruste têm, em determinadas ocasiões, considerado aspectos do direito da insolvência para proferir suas decisões intrinsecamente ao próprio sistema concorrencial e dentro de sua competência.

1.2. ATOS DE CONCENTRAÇÃO ENVOLVENDO EMPRESAS EM RECUPERAÇÃO JUDICIAL

A Lei nº 11.101/2005, em seu art. 50, prevê um rol exemplificativo de soluções a serem adotadas nos planos de recuperação judicial, a fim de que a empresa devedora possa se soerguer. Nesse sentido, a referida lei privilegia uma "solução de mercado", a ser construída pelo próprio agente econômico[19], que poderá adotar medidas como a cisão, incorporação, fusão ou transformação da sociedade (art. 50, II), a alteração do controle societário (art. 50, III), a venda parcial de bens (art. 50, XI), a venda de unidade produtiva isolada (art. 50, XVIII), a venda da empresa inteira ou a conversão de dívida em capital com possível troca de controle (art. 50, XVII)[20].

Os exemplos acima mencionados podem se enquadrar no conceito de ato de concentração definido no art. 90 da Lei Antitruste[21] e, uma vez preenchi-

acesso-a-informacao/publicacoes-institucionais/guias_do_Cade/guia-para-analise-de-atos-de-concentracao-horizontal.pdf/view. Acesso em: 06 fev. 2021.

[19] Carvalho, Vinicius Marques de; Oliveira Júnior, Fernando Antônio de Alencar Alves de. Oi, quando direito falimentar e da concorrência se encontram. *JOTA*, 28 jun. 2016.

[20] A Lei nº 14.112/2020 manteve o quanto disposto nos incisos II, III e XI do art. 50 da Lei nº 11.101/2005, que dizem o seguinte: "Art. 50. Constituem meios de recuperação judicial, observada a legislação pertinente a cada caso, dentre outros: [...] II – cisão, incorporação, fusão ou transformação de sociedade, constituição de subsidiária integral, ou cessão de cotas ou ações, respeitados os direitos dos sócios, nos termos da legislação vigente; III – alteração do controle societário; [...] XI – venda parcial dos bens."

Já o inciso XVIII da Lei nº 11.101/2005 foi incluído pela Lei nº 14.112/2020, passando a apresentar o seguinte teor: "Art. 50. Constituem meios de recuperação judicial, observada a legislação pertinente a cada caso, dentre outros: [...] XVIII – venda integral da devedora, desde que garantidas aos credores não submetidos ou não aderentes condições, no mínimo, equivalentes àquelas que teriam na falência, hipótese em que será, para todos os fins, considerada unidade produtiva isolada".

Por fim, a Lei nº 14.112/2020 incluiu também o inciso XVII do art. 50 com a seguinte redação: "Art. 50. Constituem meios de recuperação judicial, observada a legislação pertinente a cada caso, dentre outros: [...] XVII – conversão de dívida em capital social [...].

[21] Art. 90. Para os efeitos do art. 88 desta Lei, realiza-se um ato de concentração quando: I – 2 (duas) ou mais empresas anteriormente independentes se fundem; II – 1 (uma) ou mais

dos os requisitos do art. 88 do referido diploma legal e do art. 1º da Portaria Conjunta nº 994/2012[22], podem ter sua operação submetida à análise do CADE, dependendo de outros critérios quantitativos. Conforme exposto em estudo anterior, há diversos casos em que a empresa em recuperação judicial notificou órgãos de defesa da concorrência para opinar, por exemplo, sobre a alienação de ativos, como foi o caso da VGR Linhas Aéreas S.A e da Varig S.A. (Ato de Concentração nº 08012.007916/2006-67), da Assolan Industrial Ltda. e Parmalat Brasil S.A. (Ato de Concentração nº 08012.000973/2006-15), bem como da NRG Energy, Inc e Matlinpatterson Global Opportunities Partners (Ato de Concentração nº 08012.009708/2003-50)[23].

Ressalta-se que, recentemente, o CADE também analisou operações envolvendo a aquisição do controle de empresas em recuperação judicial e a efetivação do plano de recuperação judicial, como, por exemplo, no caso da Eneva (Ato de Concentração nº 08700.004537/2015-58)[24]; OSX (Ato de Concentração nº 08700.000373/2016-71)[25]; Grupo Arantes (Ato de Con-

empresas adquirem, direta ou indiretamente, por compra ou permuta de ações, quotas, títulos ou valores mobiliários conversíveis em ações, ou ativos, tangíveis ou intangíveis, por via contratual ou por qualquer outro meio ou forma, o controle ou partes de uma ou outras empresas; III – 1 (uma) ou mais empresas incorporam outra ou outras empresas; ou IV – 2 (duas) ou mais empresas celebram contrato associativo, consórcio ou joint venture .

[22] "Art. 1º. Para os efeitos da submissão obrigatória de atos de concentração à análise do Conselho Administrativo de Defesa Econômica – CADE, conforme previsto no art. 88 da Lei 12.529 de 30 de novembro de 2011, os valores mínimos de faturamento bruto anual ou volume de negócios no país passam a ser de:
I – R$ 750.000.000,00 (setecentos e cinqüenta milhões de reais) para a hipótese prevista no inciso I do art. 88, da Lei 12.529, de 2011; e
II – R$ 75.000.000,00 (setenta e cinco milhões de reais) para a hipótese prevista no inciso II do art. 88, da Lei 12.529 de 2011".

[23] Waisberg; Yokomizo, *op. cit.*, p. 72-74.

[24] Tratava-se de operação decorrente de plano de recuperação judicial da empresa Eneva e Eneva Participações S.A., aprovado pela assembleia geral de credores e homologado por decisão judicial, que previa a revisão da estrutura de capital das referidas empresas, mediante a realização de um aumento de capital social a ser subscrito por acionistas, credores quirografários e investidores. O CADE, ao lavrar o parecer nº 204/2015/CGAA5/SGA1/SG, aprovou a referida operação sem restrições. (Disponível em: https://sei.cade.gov.br/sei/modulos/pesquisa/md_pesq_documento_consulta_externa.php?xgSJHD3TI7Rh0CrGYtJb0A1Onc6JnUmZgGFW0zP7uM_JOw0xO1iUl5uvkvmSVU7aAXK7MkLYSshkogXQBTV37ZDrzYeCiXSAyOVXxYdESvvLfiFjfznSexvlyGJCGdI2. Acesso em: 07 jan. 2021).

[25] A operação consistia na aquisição, pela 9 West Finance SARL, de seguintes participações societárias em empresas do Grupo EBX, dentre elas a OSX Brasil S.A. – Em recuperação Judicial. O CADE, ao lavrar o parecer nº 54/2016/CGAA5/SGA1/SG, aprovou a referida

centração nº 08700.011342/2015-64)[26]; Avianca (Nota Técnica nº 4/2019/DEE/CADE)[27]; Atvos (Ato de Concentração nº 08700.002860/2020-54)[28]; e Grupo Oi (Ato de Concentração nº 08700.005801/2020-38)[29].

operação sem restrições. (Disponível em: https://sei.cade.gov.br/sei/modulos/pesquisa/md_pesq_documento_consulta_externa.php?DZ2uWeaYicbuRZEFhBt-n3BfPLlu9u7akQAh8mpB9yPihVkh1iM6i4pR5g3njWwXTwMHlhshRFoNS9TN2CjMfxSzGw7jKsQMXAVXbxp_yD3JfZBfx_yYWByGp_AHfkh0. Acesso em: 07 fev. 2021.

26 Tratava-se de operação pela qual o GRUPO J&F, por meio da empresa JBS, pretendia adquirir a UPI de propriedade da empresa Premium Foods, relativo à recuperação judicial da Arantes Alimentos Ltda e das demais empresas de seu grupo. O CADE, ao lavrar o parecer nº 446/2015/CGAA5/SGA1/SG, aprovou o referido ato de concentração sem restrições. (Disponível em: https://sei.cade.gov.br/sei/modulos/pesquisa/md_pesq_documento_consulta_externa.php?DZ2uWeaYicbuRZEFhBt-n3BfPLlu9u7akQAh8mpB9yN-HY44eOsH0V-F4ABYvjH4cloorWoW8_r7pAXFxl8OQ92uh9PN64nOkBxbagtUcqBeNUWWRLvidpqN175OTTNe. Acesso em: 07 fev. 2021).

27 O CADE apresentou a Nota Técnica nº 4/2019/DEE/CADE, fazendo uma análise a respeito da estrutura do mercado de transporte aéreo de passageiros, com foco, especificamente, no novo plano de recuperação judicial da Avianca, que previa a constituição e alienação de sete UPIs. (Disponível em: https://sei.cade.gov.br/sei/modulos/pesquisa/md_pesq_documento_consulta_externa.php?DZ2uWeaYicbuRZEFhBt-n3BfPLlu9u7akQAh8mpB9yOG4vFsCG0f2QLN3alvAY7ZDUgVQSEo3l8BpvJjwaImb8nHKwdpZ-cj4_S76SmIvSI8DFcgjOlTluXyFycvaCng. Acesso em: 07 fev. 2021).

28 LSF10 Brazil U.S. Holdings, LLC ("LSF 10") submeteu ato de concentração perante o CADE, referente à aquisição, pela LSF10, de todos os direitos e a propriedade detidos pela Natixis New York Branch ("Natixis") sobre as ações da Atvos Agroindustrial S.A. – em Recuperação Judicial ("Atvos"), representativas de 50% mais uma ação do capital social da Atvos. Esta operação ocorreu no contexto do processo de recuperação judicial da Atvos, em que a Natixis, como Agente de Garantia, exerceu seus direitos de executar a alienação fiduciária sobre as ações da recuperanda. O CADE, ao lavrar o parecer nº 201/2020/CGAA5/SGA1/SG, aprovou o referido ato de concentração sem restrições. (Disponível em: https://sei.cade.gov.br/sei/modulos/pesquisa/md_pesq_documento_consulta_externa.php?DZ2uWeaYicbuRZEFhBt-n3BfPLlu9u7akQAh8mpB9yPCEmQqYb3fX1ckwilUnpzi8WfM6Fk4aPpu1Bt-0aIaoZwHn1J3YYK3vORkxeowmJ3X7O6phMfzyICL8_pP6E5n. Acesso em 07 fev. 2021).

29 A operação trata da aquisição, pela Titan Venture Capital e Investimentos Ltda. ("Titan"), de 100% das ações de emissão da Drammen RJ Infraestrutura e Redes de Telecomunicações S.A. ("Drammen"), que é considerada uma UPI do Grupo Oi. A operação proposta decorreu de aditamento ao plano de recuperação judicial do Grupo Oi, para prever a possibilidade de formação de UPIs mediante a segregação de determinados negócios ou ativos isolados do Grupo Oi e a alienação dos mesmos com a segurança e benefícios assegurados pela Lei nº 11.101/2005. O CADE, ao lavrar o parecer nº 384/2020/CGAA5/SGA1/SG, aprovou o referido ato de concentração sem restrições. (Disponível em: https://sei.cade.gov.br/sei/modulos/pesquisa/md_pesq_documento_consulta_externa.php?DZ2uWeaYicbuRZEFhBt-n3BfPL

Em todos os casos ora mencionados, o CADE recomendou a aprovação das operações sem restrição. No entanto, na hipótese de o CADE manifestar-se contrariamente a operações envolvendo empresas em recuperação judicial, impedindo a implementação do plano de recuperação judicial aprovado e homologado, questiona-se qual regramento deveria prevalecer (se a Lei nº 12.529/2011 ou a Lei nº 11.101/2005) e qual seria o órgão competente para dar a palavra final. Em suma, a negativa do CADE para uma operação, no âmbito de uma recuperação judicial, pode levar à falência ou à necessidade de novo plano? Ou o juiz da recuperação judicial tem competência para determinar o seguimento da operação? Em vista disso, no capítulo seguinte, buscaremos apresentar respostas para o referido imbróglio.

2. COMPETÊNCIA PARA ANALISAR ATOS DE CONCENTRAÇÃO ENVOLVENDO EMPRESAS EM RECUPERAÇÃO JUDICIAL

O CADE, por meio do Guia para Análise de Atos de Concentração Horizontal (2016), já se posicionou no sentido de que a recuperanda deve notificá-lo a respeito do ato de concentração pretendido e de que sua aprovação é essencial para que a operação se concretize, conforme segue:

> Observados os critérios de notificação, entende-se que a empresa parte em processos de recuperação judicial ou extrajudicial deve notificar o Cade do trâmite do processo concursal para que seja guardada a coerência da atuação do poder público.

Orienta-se que propostas de concentração econômica efetuadas no âmbito de recuperações judiciais sejam feitas sempre com a estipulação *sine qua non* de que a efetivação e implementação da proposta dependerão da decisão final do Cade[30].

Seguindo esta mesma linha, parte da doutrina[31] considera que, diante da interpretação jurídica de competências judiciais e administrativas exis-

lu9u7akQAh8mpB9yPOSfmbPAokxMX8gy6HqwnHHtUjPSQ5ngbI40q_wMk4gVOXB7I_7aqNoKdSR0vFiuGMTQ4wzAxJb0trtsmsKeQJ. Acesso em: 07 fev. 2021).

[30] Disponível em: http://www.cade.gov.br/acesso-a-informacao/publicacoes-institucionais/guias_do_Cade/guia-para-analise-de-atos-de-concentracao-horizontal.pdf/view. Acesso em: 14 jun. 2020. Grifos nossos.

[31] Nesse mesmo sentido, é o entendimento de Glauco Guerra e Rodrigo de Castro: "Daí que, a nosso ver, todos os meios de recuperação judicial previsto nos incisos II e III do artigo 50 da Lei 11.101/05 – à exceção da 'transformação de sociedade' e da 'constituição de subsidiária integral'

tente na Lei Antitruste e tendo em vista a especialidade do CADE para tratar dos assuntos concorrenciais, seria necessária a notificação desta autarquia para apreciar atos de concentração envolvendo empresas em crise, quando preenchidos os devidos requisitos. Nesse sentido, destaca-se o posicionamento de Valter Shuenquener de Araujo, para quem o juízo da recuperação judicial seria incompetente para analisar atos de concentração envolvendo recuperandas:

> A decisão do Juiz de Direito que homologa o plano de recuperação extrajudicial ou que defere o processamento da recuperação judicial não é, segundo nos parece, suficiente para suprir a ausência de deliberação acerca do ato de concentração não submetido à deliberação do CADE. Embora o Juiz de Direito seja efetivamente o guardião da legalidade do plano de recuperação, ele não pode decidir questões afetas constitucionalmente à Justiça Federal. [...]
>
> A atuação do CADE, da SDE/MJ e da SEAE/MF é imprescindível para a preservação de um ambiente competitivo salutar. Não existem razões jurídicas capazes de justificar a dispensa da prévia aprovação por essas instituições

como atos societários puros – devem passar pelo controle de proteção concorrencial previsto na Lei 8.884/94, ao momento em que se busca a tutela jurisdicional para 'viabilizar a superação da situação de crise econômico-financeira do devedor' (art. 47), independentemente de se encontrar sob o exame do Poder Judiciário.
Proposta uma recuperação judicial, se previstas as ferramentas societárias dos incisos II e III do artigo 50 da Lei 11.101/05, devem os agentes econômicos- empresa em recuperação e o terceiro que com ela contrata uma cisão, incorporação, fusão, cessão de ações etc.- submeter a operação aos órgãos de controle da concorrência (SDE e CADE), segundo a regra do artigo 54 da Lei Antitruste (8.884/94). Se não o fizerem os agentes privados envolvidos, sem prejuízo das sanções pecuniárias que poderão lhes ser impostas pela legislação concorrencial, deverá o Juiz da Recuperação Judicial oficiar aos agentes reguladores do Antitruste, para que seja exercido o controle antitruste" (GUERRA, Glauco Martins; CASTRO, Rodrigo R. Monteiro de. Intervenção do Estado no domínio econômico e Recuperação judicial. Uma análise pontual do inciso 11, do artigo 50 da Lei Federal 11.101/2005 e do artigo 54 da Lei Federal 8.884/1994. *In*: CASTRO, Rodrigo R. Monteiro de; ARAGÃO, Leandro Santos de (coord.). *Direito Societário e a Nova Lei de Falências e Recuperação de Empresas*. São Paulo: Quartier Latin, 2006. p. 248-249). A propósito, destaca-se: MIRANDA, Gabriel Mattioli de; ROCHA, Camila Pires da. Implicações do Regime de Falências no Direito Concorrencial. *Revista do IBRAC* – Direito da Concorrência, Consumo e Comércio Internacional. v. 25, p. 139-157, jan./jun. 2014; CRAVO, Daniela Copetti. Aplicação da teoria da *failing company defense* nos atos de concentração decorrentes da recuperação judicial: atribuição do CADE ou competência exclusiva do juízo falimentar?. *Lex Magister*, [2011]. Disponível em: http://lex.com.br/doutrina_23129121_aplicacao_da_teoria_da_failing_company_defense_nos_atos_de_concentracao_decorre. Acesso em: 07 fev. 2021.

> de atos de concentração previstos em planos de recuperação judicial ou extrajudicial. [...]
>
> A eficácia do ato de concentração previsto no plano de recuperação aprovado deve ficar condicionada à autorização do CADE quanto à operação ajustada. Inexistindo manifestação do CADE e dos órgãos do Sistema Brasileiro de Defesa da Concorrência (SDE/MJ e SEAE/MF), o ato de concentração que foi aceito pelos credores da recuperação deve ser considerado ineficaz, ainda que ele tenha sido aprovado pelo Juiz de Direito competente na matéria. [...]
>
> A preservação da sociedade empresária em crise é algo relevante, mas não é o único interesse que o Estado brasileiro deve proteger. Além disso, outros valores e princípios constitucionais precisam ser respeitados. Nesse contexto, a atuação do CADE será indispensável para, dentre outras funções, a tutela do princípio da livre concorrência, a proteção dos consumidores, a eliminação do abuso do poder econômico, a preservação da soberania nacional[32].

Já Sérgio Campinho entende que, nos casos que envolvem a recuperação de empresas, por se tratar de uma situação excepcional e extraordinária, o art. 88 da Lei Antitruste não se aplica, de modo que não há obrigatoriedade de subordinação prévia do possível ato de concentração ao CADE[33]. Nessa hipótese, caberá única e exclusivamente ao juízo recuperacional avaliar as condições legais do ato de concentração pretendido e, se entender necessário, solicitar o parecer do CADE, apenas na condição de órgão consultivo, sem prejuízo à celeridade do processamento da recuperação judicial[34].

Além disso, o referido autor ressalta que, embora o controle pelo CADE não possa ser exercitado, tal fato não significa que o juízo da recuperação judicial não deva analisar a existência de atos contrários à ordem econômica:

> Isso não significa que inexistirá controle da existência ou da inexistência de atos infracionais da ordem econômica. Apenas não o será exercitado pelo CADE, mas sim pelo juízo da recuperação judicial. A ele competirá, com

[32] Araújo, Valter Shuenquener de. O (Indispensável) Papel do CADE nos Atos de Concentração Previstos em Planos de Recuperação. *Revista Semestral de Direito Empresarial*, Rio de Janeiro, n. 2, jan./jun. 2008. p. 81-82.

[33] Campinho, Sérgio. Atos de concentração no plano de recuperação judicial: participação obrigatória ou facultativa do Cade. *Revista de Direito Empresarial e Recuperacional*, Florianópolis, 2010. p. 121.

[34] Campinho, *op. cit.*, p. 113 e 121.

exclusividade, medir os diversos valores eventualmente conflitantes, a fim de sopesá-los e fazer a melhor escolha para a solução do caso posto à sua apreciação e decisão, sempre na perspectiva de atender os interesses que naquela situação reclamem proteção de maior intensidade, em razão dos resultados esperados.

Em última *ratio*, somente o juízo único da recuperação estará apto a atribuir valores e pesos no exercício da atividade de ponderação dos princípios constitucionais da preservação e função social da empresa, da valoração do trabalho e da dignidade da pessoa humana (informadores da recuperação judicial) face aos princípios da livre concorrência, da repressão ao abuso do poder econômico e de proteção dos consumidores, caso entrem em conflito[35].

A propósito, o entendimento do Superior Tribunal de Justiça (STJ) sobre a competência para destinação de ativos reforça a ideia de que o juízo da recuperação judicial é competente para analisar e definir a viabilidade de atos de concentração previstos nos planos de recuperação judicial. A referida Corte já se manifestou, em casos envolvendo a Justiça Trabalhista e o juízo recuperacional[36] ou este e o Juízo Fiscal[37], no sentido de que o juízo da recuperação judicial tem primazia para decidir sobre a destinação dos ativos da empresa em recuperação judicial. Nesse sentido, cumpre destacar alguns julgados do STJ sobre o tema:

> CONFLITO POSITIVO DE COMPETÊNCIA. JUÍZO DA RECUPERAÇÃO JUDICIAL E JUÍZO FEDERAL. LEI Nº 11.101/05. PRESERVAÇÃO DOS INTERESSES DOS DEMAIS CREDORES. MANUTENÇÃO DA ATIVIDADE ECONÔMICA. FUNÇÃO SOCIAL DA EMPRESA. INCOMPATIBILIDADE ENTRE O CUMPRIMENTO DO PLANO DE RECUPERAÇÃO E A MANUTENÇÃO DE EXECUÇÃO INDIVIDUAL. CONFLITO CONHECIDO PARA DECLARAR A COMPETÊNCIA DO JUÍZO DA RECUPERAÇÃO.

[35] Campinho, *op. cit.*, p. 122.

[36] STJ, CC nº 61.272/RJ, Rel. Min. Ari Pargendler, j. 25/04/2007; STJ, CC nº 101477/SP, Rel. Min. Massami Uyeda, j. 12/05/2010; STJ, CC nº 112.799/DF, Rel. Min, Luis Felipe Salomão, j. 22/3/2011; STJ, CC nº 176772/SP, Rel. Min. Marco Aurélio Bellizze, j. 16/12/2020.

[37] STJ, AgRg no CC nº 136130/SP, Rel. Min. Raul Araújo, 13/05/2015; STJ, CC nº 149811/RJ, Rel. Min. Marco Buzzi, j. 16/05/2017; STJ, AgInt no AgInt no CC nº 169871/SP, Rel. Min. Ricardo Villas Bôas Cueva, j. 09/09/2020.

> [...] Assim, as decisões oriundas do Juízo Federal, na demanda de que cuidam os autos, atingem e, por consequência, têm o condão de alterar o plano de recuperação da empresa ré, que tramita no Juízo de Direito da 2ª Vara Cível e Fazendas de Rio Verde/GO, o que não se pode admitir a teor do princípio maior da preservação da empresa, insculpido no art. art. 47 da Lei n. 11.101/05.
>
> [...] Na esteira desses precedentes, considerando-se a inteligência dos acórdãos exarados, a Lei n. 11.101/05 prepondera no tocante à competência para processar e julgar a causa subjacente.
>
> [...] O rumo do patrimônio da suscitante, em processo de recuperação judicial, não pode ser afetado por decisões prolatadas por Juízo diverso do que é competente para a recuperação, sob pena de prejudicar o funcionamento da empresa, comprometendo o sucesso do Plano, ainda que ultrapassado o prazo legal de suspensão constante do § 4º do art. 6º, da Lei nº 11.101/2005, com violação ao princípio da continuidade da empresa[38].

> AGRAVO NO CONFLITO DE COMPETÊNCIA. MEDIDA LIMINAR. JUÍZES VINCULADOS A TRIBUNAIS DIVERSOS. COMPETÊNCIA DO JUÍZO DA RECUPERAÇÃO JUDICIAL PARA A PRÁTICA DE ATOS QUE IMPLIQUEM RESTRIÇÃO PATRIMONIAL.
>
> Depois da aprovação do plano de recuperação judicial, o destino do patrimônio da sociedade empresária não pode ser afetado por decisões prolatadas por juízo diverso do que é competente para a recuperação, sob pena de prejudicar seu funcionamento, em violação ao princípio da continuidade da empresa. Precedentes.
>
> Não obstante o processamento do pedido de recuperação tenha sido determinado há mais de 180 dias, estando, portanto, esgotado o prazo previsto no art. 6º, parágrafo 4º, da Lei 11.101/2005, o que autorizaria o prosseguimento da reclamação trabalhista, o STJ já decidiu que, em situações excepcionais, alheias à vontade da recuperanda, essa regra comporta temperamento. Agravo não provido[39].

Com efeito, em que pese a impossibilidade de comparar a competência de um órgão administrativo, no caso o CADE, e a do Poder Judiciário, verifica-se que o entendimento do STJ ora exposto também tem aplicação

[38] STJ, CC nº 119.951/GO, Rel. Min. Luis Felipe Salomão, j. 25/06/2012.

[39] STJ, AgRg no CC nº 125.893/DF, Rel. Min. Nancy Andrighi, j. 15/3/2013.

em caso de conflitos entre as decisões do CADE e do juízo recuperacional. Isto porque: (i) o tema é o mesmo, qual seja, a destinação dos ativos da recuperanda para viabilizar a manutenção da atividade econômica; e (ii) se nem a Justiça Especial se sobrepõe ao juízo da recuperação judicial, não se poderia admitir que um órgão administrativo o faça[40].

Isso não quer dizer, em nossa visão, que a operação não deva ser notificada ou que o juiz não possa ouvir o CADE nos autos da recuperação judicial e eventualmente determinar medidas mitigadoras para equilibrar os interesses concorrenciais e da lei de insolvência. O que não pode ocorrer é o descumprimento do plano aprovado pelos credores unicamente pela negativa do CADE ou pela não apreciação do órgão administrativo em tempo hábil que possa inviabilizar o plano.

Neste caso, sendo o juiz da recuperação judicial competente para analisar qualquer assunto sobre a destinação dos ativos da recuperanda, o objetivo do art. 47 da Lei nº 11.101/2005 não pode ser deixado de lado por uma questão antitruste, até porque, neste caso, trata-se de uma previsão de malefício futuro ao mercado, já que a quebra em razão da vedação de uma transação consolidada, que pode salvar a atividade da empresa, trará um prejuízo imediato à sociedade e aos credores. Assim, pelos fundamentos ora expostos, parece-nos que o juiz da recuperação judicial é totalmente competente para apreciar atos de concentração envolvendo empresas em recuperação judicial, desde que, na qualidade de guardião da legalidade do plano de recuperação judicial, analise se tais atos configuram ameaça à ordem econômica.

CONCLUSÕES

Conforme analisado no presente estudo, a livre concorrência e a função social da propriedade, corolário da função social da empresa e da preservação da empresa, são princípios da ordem econômica, nos termos do disposto no art. 170 da Constituição Federal. Tais princípios são concretizados, respectivamente, pela Lei nº 12.529/2011 e pela Lei nº 11.101/2005 e têm como fim precípuo o bem-estar social.

No entanto, a despeito de ambos os regramentos visarem ao interesse público, é possível que, diante do caso concreto, estes apresentem conflitos, tanto no que diz respeito à aplicação da norma quanto no que diz res-

[40] Waisberg; Yokomizo, *op. cit.*, p. 77.

peito à competência final para apreciar o caso envolvendo a concorrência e empresas em recuperação judicial. Sendo assim, cabe tanto ao juízo da recuperação judicial quanto ao CADE, quando do exercício de sua competência, examinar e ponderar os aspectos concorrências e recuperacionais, o que se verifica, por exemplo, (i) quando as autoridades antitruste aplicam o princípio da FFD; (ii) quando o juiz da recuperação judicial considera aspectos do direito concorrencial em suas decisões; ou, ainda, (iii) quando o CADE é notificado para apresentar parecer sobre atos de concentração envolvendo empresas em recuperação judicial.

Nessa última hipótese, entendemos que, havendo conflito ou potencial lesão na espera de uma decisão administrativa, a competência para decidir sobre a validade dos atos de concentração envolvendo empresa em recuperação judicial, os quais foram aprovados no plano de recuperação judicial, é do juiz da recuperação judicial, que prevalecerá sobre o CADE. Mas deve o juiz, no caso concreto, sopesar os interesses e ouvir a autarquia. Esta, por sua vez, deve cooperar com o Poder Judiciário.

REFERÊNCIAS

ARAÚJO, Valter Shuenquener de. O (Indispensável) Papel do CADE nos Atos de Concentração Previstos em Planos de Recuperação. *Revista Semestral de Direito Empresarial*, Rio de Janeiro, n. 2, jan./jun. 2008.

CAMPINHO, Sérgio. Atos de concentração no plano de recuperação judicial: participação obrigatória ou facultativa do Cade. *Revista de Direito Empresarial e Recuperacional*, Florianópolis, 2010.

CARVALHO, Vinicius Marques de; OLIVEIRA JÚNIOR, Fernando Antônio de Alencar Alves de. Oi, quando direito falimentar e da concorrência se encontram. *JOTA*, 28 jun. 2016.

CRAVO, Daniela Copetti. Aplicação da teoria da failing company defense nos atos de concentração decorrentes da recuperação judicial: atribuição do cade ou competência exclusiva do juízo falimentar?. *Lex Magister*, [2011]. Disponível em: http://lex.com.br/doutrina_23129121_aplicacao_da_teoria_da_failing_company_defense_nos_atos_de_concentracao_decorre. Acesso em: 07 fev. 2021.

FORGIONI, Paula. *Os Fundamentos do Antitruste*. São Paulo: Editora Revista dos Tribunais, 1998.

GUERRA, Glauco Martins; CASTRO, Rodrigo R. Monteiro de. Intervenção do Estado no domínio econômico e Recuperação judicial. Uma análise pontual do inciso 11, do artigo 50 da Lei Federal 11.101/2005 e do artigo 54 da Lei Federal 8.884/1994. *In*: CASTRO, Rodrigo R. Monteiro de; ARAGÃO, Leandro Santos de (coord.). *Direito Societário e a Nova Lei de Falências e Recuperação de Empresas*. São Paulo: Quartier Latin, 2006.

HOVENKAMP, Herbert. *Federal Antitrust Policy:* the law of competition and its practice. 3. ed. Saint Paul: Thomson/West, 2005.

KOKKORIS, Ioannis; OLIVARES-CAMINAL, Rodrigo. *Antitrust Law amidst financial crises*. New York: Cambridge University Press, 2010.

MIRANDA, Gabriel Mattioli de; ROCHA, Camila Pires da. Implicações do Regime de Falências no Direito Concorrencial. *Revista do IBRAC* – Direito da Concorrência, Consumo e Comércio Internacional, v. 25, jan./jun. 2014.

OLIVEIRA JÚNIOR, Fernando Antônio Alves de. O estudo da *failing firm defense*, a partir da lei de falências, nos atos de concentração submetidos ao CADE a aplicação do princípio da preservação da empresa no controle de estruturas. *Revista do IBRAC*, v. 19, jan./jun. 2011.

ROMANIELO, Enrico Spini. *Direito Antitruste e Crise – Perspectiva para a realidade brasileira*. Dissertação (mestrado em direito) – Faculdade de Direito, Universidade de São Paulo, São Paulo, 2013.

SALOMÃO FILHO, Calixto. *Direito concorrencial:* as estruturas. 2. ed. São Paulo: Malheiros, 2002.

WAISBERG, Ivo; YOKOMIZO, Clarissa. Alguns aspectos da relação entre a lei de defesa da concorrência e a lei de recuperação de empresa. *In*: GABAN, Eduardo Molan; DOMINGUES, Juliana Domingues (coord.). *Estudos de direito econômico e economia da concorrência*. Curitiba: Juruá, 2009.

A POSSIBILIDADE DO TESTAMENTO DIGITAL NO DIREITO BRASILEIRO COM SUSTENTAÇÃO NA LEI E JURISPRUDÊNCIA

Jorge José Lawand

1. LINHAS GERAIS SOBRE O TESTAMENTO

O testamento segundo o artigo 1.858 do código civil é o ato de disposição da última vontade constituindo-se num ato personalíssimo e solene. E não podemos afastar que o testamento é forma de negócio jurídico. Na realidade é um misto de direito real e obrigacional, sendo que alguns doutrinadores denominam o direito sucessório de absoluto, pois a testificação é originária do direito de propriedade, garantido e reconhecido a todos[1].

Trata-se de um negócio jurídico unilateral inato ao declarante, não sendo autorizado a outrem veiculá-lo sob pena de nulidade[2], não obstante o fato de ser permitida a consulta a juristas para elaboração de pareceres, ou o auxílio ao tabelião de notas para a redação da cédula testamentária[3].

O testamento pode versar sobre direitos indisponíveis, notadamente os direitos da personalidade do testador, que carecem de uma proteção

[1] Diniz, Maria Helena. *Curso de direito civil brasileiro. São Paulo: Saraiva, 2004.* vol.6, p. 138.

[2] Poderão ser nomeados testamenteiros como preconizado pelo artigo 1.970 do *codex*, todavia, jamais será admitida a cessão de direitos. Contudo, como informa João Baptista Machado: "... em alguns direitos forais de Espanha (os de Aragon e de Vizcaya y Alava, p.ex.), assim com em alguns direitos ibero-americanos, são permitidas determinadas formas de representação, mediante as quais o hereditando transfere para terceiro o poder de lhe designar herdeiro, ainda durante a sua vida". (Machado, João Baptista. *Lições de direito internacional privado.* 3ª ed., Coimbra: Almedina, 1997, p. 441).

[3] Diniz, Maria Helena. *Curso de direito civil brasileiro.* 16ª ed., São Paulo: Saraiva, 2002. v.6, p. 135.

específica, por exemplo a previsão do artigo 14 do Código Civil[4] quanto a possibilidade da disposição gratuita do próprio corpo. Mas o testamento será sempre o ambiente jurídico ideal para garantir a produção e efeitos após a morte[5], seja no tocante aos direitos materiais e imateriais, disponíveis e indisponíveis. Os direitos subjetivos do testador entendidos como indisponíveis concernem àqueles onde não existe nenhuma possibilidade de transação ou extinção por aquele que o detém, pois poderia implicar em uma perda patrimonial significativa prejudicando os interesses de agentes que por questões de idade, por exemplo, não teriam condições adequadas de se defender[6].

"O testamento é consubstanciado por ato personalíssimo de manifestação de vontade quanto à disponibilização do patrimônio do testador, pelo que pressupõe, para sua validade, a espontaneidade, em que titular dos bens, em solenidade cartorária, unilateral, livremente se predispõe a destiná-los a outrem, sem interferência, ao menos sob o aspecto formal, de terceiros".[7]

Deveras, o testamento contém uma série de solenidades, circundado de exigências *ad substantiam*, que de acordo com Maria Helena Diniz[8]: "... cuja inobservância torna nula a manifestação de última vontade. Sua eficácia jurídica subordina-se à obediência da forma prescrita em lei, sob pena de nulidade absoluta (CC, art. 166, IV), que pode ser decretada de ofício pelo magistrado quando tiver conhecimento desse fato, desde que esteja devidamente provado (CC, art. 168, parágrafo único)".

Analisaremos à frente esta tese, mas já podemos deixar claro, de início, que a correspondência poderia ser reconhecida na sucessão do *de cujus*, ante o princípio da equivalência funcional entre o documento escrito e eletrônico, o qual está contido implicitamente na Medida Provisória nº 2.200-2/2001, no momento da criação de uma infraestrutura que atesta confiabilidade e certeza a todos os documentos produzidos no entorno digital.

[4] Nevares, Ana Luiza Maia. A função promocional do testamento – Tendências do direito sucessório. Rio de Janeiro: Renovar, 2009, p.112.

[5] Nevares, Ana Luiza Maia. A função promocional do testamento...cit., p.314.

[6] Coutinho, Aldacy Rachid. A indisponibilidade dos direitos trabalhistas. *Revista da Faculdade de Direito da UFPR* Vol. 33 – 2000, p. 09

[7] Recurso Especial nº 88.388-SP (1996/0009897-2), relator: Min. Aldir Passarinho Junior

[8] Diniz, Maria Helena. *Curso de direito*...cit., vol.6, p. 152.

1.1. FORMAS TESTAMENTÁRIAS E DE MANIFESTAÇÃO DA VONTADE DO TESTADOR NO NOVO CÓDIGO CIVIL

As normas contidas no Código Civil estão adaptadas às novas tecnologias, sobretudo a rede mundial de computadores, a qual vem se incorporando gradualmente às espécies admissíveis no sistema jurídico brasileiro recente, sendo inafastável a possibilidade de sua aplicação. Há diversas classes de declarações de última vontade reconhecidas pelo Código Civil brasileiro, as quais de acordo com Caio Mário da Silva Pereira[9]: "O cotejo entre o Código revogado e o atual no que tange às formas testamentárias claramente revela uma acentuada tendência do legislador em abolir solenidades e facilitar a confecção do testamento. Mantidas no vigente diploma as mesmas formas ordinárias do anterior (testamentos público, particular e cerrado), e acrescidas as especiais do testamento aeronáutico (de que, por motivos óbvios, não cogitara o Código de 1916), percebe-se, todavia, a preocupação em simplificá-las, como exemplificam: (a) a redução do número de testemunhas exigidas nas formas ordinárias (de cinco para apenas duas nos testamentos público e cerrado, e para três no particular); (b) a possibilidade, em circunstâncias excepcionais, de o testamento particular prescindir de testemunhas instrumentárias (art. 1.879); (c) a expressa previsão do emprego de processos mecânicos como veículo de manifestação de vontade do testador (artigos 1.868 e 1.876); (d) a supressão da exigência segundo a qual o testador, no testamento público, deveria "fazer de viva voz as suas declarações" (Código revogado, art. 1.635)".

O fato de o legislador reformista ter se preocupado com a simplificação na confecção do testamento, contribui para a adoção da modalidade digital, desde que cercada de garantias legais, proporcionadas atualmente pela Medida Provisória nº 2.200-2/2001, a qual tem força de lei ordinária. Entendemos não haver óbice algum quanto à utilização da tecnologia em qualquer facção testamentária, apesar da diferenciação efetuada pelo Código Civil. Assim, o testamento digital não afastaria a regra aplicável para cada espécie testamentária. Deveras, há uma divisão entre testamentos ordinários e os especiais, ou seja, existe uma distinção nítida entre a adoção de uma forma ou outra, dependendo da intenção do testador.

[9] PEREIRA, Caio Mário da Silva. *Instituições de direito civil*. vol.VI. Rio de Janeiro: Editora Forense, 2004, p.226 e 227.

Os primeiros, segundo Maria Helena Diniz:[10] "...se puderem ser adotados por qualquer pessoa capaz e em qualquer condição, como ocorre com o testamento público, o cerrado e o particular (CC, art. 1.862); b) especiais, se somente permitidos a certas e determinadas pessoas, colocadas em circunstâncias particulares, designadas em lei, compreendendo o testamento aeronáutico, o militar e o marítimo (CC, artigos. 1.886, 1.887, 1.888 a 1.892, 1.893 a 1.896)".

Esta classificação condiz com a sua formatação externa, donde se permite a livre manifestação do autor do testamento conforme sua situação, podendo optar por qualquer uma. Segundo Milton Oliveira[11]: "são os modos como são feitos os testamentos. Sendo o testamento um ato solene, as formas que o revestem são de suma importância para assegurar sua validade". Muito ao contrário, pois deve ser utilizado e seguido o rito preconizado na lei substantiva, mas com o uso de um novo meio de comunicação que possibilite externar validamente a declaração de vontade. E, somente existirá validade com a assinatura digital formatada nos moldes da infraestrutura de chaves públicas brasileira (ICP-Brasil).

Aliás nosso entendimento foi cabalmente adotado na Portaria nº 6.405/CGJ/2020 do Tribunal de Justiça de Minas Gerais, onde foi instituído um projeto-piloto para a recepção de requisições e para realização de atos notariais e de registro, em meio digital. Fica nítido neste instrumento legal que os atos notariais constituídos no ambiente digital têm a mesma validade daqueles realizados no mundo cartáceo. Ademais, as espécies testamentárias, não se confundem, sendo proibidas diante do direito civil brasileiro as formas híbridas, conjugação de duas espécies com a criação de uma terceira via, e muito menos o testamento conjuntivo, o que é vedado expressamente pelo artigo 1.863 do nosso código civil. Justificando a aplicação da assinatura digital no testamento, partiremos, inicialmente, do testamento público que é dentre todos os outros o mais solene, porque necessita ser lavrado por tabelião, oficial ou escrevente em substituição àqueles. Verificamos que o novo Código Civil reduziu o número de testemunhas que devam estar presentes, aliando-se aos propósitos de simplicidade estampados pelo legislador.

Aliás, isto atingiu as demais modalidades pois o intuito do legislador foi a de prover este aspecto. Deste modo, bastam duas para as formas pública

[10] Diniz, Maria Helena. *Curso de direito civil brasileiro*. São Paulo: Saraiva, v.6, p. 153.

[11] Oliveira, Milton. *Testamento, Inventário e Partilha. Ltr, 2003*, p. 65.

e cerrada, e três para os privados ou ológrafos. Denominado também de testamento por ato público, pois o testador entrega por escrito ou dita para o tabelião, na presença de testemunhas, as suas principais manifestações de vontade, que deverão prevalecer após a sua morte. É considerado como sendo um testamento aberto ou notarial, em contraposição ao testamento cerrado[12]. Pergunta-se: haveria algum impedimento legal para a entrega dos escritos em formato digital, por exemplo, em mídia eletrônica como o *cd-rom*, ou mesmo o envio por *e-mail*? A resposta será negativa. E, como aliado a este argumento está o objetivo da simplificação, almejado no novo estatuto privado, anteriormente mencionado.

Isto inclusive encontra suporte jurídico pois a já mencionada Portaria nº 6.405/2020 do Tribunal de Justiça de Minas Gerais em seu artigo 7º diz: "Compete ao responsável pelo serviço ou a seus prepostos garantir a identidade, a capacidade e a livre manifestação da vontade das partes na prática de atos em meio digital, utilizando de meios e ferramentas que possibilitem a correta identificação das partes. §1º. A critério do responsável pelo serviço ou a seus prepostos, no momento da assinatura ou quando julgar conveniente, poderá ser realizada videoconferência com as partes, visando dirimir eventuais dúvidas, devendo a gravação da mesma ser juntada aos documentos integrantes do ato digital, para verificação posterior, se necessário".

No tocante ao testamento público verificamos que é um ato estritamente formal, diante da indisponibilidade dos direitos envolvidos, e da ordem pública a ser atingida. Mas, tanto os testamentos públicos e cerrados podem ser escritos manualmente ou mecanicamente, desde que rubricadas todas as folhas pelo testador. Diz o artigo 1.868, parágrafo único: "O testamento cerrado pode ser escrito mecanicamente, desde que seu subscritor numere e autentique, com a sua assinatura todas as páginas". A forma privada também contém disposição semelhante como podemos verificar pela leitura do artigo 1.868, *caput*: "O testamento particular pode ser escrito de próprio punho ou mediante processo mecânico". De acordo com José Augusto da Palma[13]: "O novo Código explicita a lavratura do testamento, prevendo a forma manuscrita do testador ou "processo mecânico", em razão dos novos costumes, inclusive da computação".

[12] ZANNONI, Eduardo A. *Manual de derecho*...cit., p. 566.

[13] PALMA, José Augusto da. *Novo Código Civil e Comercial: anotado e comparado: e o que se aplica ao trabalho*, 2ª ed., revista e ampliada, São Paulo: Ltr, 2003, p. 455.

A popularização dos *personal computers*[14], levou a uma substituição lenta e gradual das formas manuscritas, ou até mesmo da datilografia, passando-se a uma crescente digitalização de todos os documentos relativos à vida humana e seu relacionamento com outrem, vide como exemplo o processo judicial eletrônico. Trata-se de notória interferência dos costumes, pois como nos ensina Maria Helena Diniz[15]: "..., a lei, por mais extensa que seja em suas generalizações por mais que se desdobre em artigos, parágrafos e incisos, nunca poderá conter toda a infinidade de relações emergentes da vida social que necessitam de uma garantia jurídica, devido à grande exuberância da realidade, tão variável de lugar para lugar, de povo para povo. Por isso, ante a insuficiência legal, é mister manter a seu lado, quando for omissa e quando impossível sua extensão analógica, as fontes subsidiárias do direito que revelem o jurídico".

Desta forma como no passado se discutia a possibilidade do testamento ser datilografado, no século XXI a questão continua, mas adaptadas às novas tecnologias. Essa problemática, consoante Sílvio de Salvo Venosa[16], "...passa agora a fazer parte da história de nosso direito, como faz a que houve no início do século XX sobre a validade da sentença datilografada e, mais recentemente, da sentença emanada de computador". Em resumo, o mesmo raciocínio pode ser estendido a todas as outras espécies, pois com a mudança dos costumes, será uma questão apenas de tempo para a adaptação ao formato dos testamentos digitais. E reforçando este posicionamento, basta verificarmos a transformação que vem se operando nos tabelionatos de notas, os quais já vêm se amoldando às novas tecnologias.

2. IDENTIDADE FÍSICA ENTRE OS DOCUMENTOS ESCRITOS E AQUELES ELABORADOS EM AMBIENTE ELETRÔNICO

A legislação pátria necessita de elementos voltados para garantia do testador que vier a realizar testamento em formato eletrônico, além daquela conferida pela certificação digital. Foi promulgada a Lei 13.709, de 14 de agosto de 2018 que trata da Lei Geral de Proteção de Dados Pessoais focando na proteção dos direitos e garantias individuais seja da pessoa

[14] Computadores individuais, atualmente há até os portáteis como os *notebooks*.

[15] DINIZ, Maria Helena. *Compêndio de introdução à ciência do direito*. São Paulo: Saraiva, 1999. p 299.

[16] VENOSA, Sílvio de Salvo. *Direito civil: teoria geral das obrigações e teoria geral dos contratos*. São Paulo: Atlas, 2001. p.172.

jurídica ou física. No artigo 2º do referido diploma normativo podemos denotar um catálogo extenso, relativos aos fundamentos embasadores de uma relação jurídica segura no âmbito digital, dentre os quais destacamos: respeito à privacidade (inciso I); inviolabilidade da intimidade, honra e da imagem (inciso IV); os direitos humanos, o livre desenvolvimento da personalidade, a dignidade e o exercício da cidadania pelas pessoas naturais (inciso VII).

Anteriormente houve a promulgação do Marco Civil da Internet, importante instrumento norteador do uso dessa tecnologia – a *internet*, no sistema jurídico brasileiro. Deveras, a Lei nº 12.965, de 23 de abril de 2014 estampa em seu artigo 2º: "A disciplina do uso da internet no Brasil tem como fundamento o respeito à liberdade de expressão..."; e no artigo 3º diz: "A disciplina do uso da internet no Brasil tem os seguintes princípios: III. proteção dos dados pessoais, na forma da lei."

Isto tudo nos induz à conclusão de que o princípio da identidade dos documentos físicos e digitais vem sendo reiteradamente validado no ordenamento jurídico pátrio vide recentemente a edição do Decreto federal nº 10.278, de 18 de março de 2020 que regulamenta o disposto no inciso X do caput do art.3º da Lei 13.874, de 20 de setembro de 2019 e no artigo 2º-A da Lei 12.682, de 9 de julho de 2012, fixando a técnica e os requisitos para a digitalização de documentos públicos ou privados, a fim de que os documentos digitalizados produzam os mesmos efeitos legais dos documentos originais. Isso está em consonância com o princípio da equivalência funcional entre os negócios jurídicos produzidos nos meios eletrônicos com os atos jurídicos tradicionais.

Consequentemente podemos afirmar a existência de toda uma estrutura normativa a qual inclusive se conforma com as diretrizes fundamentais expressadas no novo Código Civil brasileiro, aclamado como Código Reale, pois este doutrinador foi o precursor dos princípios nele contidos – eticidade, operabilidade e socialidade – todos voltados para a proteção dos direitos mais comezinhos às pessoas, e que foram explicitados nos artigos 5º, 6º e 7º da Constituição Federal de 1.988.[17]

O testador ao elaborar sua manifestação através da *internet*, ou fazendo uso do computador, deve ter a certeza de que durante este processo, per-

[17] Carvalho Filho, Milton Paulo de. Responsabilidade civil – a importância da equidade no novo dispositivo relativo à responsabilidade do incapaz (CC, art. 928). *Editorial Atlas – Direito.* Julho/Agosto/Setembro – 2003, p. 7.

maneceram intactos os seus desígnios, o que é conferido pelo estamento jurídico em vigor. A Portaria 6.405/2020 do Tribunal de Justiça de Minas Gerais em seu artigo 8º delineia: "Além da autenticação por endereço eletrônico (*e-mail*) e da senha de acesso individual, a identidade das partes também será verificada no momento da assinatura digital de documentos, por meio de seu certificado digital". Inclusive possibilita a videoconferência como método alternativo para o reconhecimento das partes.

Nesta esteira, das questões relevantes para uma proteção adequada do ordenamento jurídico tendo em vista a produção de testamentos digitais que deverão gerar efeitos jurídicos válidos, propomos a fixação das seguintes diretrizes: a) identificação fidedigna daqueles agentes que participarão do testamento; b) probidade das comunicações que porventura venham a ser realizadas; c) amparo legal que evite as interceptações e os acessos não autorizados pelo testador; d) proteção contra a divulgação do conteúdo testamentário onde as informações devem ser mantidas sob sigilo absoluto; e) a impossibilidade de repúdio da manifestação de última vontade produzida no meio virtual.[18]

3. PRINCÍPIO DA IGUALDADE DE TRATAMENTO ENTRE O TESTAMENTO ESCRITO E O DIGITAL

Para o sucesso do testamento digital, é relevante não haver diferenciação de tratamento entre a forma escrita e aquela disponibilizada em meio virtual. Objetiva-se facilitar a utilização dos testamentos em meio virtual ou eletrônico, com a aposição da assinatura proveniente do processo criptográfico, concedendo direitos ao testador que optou pela forma tradicional escrita em documento cartáceo.

Trata-se da equivalência funcional ou não discriminação, justamente pelo fato de que, conforme Rafael Illescas Ortiz: "...poner de relieve con claridad que la norma analizada se destina a disciplinar um soporte y universo de relaciones totalmente distinto del universo de papel o verbal o gestual, únicos hasta ahora existentes: exclusivamente el universo electrónico sin mezcla alguna de soportes materiales anteriores y tradicionales. Un mundo absolutamente nuevo y uma regla plenamente exclusiva".

Os testamentos digitais não serão aceitos prontamente, o qual ao contrário do que podemos imaginar será assimilado lentamente, preferindo

[18] Proteção da informação e da privacidade na ICP – Brasil, Serasa legal, boletim jurídico, *Tribuna do Direito*, junho de 2002, p. 22.

de chofre até ignorá-los, e em decorrência disso faculta-se à norma jurídica a função de orientar os testadores no sentido de que se a hipótese de incidência existe, e ocorrendo o comportamento nela descrito resultará numa reação, e preferencialmente que não seja discriminatória. Argumentativamente, podemos citar a passagem da caverna de Platão, em sua obra A República, Livro VII, onde segundo Newton de Lucca[19]: "Assim, como no caso dessa metáfora – em que os homens tinham as sombras projetadas pelo fogo no fundo da caverna como se fossem o sucedâneo da própria realidade, posto ser esta a única forma de conhecimento que possuíam-, parece que estamos assistindo a uma situação semelhante à descrita pelo genial filósofo helênico, já que sempre estivemos presos a um universo no qual jamais nos foi dada a possibilidade de supor que um outro mundo, incrivelmente mais avançado do que aquele em que estávamos acostumados a habitar, já estivesses diante de nós e ocupando um espaço nunca d'antes imaginado....".

Deste modo, a norma jurídica tem um papel relevantíssimo, no sentido de garantir que na utilização do testamento digital, evitando que os testadores fiquem obstados de manifestarem a sua última vontade por mecanismos burocráticos que impeçam o seu uso normal das novas tecnologias. Podemos afirmar que diante desta orientação haverá equivalência integral entre o escrito e aquele produzido virtualmente. As normas jurídicas vindouras, tal como as já existentes, terão que dar guarida a todos os documentos produzidos no ambiente virtual, como, *v.g.*, o testamento, deixando de lado o ranço negativista do repúdio, porque apenas com esta forma de proceder a ciência do direito avalizará para todos os entes envolvidos a segurança, e consequentemente – validade e eficácia, sendo este o fim último de qualquer negócio jurídico[20].

Além disso, consoante Maria Helena Diniz[21], denotamos que haverá: "...o impedimento de rejeição, impossibilitando que o remetente negue o envio da mensagem". Outrossim, esta equivalência entre o escrito e o virtual já existe, pois "com a Medida Provisória 2.200-2 regulamentando a certificação digital no Brasil haverá aumento das garantias de segurança na

[19] LUCCA, Newton de. Títulos e contratos eletrônicos. São Paulo: Edipro, 2000. p. 26

[20] GANDINI, João Agnaldo Donizeti. (*et alii*). A validade jurídica dos documentos digitais. Publicada no *Juris Síntese* nº 42 – JUL/AGO de 2003.

[21] DINIZ, Maria Helena. *Curso de direito civil*...cit. vol. 3, p.718

Internet. O novo processo permitirá redução de custos e desburocratização para empresas e pessoas físicas, que poderão resolver muitos problemas, de casa ou do escritório, pelo próprio computador. As idas a cartório tendem a diminuir porque a certificação garante a autenticidade da assinatura. A certificação é um reconhecimento de firma eletrônico".[22]

Trata-se de um critério de equivalência funcional tendo por base os requisitos que norteiam o testamento previsto no Código Civil, e todos os seus requisitos, para determinarmos o modo de satisfação com as técnicas disponíveis para a realização do testamento digital.

4. ANÁLISE DA DECISÃO DO STJ – SUPERIOR TRIBUNAL DE JUSTIÇA

Consolidando nosso entendimento na defesa do testamento por meios eletrônicos, a magistratura brasileira vem interpretando pela sua validade, existência e eficácia, pois no século XXI com o avanço inexorável da tecnologia não há que se prescindir da forma digital ou digitalizada, supervalorizando aquilo que é escrito.

O STJ – Superior Tribunal de Justiça no Recurso Especial nº 1.633.254 decidiu: "Sucessão testamentária. Ausência de assinatura de próprio punho do testador. Requisito de validade. Obrigatoriedade de observância, contudo, da real vontade do testador, ainda que expressada sem todas as formalidades legais. Distinção entre vícios sanáveis e vícios insanáveis que não soluciona a questão controvertida. Necessidade de exame da questão sob a ótica da existência de dúvida sobre a vontade real do testador. Interpretação histórico evolutiva do conceito de assinatura. Sociedade moderna que se individualiza e se identifica de variados modos, todos distintos da assinatura tradicional. Assinatura de próprio punho que traz presunção *juris tantum* da vontade do testador, que, se ausente, deve ser cotejada com as demais provas."

Com esta decisão a jurisprudência abre espaço para a realização do testamento por meio eletrônico, haja vista o reconhecimento do princípio da identidade entre os negócios jurídicos realizados no meio físico com aqueles concretizados no ambiente digital. Com efeito, diz a Ministra Relatora Nancy Andrighi: "Em uma sociedade que é comprovadamente menos formalista, na qual as pessoas não mais se individualizam por sua

[22] http://www.fenacon.org.br/fenacon_informativos/junta2405.htm, acessado em 26/05/2005.

assinatura de próprio punho, mas, sim, pelos seus *tokens*, chaves, logins e senhas, ID's, certificações digitais, reconhecimentos faciais, digitais e oculares e, até mesmo, pelos seus hábitos profissionais, de consumo e de vidas captadas a partir da reiterada e diária coleta de seus dados pessoais, e na qual se admite a celebração de negócios jurídicos complexos e vultosos até mesmo por redes sociais ou por meros cliques, o papel e a caneta esferográfica perdem diariamente o seu valor e a sua relevância, devendo ser examinados em conjunto com os demais elementos que permitam aferir ser aquela a real vontade do testador".

Ora no caso em tela apesar da ausência da assinatura de próprio punho há de ser reconhecido como totalmente válido e eficaz o testamento com sua impressão digital sendo suficiente para convalidar o desejo *post mortem* do testador. O que há de ser cabalmente cumprido e respeitado pelos herdeiros é a observância da real vontade do testador. Deveras, o acórdão inclusive percebe a desnecessidade de se adentrar na seara dos tipos de vícios, sejam sanáveis ou insanáveis, pois basta seja verificado o atingimento da vontade real do testador. Logo, apesar de não ter sido procedida a assinatura autógrafa é válido o testamento particular, pois contou com sua impressão digital plenamente aceita no direito brasileiro conforme o tópico onde já expusemos o princípio da identidade física entre os documentos físicos e eletrônicos.

Com efeito, assim proferiu a relatora: "Conquanto a jurisprudência do Superior Tribunal de Justiça permita, sempre excepcionalmente, a relativização de apenas algumas das formalidades exigidas pelo Código Civil e somente em determinadas hipóteses, o critério segundo o qual se estipulam, previamente, quais vícios são sanáveis e quais vício são insanáveis é nitidamente insuficiente, devendo a questão ser examinada sob diferente prisma, examinando-se se da ausência da formalidade exigida em lei efetivamente resulta alguma dúvida quanto a vontade do testador". Obviamente sendo aposta a assinatura ou impressão digital como no aresto julgado e tendo sido observada as regras intrínsecas aos testamentos não há que se cogitar em anulabilidade ou nulidade da cártula testamentária.

No ano de 2020 com o advento da pandemia do novo coronavírus houve uma reviravolta em procedimentos e rotinas cartoriais. Adentramos literalmente no século XXI, onde a necessidade dos meios tecnológicos de comunicação a distância é imprescindível. Haverá a introdução definitiva da inteligência artificial na vida e cotidiano de todas as pessoas físicas e jurídicas. "Os cartórios estão na lista de atividades essenciais durante o período de isolamento. Por este motivo muitos serviços estão sendo disponibilizados pela *internet*. Emissão de segunda via de certidões de nascimento, casamento e óbito podem até ser entregues em casa, dependendo do caso"[23].

Juridicamente, a intenção é de que o cibernotário ou notário eletrônico digital, venham a desempenhar as funções semelhantes ao dos cartórios convencionais. Inclusive em respeito à Medida Provisória 2.200/2001 não haveria nenhum óbice para a entidade cartorária ser considerada como uma autoridade certificadora.

Em suma, o testamento pode ser realizado no ambiente digital, e.g. através da *internet* ou algum meio de comunicação similar, mas necessita primordialmente da certificação do tabelião de notas, sendo atualmente desnecessária sua impressão em papel haja vista a adoção por todo o Poder Judiciário nacional do processo judicial eletrônico (Pje). As folhas do testamento poderão estar assinadas digitalmente o que será autenticado pelo preconizado na Medida Provisória nº 2.200/2001.

5. A TRANSFORMAÇÃO DOS COSTUMES E SEUS IMPACTOS NO DIREITO SUCESSÓRIO

O Código Civil de 2002 incorporou uma série de alterações dos costumes da sociedade brasileira em conformidade ao advento de novas tecnologias e o aprimoramento dos meios de comunicação entre os sujeitos de direito. Deveras, a partir da leitura do artigo 1876 do Código Civil nota-se a permissão para que o testamento particular possa ser escrito de próprio punho ou mediante processo mecânico leia-se eletrônicos. O fato de o legislador reformista ter se preocupado com a simplificação na confecção do testamento, contribui para a adoção da modalidade digital, desde que cercada de garantias legais, proporcionadas atualmente pela Medida Provisória nº 2.200-2/2001.

Deveras, como a forma de declaração de última vontade realizada privativamente ficará sob a custódia do testador, poderá este constar na forma de um documento eletrônico, por exemplo, formato *word* e armazenado em CD-ROM, e assinado digitalmente com a chave que possui. Deve prevalecer

[23] https://cbncuritiba.com/cartorios-trabalham-de-forma-online-durante-pandemia-da-covid-19/ acessado em 22 de abril de 2020.

a vontade do testador em detrimento de outros interesses, sobrelevando-se este aspecto mais do que a própria forma. "A propósito, é pertinente a lição de Pontes de Miranda: (...) na dúvida, decide-se em favor do testamento. Evitem-se, quanto possível, as nulidades por motivo de forma".[24]

Concluímos que importante é a "...capacidade de expressar a vontade, a efetiva disposição feita por intermédio da pessoa de sua confiança e a confirmação de tudo isso, de viva voz, perante as testemunhas do auto de aprovação. A assinatura do testador no instrumento de aprovação é uma formalidade que apenas complementa o que já antes havia sido declarado ou confirmado...".[25] Sempre se visa a preservação do testamento, e neste aspecto Ana Luiza Maia Nevares nos concede uma interessante exemplificação: "Outra disposição a favor da conservação do negócio testamentário é a possibilidade de conversão do negócio jurídico nulo (CC/02, art.170). De fato, admite-se que o testamento cerrado, nulo pela falta de alguma das solenidades previstas para o mesmo, seja considerado como testamento particular, quando contém os requisitos necessários para a formação e validade do último"[26]

Não se pode olvidar que o testamento também poderá ser realizado *online* sempre se observando a necessidade de se respeitar a vontade do testador. O Código Civil inclusive dispõe de regime próprio para invalidação de testamento como podemos inferir da leitura do art. 1.859 onde foi estabelecido um prazo de 5 (cinco) anos contados a partir do registro da declaração de última vontade para ser oposta contestação quanto a sua validade[27].

A popularização dos *personal computers*[28], levou a uma substituição lenta e gradual das formas manuscritas, ou até mesmo da datilografia, passando-se a uma crescente digitalização de todos os documentos relativos à vida humana e seu relacionamento com outrem. Trata-se de notória interferência dos costumes, pois como nos ensina Maria Helena Diniz[29]: "..., a lei, por

[24] Superior Tribunal de Justiça. Recurso Especial nº 223.799 – São Paulo (1999/0064804-8). Relator: Min. Ruy Rosado de Aguiar.

[25] Superior Tribunal de Justiça. Recurso Especial nº 223.799 – São Paulo (1999/0064804-8). Relator: Min. Ruy Rosado de Aguiar.

[26] NEVARES, Ana Luiza Maia. A função promocional do testamento...cit., p.319.

[27] NEVARES, Ana Luiza Maia. A função promocional do testamento...cit., p.318.

[28] Computadores individuais, atualmente há até os portáteis como os *notebooks*.

[29] DINIZ, Maria Helena. *Compêndio de introdução à ciência do direito*. São Paulo: Saraiva, 1999. p 299.

mais extensa que seja em suas generalizações por mais que se desdobre em artigos, parágrafos e incisos, nunca poderá conter toda a infinidade de relações emergentes da vida social que necessitam de uma garantia jurídica, devido à grande exuberância da realidade, tão variável de lugar para lugar, de povo para povo. Por isso, ante a insuficiência legal, é mister manter a seu lado, quando for omissa e quando impossível sua extensão analógica, as fontes subsidiárias do direito que revelem o jurídico".

Em resumo, o mesmo raciocínio pode ser estendido a todas as outras espécies, pois com a mudança dos costumes, será uma questão apenas de tempo para a adaptação ao formato dos testamentos digitais. E reforçando este posicionamento, basta verificarmos a transformação que vem se operando nos tabelionatos de notas, os quais já vêm se amoldando às novas tecnologias.

CONCLUSÕES

Diante de tudo que foi analisado, podemos concluir que já existe legislação norteadora do uso dos meios eletrônicos – uso da inteligência artificial, para o direito brasileiro. Apesar de existir uma norma direcionada para a Infra Estrutura de Chaves Públicas brasileira, a Medida Provisória nº. 2.200-2/2001, advindo o reconhecimento da assinatura digital com a autógrafa, o legislador providenciou a promulgação do Marco Civil da Internet onde se encontram delineados os principais aspectos jurídicos da sociedade da informação, denotando claramente que no século XXI os meios tecnológicos primarão sobre os convencionais.

Impõe-se a sistematização como modo de garantir que os testamentos digitais sejam definitivamente incorporados ao ordenamento jurídico nacional. Isto importará na garantia de todos os envolvidos, testador, herdeiro e o tabelionato de notas, nas hipóteses testamentárias que requerem a forma pública para a sua validade. A situação no âmbito dos testamentos digitais, encontra-se acomodada nos parâmetros já existentes no Código Civil vigente, o qual abarcou as novas tecnologias, além de proceder à simplificação nos ritos relativos à manifestação de última vontade do hereditando.

Não se pode olvidar que há equivalência entre os atos praticados em suporte físico com aqueles promovidos no ambiente virtual, pois com a assinatura digital devidamente certificada por uma autoridade competente a legitimidade e segurança jurídicas estarão devidamente conferidas, afastando qualquer hipótese de nulidade ou anulabilidade, haja vista serem mais robustas que aqueles produzidos em papel. Com a assinatura digital é possível demonstrar com mais eficácia a vontade do testador, pois a mensagem de dados, que compreende a própria declaração de vontade, não poderá ser alterada ou corrompida, pelos meios atualmente conhecidos, afastando a verificação dos vícios do consentimento, como o erro ou a coação.

Os testamentos produzidos por meios eletrônicos deverão observar estritamente os requisitos catalogados no Código Civil, os quais devem ser integralmente seguidos, sob pena de sua nulidade, o que não impede a utilização dos meios tecnológicos para sua feitura e armazenamento, pois não existe nenhuma espécie de conflito com o microssistema jurídico contido na Medida Provisória nº. 2.200-2/2001.

REFERÊNCIAS

COUTINHO, Aldacy Rachid. A indisponibilidade dos direitos trabalhistas. *Revista da Faculdade de Direito da UFPR* Vol. 33 - 2000

DINIZ, Maria Helena. *Compêndio de introdução à ciência do direito*. São Paulo: Saraiva, 1999.

—. *Código civil anotado*. 9ª ed. São Paulo: Saraiva, 2003.

—. *Curso de direito civil brasileiro*. 20ª ed., São Paulo, Saraiva: 2004, v. 6.

—. *Curso de direito civil brasileiro*. 15ª ed., São Paulo, Saraiva: 2002, v. 3.

—. *Curso de direito civil brasileiro*. 15ª ed., São Paulo, Saraiva: 2000, v. 1.

—. *Dicionário Jurídico*. São Paulo: Saraiva, 1998. 4 volumes.

GANDINI, João Agnaldo Donizeti. (*et alii*). A validade jurídica dos documentos digitais. Publicada no *Juris Síntese* nº 42 - JUL/AGO de 2003.

LUCCA, Newton de. Títulos e contratos eletrônicos. São Paulo: Edipro, 2000.

NEVARES, Ana Luiza Maia. A função promocional do testamento - Tendências do direito sucessório. Rio de Janeiro: Renovar, 2009

OLIVEIRA, Milton. *Testamento, Inventário e Partilha. Ltr*, 2003.

PALMA, José Augusto da. *Novo Código Civil e Comercial: anotado e comparado: e o que se aplica ao trabalho*, 2ª ed., revista e ampliada, São Paulo: Ltr, 2003

PEREIRA, Caio Mário da Silva. *Instituições de direito civil*. vol.VI. Rio de Janeiro: Editora Forense, 2004

ZANNONI, Eduardo A. *Manual de derecho de las sucesiones*. 4ª edición. Buenos Aires: Editorial Astrea, 2003.

O DESCONHECIMENTO DA LEI E O IMPACTO NA IDENTIDADE E DIREITOS DO ENFERMEIRO

Magali Hiromi Takashi

1. IDENTIDADE DO ENFERMEIRO

A visão ultrapassada da identidade do enfermeiro perante a sociedade e outros profissionais de Saúde, impacta profundamente no seu reconhecimento, valorização como um profissional de nível superior, sua importância, classificação e, principalmente, em seus direitos devido ao desconhecimento da lei tanto pelo enfermeiro, quanto pela sociedade em geral. A categoria enfermeiro é desconhecida até mesmo por outros profissionais da Saúde, que não reconhecem a identificação e a distinção entre as funções das categorias Enfermeiro, Técnico de Enfermagem e Auxiliar de Enfermagem.

No Brasil, durante entrevista com seu atual presidente Jair Messias Bolsonaro, de acordo com a Nota de esclarecimentos ao Presidente da República do Conselho Regional de São Paulo (COREN-SP), sobre o "Programa Médicos Pelo Brasil", Bolsonaro disse que um médico com baixo desempenho no exame Revalida[1] "pode trabalhar como enfermeiro ganhando menos"; tal declaração constata o desconhecimento pela profissão de um dirigente maior de uma nação, além de comparar o enfermeiro a uma

[1] Exame Nacional de Revalidação de Diplomas Médicos Expedidos por Instituições de Educação Superior Estrangeira, aplicado pelo Instituto Nacional de Estudos e Pesquisas educacionais Anísio Teixeira (Inep) desde 2011, em colaboração com a Submissão de Revalidação de Diplomas Médicos. Fonte: http://portal.inep.gov.br/educacao-superior/revalida

subcategoria, ignorou as exigências legais para o exercício profissional da Enfermagem no país (COREN, 2019).

Outra polêmica que envolveu a categoria enfermeiro, foi publicado no Diário do Nordeste, na matéria intitulada "INSS classifica enfermeiro como empregado doméstico", Lei 8.212, de 24 de julho de 1991 (BRASIL, 1991). Nessa, o COREN do Ceará afirmou que os enfermeiros não podem ser considerados empregados domésticos junto à Previdência Social e que o enfermeiro tem nível superior e, ainda, não reconhece a função de "enfermeiro do lar". O Instituto Nacional do Seguro Social (INSS), representado por Jorge Luís de Oliveira Queiroz, na época chefe da divisão de benefícios, assegurou que os enfermeiros podem ser classificados na categoria de empregados domésticos e reafirma que "não é a profissão que diz se a pessoa é doméstica ou não, é a maneira de exercer a atividade". Refere ainda que, a reclamação do COREN-CE, foi um ato de desconhecimento da categoria e até de discriminação contra os empregados domésticos.

Corroborando com a informação de Jorge Luís de Oliveira Queiroz, em "Direitos do empregado doméstico 2019: Guia completo aos patrões e funcionários" publicada no Jornal Contábil, Neto (2019) complementa que qualquer trabalhador que preste serviço no ambiente familiar é considerado empregado doméstico e que entram na modalidade não apenas faxineira ou cozinhcira, mas também, por exemplo, cuidador de idoso, jardineiro, enfermeiro particular, motorista e outros trabalhadores que prestam serviços em residências.

De fato, os argumentos esboçados reforçam a impressão de que o problema da classificação do enfermeiro como empregado doméstico condizem com o local das atividades desenvolvidas pela equipe na assistência da Enfermagem Domiciliar – *Home Care*, regulamentada pelas Resoluções do Conselho Federal de Enfermagem (COFEN) – nº 267/2001, que dispõe sobre as Atividades de Enfermagem em *Home Care*; e Resolução COFEN nº 0464/2014, que normatiza a atuação da equipe de Enfermagem na atenção domiciliar e resolve (Art. 1º, §3º) que a atenção domiciliar pode ser executada no âmbito da Atenção Primária e Secundária, por enfermeiros que atuam de forma autônoma ou em equipe multidisciplinar por instituições públicas, privadas ou filantrópicas que ofereçam serviços de atendimento domiciliar (COFEN, 2001; 2014).

Colocado dessa maneira, a classificação do enfermeiro como empregado doméstico junto à Previdência Social deveu-se pela maneira de exercer a atividade, Art. 1º, previsto na Lei dos Empregados Domésticos (LC 150/2015); excluindo-se o grau de formação do ensino superior. É oportuno lembrar que o exercício da atividade de Enfermagem, observadas as disposições da Lei nº 7.498, de 25 de junho de 1986, e respeitados os graus de habilitação é privativo das categorias de Enfermeiro, Técnico de Enfermagem, auxiliar de Enfermagem e Parteiro e só é permitido ao profissional inscrito no COREN da respectiva região (BRASIL,1986, 2015). Ou seja, o cuidador de idosos e babás não se enquadram na categoria da Enfermagem, embora esses profissionais considerados como empregados domésticos, sejam a representação e personificação do enfermeiro no senso comum social, nas mídias sociais e outros meios de comunicação.

2. A INVERSÃO DA PIRÂMIDE DE KELSEN PELA ENFERMAGEM

A questão da violência no cotidiano dos enfermeiros nas instituições de Saúde, tem sido alvo de grande debate no meio sindical, que vem denunciando essas situações no ambiente de trabalho. A pesquisa Perfil da Enfermagem no Brasil (MACHADO et al., 2015) atesta essa afirmativa na maioria das instituições de Saúde no Brasil. No que concerne à percepção dos profissionais quanto ao sentimento de proteção contra a violência, somente 29%, ou seja, menos de 1/3 da equipe se sente segura no trabalho, contra 21,8% que se sentem "às vezes" e 40,1% que não se sentem protegidos. O somatório de 61,9%, das duas variáveis que expressa insegurança, mostra um ambiente marcado pela falta de segurança e desproteção de mais de 1 milhão de trabalhadores da Enfermagem.

Analisando a situação dos enfermeiros nota-se que: discriminação por gênero (52,3%); a racial (21,6%); e por serem obesos a taxa é na ordem de 16,5%. Por outro lado, por orientação sexual conta com 7,1% e aqueles trabalhadores com necessidades especiais, apenas 2,5%. Contudo, vale o registro de que os dados apontam para uma carga maior sobre os auxiliares e técnicos. Ou seja, dos quase 229 mil que afirmam sofrer, 48 mil são enfermeiros e 173 mil recaem sobre os auxiliares e técnicos.

Quanto ao assédio moral vivenciado pela Enfermagem, Hagopian e Freitas (2019) evidenciaram que a aceitação da prática como um ato comum, a imposição do poder, a pressão organizacional, a precarização do trabalho da Enfermagem e a insegurança profissional são fatores que propulsionam o fenômeno causado em um ambiente laboral impotente para o desenvolvimento profissional e a boa prática da Enfermagem. Constata-se que as relações profissionais cotidianas, sejam elas verticais ou horizontais, ainda são pouco exploradas na área da Enfermagem. Cahú et al. (2014), acrescentam que 38,4% das vítimas de assédio moral relataram o ocorrido a seu chefe. Em contrapartida, 27,2% não esboçaram nenhuma reação. Quanto aos motivos de não relatar o ocorrido, 53,4% responderam não acreditar que alguma providência seria tomada e, dentre os que relataram a ocorrência ao chefe, apenas 20% informaram que foi efetivo, 51,4% estavam muito insatisfeitos com as providências tomadas e apenas 8,6% ficaram satisfeitos.

Ante o exposto, outro agravante muito recorrente entre os profissionais da Enfermagem é o medo de se expor e de perder o emprego, ou até mesmo a habilitação para exercer a profissão, entre outras consequências, que os envolvem em uma atmosfera de imparcialidade; muitos optam pela neutralidade e não se colocam frente à situação, pondo todo o processo de violência a prosseguir veladamente, muitas vezes por longo tempo; e muitas vezes a intensidade dos atos ocasiona adoecimentos difíceis de serem revertidos. Diniz (2020) acrescenta que:

> o assédio moral (*mobbing*) no trabalho, fazendo com que o obreiro se demita, gera responsabilidade civil por ferir a dignidade do empregado ante o tratamento discriminatório injurioso e degradante, visto que traz humilhação repetitiva de longa duração e hostilização no ambiente laborativo, interferindo na vida do assediado, comprometendo suas relações socioafetivas e sua saúde física e mental, acarretando depressão, angústia, síndrome do pânico, insônia, insegurança, incapacidade para o trabalho, desemprego e morte por suicídio (Diniz, 2020, p. 175)

É oportuno lembrar que a violência (agressões físicas, verbais e/ou psicológicas) sofrida pelos profissionais de Enfermagem é oriunda não apenas entre os colegas de classe, outros profissionais da Saúde e ambiente laboral; mas também dos usuários e seus familiares que utilizam o serviço de Saúde. Sugere-se que, mesmo que a cultura organizacional indicar situações de estabilidade, o estereótipo ultrapassado e deturpado do enfermeiro subalterno e submisso, consequência de uma construção histórica e social, parece sofrer influência significativa quando situações de violência se manifestam na organização. Tal ato retoma as afirmações sobre os efeitos do desconhecimento identitário do enfermeiro e da legislação sobre o indivíduo e a organização.

Torna-se, entretanto, necessário que o medo de falar seja afastado e os enfermeiros se sintam encorajados a procurar o apoio jurídico necessário para a solução do caso. Proceder à análise jurídica abrange a necessidade de se estabelecer o método do Direito para fundamentação dos fatos perante as normas. Hans Kelsen desenvolveu a Teoria Pura do Direito, em que pressupõe que todas as normas jurídicas são fundamentadas em uma norma hierarquicamente superior, alcançando-se à Constituição, cuja fundamentação é a norma hipotética fundamental (Diniz, 2017; Kelsen, 1997). Tal método, também conhecido por Pirâmide de Kelsen, aplicado ao Direito Brasileiro, estabelece que as portarias, resoluções e decisões dos COREN, Cofen, Ministério da Saúde e demais atos administrativos de natureza normativa emitidas por entidades do Poder Executivo estariam na base da pirâmide; tais normas são fundamentadas na lei, que por seu turno, têm por supedâneo a Constituição Federal.

Um estudo sobre a percepção de professores de Enfermagem de ensino superior sobre assédio moral, no Brasil, por exemplo, evidenciou nos resultados a insegurança dos docentes para definir tal conceito, percebido pelas evasivas e reticências, bem como pela verbalização e que não procuraram estudar o tema (Badin, Hossne, Ferrari, 2014). Corroborando com tal achado, na visão de enfermeiros pós-graduandos na área de Gerenciamento em Enfermagem, de uma instituição de ensino público em São Paulo, Amorim (2020) revela o desconhecimento dos sujeitos sobre a Resolução COFEN nº 554/2017, que estabelece os critérios norteadores das práticas de uso e de comportamento dos profissionais de enfermagem, em meio de comunicação de massa, na mídia impressa, em peças publicitárias, de mobiliário urbano e nas mídias sociais; e fere, inclusive os direitos dos pacientes ao expor imagens e/ou fotografias sensacionalistas, como ocorrido em vários casos expostos pelas mídias sociais envolvendo pessoas famosas na mídia, violação do sigilo profissional, institucional, dentre outros.

Estes achados revelam déficit no ensino sobre a temática da legislação, que muitas vezes é ministrada de forma pontual, não havendo a transversalidade do tema com outras disciplinas na formação em nível de graduação e pós-graduação, desdobrando-se em um assunto pouco conhecido e negligenciado pelos enfermeiros.

É perceptível que na Enfermagem ocorre a inversão da Pirâmide de Kelsen na esfera atitudinal, comportamental e educativa, uma vez que os enfermeiros, técnicos, auxiliares de Enfermagem, gestores e instituições (ensino e de Saúde), priorizam o cumprimento técnicos das portarias, resoluções e decisões que constituem a base da pirâmide, ou seja, as normas jurídicas inferiores (normas fundandas), opondo-se, ou até mesmo, ignorando às normas jurídicas superiores (normas fundantes), ou seja, à Constituição, constatada ante às violências veladas sofridas pela classe e não superadas até os dias atuais.

CONCLUSÕES

O objetivo deste artigo foi o de apresentar a consequência do desconhecimento da lei e o impacto na identidade e direitos do enfermeiro no Brasil, incluindo aspectos que tratam da satisfação laboral, das condições em que os processos de trabalho se desenvolvem e dos relacionamentos que se instituem neste âmbito.

A violência opera no cotidiano das instituições em suas múltiplas modalidades (psicológica, institucional, física e sexual); assim como as práticas discriminatórias em razão do sexo, gênero, racial, por obesidade e em relação aos portadores de necessidades especiais, num ambiente de trabalho marcado pela falta de segurança, pela desproteção, pela infraestrutura inadequada ao descanso dos profissionais, impunidade e pelos riscos nele presentes, além da baixa remuneração, que reflete a condição de instabilidade trabalhista e financeira e, consequentemente, a uma tendência de jornada de múltiplos vínculos como complemento salarial e venda parcial ou total das férias, comprometendo não apenas a saúde e segurança do trabalhador, mas dos pacientes assistidos também.

O empregador que age de forma pouco ética, aproveitando-se do receio do desemprego, cria para o empregado situações vexatórias de forma continuada, mediante às ações e/ou consentimentos de violências de diversas naturezas, incutindo-lhe o sentimento de incapacidade profissional. Este quadro acaba por influir em níveis altos de desgaste profissional, em adoecimento, em sofrimentos; afastamentos do trabalho por motivos de licença médica e na qualidade de vida, de uma forma geral destes trabalhadores.

A Enfermagem no Brasil luta por uma carga horária de trabalho semanal condizente com o limite humano, responsável e justa (30 horas semanais), por um piso salarial digno, representatividade política, bem como o respeito ao ser humano, à profissão, dignidade, integridade e responsabilidade no adequado dimensionamento de recursos humanos, imprescindível e inquestionável para a segurança e qualidade da assistência à Saúde e ao profissional de Enfermagem.

REFERÊNCIAS

AMORIM, C.G. Ética nas redes sociais sob a ótica de enfermeiros. 2020. (Mestrado em Enfermagem) – Escola de Enfermagem, Universidade de São Paulo, São Paulo.

BADIN, M.P.M; HOSSNE, W.S.; FERRARI, M.A.C. A percepção de professores de enfermagem de ensino superior sobre assédio moral: reflexões bioéticas. Bioethikós (Centro Universitário São Camilo), v. 8, p. 271-280, 2014.

BRASIL. Lei complementar nº 150/2015, de 01 de junho de 2015. Disponível em: http://www.planalto.gov.br/CCivil_03/leis/LCP/Lcp150.htm. Acesso em: 20 ago 2020.

BRASIL. Lei nº 7.498, de 25 de junho de 1986. Dispõe sobre a regulamentação do exercício da enfermagem, e dá outras providências. Disponível em: http://www.planalto.gov.br/ccivil_03/Leis/L7498.htm#:~:text=LEI%20No%207.498%2C%20DE%2025%20DE%20JUNHO%20DE%201986.&text=Disp%C3%B5e%20sobre%20a%20regulamenta%C3%A7%C3%A3o%20do,Art.&text=4%C2%BA%20A%20programa%C3%A7%C3%A3o%20de%20enfermagem%20inclui%20a%20prescri%C3%A7%C3%A3o%20da%20assist%C3%AAncia%20de%20enfermagem. Acesso em: 21 ago. 2020.

BRASIL. Lei nº 8.212, de 24 de julho de 1991. Dispõe sobre a organização da Seguridade Social, institui Plano de Custeio, e dá outras providências.

CAHÚ, G.R.P. et al. Situações de assédio moral vivenciadas por enfermeiros no ambiente de trabalho. Acta Paul Enferm. 2014;27(2):151-6

CONSELHO FEDERAL DE ENFERMAGEM. Resolução COFEN nº 0464/2014, de 03 de novembro de 2014, normatiza a atuação da equipe de Enfermagem na atenção domiciliar. Disponível em: http://www.cofen.gov.br/resolucao-cofen-no-04642014_27457.html. Acesso em: 02 set. 2020.

CONSELHO FEDERAL DE ENFERMAGEM. Resolução COFEN nº 267/2001, de 05 de outubro de 2001, aprova atividades de Enfermagem em Domicílio Home Care. Disponível em: http://www.cofen.gov.br/resoluo-cofen-2672001_4304.html. Acesso em: 02 set. 2020.

CONSELHO REGIONAL DE ENFERMAGEM DE SÃO PAULO. Nota de esclarecimentos ao Presidente da República, Jair Bolsonaro. São Paulo, 2019. Disponível em: https://portal.coren-sp.gov.br/noticias/nota-de-esclarecimentos-ao-presidente-da-republica--jair-bolsonaro/ . Acesso em: 05 set. 2020.

DINIZ, M.H. Curso de direito civil brasileiro. 37. ed. São Paulo: Saraiva, 2020. v.7.

DINIZ, M.H. Fontes do direito. Enciclopédia jurídica da PUC-SP. CAMPILONGO, C.F et al. (coords.). Tomo: Teoria Geral e Filosofia do Direito. 1. ed. São Paulo: Pontifícia Universidade Católica de São Paulo, 2017. Disponível em: https://enciclopediajuridica.pucsp.br/verbete/157/edicao-1/fontes-do-direito

HAGOPIAN, E.M.; FREITAS, G.F. Assédio moral na vivência dos enfermeiros: perspectiva fenomenológica. Rev enferm UFPE on line. 2019;13:e239781 DOI: https://doi.org/10.5205/1981-8963.2019.239781

INSS classifica enfermeiro como empregado doméstico. Diário do Nordeste, 28 de abril de 2005. Disponível em: https://diariodonordeste.verdesmares.com.br/metro/inss-classifica-enfermeiro-como-empregado-domestico-1.153431 . Acesso em: 05 set. 2020.

KELSEN, H. Teoria Pura do Direito. Trad. de João Batista Machado. São Paulo: Martins Fontes, 1997.

MACHADO, M.H. (COORD.), AGUIAR, W.F. et al. Relatório final da Pesquisa Perfil da Enfermagem no Brasil (Convênio: FIOCRUZ/COFEN). Rio de Janeiro: 28 volumes, NERHUS-DAPS-Ensp/Fiocruz e Cofen; 2015. DOI: https://doi.org/10.21675/2357-707X.2016.v7.nESP.695

NETO, A.S. Direitos do empregado doméstico 2019: Guia completo aos patrões e funcionários. Jornal Contábil, 06 de agosto de 2019. Disponível em: https://www.jornalcontabil.com.br/direitos-do-empregado-domestico-2019-guia-completo-aos-patroes-e-funcionarios/#:~:text=O%20funcion%C3%A1rio%20dom%C3%A9stico%20que%20tenha,%24%2032%2C80%20por%20dependente. Acesso em: 03 set. 2020.

ARTIGOS 20 A 30 DA LINDB: A QUESTÃO DA SEGURANÇA JURÍDICA[1]

MARIA HELENA DINIZ

1. OBJETIVO DA LEI N. 13.655/2018

Não se pode negar que o objetivo da Lei 13.655/2018, regulamentada pelo Decreto n. 9.830/2019, ao introduzir na LINDB os arts. 20 a 30, em busca de segurança jurídica, foi:

a) aprimorar a qualidade decisória dos órgãos administrativos, de controle ou judicial no nível federal, estadual ou municipal, ao concretizar a motivação decisória e ao definir balizas à interpretação e a aplicação de normas sobre gestão pública;
b) estabelecer um regime para que as negociações entre autoridades públicas e particulares contenham transparência, e eficiência, por permitir o diálogo. Deveras, há participação do cidadão na decisão da Administração Pública, pois: a edição de atos normativos com exceção dos de mera organização interna, poderá ser precedida de consulta pública para manifestação dos interessados; a celebração de compromisso processual é admitida legalmente para afastar irregularidades e solucionar divergência; a previsão de regime jurídico de transição será indispensável em caso de nova interpretação ou orientação sobre norma de conteúdo indeterminado e
c) admitir a responsabilidade subjetiva do agente público que praticar, dolosamente, ato ou omissão ou cometer erro grosseiro.

Os arts. 20 a 30 da LINDB visam, apesar de terem conteúdos permeados de conceitos indeterminados semanticamente, proteger a sociedade

[1] Artigo originariamente publicado na Revista Argumentum, e ISSN 2359-6889, Marília/SP, V. 21, N. 1, pp. 17-38, Jan.-Abr. 2020.

contra incerteza, riscos e custos excessivos, trazendo segurança jurídica, ao promover uma participação de todos para a obtenção de vantagens particulares ou coletivas e, ao impor à autoridade competente um esforço intelectual, conducente à motivação de sua decisão e à análise de seus efeitos práticos e de outras possíveis alternativas adequadas ao caso, trazendo racionalidade às decisões (administrativas, judiciais ou de controle). Logo, os agentes públicos terão um ônus argumentativo adicional: demonstração da análise das peculiaridades, das dificuldades do caso e do diálogo com o gestor público.

Há, indubitavelmente, uma pretensão de aprimorar a segurança jurídica na Administração Pública, racionalizando o exercício de suas funções e seu controle interno ou externo, que deve ligar-se à transparência, eficiência e governança pública. (SILVA, 2018)

2. ABSTENÇÃO DE JUSTIFICAÇÃO DE DECISÃO COM BASE EM VALORES JURÍDICOS ABSTRATOS

A LINDB prescreve que:

> Art. 20. "Nas esferas administrativa, controladora e judicial, não se decidirá com base em valores jurídicos abstratos sem que sejam consideradas as consequências práticas da decisão.
>
> Parágrafo único. A motivação demonstrará a necessidade e a adequação da medida imposta ou da invalidação de ato, contrato, ajuste, processo ou norma administrativa, inclusive em face das possíveis alternativas".

O art. 20 da LINDB visa estabelecer que as esferas administrativa, controladora ou judicial no exercício de todas as funções estatais, que envolvam aplicação do ordenamento jurídico (Enunciado 1 aprovado no Seminário de Direito Administrativo), não decidam o destino dos envolvidos tendo por suporte valores jurídicos, abstratos, previstos em normas jurídicas com alto grau de indeterminação e abstração, como por ex., princípios (moralidade administrativa, universalização, economicidade, livre iniciativa) ou fórmulas genéricas (interesse geral, ou seja, interesse público,bem comum etc.), sem que sejam consideradas as consequências práticas (jurídicas e administrativas) da decisão, que, diligentemente, consiga vislumbrar, diante dos fatos e dos fundamentos jurídicos,ou seja, os efeitos sobre bens e direitos alheios que adviriam de suas decisões, averiguando, para tanto, vetoreseconômicos, sociológicos, morais, jurídicos, políticos ou ideológicos.

Com isso, reforçar-se-á a responsabilidade decisória da autoridade, diante de incidência de norma, cujo conteúdo comporta mais de uma solução, visto que deverá motivar sua deliberação, demonstrando a necessidade de medida imposta ou da nulidade decidida.

> A motivação da decisão conterá os seus fundamentos e apresentará a congruência entre as normas e os fatos que a embasaram, de forma argumentativa.
> A motivação indicará as normas, a interpretação jurídica, a jurisprudência ou a doutrina que a embasaram.
> A motivação poderá ser constituída por declaração de concordância com o conteúdo de notas técnicas, pareceres, informações, decisões ou propostas que precederam a decisão. (Dec. N. 9830/2019, art. 2º, §§ 1º a 3º).

Consagrado está o princípio da motivação concreta e a responsabilidade pelas consequências práticas ou reais que possam advir da decisão. Tais consequências seriam alusivas a direitos ou fatos contidos nos autos processuais? Ou estariam ligadas a efeitos que,ulteriormente à decisão, atingiriam direitos na realidade fática? Diriam respeito à preservação, ou não, de direitos garantidos, após o ato decisório?

O art. 20 abre espaço ao subjetivismo, visto que cada autoridade ao analisar o caso, terá liberdade para avaliar a consequência prática a seu modo, com base em sua mundividência, ou em sua ideia de valor social, moral ou ético ou, ainda, no condicionamento social de suas ideias.

A locução *consequência prática da decisão* contém uma amplitude de significados (p. ex. multa, suspensão ou destituição de cargo, ressarcimento de dano, perda de bens etc.). Se assim é, a intenção da lei foi impor ao julgador a consideração de problemas éticos, sociais, econômicos?

3. VEDAÇÃO DE MOTIVAÇÃO DECISÓRIA PRINCIPIOLÓGICA

A autoridade, na motivação de sua decisão, como decorrência do Estado de Direito, deverá expor, clara e objetivamente, os fundamentos de fato e de direito e efetuar sua avaliação, tendo por suporte os elementos idôneos (fáticos ou jurídicos) coligidos no processo administrativo, de controle ou judicial, demonstrando a necessidade e a adequação da medida imposta ou da invalidação de ato, contrato, ajuste, processo ou norma administrativa à luz das possíveis alternativas, observados os critérios de adequação, de proporcionalidade e da razoabilidade (art. 20 parágrafo único). Em razão da abertura a distintas possíveis alternativas, os controles administrativo e judicial devem considerar o cenário vivenciado pela Administração ao tempo da decisão ou opinião, reservando-se a possibilidade de indicação pelo controlador, sem juízo de invalidação ou reprovação de alternativas administrativas mais adequadas para o futuro (Enunciado 3 aprovado no Seminário de Direito Administrativo).O art. 20 impõe o ônus de motivar qualificadamente a decisão, tendo por base a contextualização dos fatos e a indicação dos fundamentos de mérito e jurídicos.

Assim sendo, a decisão, que envolve política pública, sairá do campo da idealização e entrará na órbita da concretização, pois não poderá prolatar decisão fundada em valores jurídicos abstratos ou em princípios, sem considerar o impacto das consequências práticas (jurídicas e administrativas) dela oriundo.

Logo na avaliação das "consequências práticas" dever-ser-á considerar, entre outros fatores, interferências recíprocas em políticas públicas já existentes. Tal avaliação, é indispensável às decisões nas esferas administrativas, controladora e judicial, embora não possa ser utilizada como único fundamento, da decisão ou opinião (Enunciados 4 e 5 aprovados no Seminário de Direito Administrativo).

Se houver uma solução legislativa, o gestor público, controlador ou juiz, não poderá deixar de aplicá-la, dando preferência a um princípio, a uma cláusula geral, a um valor jurídico abstrato, por conter conteúdo amplo ou indeterminação semântica (nesse sentido: enunciado 6 aprovado Seminário de Direito Administrativo).

Com isso reforçar-se-á a responsabilidade decisória da autoridade, diante da incidência de norma cujo conteúdo comporta mais de uma solução, visto que deverá motivar sua deliberação, demonstrando a necessidade da medida imposta ou da nulidade decidida, por não haver outra alternativa jurídica.Como poderia o tomador de decisão, antecipar as consequências futuras do ato decisório e averiguar as possíveis alternativas, se apenas tem conhecimento das informações contidas nos autos, apresentadas pelos interessados? Como poderia ele verificar fatos, impactos e possíveis alternativas? Não haveria, no art. 20, uma inversão do *onus probandi*, que é da alçada do gestor e não do tomador de decisão? Isso não transformaria a atividade julgadora em administrativa, visto que o órgão decisório deverá, ao analisar as consequências práticas da decisão, exercer "papel" de administrador?(Martins, 2008, p. 269; *Jornal do Advogado* n. 438, 2018 – Sancionada, LINDB ainda divide opiniões).

4. EFEITOS DE INVALIDAÇÃO DE ATO CONTRATO, AJUSTE, PROCESSO OU NORMA ADMINISTRATIVA

Reza a LINDB que:

> Art. 21. "A decisão que, nas esferas administrativa, controladora ou judicial, decretar a invalidação de ato, contrato, ajuste, processo ou norma administrativa deverá indicar de modo expresso suas consequências jurídicas e administrativas.
>
> Parágrafo Único. A decisão a que se refere o *caput* deste artigo deverá, quando for o caso, indicar as condições para que a regularização ocorra de modo proporcional e equânime e sem prejuízo aos interesses gerais, não se podendo impor aos sujeitos atingidos ônus ou perdas que, em função das peculiaridades do caso, sejam anormais ou excessivos".

Prescreve o art. 21 e § único da LINDB que a decisão que, nas esferas administrativa, controladora ou judicial, invalidar ato, contrato, ajuste, processo ou norma administrativa, deverá indicar, com prudência objetiva ou bom senso, expressamente os fundamentos fáticos e jurídicos que a embasaram e também os seus efeitos futuros, ou seja, suas consequências práticas (jurídicas e administrativas), pois podem: envolver os interessados, causando-lhes prejuízo ou a terceiros de boa fé; gerar custos para os envolvidos; prejudicar a Administração Pública; agravar situações; atingir direitos coletivos etc.. Se assim é, o tomador de decisão deverá, antes de invalidar o ato, não só averiguar a incidência da invalidação no mundo fático, os custos que gerará, as pessoas que afetará, o conjunto de circunstâncias imprescindíveis para a existência do ato, mas também como se dará sua regularização, apontando, mediante exame motivado, o que deverá ser feito ou desfeito, ponderando-se os múltiplos interesses em jogo (Enunciado 8 aprovado no Seminário de Direito Administrativo) de forma proporcional, isonômica, razoável e equânime, em decorrência daquela nulidade, sem que haja prejuízo aos interesses gerais, visto que não se poderá, conforme as peculiaridades do caso, impor aos atingidosperdas (dano emergente, lucro cessante, dano moral) ou ônus (obrigações de fazer ou não de fazer) anormais ou excessivos, por não serem razoáveis e proporcionais ao caso concreto (Enunciado 10 aprovado no Seminário de Direito Administrativo). No termo "regularização" estão incluídos os deveres de convalidar, converter ou modular efeitos de atos administrativos eivados de vícios sempre que a invalidação puder causar maiores prejuízos ao interesse público do que a manutenção dos efeitos dos atos (saneamento). As medidas de convalidação, conversão, modulação de efeitos e saneamento são "prioritárias à invalidação" (Enunciado 7 aprovado no Seminário de Direito Administrativo).

"Na declaração de invalidade de atos, contratos, ajustes, processos ou normas administrativas, o decisor poderá, consideradas as consequências jurídicas e administrativas da decisão para a administração pública e para o administrado: restringir os efeitos da declaração; ou decidir que sua eficácia se iniciará em momento posteriormente definido.

A modulação dos efeitos da decisão buscará a mitigação dos ônus ou das perdas dos administrados ou da administração pública que sejam anormais ou excessivos em função das peculiaridades do caso". (Decreto n. 9830/2019, art. 4º, §§ 4º e 5º). É necessário disciplinar, em prol do critério do *justum*, da proporcionalidade e da razoabilidade, os efeitos da invalidação. Mas nada obsta, p.ex., que se aponte uma "solução consensual", por meio de cooperação entre as partes, que possibilitaria dimensionar impactos provocados pela decisão a ser cumprida.

Consequentemente, claro está que o agente público (administrador, juiz ou controlador) deverá, antes de decretar a invalidação, apurar as previsíveis consequências jurídicas e administrativas de sua decisão. Todavia, como poderia o julgador prever quais seriam as consequências jurídicas e administrativas de sua decisão se só tem em mãos os relevantes dados constantes nos autos? Teria de analisar a realidade fática para averiguar as consequências do ato praticado e demonstrar quais os efeitos danosos que poderiam resultar da invalidação?[2] (MOREIRA, 2015, pp. 33 a 35)

5. CRITÉRIOS DECISÓRIOS INTERPRETATIVOS

Segundo a LINDB:

> Art. 22. "Na interpretação de normas sobre gestão pública, serão considerados os obstáculos e as dificuldades reais do gestor e as exigências das políticas públicas a seu cargo, sem prejuízo dos direitos dos administrados.
>
> § 1º Em decisão sobre regularidade de conduta ou validade de ato, contrato, ajuste, processo ou norma administrativa, serão consideradas as circunstâncias práticas que houverem imposto, limitado ou condicionado a ação do agente.

[2] Processo TCU/CONJUR: TC 012.028/2018-5- pp. 18 a 21 (http://direito adm. com. br/ proposta - de - alteração - da lindb - projeto - 349 - 2015).

§ 2ºNa aplicação de sanções, serão consideradas a natureza e a gravidade da infração cometida, os danos que dela provierem para a administração pública, as circunstâncias agravantes ou atenuantes e os antecedentes do agente.

§ 3ºAs sanções aplicadas ao agente serão levadas em conta na dosimetria das demais sanções de mesma natureza e relativas ao mesmo fato".

Há quem ache que o art. 22 da LINDB constitui um avanço ao aprimoramento da qualidade da decisão por apresentar parâmetros para:

1) a interpretação e aplicação do direito público, inclusive na análise sobre a regularidade de conduta ou validade de ato, contrato, ajuste, processo ou norma administrativa, aperfeiçoando a transparência de órgãos públicos de controle, aumentando sua responsabilidade e trazendo para o direito público a idéia de equidade, uma vez que o operador deverá considerar: a) limites constitucionais, sem olvidar do critério da especialidade e do hierárquico em caso de antinomia normativa; b) obstáculos e dificuldades reais do gestor; c) exigências para uma eficiente política pública a seu cargo; d) finalidades sociais, ou seja, as circunstâncias práticas, que houverem condicionado a ação do agente, atendendo ao objetivo público, aos interesses do povo e do erário e às peculiaridades do caso concreto. É preciso lembrar que, "poderá ser celebrado termo de ajustamento de gestão, por meio de decisão motivada entre os agentes públicos e os órgãos de controle interno da administração pública com a finalidade de corrigir falhas apontadas em ações de controle, aprimorar procedimentos, assegurar a continuidade da execução do objeto, sempre que possível, e garantir o atendimento do interesse geral. A decisão de celebrar o termo de ajustamento de gestão será motivada na forma do disposto no art. 2º. Não será celebrado termo de ajustamento de gestão na hipótese de ocorrência de dano ao erário praticado por agentes públicos que agirem com dolo ou erro grosseiro. A assinatura de termo de ajustamento de gestão será comunicada ao órgão central do sistema de controle interno" (Dec. n. 9.830/2019, art. 11§§ 1º a 3º);
2) a aplicação de sanções que deverá ter por critério: a) a natureza e a gravidade da infração cometida; b) os prejuízos dela resultantes para a administração pública; c) as circunstâncias agravantes ou atenuantes. "Os conceitos do direito penal podem ser usados

> na aplicação das sanções, subsidiariamente, desde que derivem de um núcleo comum constitucional entre as matérias, lastreado nos princípios gerais do direito sancionados, sobretudo quando não houver regulação específica" (Enunciado 15 aprovado no Seminário de Direito Administrativo); d) os antecedentes do agente; e) a dosimetria e a proporcionalidade das demais sanções de igual natureza e atinentes ao mesmo fato, observando-se quando as circunstâncias agravantes ou atenuantes aplicáveis ao caso forem positivadas, preferencialmente em lei, regulamentados, súmulas ou consultas administrativas (Enunciado 14 aprovado no Seminário de Direito Administrativo). Urge não olvidar que "não se afasta a possibilidade de aplicação de sanções previstas em normas disciplinares, inclusive nos casos de ação ou de omissão culposa de natureza leve" (Dec. n. 9.830/2019, art. 17).

O art. 22 procura uma relativa proteção contra consequências negativas e decisão administrativa ilegal, mas tal esforço cai por terra por dar margem a uma interpretação casuística, marcada pelo subjetivismo. Deveras, como poderia o tomador de decisão, baseado nas informações contidas nos autos apurar "obstáculos", "dificuldades do gestor" e "exigências das políticas públicas a seu cargo"? Não haveria uma flexibilização negativa da responsabilidade de se considerar, ao apreciar o caso *"sub examine"*, os obstáculos e dificuldades do gestor e as exigências das políticas públicas a seu cargo? Se assim é, "no exercício da atividade de controle, a análise dos obstáculos e dificuldades reais do gestor deve ser feita também mediante o uso de critérios jurídicos, sem interpretações pautadas em mera subjetividade" (Enunciado 12, aprovado no Seminário de Direito Administrativo).

Difícil será concretizar a forma dessa interpretação analítica e empírica ante o conteúdo aberto do art. 22. Quais seriam as "normas sobre gestão pública"; "obstáculos e dificuldades reais do gestor" (carências materiais, deficiências estruturais, físicas, orçamentarias, temporais, qualificação dos agentes, circunstâncias jurídicas complexas, a exemplo da atecnia da legislação, que não podem paralisar o gestor – Enunciado 11, aprovado no Seminário de Direito Administrativo); "exigências políticas públicas a seu cargo"?

Qual o sentido e o alcance do art. 22? Esse dispositivo conduz ao casuísmo e ao subjetivismo, pois requer juízo valorativo. Como um juízo baseado em circunstâncias práticas poderia conduzir à segurança jurídica, se envolve apreciação valorativa, ética ou sociológica dos resultados, mas também análise daquelas circunstâncias que condicionaram a ação do agente, ou seja, das particularidades concretas do caso?[3] (Aragão, 2015 pp. 20-22)

Se o art. 22 requer juízo valorativo, sobre conduta do gestor público, na interpretação de normas de gestão pública, como poderia trazer estabilidade? Se administrar é interpretar normas de gestão pública para aplicá-las a casos concretos, parece-nos que o art. 22 deveria ter como destinatário o gestor público e não o tomador de decisão. Realmente, "a competência para dizer qual é a melhor decisão administrativa é do gestor, não do controlador. O ônus argumentativo da ação controladora que imputa irregularidade ou ilegalidade é do controlador, estabelecendo-se diálogo necessário e completo com as razões aduzidas pelo gestor" (Enunciado 13, aprovado no Seminário de Direito Administrativo).

Pelo Enunciado 16 (aprovado pelo Seminário de Direito Administrativo): "diante da indeterminação ou amplitude de conceitos empregados pela lei, se, no caso concreto, a decisão do administrador mostrar-se razoável e conforme o direito, o controlador e o juiz devem respeitá-lo, ainda que suas conclusões ou preferências pudessem ser distintas caso estivessem no lugar do gestor".

6. REGIME JURÍDICO DE TRANSIÇÃO

Conforme a LINDB:

> Art. 23. "A decisão administrativa, controladora ou judicial que estabelecer interpretação ou orientação nova sobre norma de conteúdo indeterminado, impondo novo dever ou novo condicionamento de direito, deverá prever regime de transição quando indispensável para que o novo dever ou condicionamento de direito seja cumprido de modo proporcional, equânime e eficiente e sem prejuízo aos interesses gerais".
>
> Parágrafo único.(VETADO).

Se, pelo art. 23, a decisão administrativa, controladora ou judicial, vier a estabelecer nova interpretação ou orientação, alterando entendimento anterior consolidado, sobre norma de conteúdo indeterminada, impondo

[3] Processo TCU/CONJUR; TC – 012.028/2018-5 pp. 21-33 – (http://direito adm.com.br/ proposta – de- alteração – da lindb – projeto 349/2015).

novo dever ou novo condicionamento do direito, gerará instabilidade e, por isso, deverá, em nome da proteção da confiança e do bom senso, prever regime jurídico-administrativo de transição se for indispensável para que haja, no caso concreto, cumprimento da nova obrigação de modo proporcional, equânime e eficiente sem prejuízo aos interesses gerais.

Realmente, qualquer mudança de entendimento sobre norma de conteúdo indeterminado, ou qualquer extinção de ato administrativo poderá retirá-lo, p. ex., do cenário jurídico, convalidá-lo ou suprimir seus efeitos*ex tunc* ou manter os efeitos *ex nunc*; logo, adecisão administrativa deverá prever regime de transição que seja favorável ao administrando, concedendo-lhe tempo e meios para se adaptar à nova interpretação ou orientação, evitando riscos, instruções processuais protelatórias etc..

Procura-se proteger, portanto, a relação jurídica já constituída e a boa-fé existente entre administrados e poder público, assegurando o direito a uma solução não abrupta, garantindo que as alterações sejam conformes ao ordenamento jurídico, possibilitando aos administrados a identificação de alternativas disponíveis e a extensão de suas consequências, viabilizando a segurança jurídica. Pelo Enunciado 17 (aprovado no Seminário de Direito Administrativo): "é imprescindível; a partir da ideia de confiança legítima, considerar a expectativa de direito como juridicamente relevante diante do comportamento inovador da Administração Pública, preservando-se o máximo possível as relações jurídicas em andamento. Neste contexto torna-se obrigatória, sempre para evitar consequências desproporcionais, a criação de regime de transição, com vigência ou modulação para o futuro dos efeitos das novas disposições ou orientações administrativas".

Esse regime de transição impediria a imprevisibilidade de decisões e modulações de seus efeitos. Daí a exigência de que a instituição desse regime seja motivada. A motivação deverá considerar as condições e o tempo necessário para o cumprimento proporcional equânime e eficiente do novo dever ou do novo condicionamento de direito e os eventuais prejuízos aos interesses gerais.

Assim sendo, quando cabível, o regime de transição, deverá prever: os órgãos e as entidades de administração pública e os terceiros destinatários; as medidas administrativas a serem adotadas para adequação à interpretação ou à nova orientação sobre norma de conteúdo indeterminado; o prazo e o modo para que o novo dever ou novel condicionamento de direito seja cumprido (Dec. n. 9.830/2019, arts. 6º e 7º). Surgem dúvidas: Quem deverá averiguar a indispensabilidade ou não do regime jurídico de transição? O tomador de decisão? O autor da conduta considerada irregular? O Tribunal de Contas (CF, art. 71, IX)? (SILVEIRA, 2015, pp. 23-25; PEIXOTO, 2018).

7. REVISÃO ADMINISTRATIVA E *TEMPUS REGIT ACTUM*

Pela LINDB:

> Art. 24. "A revisão, nas esferas administrativa, controladora ou judicial, quanto à validade de ato, contrato, ajuste, processo ou norma administrativa cuja produção já se houver completado levará em conta as orientações gerais da época, sendo vedado que, com base em mudança posterior de orientação geral, se declarem inválidas situações plenamente constituídas.
>
> Parágrafo Único. Consideram-se orientações gerais as interpretações e especificações contidas em atos públicos de caráter geral ou em jurisprudência judicial ou administrativa majoritária, e ainda as adotadas por prática administrativa reiterada e de amplo conhecimento público".

Pelo art. 24 § único da LINDB, em caso de revisão, no âmbito administrativo, controlador ou judicial, relativa à validade de ato, contrato, ajuste, processo ou norma administrativa cuja produção já se completou, dever-se-á considerar as *orientações gerais da época*, que são interpretações e especificações contidas em atos públicos de caráter geral ou em jurisprudência judicial, ou administrativa majoritária, e ainda as adotadas por prática administrativa reiterada e de amplo conhecimento público, abrangendo lei, precedentes, atos administrativos, pareceres de AGU ou consultorias jurídicas (Dec. n. 9.830/2019, arts. 20 a 24) etc.

Conforme a norma de direito intertemporal *tempus regit actum,* há o dever de, na análise do caso concreto, considerar as orientações gerais vigentes na época em que houve sua ocorrência, para preservar a relação jurídica existente antes da mudança da norma. É proibido declarar inválida situação plenamente constituída devido a mudança posterior de orientação geral. Vedada está a aplicação retroativa da novel interpretação da validade do ato, contrato, ajuste, processo ou norma administrativa, por haver ofensa à segurança jurídica e à estabilidade das relações jurídicas já consolidadas. Este dispositivo fortalece a irretroatividade do direito, resguardando situação constituída de boa fé de conformidade com a lei vigente na época. (DALLARI, 2015, pp. 31-32)

8. COMPROMISSO ADMINISTRATIVO

Prescreve a LINDB:

> Art. 26. "Para eliminar irregularidade, incerteza jurídica ou situação contenciosa na aplicação do direito público, inclusive no caso de expedição de licença, a autoridade administrativa poderá, após oitiva do órgão jurídico e, quando for o caso, após realização de consulta pública, e presentes razões de relevante interesse geral, celebrar compromisso com os interessados, observada a legislação aplicável, o qual só produzirá efeitos a partir de sua publicação oficial.
>
> § 1ºO compromisso referido no *caput* deste artigo:
>
> I - buscará solução jurídica proporcional, equânime, eficiente e compatível com os interesses gerais;
>
> II - (VETADO);
>
> III - não poderá conferir desoneração permanente de dever ou condicionamento de direito reconhecidos por orientação geral;
>
> IV - deverá prever com clareza as obrigações das partes, o prazo para seu cumprimento e as sanções aplicáveis em caso de descumprimento".
>
> § 2º(VETADO).

Com o escopo de sanar ou eliminar eventual irregularidade, incerteza jurídica ou situação contenciosa na aplicação do direito público, pelo art. 26, a autoridade administrativa e interessados após oitiva do órgão jurídico (AGU, PGM, PGE) ou a obtenção de resposta em consulta pública, para que haja maior transparência, representatividade e segurança terão possibilidade de celebrar acordo administrativo, que colaboraria para uma cooperação público-privada, possibilitando uma negociação de relevante interesse geral sobre o conteúdo da decisão, evitando que o processo administrativo seja decidido por ato unilateral da autoridade e conduzindo à celebração de um compromisso administrativo.

Tal compromisso visa substituir o processo administrativo e deverá preencher alguns requisitos: a) observância da lei aplicável; b) obtenção de uma solução jurídica proporcional, equânime, eficiente e compatível com os interesses gerais; c) impossibilidade de conferir desoneração permanente de dever ou condicionamento de direito reconhecidos por orientação geral; d) previsão clara das obrigações das partes, do prazo para seu cumprimento e das sanções cabíveis na hipótese de descumprimento. (Palma, 2015, pp. 26-28; Peixoto, 2018)

Na hipótese de a autoridade entender conveniente para eliminar irregularidade, incerteza jurídica ou situações contenciosas na aplicação do direito público, poderá celebrar compromisso com os interessados, observada a legislação aplicável e as seguintes condições: após oitiva do órgão público; depois da realização de consulta pública, caso seja cabível; e presença de razões de relevante interesse geral.

A decisão de celebrar o compromisso deverá ser motivada e o compromisso:

a) buscará solução proporcional, equânime, eficiente e compatível com os interesses gerais;
b) não poderá conferir desoneração permanente de dever ou condicionamento de direito reconhecido por orientação geral; e
c) preverá: as obrigações das partes; o prazo e o modo para seu cumprimento; a forma de fiscalização quanto a sua observância; os fundamentos de fato e de direito; a sua eficácia de título executivo extrajudicial; e as sanções aplicáveis em caso de descumprimento.

O compromisso firmado somente produzirá efeitos a partir de sua publicação.

O processo que subsidiar a decisão de celebrar o compromisso será instruído com:

a) o parecer técnico conclusivo do órgão competente sobre a viabilidade técnica, operacional e, quando for o caso, sobre as obrigações orçamentário-financeira a serem assumidas;
b) o parecer conclusivo do órgão jurídico sobre a viabilidade jurídica do compromisso, que conterá a análise da minuta proposta;
c) a minuta do compromisso, que conterá as alterações decorrentes das análises técnica e jurídica previstas nos incisos I e II , do art. 10, §4º; e
d) a cópia de outros documentos que possam auxiliar na decisão de celebrar o compromisso.

Se o compromisso depender de autorização do Advogado-Geral da União e de Ministro de Estado, nos termos do disposto no § 4º do art. 1º ou no art.4º-A da Lei nº 9.469, de 10 de julho de 1997, ou ser firmado pela Advocacia-Geral da União, o processo de que trata o §3º será acompanhado de manifestação de interesse da autoridade máxima do órgão ou da entidade da administração pública na celebração do compromisso. Na hipótese de que trata o § 5º, a decisão final quanto à celebração do compromisso será do Advogado-Geral da União, nos termos do disposto no parágrafo único do art. 4º-A da Lei nº 9.469, de 1997. (Dec. n. 9830/2019, arts. 10 e 11).

9. COMPENSAÇÃO POR BENEFÍCIO INDEVIDO OU PREJUIZO INJUSTO

A LINDB estabelece que:

> Art. 27. "A decisão do processo, nas esferas administrativa, controladora ou judicial, poderá impor compensação por benefícios indevidos ou prejuízos anormais ou injustos resultantes do processo ou da conduta dos envolvidos.
>
> § 1ºA decisão sobre a compensação será motivada, ouvidas previamente as partes sobre seu cabimento, sua forma e, se for o caso, seu valor.
>
> § 2ºPara prevenir ou regular a compensação, poderá ser celebrado compromisso processual entre os envolvidos".

O art. 27 §§ 1º e 2º da LINDB consagra a consensualidade administrativa, ao admitir a celebração de acordo substitutivo, fundado em razão de relevante interesse geral. Tal permissão genérica do art. 27, ao prescrever que a decisão do processo, nas esferas administrativa, controladora ou judicial, poderá, diretamente, impor ou exigir compensação por benefícios indevidos ou prejuízos anormais ou injustos resultantes da conduta dos envolvidos ou do processo; sem que haja necessidade de abertura de outro processo para analisar fatos ocorridos no curso da demanda. Assim, os próprios interessados poderão por meio de compromisso processual prevenir ou solucionar controvérsia, sanar irregularidades etc..

O acordo substitutivo não é uma transação privada (CC, art. 840), nem contrato administrativo, mas um negócio jurídico processual (CPC, art. 190), permeado pelo consenso que deverá seguir os parâmetros do art. 20 da LINDB, para compor os interesses dos envolvidos, evitando procedimentos contenciosos de ressarcimentos de danos. Com isso, corrigir-se-ão situações em que o erro é irreversível, pois a compensação seria um modo de alcançar o interesse público e de evitar que as partes privadas ou públicas, em processo na esfera administrativa, controladora ou judicial, recebam vantagens indevidas ou sofram danos anormais ou injustos oriundos do próprio processo ou do comportamento dos interessados.

O julgador deverá, tendo sido realizado o acordo substitutivo, motivar sua decisão sobre a compensação por benefícios indevidos ou prejuízos injustos, ouvindo previamente as partes sobre seu cabimento, forma ou valor. (Almeida, 2015. pp. 43-45; Peixoto, 2018)

10. RESPONSABILIDADE SUBJETIVA DO AGENTE PÚBLICO

Dispõe a LINDB:

> Art. 28. "O agente público responderá pessoalmente por suas decisões ou opiniões técnicas em caso de dolo ou erro grosseiro".
>
> § 1º(VETADO).
>
> § 2º(VETADO).
>
> § 3º(VETADO).

Pelo art. 28 da LINDB, o agente público deverá responder pessoalmente por suas decisões e opiniões técnicas se agir, ou se omitir com dolo (direto ou eventual), ou cometer erro grosseiro (culpa grave), no desempenho de sua função, visto que tal conduta de má fé traz sérias consequências para a sociedade.

"O agente público somente poderá ser responsabilizado por suas decisões ou opiniões técnicas se agir ou se omitir com dolo, direto ou eventual, ou cometer erro grosseiro, no desempenho de suas funções.

Considera-se erro grosseiro aquele manifesto, evidente e inescusável praticado com culpa grave, caracterizado por ação ou omissão com elevado grau de negligência, imprudência ou imperícia.

Não será configurado dolo ou erro grosseiro do agente público se não restar comprovada, nos autos do processo de responsabilização, situação ou circunstância fática capaz de caracterizar o dolo ou o erro grosseiro.

O mero nexo de causalidade entre a conduta e o resultado danoso não implica responsabilização, exceto se comprovado o dolo ou o erro grosseiro do agente público.

A complexidade da matéria e das atribuições exercidas pelo agente público serão consideradas em eventual responsabilização do agente público.

O montante do dano ao erário, ainda que expressivo, não poderá, por si só, ser elemento para caracterizar o erro grosseiro ou o dolo.

A responsabilização pela opinião técnica não se estende de forma automática ao decisor que a adotou como fundamento de decidir e somente se configurará se estiverem presentes elementos suficientes para o decisor aferir o dolo ou o erro grosseiro da opinião técnica ou se houver conluio entre os agentes

No exercício do poder hierárquico, só responderá por culpa *in vigilando* aquele cuja omissão caracterizar erro grosseiro ou dolo.

O disposto neste artigo não exime o agente público de atuar de forma diligente e eficiente no cumprimento de seus deveres constitucionais e legais.

A análise da regularidade da decisão não poderá substituir a atribuição do agente público, dos órgãos ou das entidades da administração pública no exercício de suas atribuições e competências, inclusive quanto à definição de políticas públicas.

A atuação de órgãos de controle privilegiará ações de prevenção antes de processos sancionadores.

A eventual estimativa de prejuízo causado ao erário não poderá ser considerada isolada e exclusivamente como motivação para se concluir pela irregularidade de atos, contratos, ajustes, processos ou normas administrativas" (Dec. n. 9830/2019, arts. 12, §§1º a 8º, e 13, §§1º e 2º).

Todavia, essa responsabilidade subjetiva do agente público não exclui a responsabilidade objetiva do Estado por ato do seu agente prevista no art. 37 § 6º da CF, que deverá indenizar o lesado e terá ação regressiva contra o servidor (causador do dano), para dele cobrar o *quantum* pago à vítima, a fim de ressarcir os cofres públicos. Segundo o Enunciado n. 20 (aprovado no Seminário de Direito Administrativo): "O art. 28 da LINDB para os casos por ele especificados (decisões e opiniões técnicas) disciplina o § 6º do art. 37 da Constituição, passando a exigir dolo ou erro grosseiro (culpa grave), também para fins de responsabilidade regressiva do agente público"

"No âmbito do Poder Executivo Federal, o direito de regresso previsto no § 6º do art. 37 da Constituição somente será na hipótese de o agente público ter agido com dolo ou erro grosseiro em suas decisões ou opiniões técnicas, nos termos do disposto no art. 28 do Decreto-Lei nº 4.657, de 1942, e com observância aos princípios constitucionais da proporcionalidade e da razoabilidade.

O agente público federal que tiver que se defender, judicial ou extrajudicialmente, por ato ou conduta praticada no exercício regular de suas atribuições institucionais, poderá solicitar à Advocacia-Geral da União que avalie a verossimilhança de suas alegações e a consequente possibilidade de realizar sua defesa, nos termos do disposto no art. 22 da Lei nº 9.028, de 12 de abril de 1995, e nas demais normas de regência" (Dec. n. 9.830/2019, arts. 14 e 15).

Pelo art. 28 o órgão judicante passa a ter o ônus de analisar a responsabilidade do gestor público na execução de sua atividade, averiguando se houve má fé, dolo ou erro grosseiro, abrindo caminho à impunidade e à redução da responsabilidade do administrador por ato de improbidade, afastando a idéia de responsabilização, por culpa *stricto sensu*, ou simples. O art. 28, de um lado restringe o *jus puniendi* do Estado que ficará adstrito ao campo de grave culpabilidade administrativa, pois se não houver prova do dolo ou de erro grosseiro, a responsabilidade do agente público estará afastada, mas por outro lado poderá contribuir para que o agente público evite que seu ato seja considerado doloso ou tido como decorrente de erro grosseiro.

Pelo Enunciado 19 (aprovado no Seminário de Direito administrativo: "a modalidade administrativa não se harmoniza com a Constituição, porque improbidade é ilegalidade qualificada pela intenção desonesta e desleal do agente. Não obstante, analisando-se a legislação infraconstitucional, o art. 10 da Lei de Improbidade administrativa deve ser interpretada de acordo com o art. 28 da LINDB afastando-se a possiblidade de configuração da improbidade sem a presença de erro grosseiro do agente (culpa grave)".

Resguarda- se o administrador de boa fé, que não poderá ser penalizado pessoalmente, em caso de culpa comum, embora seu ato possa ser corrigido, permitindo que decida conforme sua avaliação técnica, mesmo que inove ou contrarie alguma *opinio* de órgão controlador, desde que fundamente sua decisão[4]. (CRUZ e BORGES, 2018; DI PIETRO, 2015, pp. 36-39; FERRAZ, 2018)

11. GOVERNANÇA PARTICIPATIVA

É função da administração pública editar atos normativos sobre condutas gerais e abstratas para atender exigências da sociedade e as limitações do legislativo, por meio de agências reguladoras (ANVISA, ANTT etc.) e para tanto poderá haver participação dos interessados com exceção da

[4] Processo TCU/CONJUR: TC 012.028/2018-5.

edição de atos de mera organização interna. Reza o Art. 29 "Em qualquer órgão ou Poder, a edição de atos normativos por autoridade administrativa, salvo os de mera organização interna, poderá ser precedida de consulta pública para manifestação de interessados, preferencialmente por meio eletrônico, a qual será considerada na decisão". Pelo art. 29 da LINDB há permissão para que a edição daqueles atos normativos seja precedida de consulta pública para manifestação dos interessados, preferencialmente pelo uso de *internet*. Tal consulta pública será considerada na decisão, pois poderá apresentar sugestões para que a Administração Pública aperfeiçoe seu ato, analisando as contribuições oferecidas. Consagrada está a governança participativa, pois a consulta pública permitirá a oitiva de especialistas e dos administrados pelo administrador, trazendo transparência e previsibilidade à atividade estatal normativa.

Segundo o §1º, do art. 29: "a convocação para essa consulta pública deverá conter minuta do ato normativo, fixar prazo para usa realização e estabelecer as condições da consulta pública, observadas as normas legais e regulamentares específicas. (Perez, 2015, pp. 40-42). "A autoridade decisora não será obrigada a comentar ou considerar individualmente as manifestações apresentadas e poderá agrupar manifestações por conexão e eliminar aquelas repetitivas ou de conteúdo não conexo ou irrelevante para a matéria em apreciação.

As propostas de consulta pública que envolverem atos normativos sujeitos a despacho serão formuladas nos termos do disposto no Decreto nº 9.191. de 1º de novembro de 2017" (Dec. n. 9.830/2019, art. 18, §§ 3º e 4º).

12. FORÇA VINCULANTE DE INTERPRETAÇÃO ADMINISTRATIVA E CONTROLADORA

É dever das autoridades públicas (art. 30 § único) atuar para aumentar a segurança jurídica na aplicação das normas, conforme regulamentos,orientações normativas, pareceres, súmulas administrativas e respostas a consultas (Dec. n. 9830/2019, arts. 19 e 20), que terão caráter vinculante em relação ao órgão ou entidade da Administração Pública a que se destinam, até que haja uma revisão posterior, visto que uniformizam o entendimento no âmbito dos órgãos administrativos. Dar obrigatoriedade a esses instrumentos não seria colocá-los no mesmo patamar das leis? Não retiraria as autoridades públicas a liberdade de apreciação, engessando entendimentos, apesar de haver possibilidade de sua ulterior revisão? Não deveria haver eficácia vinculante relativa, de forma que as autoridades públicas pudessem se afastar desses instrumentos se perceberem a singularidade do fato examinado, que apresenta, por ex., pontos divergentes ao paradigma sumular, comportando outra solução mais adequada?

CONCLUSÕES

Pela Lei n. 13.655/2015 (Lei de Segurança para a Inovação Pública) passaram a integrar a LINDB dez novos artigos (arts. 20, 21, 22, 23, 24, 25, 26, 27, 28, 29 e 30) dividindo opiniões de especialistas, uns entendendo que essas normas poderão trazer maior segurança, outros, que conduzirão à extrapolação de competência da atividade decisória, apesar de ter por escopo melhorar sua qualidade, e aumentar a eficiência na criação e aplicação do direito, aperfeiçoar o controle e a transparência dos atos dos agentes públicos ao exigir avaliações de impacto de decisão no seio da coletividade.

O escopo dos arts. 20 a 30 da LINDB foi: promover uma participação de todos para a obtenção de vantagens (particulares ou coletivas); impor à autoridade competente um esforço intelectual, conducente à motivação de sua decisão e à análise de seus efeitos práticos, trazendo racionalidade à decisão; propor uma demonstração da análise das peculiaridades, das dificuldades do caso *sub judice* e do diálogo com o gestor público; aprimorar a segurança jurídica na Administração Pública, racionalizando o exercício de suas funções e o controle (interno e externo) para que haja transparência e eficiência na governança pública. (Silva, 2018)

A falta de segurança jurídica não será, infelizmente, solucionada com a entrada em vigor dos arts. 20 a 30 da LINDB, apesar de conterem subsídios viáveis para aumentar aquela segurança, que é essencial para a realização do trabalho dos gestores da administração Pública e para a defesa do interesse geral.

Os arts. 20 a 30 da LINDB não trazem a segurança jurídica na sua aplicação ao direito público por conterem cláusulas gerais, conceitos jurídicos indeterminados, de conteúdo e extensão incertos (p. ex. valores jurídicos abstratos; consequências práticas da decisão; exigências políticas públicas; interesses gerais; orientações gerais da época; orientação nova sobre norma de conteúdo indeterminado; regularização proporcional e equânime; obstáculos e dificuldades reais do gestor etc..), que dão origem a uma linha de penumbra, conducente à ambivalência de interpretação e à valoração do aplicador sob a égide do princípio da legalidade, pois, como diz Karl Engish (1964, pp. 174 e ss.), "normatividade carece de preenchimento valorativo", fazendo com que haja uma "certa autonomia" em face da lei, dando azo à discricionariedade judicial ou discricionariedade na apreciação (julgamento) ou à discricionariedade administrativa (atuação do gestor público), podendo conduzir a uma significação *sui generis* ou até mesmo à arbitrariedade. Tal discricionariedade deverá estar voltada não só a uma valoração pessoal e objetiva, buscando a da generalidade das pessoas, a de certos setores, das concepções éticas vigentes ou, ainda, do critério do *justum*; mas também ao interesse público, que é em regra, livremente apreciado pelo gestor segundo seu ponto de vista ou querer, de acordo com seu dever funcional, podendo eleger a solução "A" ou a "não-A".

Como fórmulas genéricas recheadas de vaguidade poderiam gerar segurança jurídica? Como demonstrar que a decisão adotada é a mais adequada ou que não há alternativa possível?

A vagueza ou a indeterminação semântica dos termos legais poderia ser resolvida, com objetividade, pelo aplicador ao analisar, no caso concreto, as eventuais dificuldades apontadas pelo texto? Qualquer parcela da norma poderá ser "sede" da discricionariedade livre, diante da textura aberta apresentada pelos arts. 20 a 30 da LINDB? O manejo de conceitos empíricos não levaria ao casuísmo, ante o risco de dominar a problemática engendrada pelos arts. 20 a 30 da LINDB?

Os arts. 20 a 30 da LINDB deveriam conter termos específicos, mais claros e objetivos, que apontassem a atuação do gestor, do administrador, do controlador e do juiz, para que se pudesse ter estabilidade e previsibilidade nas funções públicas e maior transparência administrativa.

Pela importância da sua temática os arts. 20 a 30 da LINDB deveriam estar em norma autônoma especial, no CPC ou no Estatuto da Magistratura, mediante emprego de termos claros e critérios valorativos objetivos que apontassem, minudentemente, a atuação do gestor, do administrador, do controlador e do juiz, para que haja uma real política de Estado, voltada à segurança jurídica, à eficiência da aplicação do direito público e à transparência da gestão pública.

A insegurança jurídica e a ineficiência são questões de gestão que deverão ser resolvidas pela Administração Pública e não por órgãos de controle e muito menos por alteração de critérios de interpretação de normas, baseada em conceitos vagos e ambíguos, que fazem com que a realidade fática seja valorada pelo aplicador de forma subjetiva, apesar de possibilitar, em certa medida, a diminuição de seus efeitos negativos, pois, o direito é um produto cultural e o mundo atual sofre constantes mudanças tecnológicas, mercadológicas, econômicas, sociológicas, valorativas e ambientais etc..

Bastante louvável é a *intentio* da Lei n. 13.655/2018, que se vê prejudicada (apesar de alguns esclarecimentos, apontados pelo Dec. n. 9.380/2019) pelos critérios apontados que conduzem, pela vagueza e indeterminação semântica, ao subjetivismo e às vezes à arbitrariedade do órgão decisório.

A insegurança jurídica é, infelizmente, uma realidade fática, valorada de forma subjetiva, logo norma alguma poderá eliminá-la, apesar de poder, em certa medida, minimizar suas consequências nefastas.

REFERÊNCIAS

ALMEIDA, Fernando M. *Segurança jurídica e qualidade das decisões públicas.* Flavio H. U. Pereira (coord.). Brasília, 2015.

ARAGÃO, Alexandre S. Comentário ao art. 21 do PL 349/2015. *Segurança jurídica e qualidade das decisões públicas.* Flavio H. U. Pereira (coord.). Brasília, 2015.

CRUZ, Alcir M. e BORGES, Mauro. O art. 28 da LINDB e a questão do erro grosseiro. Disponível em https://www.conjur.com.br/2018 - mai - 14/. Acesso em junho 2018.

DALLARI, Adilson A. Comentário ao art. 25 do PL 349/2015. *Segurança jurídica e qualidade das decisões públicas.* Flavio H. U. Pereira (coord.). Brasília, 2015.

DI PIETRO, M. Sylvia Z. Comentário ao art. 27 do PL 349/2017. *Segurança jurídica e qualidade das decisões públicas.* Flavio H. U. Pereira (coord.). Brasília, 2015.

ENGISCH, Karl. *Introdução ao pensamento jurídico.* Coimbra: Calouste Gulbenkian, 1964.

FERRAZ, Luciano. Alteração da LINDB revoga parcialmente Lei da Improbidade Administrativa. *Revista Consultor Jurídico.* Acesso em 10.05.2018.

MARTINS, Alexandre M. S. Os valores em Miguel Reale. *Revista de Informação Legislativa,* v. 45, n. 180, pp. 263-277, out./dez. 2008.

MOREIRA, Egon B. Comentário ao art. 26 do PL 349/2015. *Segurança jurídica e qualidade das decisões públicas.* Flavio H. U. Pereira (coord.). Brasília, 2015.

PALMA, Juliana B. Comentário ao art. 23 do PL 349/2015. *Segurança jurídica e qualidade das decisões públicas.* Flavio H. U. Pereira (coord.). Brasília, 2015.

PEIXOTO, Leonardo S. D. Lei que alterou a LINDB e criou Balizas para a segurança jurídica de atos e decisões. *Revista Consultor Jurídico.* Acesso em 03.05.2018.

PEREZ, Marcos A. Comentários ao art. 28 do PL 349/2015. *Segurança jurídica e qualidade das decisões públicas.* Flavio H. U. Pereira (coord.). Brasília, 2015.

SILVA, Marco Aurélio B. Lei da empatia e impactos do PL 7448/2017 sobre controle da administração pública. Disponível em https://www info/opinião – e – analise/artigos/lei – de – empatia – e – impactos – do pl 7448/2018 – sobre – o – controle – da – administração pública. Acesso em 23.04.2018.

SILVEIRA, Marilda de P. Comentário do art. 22 do PL 349/2015. *Segurança jurídica e qualidade das decisões públicas.* Flavio H. U. Pereira (coord.). Brasília, 2015.

O DIREITO CIVIL SOB A ÓTICA DA SOLIDARIEDADE SOCIAL

MARIANA RIBEIRO SANTIAGO

INTRODUÇÃO

Ao ser redigido com lastro nos princípios da socialidade, eticidade e operabilidade[1], o Código Civil atual, indubitavelmente, representa uma marcante alteração de paradigma no direito civil pátrio, impingindo-lhe um novo espírito. O sentido social é uma das características mais marcantes do Código Civil, em contraste ao individualismo do diploma civil anterior, sendo que a ideia de socialidade faz prevalecer os interesses coletivos sobre os individuais, sem prejuízo da dignidade da pessoa humana, o que implicou uma revisão dos direitos e deveres dos cinco principais personagens do direito privado: o proprietário, o contratante, o empresário, o pai de família e o testador[2].

O Código Civil prevê, ainda, o recurso a critérios ético-jurídicos visando à concreção jurídica, dotando o magistrado de maior poder para aplicar a solução mais justa ou equitativa, em conformidade com valores éticos, o que se mostra em consonância com o princípio da eticidade, cujo fulcro primordial é o valor da pessoa humana[3].

[1] Como institutos do Código Civil em evidente e perfeita consonância com os princípios da socialidade, da eticidade e da operatividade, podem-se citar as figuras da boa-fé objetiva, função social do contrato e da propriedade.

[2] Miguel Reale, *O projeto de Código Civil: situação atual e seus problemas fundamentais*, 2 ed. reform. e atual., São Paulo: Saraiva, 1999, p. 7. Antonio Rulli Neto, *Função social do contrato*, São Paulo: Saraiva, 2011, p. 197.

[3] Miguel Reale, *O projeto...*, cit., pp. 8-9.

No tocante à operabilidade, pode-se dizer que esta implica a realização do direito. Como bem explica Jhering[4], "o direito existe para se realizar. A realização é a vida, e a verdade do direito é o próprio direito. O que realmente não sucede, o que só tem existência nas leis e no papel, é unicamente um espectro de direito, meras palavras e nada mais. Ao contrário, o que se realiza, como direito, mesmo quando não se ache escrito nas leis, nem o povo e a ciência tenham ainda conhecimento disso"[5]. Mesmo reconhecendo todo o grande mérito da transformação ora comentada, não se pode deixar de observar que existe um ângulo de análise do direito civil a ser desenvolvido, calcado na solidariedade social, um dos grandes pilares do Estado democrático de direito, que vai além dos conceitos de socialidade, eticidade e operatividade, complementando-os.

Tal quadro de evolução do direito civil e a necessidade de aprofundamento do seu estudo pelo viés da solidariedade justificam este trabalho sobre o tema, com o objetivo de contribuir para a demarcação do princípio da solidariedade social no direito civil, funcionando como um instrumento de reconstrução de uma sociedade mais justa, saudável e equilibrada. Nesse passo, em apertada síntese, no primeiro capítulo, tratamos da solidariedade enquanto princípio geral de direito, pilar incontestável do Estado democrático de direito; e no segundo capítulo, delineamos a aplicação do princípio da solidariedade no direito civil, em suas diversas searas.

Para a obtenção dos resultados almejados pela pesquisa, o método de abordagem a ser seguido será o dialético jurídico, que abrange o fenômeno, fato concreto, e a teoria, de forma simultânea, buscando o resultado com o confronto entre os dois. Quanto ao método de procedimento de pesquisa, será utilizada uma combinação dos métodos histórico e funcionalista. Em relação ao método de investigação, que corresponde às fontes que serão usadas no decorrer do trabalho, o estudo será constituído a partir de pesquisa bibliográfica.

[4] Rudolf von Ihering, *O espírito do direito romano*, Trad. Rafael Benaion, Rio de Janeiro: Alba, V. III, 1943, p. 16.

[5] Em nome da operabilidade, fez-se opção, na redação do Código Civil, por normas abertas, objetivando que a própria atividade social, em seu constante desenvolvimento e complexidade, aperfeiçoe o conteúdo normativo por meio da estrutura hermenêutica (Miguel Reale, *O projeto...*, cit., pp. 11-12).

1. O PRINCÍPIO DA SOLIDARIEDADE SOCIAL NO ORDENAMENTO JURÍDICO BRASILEIRO

A ideia de que o homem é, por natureza, um ser social, que necessita pertencer a um grupo para sua sobrevivência, destinado, assim, a viver em sociedade, não é recente, foi exposta pelo filósofo grego Aristóteles[6], no clássico "Política"[7]. Dentro da sociedade, faz-se necessário que os indivíduos atuem de forma organizada e colaborem entre si, viabilizando a sobrevivência e a evolução do grupo, de onde se depreende a noção de solidariedade.

No fim do século XIX, o discurso da solidariedade, já presente no estoicismo e no cristianismo primitivo, assume uma roupagem coerente e dissociada das ideias de caridade e filantropia, por meio da qual se pode obter uma nova forma de compreensão da sociedade, com políticas concretas, sendo sistematizado de forma pioneira por Léon Bourgeois e Durkheim[8].

Difunde-se, nesse período, o entendimento de que as sociedades superiores só se mantêm em equilíbrio se o trabalho for dividido e, analisando essa divisão laboral, considerada sob um novo aspecto, conclui-se que, de fato, os serviços econômicos que ela pode prestar nem se comparam com

[6] Conforme Aristóteles (*Política*, 5 ed., São Paulo: Martin Claret, 2009, pp. 54-56.), "em primeiro lugar, deve-se unir em pares aqueles que, como o homem e a mulher, não podem ficar um sem o outro, para a geração; (...) os homens têm um desejo natural de deixar em um outro ser a imagem de si mesmos. (...) A sociedade que se forma em seguida, formada por várias famílias, constituídas não só para apenas atender às necessidades cotidianas, mas tendo em vista uma utilidade comum, é a aldeia (*komé*). E quando várias aldeias se unem em uma única e completa comunidade, a qual possui todos os meios para bastar-se a si mesma, surge a Cidade (*pólis*). (...) Fica evidente, pois, que a Cidade é uma criação da natureza, e que o homem, por natureza, é um animal político (isto é, destinado a viver em sociedade), e que o homem que, por sua natureza e não por mero acidente, não tivesse sua existência na Cidade, seria um ser vil, superior ou inferior ao homem. Tal indivíduo, segundo Homero, é um 'ser sem lar, sem família, sem leis', pois tem sede de guerra e, como não é freado por nada, assemelha-se a uma ave de rapina".

[7] A mesma concepção é repetida na obra de Rudolf von Jhering, para quem uma nação é a soma de todos os seus indivíduos componentes, sentindo, pensando e operando, como estes, e uma sociedade, no sentido jurídico, reúne pessoas unidas entre si, as quais trabalham simultaneamente para benefício próprio e cooperam visando à consecução de um fim comum (Rudolf Von Ihering, *A luta pelo direito*, 6 ed., Rio de Janeiro: Forense, 1987, p. 61. Rudolf von Jhering, *A evolução do direito*, 2 ed., Salvador: Livraria Progresso, 1956, p. 90).

[8] José Fernando de Castro Farias, *A origem do direito de solidariedade*. Rio de Janeiro: Renovar, 1998, pp. 188 e 190.

o efeito moral que ela produz, muito maior, tendo como verdadeira função criar entre duas ou várias pessoas um sentimento de solidariedade[9].

Ainda no fim do século XIX e no início do século XX, a doutrina da solidariedade, reconhecida como um fato objetivo, científico e moral, passa a exercer grande influência sobre alguns juristas, como Léon Duguit, Maurice Hauriou e Georges Gurvitch, no âmbito estrangeiro, e Rui Barbosa, Tobias Barreto e Joaquim Nabuco, na esfera nacional, sendo, assim, traduzida também no plano jurídico, ocasionando uma releitura do papel do direito e do Estado[10].

Passou-se, assim, a se observar que os indivíduos de uma sociedade estão unidos uns com os outros; primeiro, porque têm necessidades comuns, cuja satisfação não podem alcançar a não ser pela vida em comum (solidariedade ou interdependência por semelhança); entretanto, estes indivíduos estão unidos uns aos outros porque têm necessidades diferentes e aptidões diferentes, podendo, portanto, ajudar-se em serviços mútuos e assegurar a satisfação de suas necessidades diversas (solidariedade ou interdependência social pela divisão do trabalho)[11]. Referência atual no tema da solidariedade, Edgar Morin[12] ensina que

> em nosso mundo de homens, no qual as forças de separação, recolhimento, ruptura, deslocamento, ódio, são cada vez mais poderosas, mais do que sonhar com a harmonia geral ou com o paraíso, devemos reconhecer a necessidade vital, social e ética de amizade, de afeição e de amor pelos seres humanos, os quais, sem isso, viveriam de hostilidade e de agressividade, tornando-se amargos ou perecendo.

[9] Émile Durkheim, *Da divisão do trabalho social*, Trad. Eduardo Brandão, 3 ed., São Paulo: Martins Fontes, 2008, pp. 21 e 419.

[10] José Fernando de Castro Farias, *A origem...*, cit., pp. 191, 221-222. Duguit trata a solidariedade como uma norma de direito objetivo; Maurice Hauriou a enxerga sob a ótica de instituição, enquanto organismo-representativo; Georges Gurvitch a retoma como fato normativo, sistematizando a ideia do direito social (José Fernando de Castro Farias, *A origem...*, cit., pp. 221-222).

[11] Léon Duguit, *Las transformaciones del derecho*, Buenos Aires: Heliasta, 1975, p. 182.

[12] MORIN, Edgar. *O Método VI: ética*. 2. ed. Tradução de Juremir Machado da Silva. Porto Alegre: Porto Alegre: Sulina, 2005. p. 36.

Ao relacionar solidariedade e justiça, Habermas[13] afirma que:

> A justiça concebida deontologicamente exige, como sua outra face, a solidariedade. Não se trata, neste caso, de dois momentos que se complementam, mas de aspectos da mesma coisa. Toda moral autônoma tem que resolver, ao mesmo tempo, duas tarefas: ao reivindicar trato igual, e com ele um respeito equivalente pela dignidade de cada um, faz valer a inviolabilidade dos indivíduos na sociedade; e ao mesmo tempo em que exige a solidariedade por parte dos indivíduos, como membros de uma comunidade na qual são socializados, protege as relações intersubjetivas de reconhecimento recíproco. A justiça refere-se à igualdade da liberdade dos indivíduos que se determinam a si mesmos e que são insubstituíveis, enquanto a solidariedade refere-se ao bem, ou à felicidade dos companheiros irmanados em uma forma de vida intersubjetivamente compartilhada, e deste modo também à preservação da integridade dessa forma de vida. As normas não podem proteger um sem o outro, isto é, não podem proteger a igualdade de direitos e as liberdades dos indivíduos sem o bem do próximo e da comunidade a que eles pertencem.

Nesse passo, cabe ressaltar que a solidariedade está presente no ordenamento jurídico brasileiro, tendo sido expressa no art. 3º, I, da Constituição Federal, que vaticina: "constituem objetivos fundamentais da República Federativa do Brasil: I – construir uma sociedade livre, justa e solidária", à semelhança do que se observa na Constituição portuguesa, a qual dispõe, em seu art. 1º, que "Portugal é uma República soberana, baseada na dignidade da pessoa humana e na vontade popular e empenhada na construção de uma sociedade livre, justa e solidária"[14]. Resta claro, pela análise

[13] HABERMAS, Jürgen. *Aclaraciones a la ética del discurso*. Madrid: Trotta, 2000.

[14] Em comentário ao espírito da Constituição portuguesa, Ana Prata afirma que esse diploma legal é deliberadamente um projeto, e não apenas um estatuto, pois não se limita a definir regras de organização política, econômica e social, mas impõe um verdadeiro programa de transformação da sociedade daquele país (*A tutela constitucional da autonomia privada*, Coimbra: Almedina, 1982, p. 59). Em termos similares à Constituição Brasileira, a Constituição italiana prevê, em seu art. 2º, que "a República reconhece e garante os direitos invioláveis do homem, quer como ser individual quer nas formações sociais onde se desenvolve a sua personalidade, e requer o cumprimento dos deveres inderrogáveis de solidariedade política, econômica e social". Na Espanha, a Constituição Federal, mencionando a solidariedade, dispõe, em seu art. 1º, 1: "*España se constituye en un Estado social y democrático de Derecho, que propugna como valores superiores de su ordenamiento jurídico la libertad, la justicia, la igualdad y el pluralismo político*", e no art. 2º: "*la Constitución se fundamenta en la indisoluble unidad de la Nación española, patria común e*

do referido art. 3º, I, da Constituição brasileira, que o que se pretende com esse objetivo fundamental é guiar a construção de uma ordem de homens livres, em que a justiça distributiva e retributiva conduza à dignificação da pessoa, disseminando um sentimento de responsabilidade e apoio recíprocos típico da comunidade fundada no bem comum. Por tal via, atinge-se, consequentemente, o Estado democrático de direito[15].

A solidariedade, enquanto sentimento a impor a cada pessoa deveres de cooperação, assistência e amparo em relação às outras, surge, assim, como categoria ética e moral recepcionada pelo mundo jurídico, galgando grande importância por permitir a conscientização acerca da interdependência social[16]. De fato, o limite entre os deveres de justiça e os de caridade não é tão evidente. Esta, fora de dúvida, marca a superioridade moral duma sociedade, mas basta sancioná-la, de acordo com a linguagem do direito, para que se torne um dever de justiça, confundindo-se os campos de atuação de cada uma[17].

Não se trata, neste ponto, de propugnar um resgate secular da caridade ou do altruísmo, não exigíveis pelo direito, mas construir uma base jurídica da solidariedade, de onde se desprendem direitos e deveres juridicamente exigíveis, o que implica atuações positivas dos poderes públicos, das quais o Estado não se pode omitir[18].

indivisible de todos los españoles, y reconoce y garantiza el derecho a la autonomía de las nacionalidades y regiones que la integran y la solidaridad entre todas ellas". Já a Constituição francesa, de 1958, expressa, no art. 2º: "A França é uma República indivisível, laica, democrática e social", não havendo, entretanto, qualquer outra abertura à socialidade ou à solidariedade.

15 José Afonso da Silva, *Comentário contextual à Constituição,* 6 ed. atual., São Paulo: Malheiros, 2009, pp. 46-47.

16 Paulo Luiz Netto Lôbo, *Direito civil: parte geral*. São Paulo: Saraiva, 2009, p. 81. Não se pode negar que a solidariedade surge nas relações sociais como um sentimento, o que gera uma certa reticência numa ordem jurídica republicana e laica, a lidar diretamente com condutas verificáveis como objeto de normatização. Todavia, há posicionamento doutrinário sustentando ser justamente o retorno ao sentimento uma das características da pós-modernidade. Nada impede, assim, que o princípio jurídico da solidariedade receba esses sentimentos como valores e os converta em direitos e deveres (Paulo Luiz Netto Lôbo, *Direito...*, cit., p. 81).

17 Georges Ripert, *A regra moral nas obrigações civis,* Campinas: Bookseller, 2002, p. 268.

18 Pietro de Jesús Lora Alarcón, Direitos humanos e direito dos refugiados: os princípios da dignidade humana, a universalidade dos direitos humanos e a solidariedade como fundamentos para superar a discricionariedade estatal na concessão do refúgio, *Anais do XVIII Encontro Nacional do CONPEDI,* Conselho Nacional de Pesquisa e Pós-Graduação em Direito e Centro Universitário de Maringá (org.), Florianópolis: Fundação Boiteux, 2009, pp. 6.267-6.294, p. 6.286.

A solidariedade ingressa no sistema jurídico como uma forma de atribuir significado ao próximo, despertando no indivíduo o reconhecimento da existência do outro, porque estimula em cada um a consciência perceptiva do ambiente social. Torna-se, assim, um novo paradigma para o direito, que, visando melhorar o Estado, a sociedade e a qualidade de vida dos cidadãos, implica um sistema jurídico que valoriza a dignidade plena do ser humano e a responsabilidade social de todos, no qual não se encaixam a indiferença social e o egoísmo individual exacerbado[19].

Na compreensão das dimensões da solidariedade, sobreleva verificar que esta ultrapassa as raias da justiça comutativa, da igualdade formal, pois projeta os princípios da justiça distributiva e da justiça social, não implicando apenas dever positivo do Estado acerca das políticas públicas, mas, ainda, em deveres recíprocos entre os indivíduos, em prol do objetivo comum, os quais propiciam a própria dignidade individual[20].

Não se pretende, deste modo, apenas promover mais uma limitação à liberdade individual, mas, tendo por norte a dignidade da pessoa humana, princípio cardeal do ordenamento, propor uma ponderação entre a liberdade e a solidariedade, cujo resultado dependerá dos interesses envolvidos, determinando a disponibilidade ou indisponibilidade da situação jurídica protegida[21]. Quanto ao papel do Estado no contexto da solidariedade, visualiza-se uma verdadeira aliança entre este e o indivíduo, que se evidencia por meio da viabilização dos direitos básicos destes, promoção de políticas de erradicação da pobreza e de redução das desigualdades[22].

[19] Alenilton da Silva Cardoso, *Princípio da solidariedade: o paradigma ético do direito contemporâneo*, São Paulo: Juarez de Oliveira, 2010, pp. 109, 116 e 122. Por outra perspectiva, a solidariedade, ao buscar a igualdade entre os indivíduos como fim, pressupõe situações de desigualdade, pois age exatamente no espaço da diferença entre os mesmos. Esta desigualdade é o objeto da solidariedade (Wambert Gomes Di Lorenzo, *Teoria do Estado de solidariedade: da dignidade da pessoa humana aos seus princípios corolários*. Rio de Janeiro: Elsevier, 2010, p. 132).

[20] Paulo Luiz Netto Lôbo, *Direito...*, cit., p. 84.

[21] Maria Celina Bodin de Moraes, O princípio da solidariedade, In: PEREIRA, Antônio Celso Alves e MELLO, Celso Renato Duvivier de Albuquerque (Orgs.), *Estudos em homenagem a Carlos Alberto Menezes Direito*, Rio de Janeiro, Renovar, 2003, pp. 527-556. p. 556.

[22] Alenilton da Silva Cardoso, *Princípio...*, cit., p. 151. Conforme Alenilton da Silva Cardoso (*Princípio...*, cit., pp. 153 e 154), "restando absolutamente claro que o Poder Público não consegue suprir a contento as necessidades públicas, (...) o terceiro setor assume em nosso país um papel de fundamental importância para a concretização dos direitos fundamentais, coexistindo com o Estado (primeiro setor) e com o mercado (segundo setor). (...) Com efeito, o terceiro setor envolve as iniciativas privadas que, não objetivando lucros, tendem a

A solidariedade social realiza-se, então, como um ato complexo, no qual concorrem o Poder Público e a própria sociedade, apontando a Constituição Federal as diretrizes ideológicas, políticas e jurídicas para sua otimização e implementação, ao acolher os princípios da dignidade humana e do pluralismo social e político[23].

Inegável, como consequência, a existência de uma forte relação entre a solidariedade e a própria democracia, enquanto aspectos de um mesmo fenômeno, a partir do momento em que a intensificação da experiência da solidariedade conduz à democracia, porque onde não há um, o outro não existe[24]. Podemos deduzir, pela forma como a solidariedade surge no ordenamento nacional, ter esta natureza jurídica de princípio. Ao definir os princípios jurídicos, Karl Larenz[25] ensina serem estes "*los pensamientos directores de una regulación jurídica existente o posible. En sí mismos no son todavía reglas susceptibles de aplicación, pero pueden transformarse en reglas*"[26].

cooperar em assuntos de interesse comum, marcadamente aqueles que estão voltados para o desenvolvimento pleno do ser humano, havendo nisso um traço marcante da solidariedade, (...) aproximando-se, logo, do ideal de bem-estar e justiça sociais".

23 Marcio Augusto de Vasconcelos Diniz, Estado social e o princípio da solidariedade, *Nomos: Revista do Curso de Mestrado em direito da UFC*, Fortaleza, v. 26, pp. 171-185, janeiro-junho de 2007, p. 173.

24 José Fernando de Castro Farias, *A origem...*, cit., p. 276.

25 Karl Larenz, *Derecho justo*, Trad. Luis Díez-Picazo, Madri: Civitas, 1985, pp. 32-33.

26 A distinção entre regras e princípios, enquanto espécies de norma, já estava presente na obra de Ronald Dworkin (Ronald Dworkin, *Levando os direitos a sério*, Trad. Nelson Boeira, 2 ed., São Paulo: Martins Fontes, 2007, pp. 39-46).

Robert Alexy defende que "regras e princípios serão reunidos sob o conceito de norma. Tanto regras quanto princípios são normas, porque ambos dizem o que deve ser. Ambos podem ser formulados por meio das expressões deônticas básicas do dever, da permissão e da proibição. Princípios são, tanto quanto as regras, razões para juízos concretos de dever-ser, ainda que de espécie muito diferente. A distinção entre regras e princípios é, portanto, uma distinção entre duas espécies de normas" (*Teoria dos direitos fundamentais*, Trad. Virgílio Afonso da Silva, São Paulo: Malheiros, 2008, p. 87).

Pelo pensamento do mesmo autor: "o ponto decisivo na distinção entre regras e princípios é que princípios são normas que ordenam que algo seja realizado na maior medida possível dentro das possibilidades jurídicas e fáticas existentes. Princípios são, por conseguinte, mandamentos de otimização, que são caracterizados por poderem ser satisfeitos em graus variados e pelo fato de que a medida devida de sua satisfação não depende somente das possibilidades fáticas, mas também das possibilidades jurídicas. O âmbito das possibilidades jurídicas é determinado pelos princípios e regras colidentes. (...) Já as regras são normas que são sempre ou satisfeitas ou não satisfeitas. Se uma regra vale, então, deve se fazer exatamente aquilo que ela exige; nem mais, nem menos. Regras contêm, portanto, determinações no âmbito daquilo

Pode-se distinguir uma função ativa e uma função negativa dos princípios. A função positiva consiste na influência exercida nas decisões e no conteúdo de regulamentação que tais decisões criam; a função negativa, na exclusão dos valores a ele contrapostos e das normas que descansam sobre esses valores[27]. O princípio jurídico da solidariedade, materializado na Constituição Federal, expande-se por todas as áreas do direito, oxigenando-as, orientando os rumos a serem seguidos e impedindo a manutenção de atos a ele contrários.

Na seara dos direitos humanos, por exemplo, a doutrina, classificando-os por dimensões, enquadra, na primeira dimensão, os direitos e as garantias individuais, ou as liberdades públicas, oponíveis ao poder público; na segunda, decorrente do período das revoluções socialistas e nacionalistas observadas em grande parte do século XIX e no início do século XX, os direitos sociais, como as garantias dos trabalhadores, e aqueles previstos no art. 6º, da Constituição Federal, os quais implicam maior intervenção do Estado; na terceira, que emerge a partir do término da Segunda Guerra Mundial e da criação da ONU, os chamados de direitos de solidariedade, como o do meio ambiente, sendo admitida aqui uma perspectiva não apenas de proteção de todos os indivíduos, mas também das gerações futuras[28].

que é fática e juridicamente possível. Isso significa que a distinção entre regras e princípios é uma distinção qualitativa, e não uma distinção de grau. Toda norma é ou uma regra ou um princípio" (*Teoria...*, cit., pp. 90-91).

Já a distinção entre princípios e valores, Robert Alexy a lastreia na divisão dos conceitos práticos em: deontológicos, que implicam dever, proibição, permissão e direito a algo; axiológicos, os quais se caracterizam não por um dever ou dever-ser, mas pela ideia de bom, em diversos aspectos, como, por exemplo, bonito, corajoso, seguro, econômico, democrático, social, liberal ou compatível com o Estado de direito; e antropológicos, ligados a vontade, interesse, necessidade, decisão e ação. Os princípios pertenceriam ao âmbito deontológico; os valores, ao axiológico (*Teoria...*, cit., pp. 145-146).

[27] Karl Larenz, *Derecho justo...*, cit., p. 33.

[28] Paulo Luiz Netto Lôbo, *Direito...*, cit., pp. 81-82. Vladmir Oliveira da Silveira e Maria Mendez Rocasolano, *Direitos humanos: conceitos, significados e funções*, São Paulo: Saraiva, 2010, p. 143. Ressalte-se que, segundo Vladmir Oliveira da Silveira e Maria Mendez Rocasolano (*Direitos...*, cit., p. 184), embora se tenha optado pela divisão clássica dos direitos fundamentais nas três dimensões, (liberdade, igualdade e solidariedade), já se observa novo processo dinamogênico em curso, apontando para a quarta dimensão, alimentada pelo valor responsabilidade (ou ética), a qual, todavia, ainda demandará inúmeras batalhas até se impor ante o poder.

Em matéria de direito previdenciário, considera-se a solidariedade como um postulado fundamental, observada na Seguridade Social quando várias pessoas economizam em conjunto para assegurar benefícios a outras, necessitadas dentro de um grupo. Por essa fórmula,

A presença do princípio da solidariedade é notada também no direito tributário. A tributação moderna não se limita a ser um meio de obtenção de recursos para o Estado, constituindo verdadeiramente um instrumento de repartição de riqueza e de desenvolvimento econômico. O princípio da solidariedade social tributária vincula-se, assim, à ideia de justiça social, visando equilibrar os desiguais na medida das suas desigualdades, por meio, inclusive, de interpretações menos individualistas dos tributos[29].

O direito do trabalho é outro ramo do direito a agregar a noção de solidariedade, pela ideia de que a profissão une no mesmo interesse o patrão e os operários. No caso, por exemplo, de um acidente de trabalho, o patrão deve reparar as suas consequências não porque seja responsável, mas porque assiste o seu operário. O fato de ser o operário protegido contra as suas próprias faltas seria inexplicável do ponto de vista da responsabilidade, mas perfeitamente claro utilizando-se o conceito de solidariedade[30].

2. A SOLIDARIEDADE SOCIAL APLICADA AO DIREITO CIVIL

Em sede de direito privado, observa-se referência expressa no Código Civil a conceitos como boa-fé objetiva, função social da propriedade e dos contratos, sem se notar, todavia, menção explícita ao termo solidariedade no sentido ora investigado[31].

distribuem-se as contingências igualmente a todas as pessoas do grupo, ou seja, sendo uma pessoa atingida pela contingência, as demais continuam contribuindo para a cobertura do benefício do necessitado (Sergio Pinto Martins, *Direito da seguridade social*, 17 ed. atual.. São Paulo: Atlas, 2002, pp. 75-76). Na vertente da assistência social, cabe ressaltar, ainda, que tais benefícios, além de serem destinados aos segurados, podem se dirigir de forma indistinta a todos os que dele necessitarem, independentemente de contribuição (CFB, arts. 194, 195 e 203) (Gilmar Ferreira Mendes, Inocêncio Mártires Coelho e Paulo Gustavo Gonet Branco, *Curso de direito constitucional*, São Paulo: Saraiva, 2007, p. 1.299).

[29] Alenilton da Silva Cardoso, *A função...*, cit., pp. 38-39.

[30] Georges Ripert, *A regra...*, cit., pp. 271-272.

[31] No sentido como figura no Código Civil, a solidariedade pode ser definida como "a consolidação em unidade de um vínculo jurídico diante da pluralidade de sujeitos ativos ou passivos de uma obrigação, a fim de que somente se possa cumprir por inteiro, ou *in solidum*. (...) A solidariedade, também conhecida como correalidade, tanto pode referir-se à pluralidade de credores, como à pluralidade de devedores. E daí a evidência da solidariedade ativa e da solidariedade passiva, conforme se fundam em uma pluralidade de relações subjetivas, ou na unidade objetiva da prestação" (De Plácido e Silva, *Vocabulário jurídico: Q-Z*, 12 ed., Rio de Janeiro: Forense, v. IV, 1996, pp. 265-266).

Não obstante, com ênfase nos temas de direito de família, a solidariedade já é bastante reconhecida na doutrina civil, que reconhece também o afeto como um valor fundamental a ser prestigiado, ambos como corolário da dignidade da pessoa humana[32]. Não se deve confundir, contudo, as noções de afeto e solidariedade. O afeto pressupõe uma ligação emocional derivada da convivência entre as pessoas, a partir da qual estes se comprometem em auxiliar e cuidar do outro. A solidariedade, mais ampla, engloba os casos em que essa ajuda não é precedida de qualquer vínculo afetivo entre as partes, devendo se observar mesmo entre estranhos.

A hipótese dos alimentos gravídicos, instituídos pela Lei 11.804/2008, é um claro exemplo de hipótese de solidariedade sem necessariamente estar presente a afetividade, na qual é determinado que suposto genitor preste alimentos a uma criança que ainda nem mesmo veio ao mundo e sem que tenha a certeza sobre a própria paternidade.

A solidariedade é reconhecida no direito de família como fundamento da obrigação de prestar alimentos, do dever de assistência aos filhos, da disposição de que o casamento estabelece plena comunhão de vida, da filiação socioafetiva etc.[33] Todavia, fora da seara do direito de família, ainda se mostra tímida, no direito privado, a referência doutrinária ao princípio da solidariedade, sendo que os autores abaixo se destacam exatamente por se referirem ao assunto, senão vejamos.

De acordo com Alenilton da Silva Cardoso[34], "naquilo que pertine à classe empresarial, solidariedade social impõe a conciliação entre desenvolvimento econômico e meio ambiente, viabilizando-se a sustentabilidade do próprio desenvolvimento, isto porque o direito das futuras gerações precisa ser resguardado, pois é delas o espaço que ocupamos atualmente"[35].

[32] Maria Helena Diniz, *Curso de direito civil brasileiro: direito de família*, 24 ed., São Paulo: Saraiva, v. 5, 2009, p. 19.

[33] Maria Helena Diniz, *Curso...*, v. 5..., cit., pp. 575-576. Maria Berenice Dias, *Manual de direito das famílias*, 5 ed. rev., atual. e ampl., 2ª tiragem, São Paulo: Revista dos Tribunais, 2009, p. 66.

[34] Alenilton da Silva Cardoso, *Princípio...*, cit., p. 142.

[35] Em trabalho específico sobre mercado e solidariedade social, Judith Martins-Costa considera que há uma íntima relação entre estes, sendo esta "norma conformadora daquele, tanto quanto a valorização da iniciativa privada e do trabalho, dissolvendo-se, nessa perspectiva, a antinomia entre a valorização do trabalho e a livre iniciativa, pois ambas se devem conjugar em atenção ao fim comum que as polariza, qual seja a construção de uma sociedade solidária" (Judith Martins-Costa, Mercado e solidariedade social. Entre cosmos e taxis: a boa-fé nas relações de consumo, *In*: MARTINS-COSTA, Judith (Org.), *A reconstrução do direito privado,*

Rosa Maria Barreto Borriello de Andrade Nery[36] lembra que "no direito das sucessões a marca da solidariedade para com os seus se contrapõe à de solidariedade para com todos os outros. É a questão que está por detrás, por exemplo, da imensa e intensa discussão político-jurídica, sobre se os Estados devem permitir, como direito fundamental das pessoas, o direito de sucessão hereditária e testamentária e sobre se se impõe, nos dias de hoje, tributação pesada sobre a transmissão *causa mortis* de grandes fortunas".

Maria Celina Bodin de Moraes[37] aponta como exemplo da aplicação da solidariedade no direito civil a propagação da responsabilidade objetiva oriunda da teoria do risco, pelo que a atividade desenvolvida e os benefícios dela obtidos seriam suficientes a fundamentar o ressarcimento do dano, em detrimento da análise da manifestação culposa ou dolosa do agente[38].

São Paulo: RT, 2002. pp. 611-662, p. 620). Para Teresa Ancona Lopez "põem-se em relevo, e é isso que o novo Código procura fazer, os princípios da cooperação e da solidariedade que devem existir na dinâmica da vida negocial, como setor de uma sociedade maior que deve ser livre, justa e solidária como pede o artigo 3º, inciso I, da Constituição Federal, ou, em outras palavras, a obrigação não pode estar em oposição à função econômico-social a que está destinada, não podendo esse cumprimento pôr em grave risco a existência econômica do devedor, abalando sua integridade patrimonial. Em síntese, as relações jurídicas obrigacionais se resumem em uma cooperação entre as partes e em se tratando de cooperação não se pode pretender do devedor o sacrifício de sua existência patrimonial" (Teresa Ancona Lopez, O estado de perigo como defeito do negócio jurídico, *Revista do Advogado*, Ano XXII, Nº 68, pp. 49-60, Dezembro de 2002, p. 56.).

[36] Rosa Maria Barreto Borriello de Andrade Nery, Apontamentos sobre o princípio da solidariedade no sistema do direito privado, *In*: NERY JUNIOR, Nelson e NERY, Rosa Maria de Andrade (coords.), *Revista de Direito Privado*, São Paulo, Ano 5, N. 17, pp. 65-70, janeiro-março de 2004, p. 67.

[37] Maria Celina Bodin de Moraes, O princípio..., cit., p. 545.

[38] Em estudo acerca da responsabilidade civil no transporte público de pessoas, André Rodrigues Corrêa registra uma alteração de raciocínio "quando o transportador passa a ser condenado a pagar a reparação não com base em uma presunção de responsabilidade, mas com a justificativa de que deve satisfazer à exigência de garantia na direção da coisa utilizada em sua atividade, garantia estabelecida conforme as expectativas de segurança que os demais sujeitos envolvidos possam, legitimamente, nutrir. A vantagem de fundar a chamada responsabilidade por risco na ideia de solidariedade social é que surge não como decorrente da violação de uma obrigação contratual de segurança, mas como decorrente da tutela de um direito geral à segurança. Aqui, o direito atribuído à vítima não surge como algo a ela concedido exclusivamente em razão da correspectiva obrigação contratual, mas como desdobramento de direito que corresponde a toda coletividade. No limite, a expansão da figura da obrigação de segurança para além da área contratual acabou por se transformar numa questão relativa ao direito à segurança, ou seja, substitui-se a perspectiva e vigilância,

Caio Mário da Silva Pereira[39], ao citar a solidariedade na esfera dos contratos, ensina que "a solidariedade humana, princípio informativo do direito moderno, longe de repudiar aquela necessidade equivalência de um e outro contratante, e de menoscabar a reciprocidade proporcional entre a utilidade auferida e a que o outro recebe, antes impõe o dever de não abusar uma parte da necessidade extrema da outra que pratique o ato jurídico manifestamente prejudicial a si própria".

De acordo com Antonio Rulli Neto[40], "na prática, a ideia de solidarismo constitucional se refere a situações em que é necessária a atuação direta ou a interpretação da lei para tirar de situação de risco ou criar oportunidades para determinados grupos, aplicando-se o princípio da igualdade, por exemplo, nos casos concretos. No caso dos contratos, estaríamos diante de uma situação de aplicação do princípio da função social, tendo como fundamento para a aplicação do princípio o solidarismo e a dignidade da pessoa humana".

Quando se observa a citação do princípio da solidariedade na doutrina dos contratos, todavia, não se nota um aprofundamento do que seria o conteúdo deste princípio. Em verdade, nota-se, ainda, nesse ponto, certa confusão entre os conceitos de solidariedade, boa-fé objetiva e função social, figuras que não se identificam.

Pela boa-fé objetiva, manifestação do princípio da eticidade presente no art. 422, do Código Civil, as partes devem se auxiliar mutuamente tanto na celebração quanto na execução do contrato, comportando-se com lealdade, honestidade e confiança. Daí se conclui que a boa-fé objetiva tem uma função negativa, visando impedir a ocorrência de comportamentos desleais (obrigação de lealdade); bem como uma função positiva, objetivando promover a cooperação entre as partes (obrigação de cooperação)[41]. Existe, assim, um tipo de solidariedade, mas que se observa apenas entre as partes, não se identificando com o conceito maior do princípio da solidariedade.

pela assunção da noção de que o direito à reparação das vítimas decorre de uma exigência de concretização de justiça social" (André Rodrigues Corrêa, *Solidariedade e responsabilidade: o tratamento jurídico dos efeitos da criminalidade violenta no transporte público de pessoas no Brasil*, São Paulo: Saraiva, 2009, p. 564).

[39] Caio Mário da Silva Pereira, *Lesão nos contratos*, 6 ed., Rio de Janeiro: Forense, 2001, p. 119.

[40] Antonio Rulli Neto, *Função...*, cit., pp. 123-124.

[41] Luiz Roldão de Freitas Gomes, *Contrato*, Rio de Janeiro: Renovar, 1999, p. 50.

Já a função social dos contratos e da propriedade, disciplinadas nos arts. 421 e 1.228, §1º, do Código Civil, verifica-se numa esfera maior do que a da boa-fé objetiva, em que se consideram os efeitos externos de tais institutos, para além das partes envolvidas, propondo um equilíbrio entre os direitos individuais e os sociais, no que se aproxima do princípio da solidariedade. O preceito da função social da propriedade e dos contratos objetiva integrar os mesmos numa ordem social harmônica, impedindo que prejudiquem a coletividade ou terceiros determinados. Em sua concepção, o princípio implica a proibição de ver tais institutos como átomos isolados que somente interessam às partes[42].

A função social dos contratos obriga os contratantes a não se afastarem das "expectativas sociais" referentes a um dado negócio, não se desviando para propósitos inúteis ou contrários à coletividade, sob pena de se observar a interferência estatal na readequação do negócio. Impõe, assim, às partes, uma postura negativa de não desrespeitar a sociedade. A seu turno, o princípio da solidariedade nos contratos possui uma conotação diversa, agrega uma ideia de que se deve também colaborar, por meio do negócio, para o desenvolvimento da sociedade, numa perspectiva de auxílio às pessoas, de uma forma positiva, inclusive sob o ângulo das gerações futuras.

A compreensão da dinâmica da solidariedade resta sobremaneira facilitada se utilizarmos o recurso da exemplificação. Alguns contratos travados hodiernamente em matéria de construção civil mostram-se bastante elucidativos nesse ponto, tendo repercussão também em matéria de propriedade. Existe atualmente uma série de normas que as edificações públicas e privadas devem seguir, sob pena de intervenção do Poder Público, como

[42] Antonio Junqueira de Azevedo, Princípios do novo direito contratual e desregulamentação do mercado: direito de exclusividade nas relações contratuais de fornecimento: função social do contrato e responsabilidade aquiliana do terceiro que contribui para inadimplemento contratual, *Revista dos Tribunais*, São Paulo, A. 87, V. 750, pp. 113-120, abr. 1998, pp. 116-117. Exemplificativamente, podem-se citar como exemplos de desvio da função social do contrato induzir consumidores a adquirirem produto ou serviço sob influência de propaganda enganosa; alugar imóvel em zona residencial, para fins comerciais; ajustar contrato simulado para prejudicar terceiros; disposição de bens em fraude a credores; qualquer contrato que importe em concorrência desleal; empresa legalmente estabelecida realizar contratos proibidos por lei, como no caso da faturizadora que contrata depósito como se fosse instituição bancária; agência de viagens que contrata turismo sexual; qualquer contrato que importe desvio ético ou econômico de finalidade com prejuízo para terceiros (Humberto Theodoro Júnior, *O contrato e sua função social*, Rio de Janeiro: Forense, 2003, pp. 55-56).

aquelas estabelecidas nos Códigos de obras municipais. Respeitando essas normas, os contratantes que pactuaram a construção estão cumprindo sua função social, deixando de gerar riscos e prejuízos para toda a sociedade.

Essas obras, todavia, podem ir além de simplesmente cumprir as imposições legais e não aviltar a comunidade. Elas podem colaborar, voluntariamente, com a preservação do meio ambiente e, assim, auxiliar o desenvolvimento social, otimizando a qualidade de vida das pessoas, atuando, de forma solidária, além das exigências legais, como no caso das chamadas "obras verdes".

As construções verdes têm se mostrado uma tendência na arquitetura moderna, a despeito do acréscimo que representa em matéria de custos, seguindo os preceitos da sustentabilidade, através da adoção de técnicas como a reutilização de águas cinzas e pluviais, uso de energia solar, materiais ecoeficientes, aproveitamento de ventilação e iluminação naturais etc. Não existe, assim, uma norma que imponha aos contratantes, nesses casos, a adoção das mais avançadas técnicas de sustentabilidade. Todavia, há um reconhecimento de tais iniciativas por meio da certificação de sustentabilidade conferida por alguns órgãos, em virtude das características da obra[43].

Uma importante arma para a concretização da evolução teórica ora defendida são os incentivos fiscais concedidos pelo Poder Público em alguns casos específicos, como se observa em relação à alíquota diferenciada de Imposto sobre Produtos Industrializados – IPI sobre veículos, conforme o combustível utilizado seja menos poluente (Decreto 755/93).

A função solidária do contrato e da propriedade é, assim, aquela que traz uma contribuição valorosa para o desenvolvimento social, semeando a ideia de que, através de tais institutos, é possível colaborar para o desenvolvimento da sociedade, bem como das gerações futuras.

CONCLUSÕES

Pela análise ora exposta, pode-se concluir que o discurso da solidariedade, dentro de um quadro democrático, implica admitir direitos e deveres nas relações interindividuais, como cooperação e respeito, exigindo uma postura não só do Estado, mas também de cada cidadão em relação a todos os

[43] A certificação mais conhecida no Brasil é a LEED (Leadership in Energy and Environmental Design), concebida e concedida pela organização não governamental americana U.S. Green Building Council.

demais, independentemente de qualquer vínculo jurídico, como o contratual ou o familiar, por exemplo.

Diante de todas as crescentes demandas sociais típicas dos Estados em desenvolvimento, acreditamos ser preciso se assentar na doutrina jurídica e na jurisprudência o reconhecimento da importância da aplicação do princípio da solidariedade no direito civil, implicando na valorização da sua função solidária através de incentivos concretos, o que certamente funcionará como mola propulsora do desenvolvimento comum.

O princípio da solidariedade complementa, dessa forma, a tríade socialidade, eticidade e operatividade, que norteou a construção do atual Código Civil, guiando as relações privadas para o caminho da sustentabilidade e da proteção das gerações futuras, através, inclusive, de instrumentos como a função solidária da propriedade e dos contratos.

REFERÊNCIAS

ALARCÓN, Pietro de Jesús Lora. Direitos humanos e direito dos refugiados: os princípios da dignidade humana, a universalidade dos direitos humanos e a solidariedade como fundamentos para superar a discricionariedade estatal na concessão do refúgio. *Anais do XVIII Encontro Nacional do CONPEDI*. Conselho Nacional de Pesquisa e Pós-Graduação em Direito e Centro Universitário de Maringá (org.). Florianópolis: Fundação Boiteux, 2009, pp. 6.267-6.294.

ALEXY, Robert. *Teoria dos direitos fundamentais*. Trad. Virgílio Afonso da Silva. São Paulo: Malheiros, 2008.

ARISTÓTELES. *Política*. 5 ed. São Paulo: Martin Claret, 2009.

AZEVEDO, Antonio Junqueira de. Princípios do novo direito contratual e desregulamentação do mercado: direito de exclusividade nas relações contratuais de fornecimento: função social do contrato e responsabilidade aquiliana do terceiro que contribui para inadimplemento contratual. *Revista dos Tribunais*. São Paulo, A. 87, V. 750, pp. 113-120, abr. 1998.

CARDOSO, Alenilton da Silva. *Princípio da solidariedade: o paradigma ético do direito contemporâneo*. São Paulo: Juarez de Oliveira, 2010.

CORRÊA, André Rodrigues. *Solidariedade e responsabilidade: o tratamento jurídico dos efeitos da criminalidade violenta no transporte público de pessoas no Brasil*. São Paulo: Saraiva, 2009.

DE PLÁCIDO E SILVA. *Vocabulário jurídico: Q-Z*. 12 ed. Rio de Janeiro: Forense, v. IV, 1996.

DIAS, Maria Berenice. *Manual de direito das famílias*. 5 ed. rev., atual. e ampl. 2ª tiragem. São Paulo: Revista dos Tribunais, 2009.

DI LORENZO, Wambert Gomes. *Teoria do Estado de solidariedade: da dignidade da pessoa humana aos seus princípios corolários*. Rio de Janeiro: Elsevier, 2010.

DINIZ, Marcio Augusto de Vasconcelos Diniz. Estado social e o princípio da solidariedade. *Nomos: Revista do Curso de Mestrado em direito da UFC*. Fortaleza, v. 26, pp. 171-185, janeiro-junho de 2007.

DINIZ, Maria Helena. *Curso de direito civil brasileiro: direito de família.* 24 ed. São Paulo: Saraiva, v. 5, 2009.

DUGUIT, Léon. *Las transformaciones del derecho.* Buenos Aires: Heliasta, 1975.

DURKHEIM, Émile. *Da divisão do trabalho social.* Trad. Eduardo Brandão. 3 ed. São Paulo: Martins Fontes, 2008.

DWORKIN, Ronald. *Levando os direitos a sério.* Trad. Nelson Boeira. 2 ed. São Paulo: Martins Fontes, 2007.

FARIAS, José Fernando de Castro. *A origem do direito de solidariedade.* Rio de Janeiro: Renovar, 1998.

GOMES, Luiz Roldão de Freitas. *Contrato.* Rio de Janeiro: Renovar, 1999.

HABERMAS, Jürgen. *Aclaraciones a la ética del discurso.* Madrid: Trotta, 2000.

IHERING, Rudolf Von. *A evolução do direito.* 2 ed. Salvador: Livraria Progresso, 1956.

—. *A luta pelo direito.* 6 ed. Rio de Janeiro: Forense, 1987.

—. *O espírito do direito romano*, Trad. Rafael Benaion, Rio de Janeiro: Alba, V. III, 1943.

LARENZ, Karl. *Derecho justo.* Trad. Luis Díez-Picazo. Madri: Civitas, 1985.

LÔBO, Paulo Luiz Netto. *Direito civil: parte geral.* São Paulo: Saraiva, 2009.

LOPEZ, Teresa Ancona. O estado de perigo como defeito do negócio jurídico. *Revista do Advogado*, Ano XXII, Nº 68, pp. 49-60, Dezembro de 2002.

MARTINS, Sergio Pinto. *Direito da seguridade social.* 17 ed. atual. São Paulo: Atlas, 2002.

MARTINS-COSTA, Judith. Mercado e solidariedade social. Entre cosmos e taxis: a boa-fé nas relações de consumo. *In*: MARTINS-COSTA, Judith (Org.). *A reconstrução do direito privado.* São Paulo: RT, 2002. pp. 611-662.

MENDES, Gilmar Ferreira; COELHO, Inocêncio Mártires; e BRANCO, Paulo Gustavo Gonet. *Curso de direito constitucional.* São Paulo: Saraiva, 2007.

MORAES, Maria Celina Bodin de. O princípio da solidariedade. In: PEREIRA, Antônio Celso Alves e MELLO, Celso Renato Duvivier de Albuquerque (Orgs.). *Estudos em homenagem a Carlos Alberto Menezes Direito.* Rio de Janeiro, Renovar, 2003, pp. 527-556.

MORIN, Edgar. *O Método VI: ética.* 2. ed. Tradução de Juremir Machado da Silva. Porto Alegre: Porto Alegre: Sulina, 2005.

NERY, Rosa Maria Barreto Borriello de Andrade. Apontamentos sobre o princípio da solidariedade no sistema do direito privado. *In*: NERY JUNIOR, Nelson e NERY, Rosa Maria de Andrade (coords.). *Revista de Direito Privado.* São Paulo, Ano 5, N. 17, pp. 65-70, janeiro-março de 2004.

PEREIRA, Caio Mário da Silva. *Lesão nos contratos.* 6 ed. Rio de Janeiro: Forense, 2001.

PRATA, Ana. *A tutela constitucional da autonomia privada.* Coimbra: Almedina, 1982.

REALE, Miguel. *O projeto de Código Civil: situação atual e seus problemas fundamentais.* 2 ed. reform. e atual. São Paulo: Saraiva, 1999.

RIPERT, Georges. *A regra moral nas obrigações civis.* Campinas: Bookseller, 2002.

RULLI NETO, Antonio. *Função social do contrato.* São Paulo: Saraiva, 2011.

SILVA, José Afonso da. *Comentário contextual à Constituição.* 6 ed. atual. São Paulo: Malheiros, 2009.

SILVEIRA, Vladmir Oliveira da e ROCASOLANO, Maria Mendez. *Direitos humanos: conceitos, significados e funções.* São Paulo: Saraiva, 2010.

THEODORO JÚNIOR, Humberto. *O contrato e sua função social.* Rio de Janeiro: Forense, 2003.

OS NOVOS PRINCÍPIOS FUNDAMENTAIS DO REGIME CONTRATUAL

Milton Flávio de A. C. Lautenschläger
Odete Novais Carneiro Queiroz

1. CONSIDERAÇÕES INICIAIS

Desde a sua forma mais rudimentar, por ocasião das primeiras trocas de objetos e prestações de serviços[1], são poucos os institutos que sobreviveram e se adaptaram a tantas e tamanhas transformações sociais quanto o contrato. No entanto, os contratos, tais como hoje constituídos, começam a ganhar os seus contornos definitivos a partir da relativização do princípio da autonomia privada, expressão maior do Estado Liberal, fruto das Revoluções Francesa e Industrial.

No liberalismo, os contratantes eram vistos como partes em patamar de igualdade formal. Não se admitia a existência de um contratante em situação de maior vulnerabilidade, o que implicava a concepção de que uma vez externada livremente a vontade pelo indivíduo, este passava a ficar à

[1] "Pode-se dizer que as primeiras trocas de objetos e as primeiras prestações de serviços ainda que gratuitos consubstanciam a figura do contrato, no seu germe ou embrião, ou, mais precisamente, correspondem ao contrato na sua forma rudimentar. Só mais tarde, com a descoberta e utilização da moeda metálica como medida de valor, e, a seguir, com a invenção da escrita, com a instituição da moeda fiduciária, fator de desenvolvimento do crédito, é que o regime contratual assumiu fisionomia própria e definitiva, tal como conhecemos ainda hoje" (Garcez Neto, Martinho. Temas Atuais de Direito Civil. Rio de Janeiro/São Paulo: Renovar, 2000, p. 1-2).

vontade vinculado, sendo-lhe obrigatório o estrito cumprimento daquilo que validamente contratou[2] (*voluntas facit legem*).[3]

Portanto, a liberdade de contratar, quanto mais ilimitada possível, atendia a um reclamo do modelo econômico liberal que então se estabelecia. Com efeito, passando a propriedade a se desvincular dos laços feudais, foi o contrato que desempenhou o papel de instrumento de circulação das riquezas, viabilizando parte dos sonhos do estamento social ascendente[4].

Não obstante esse ideário liberal, o fato é que a realidade europeia do início do século XIX, expondo as mazelas e conflitos decorrentes da contraposição dos interesses privados e públicos, ocasionou, já na segunda metade desse mesmo século, uma reação socialista, caracterizada pelo chamado "intervencionismo estatal".

Com o advento do comunismo, na Rússia, e da Constituição de *Weimar*, na Alemanha, surgiram as primeiras limitações ao direito de contratar e à liberdade contratual. Muito embora a prevalência da vontade individual tenha sido mantida como regra (v.g. a possibilidade de criação dos mais variados tipos contratuais), pouco a pouco o legislador restringiu o conteúdo da autonomia privada e ampliou o de ordem pública[5]. Os contratos

[2] Nasser, Paulo Magalhães. Onerosidade excessiva no contrato civil. São Paulo: Saraiva, 2011, p. 41.

[3] Em momento de separação das esferas pública e privada, em que se refutava a ingerência estatal absolutista e da estrutura feudal, que então encontravam o seu ocaso, fortaleceram-se as iniciativas de garantias das liberdades, dos denominados direitos de primeira geração (Godoy, Claudio Luiz Bueno de. Função Social do Contrato. 2ª edição, revista e atualizada. São Paulo: Editora Saraiva, 2007, p. 15) ou, nas palavras de Norberto Bobbio, dos direitos de liberdade, "isto é, todos aqueles direitos que tendem a limitar o poder do Estado e a reservar ao indivíduo, ou para os grupos particulares, uma esfera de liberdade sem relação ao Estado" (A era dos direitos. Tradução de Carlos Nélson Coutinho. 9ª edição. Rio de Janeiro: Editora Campus, 1992, p. 32).

[4] Godoy, Claudio Luiz Bueno de, Função Social do Contrato, cit., p. 15-16. Como observa Ana Prata, "a ligação entre o trabalhador e os meios de produção só é possível pelo acordo daquele e do proprietário destes. Declarado livre o trabalhador, isto é, reconhecida a propriedade do trabalhador à sua força de trabalho, isso impõe que lhe seja reconhecida personalidade jurídica e capacidade negocial, para que ele possa celebrar o contrato pelo qual aquela ligação se mediatiza, agora necessariamente" (A tutela constitucional da autonomia privada. Coimbra: Editora Almedina, 1982, p. 8).

[5] Wald, Arnoldo. Um novo direito para a nova economia: a evolução dos contratos e o código civil *in* O Direito Civil no Século XXI, Coordenação de Maria Helena Diniz e Roberto Senise Lisboa, São Paulo, Editora Saraiva, 2003, p. 83-4.

deixaram de pressupor a igualdade formal das partes, para servirem de instrumento na busca pela *equivalência material de suas prestações*.

A esse moderno movimento intervencionista jurisdicional e legiferante, Josserand denominou de "publicização do contrato". Entre nós, esta tendência notabilizou-se pela expressão "dirigismo contratual", responsável imediato pela expansão das normas de ordem pública, postas à proteção dos polos economicamente mais frágeis (o empregado, o inquilino, o consumidor etc.).

A propósito, a decadência do voluntarismo não pode ser inteira e exclusivamente relacionada à atuação do Estado (Estado-juiz), uma vez que práticas contratuais como a proliferação dos chamados "contratos de adesão"[6] também acabaram por limitar a liberdade contratual, justificando a intervenção estatal[7]. Há cerca de meio século essas transformações foram interpretadas, por alguns eminentes juristas, como manifestações da chamada *crise do contrato*[8], com o que não se pode concordar[9]. A evolução dos con-

[6] "O dirigismo privado vale-se, freqüentemente, de três formas de padronização contratual: o contrato de adesão, as condições gerais de contrato e o contrato concluído mediante módulos ou formulários. O Código Civil italiano trata destacadamente cada forma: arts. 1.332, 1.341 e 1.342. São formas intercomunicadas. Às vezes estão indissoluvelmente integradas: um contrato que só permite a adesão da outra parte; as condições gerais estão nele reproduzidas e é utilizado um formulário padronizado. Os usos preferem que as condições gerais sejam apenas referidas no contrato padronizado, mas não reproduzidas. O contrato de adesão pode ser concluído pela simples aquisição ou utilização de bens ou serviços fornecidos, incidindo-se nas condições gerais correspondentes, que são desconhecidas do contratante débil" (Lobo, Dirigismo contratual, p. 75, abr./jun. 1990, *apud* FACHIN, Luiz Edson. Teoria Crítica do Direito Civil à luz do novo Código Civil Brasileiro. 2ª edição, revista e atualizada. Rio de Janeiro/São Paulo: Renovar, 2003, p. 192).

[7] No entender de Martinho Garcez Neto, "se, hodiernamente, não se pode negar que, apenas em reduzida minoria, existe a possibilidade de livre discussão das cláusulas de um contrato; se, na verdade, a imensa maioria dos contratos são impostos, como lei, pela parte mais forte à mais fraca, que apenas tem a liberdade de aderir ao contrato, isto é, de aceitá-lo como lhe é oferecido, sem que o possa discutir e impugnar, certamente, a tão apregoada igualdade dos contratantes não passa de uma fábula, de que se vale um dos contratantes para explorar e oprimir o outro, menos favorecido pela situação econômica e social". (Temas Atuais de Direito Civil, cit., p. 11).

[8] "A segunda metade do século XX, principalmente, foi o tempo em que mais se falou acerca de uma eventual decadência do contrato, tido sempre como um dos fundamentais pilares de sustentação do direito privado e da autonomia da vontade privada. (...) Uma ingerência cada vez mais presente, por parte do Estado, na estruturação desse conteúdo contratual, tendo em vista a salvaguarda de interesses sociais mais significativos que a mera intenção e simples pretensão dos contratantes, constituiu-se, também, em forte razão para a crescente onda

tratos nada mais é do que parte da evolução da própria vida em sociedade[10] e, nesse sentido, apostar na derrocada dos contratos é apostar no fracasso das relações humanas. Tomando por empréstimo os dizeres de Arnoldo Wald, a "polivalência do contrato e a sua vinculação à importância que a civilização ocidental reconhece à palavra dada, e ao consenso ao qual chegaram as partes, justificam tanto a sobrevivência quanto a adaptação ao contexto existente no terceiro milênio desse instrumento tão rico e flexível, que tem permitido o desenvolvimento racional e pacífico das relações entre os homens"[11].

de descrédito que pretendeu tomar conta do destino do contrato enquanto tradicional e clássico instituto de direito privado" (Hironaka, Giselda Maria Fernandes Novaes. Contrato: estrutura milenar de fundação do direito privado – Superando a crise e renovando princípios, no início do vigésimo primeiro século, ao tempo da transição legislativa civil brasileira. Revista do Advogado, Ano XXII, nº 68, São Paulo, Dezembro de 2002, p. 79).

[9] "Seria portanto equívoco imperdoável tomar como sintomas de decadência dos contratos as limitações impostas à liberdade de contratar em sufrágio do bem comum e da supremacia da ordem pública, que consistem, segundo resulta dos mais modernos juristas: na defesa do contratante débil contra o forte, especificamente nos contratos de adesão e nos contratos-tipo; na paridade de tratamento nos contratos concluídos mediante concessão da administração pública, sob forma de monopólio; na nulidade das cláusulas leoninas; na vedação do contrato usurário; na invalidade das cláusulas exonerativas de responsabilidade por culpa ou dolo; na exclusão de toda e qualquer matéria insuscetível de tutela jurídica; na inclusão prevalente e automática de certas cláusulas; na integração do contrato mediante a vontade da lei; na repressão da má-fé; na proteção da boa-fé e da equidade quanto aos efeitos das convenções; na rescindibilidade do pacto concluído em estado de necessidade ou contaminado de lesão inicial; na suspensão da execução por mudança das condições patrimoniais do contratante; na resolução ou redução por onerosidade excessiva" (Garcez Neto, Martinho Garcez Neto, Temas Atuais de Direito Civil, cit., p. 19-20).

[10] "Ora mais publicizado, ora mais socializado, ora mais poroso à intervenção estatal, ora mais limitado quanto ao seu conteúdo específico, ora mais funcionalizado, não importa. Todas essas faces são as faces do contrato, que se transmuda e evolui sempre, como a própria transmudação e evolução da pessoa humana e das relações que estabelece com os demais. A dinâmica própria da vida dos homens e a realidade jurídica subjacente conseguem explicar e justificar essa modalidade, traçando-a naturalmente, conforme convém, e imprimindo o devido grau de certeza acerca da necessidade e urgência desta releitura contratual. Construção e crítica se alternaram (desde o início do anterior século), produzindo um movimento de edificação de uma teoria (geral do direito privado) tão sólida quanto volátil" (Hironaka, Giselda Maria Fernandes Novaes, Contrato: estrutura milenar de fundação do direito privado – Superando a crise e renovando princípios, no início do vigésimo primeiro século, ao tempo da transição legislativa civil brasileira, cit., p. 79).

[11] Um novo direito para a nova economia: a evolução dos contratos e o código civil, cit., p. 92.

Embora "institucionalizados", a verdade é que os contratos e, por conseguinte, a autonomia privada, adquiriram uma nova dimensão, a justificar o desenvolvimento de uma estrutura atual, e não a sua morte[12]. Esta verdadeira interpenetração do direito público no direito privado exige um novo modelo jurídico que, a um só tempo, garanta a liberdade de atuação do particular, sem esquecer o papel do Estado, na qualidade de distribuidor e garantidor do bem-estar social (*welfare state*).

Não se trata de desprestigiar princípios tão tradicionais como o princípio da liberdade contratual, mas de interpretá-los sob uma nova ótica. Como salienta Luigi Ferri, a liberdade natural dos indivíduos sofre restrições ou limitações de ordem pública exatamente para que se lhes assegure uma efetiva liberdade jurídica[13]. Nesse sentido, antes de representar a subjugação do direito privado pelo direito público, a intervenção das regras públicas busca garantir, mais amplamente, um real e seguro campo de atuação aos contratantes. Portanto, para além de um limite negativo, externo e excepcional à autonomia privada, o "dirigismo contratual" apresenta-se como limite interno, permanente e positivo à preservação da autonomia privada[14].

2. A CONSTITUIÇÃO FEDERAL DE 1988 E O CÓDIGO CIVIL DE 2002

A despeito de "tudo" estar em constante transformação, nas ciências humanas, particularmente, são fatores sociais, culturais, políticos, históricos e econômicos aqueles que mais contribuem para que os estudos evoluam

[12] Deve-se reconhecer que o contrato deixou de ter, na vontade dos sujeitos, a sua fonte exclusiva e legitimadora. O estabelecimento de valores constitucionais fundamentais a serem atendidos e, bem assim, de normas infraconstitucionais que servem a dar efetividade àqueles valores, ampliaram muito o conceito das fontes do contrato. Há até quem diga, em função disso, que foi separado um campo residual na formação dos negócios jurídicos para a autonomia privada, "resultado da apriorística incidência das regras constitucionais e legais que, depois, deixam um espaço reservado à atuação da vontade do sujeito jurídico" (GODOY, Claudio Luiz Bueno de, Função Social do Contrato, cit., p. 17-18).

[13] *La autonomia privada*. Tradução de Luís Sancho Mendizabal. Madri: Revista de Derecho Privado, 1969, p. 245-249 *apud* GODOY, Claudio Luiz Bueno de, Função Social do Contrato, cit., p. 20.

[14] Nos dizeres de Antunes Varela, em matéria de autonomia privada, o ordenamento não funciona como simples limite negativo, servindo, antes, a integrar-se à vontade dos contraentes. Por isso, diz o referido Autor, "vontade dos contratantes e lei integram, quase sempre em estreita união, o todo incindível que é a disciplina do contrato" (Das obrigações em geral. 10ª edição. Coimbra: Editora Almedina, 2000, volume 1, p. 231).

em consonância com o desenvolvimento da própria sociedade. No Direito, como não poderia deixar de ser, os objetos de estudo sofrem a influência com peso preponderante de diferentes e determinados fatores.

Especificamente na seara dos Contratos, acontecimentos sociais, culturais, políticos, históricos e econômicos já foram responsáveis por inúmeras de suas transformações formais e materiais. Recentemente, contudo, são os eventos sociais e econômicos que melhor explicam a evolução e o atual estágio dos princípios contratuais no Direito brasileiro[15].

Para ficar apenas naqueles fatores determinantes ao desenvolvimento dos novos princípios contratuais, é importante rememorar o advento da Constituição de 1988 e do Código Civil brasileiro de 2002, com as consequências deles decorrentes.

2.1. A CONSTITUIÇÃO FEDERAL BRASILEIRA DE 1988

Seja pelo critério cronológico, seja pela relação hierárquica, inicia-se esta análise destacando características da nossa atual Constituição Federal: a grande responsável pelas mais recentes transformações no Direito Civil brasileiro. Sabe-se que, originalmente, o Direito Civil brasileiro é fruto das doutrinas individualista e voluntarista que, consagradas pelo Código Civil de Napoleão, foram incorporadas pelas codificações do século XIX.

Nessa época, restava bem delineado o significado *constitucional* do Código Civil para o direito privado, no sentido de que, além do corpo codificado, inexistia regra que lhe fosse hierarquicamente superior em matéria de relações patrimoniais. Ao direito civil cumpria garantir à atividade privada, e ao sujeito de direito, em particular, a estabilidade proporcionada por regras quase imutáveis nas suas relações econômicas. No entanto, as dificuldades econômicas advindas de um longo processo de industrialização – havido na primeira metade do século XX -, o desenvolvimento das doutrinas reivindicacionistas e a expansão dos movimentos sociais, contribuíram para que, no âmbito das Cartas políticas e das grandes Constituições do pós-guerra, fossem introduzidos, de forma inédita,

15 Segundo Orlando Gomes: "A concepção de contrato, a idéia de relação contratual, sofreu, porém, nos últimos tempos uma evolução sensível, em face da criação de um novo tipo de sociedade, sociedade industrializada, de consumo, massificada, sociedade de informação, e em face, também, da evolução natural do pensamento teórico-jurídico" (Contratos. 26ª edição, atualizada de acordo como Código Civil de 2002, por Antonio Junqueira de Azevedo e Francisco de Paulo de Crescenzo Marino. Rio de Janeiro: Editora Forense, 2008, p. 57).

princípios e normas que limitaram o desenvolvimento da atividade econômica privada.

Ao abrigar essa inserção legal e principiológica, o Estado posicionou-se de forma ativa, regulando um setor até então imune às suas interferências. Atentos a esse movimento, os textos constitucionais brasileiros, aos poucos, passaram a tratar de temas antes reservados exclusivamente ao Código Civil, tais como a função social da propriedade, os limites da atividade econômica, a organização familiar, dando origem àquilo que hoje chamamos de a "Constitucionalização do Direito Civil"[16].

O próprio direito civil, através da legislação extracodificada, deslocou a sua preocupação central, do indivíduo, para as atividades por ele desenvolvidas e os riscos delas derivadas. Assim, enquanto o Código Civil preocupava-se em garantir as "regras do jogo", as leis especiais alteravam-nas, sem qualquer cerimônia, no intuito de garantir objetivos sociais e econômicos definidos pelo Estado.

A intensificação desse processo intervencionista, no caso brasileiro, resultou na subtração, ao Código Civil, de setores inteiros da atividade privada, mediante um conjunto de normas que não se limitam a regular aspectos de determinadas áreas, mas a discipliná-las integralmente. O mecanismo foi consagrado pela Constituição Federal, de 5 de outubro de 1988, que inaugurou um novo papel e uma nova fase para o Código Civil, a ser valorado e interpretado juntamente com inúmeros diplomas setoriais, cada um deles com vocação universalizante[17]. O Estatuto da Criança e do Adolescente, o Código de Defesa do Consumidor, ambos de 1990, a Lei de Locações, de 1991, são exemplos desses diplomas, com evidentes preocupações sociais, a retratar e garantir uma nova realidade axiológica.

As peculiares características dos estatutos como acima referidos merecem especial atenção, uma vez que por intermédio delas é possível extrair

[16] Gustavo Tepedino, a propósito dessa expressão, resume os seus três possíveis sentidos. A expressão, segundo ele, pode: a) ser usada no sentido de "limite para uma reserva legal", isto é, as normas constitucionais, porque incidem sobre o legislador ordinário, exigem uma "produção legislativa compatível com o programa constitucional"; b) significar uma orientação hermenêutica, na esteira de que a leitura da lei civil deve ser feita conforme o texto constitucional; e, finalmente, c) traduzir uma "nova tábua axiológica", disponível à vida privada e às relações civis dela decorrentes. (Temas de Direito Civil. Tomo II. Rio de Janeiro: Renovar, 2006, p. 41-42).

[17] TEPEDINO, Gustavo, Temas de Direito Civil, Tomo II, cit., p. 30.

parte das recentes transformações havidas no direito privado nacional e, consequentemente, indícios que apontam para o seu cenário futuro. Gustavo Tepedino sintetiza essas características da seguinte maneira:

> "Em primeiro lugar, nota-se uma alteração profunda na técnica legislativa. Cuida-se de leis que definem objetivos concretos; uma legislação de objetivos, que vai muito além da simples garantia de regras estáveis para os negócios. (...) Em segundo lugar, verifica-se uma alteração radical na linguagem empregada pelo legislador. As leis passam a ter uma linguagem menos jurídica e mais setorial, uma linguagem que, não obstante os protestos dos juristas, atende a exigências específicas, ora atinentes a questões da informática, ora relacionadas a inovações tecnológicas ou a novas operações contratuais, ora a assuntos financeiros ou econômicos, suscitando muitas vezes dificuldades para o intérprete. (...) Em quarto lugar, não mais se limita o legislador à disciplina das relações patrimoniais. Na esteira do texto constitucional, que impõe inúmeros deveres extrapatrimoniais nas relações privadas, tendo em mira a realização da personalidade e a tutela da dignidade da pessoa humana, o legislador mais e mais condiciona a proteção de situações contratuais ou situações jurídicas tradicionalmente disciplinadas sob ótica exclusivamente patrimonial ao cumprimento de deveres não patrimoniais. (...) Mais ainda, como quinto característico na nova forma de legislar, nota-se o caráter contratual de tais estatutos. As associações, os sindicatos, os grupos interessados na regulamentação dos respectivos setores da sociedade negociam e debatem a promulgação de suas leis, buscam a aprovação de normas que atendam a exigências específicas, setorialmente localizadas. Aquele legislador do Código Civil que legisla de maneira geral e abstrata, tendo em mira o cidadão comum, dá lugar a um *legislador-negociador*, com vocação para a *contratação*, que produz a normatização para determinados grupos – locador e locatário, fornecedores e consumidores, e assim por diante."[18]

Não há dúvida, portanto, que o direito civil perdeu parte da sua tradicional unidade sistemática, antes assentada de maneira estável e duradoura no Código Civil. A Teoria Geral da Propriedade já não é suficiente para atender a todas as situações em que se dá o exercício do domínio, que por isso se fragmenta. No âmbito da responsabilidade, torna-se clara a insuficiência da responsabilidade aquiliana para atender aos novos ris-

[18] Temas de Direito Civil, Rio de Janeiro, Renovar, 1999, p. 8-10.

cos decorrentes do desenvolvimento industrial e tecnológico. E a própria Teoria Geral dos Contratos já não mais responde às necessidades do consumo, da contratação em massa, da contratação coletiva, da contratação eletrônica etc[19].

Tais circunstâncias, reproduzidas em diversos países europeus, contribuíram para que Natalino Irti, da Universidade de Roma, anunciasse a chamada "era da descodificação", com a substituição do monossistema, fundado no Código Civil, por um polissistema, constituído de estatutos que se consubstanciam em verdadeiros microssistemas do direito privado[20]. Esses microssistemas, ao invés de gravitarem como satélites dispostos ao redor do grande centro de referência, que era o Código Civil, passam a funcionar, no entender de Irti, de forma isolada e com inteira independência temática. Nesse sentido, a seu ver, o Código Civil passaria a ter uma função "meramente residual", aplicável apenas às matérias não regulamentadas pelas leis especiais.

A despeito do seu incontestável valor histórico, a doutrina de Natalino Irti, se levada às últimas consequências, daria conta de uma grave fragmentação do sistema, a permitir a coexistência de universos legislativos isolados, sob a égide de princípios e valores díspares, "não raro antagônicos e conflitantes, ao sabor dos grupos políticos de pressão"[21].

Entretanto, não parece ter sido esse o espírito do legislador constituinte nacional. A nossa Carta Magna definiu princípios e valores bastante peculiares ao direito civil, em especial ao tratar da propriedade, dos direitos da personalidade, das relações de consumo, das empresas e da família. Sendo assim, muito embora reconhecendo a existência dos microssistemas, há claro direcionamento para uma unidade, não mais centrada exclusivamente no Código Civil, mas, sobretudo, na tábua axiológica da Constituição[22].

[19] TEPEDINO, Gustavo, Temas de Direito Civil, cit., p. 10-11.

[20] A expressão dá o título à coletânea e é recorrente nos trabalhos reunidos em N. Irti, *L'età dela decodificazione* (v. TEPEDINO, Gustavo, Temas de Direito Civil, cit., p. 11, N.R.).

[21] TEPEDINO, Gustavo, Temas de Direito Civil, cit., p. 12.

[22] A esse respeito, afirma Gustavo Tepedino: "Se o Código Civil mostra-se incapaz – até mesmo por sua posição hierárquica – de informar, com princípios estáveis, as regras contidas nos diversos estatutos, não parece haver dúvida que o texto constitucional poderá fazê-lo, já que o constituinte, deliberadamente, através de princípios e normas, interveio nas relações de direito privado, determinando, conseguintemente, os critérios interpretativos de cada uma das leis especiais. Recupera-se, assim, o universo desfeito, reunificando-se o sistema" (Temas de Direito Civil, cit., p. 13).

Seus ditames são exemplos evidentes da integração hermenêutica havida entre o Código Civil, as leis especiais e a Constituição: o tratamento dado à função social da propriedade privada, elevada a princípio fundamental do ordenamento, e não apenas a princípio da ordem econômica; o tratamento dado pela Lei de Locações (Lei nº 8.245/91) aos valores extrapatrimoniais, ou existenciais, da moradia, do trabalho, da estabilidade do homem em seu *habitat*, enfim, ao princípio maior da dignidade da pessoa humana; o tratamento dado aos consumidores pela Lei nº 8.069/90, que, em seu art. 4º, define que a política nacional das relações de consumo (informada pelos arts. 5º, XXXII, e 170, V, da Constituição) "tem por objetivo o atendimento das necessidades dos consumidores, o respeito à sua dignidade, saúde e segurança, a proteção de seus interesses econômicos, a melhoria da sua qualidade de vida, bem como a transparência e harmonia das relações de consumo"; o tratamento dado ao direito de família, mediante a consagração, pelo Estatuto da Criança e do Adolescente, da igualdade de todos os filhos perante a Constituição (art. 227, parágrafo 6º da Constituição Federal) etc.

Portanto, os programas constitucionais não devem ser interpretados como programas políticos, deslocados da normativa concreta e atual. Ao contrário, devem ser lidos como uma forma de dar conteúdo ao Código Civil e às leis especiais.

Na esteira do que proclama Gustavo Tepedino, a partir da Constituição Federal de 1988 o civilista teve que superar, na atividade interpretativa, alguns "preconceitos" que o afastavam de uma perspectiva civil-constitucional. Em primeiro lugar, não se pode mais cogitar, no âmbito do direito civil, em princípios constitucionais apenas como princípios políticos. A Constituição tem um indispensável papel unificador do direito privado, e assim deve ser vista, para que, desta maneira, os institutos de direito privado sejam revistos e redimensionados. Em segundo lugar, os princípios constitucionais não podem ser tomados como simples princípios gerais do direito, extraídos implicitamente da legislação, pelo método indutivo. Ao contrário, tais princípios devem ser prestigiados de acordo com a relevante e destacada posição que detêm na hierarquia normativa nacional. Em terceiro lugar, ainda no que se refere à técnica interpretativa, o aplicador do direito não pode se manter apegado à necessidade de regulamentação casuística, uma vez que o legislador vem alterando a sua forma de legislar, dando preferência às cláusulas gerais e aos conceitos indeterminados, convencido que está da sua própria incapacidade para regular todas as inúmeras e multifacetadas situações nas quais o sujeito de direito se insere, atualmente. Por fim, o dirigismo contratual e as instâncias de controle social instituídas por uma sociedade mais participativa alteraram o comportamento do Estado em relação aos cidadãos, redefinindo os espaços do público e do privado, não mais pela existência ou não de intervenção pública nas atividades privadas ou pela exclusão da participação dos cidadãos nas esferas públicas, mas segundo a prevalência do interesse público ou do interesse privado na situação concreta[23].

Antes de ser compreendida como prova do agigantamento do direito público em detrimento do direito privado, a perspectiva de uma interpretação civil-constitucional deve ser vista como uma oportunidade de revigorar institutos de direito civil, segundo uma nova realidade social inserida no tecido normativo constitucional.

A inflexão dos novos princípios constitucionais, nas situações jurídicas subjetivas, proporcionou uma alteração valorativa no próprio conceito de ordem pública, elevando ao ápice do ordenamento jurídico nacional o princípio da dignidade da pessoa humana. E se "a proteção aos valores existenciais configura momento culminante da nova ordem pública instaurada pela Constituição", diz Gustavo Tepedino, "não poderá haver situação jurídica subjetiva que não esteja comprometida com a realização do programa constitucional"[24].

No âmbito dos contratos, a situação não poderia ser diferente. Ao menos quatro princípios fundamentais de nosso texto Constitucional tocam a nova realidade contratual brasileira: a dignidade da pessoa humana (art. 1º, III); o valor social da livre iniciativa (art. 1º, IV); a igualdade substancial (art. 3º, III); e a solidariedade social (art. 3º, I). Os dois primeiros são tidos pelo constituinte como fundamentos da República; os últimos são apresentados como os seus objetivos fundamentais; e todos eles informam uma nova principiologia das relações contratuais.

A verdade é que os três princípios cardinais do regime contratual, a autonomia privada, a força obrigatória dos contratos e a relatividade obrigacional, embora prestigiados pelo sistema, adquirem novos contornos a partir da Constituição Federal de 1988. Com o advento da nossa Magna

[23] V. Temas de Direito Civil, cit., p. 18-19.

[24] Temas de Direito Civil, Tomo II, cit., p. 42.

Carta, há uma remodelagem da atuação da vontade individual, levando a efeito a funcionalização da atividade econômica, de modo a que esta atenda aos valores sociais constitucionalmente tutelados, em obediência aos princípios da dignidade da pessoa humana, da solidariedade social e da igualdade substancial, que integram o conteúdo do Estado Social de Direito delineado pelo constituinte.

Resta evidente, pois, a contribuição direta do nosso Texto Constitucional de 1988 para que fosse modificado o tradicional modo de se ver e interpretar o Direito Privado nacional, inclusive na seara contratual.

2.2. O CÓDIGO CIVIL BRASILEIRO DE 2002

Além da Constituição Federal, não há dúvida de que o Código Civil de 2002 e os seus novos princípios influenciaram sobremaneira toda a estrutura contratual até então vigente no Brasil. A história da codificação do direito civil brasileiro deve ser analisada levando-se em consideração seus dois maiores paradigmas, quais sejam, a codificação francesa e a alemã. A esse respeito, é posição assente na doutrina nacional que a divisão estrutural do Código Civil brasileiro de 1916, em sua Parte Geral e Especial, foi inspirada na divisão estabelecida pelo BGB[25], contendo, do ponto de vista material, forte influência do *Code Napoléon*[26].

Ao lado da influência estrutural e material franco-germânica, cumpre ressaltar que a efetivação das normas postas no ordenamento jurídico pátrio e seu modo de interpretação e aplicação devem ser entendidos em consonância com marcantes aspectos históricos, especialmente aqueles que envolvem a pré-história da independência jurídica nacional, assinalada pela vigência temporal do Código de 1916.

Como se sabe, após a Independência, em 1822, o Governo Imperial brasileiro editou a Lei de 20 de outubro de 1823, por intermédio da qual determinou que continuariam em vigor as ordenações, leis, os regimentos,

[25] Boa parte da doutrina atribui aos pandectistas alemães a idéia de dotar o Código Civil de uma Parte Geral contendo os princípios gerais aplicáveis aos livros da Parte Especial. No entanto, foi mesmo Teixeira de Freitas quem, precedendo em cerca de quarenta anos o BGB, preconizou em sua "Consolidação das Leis Civis" a estruturação de nosso estatuto civil dessa forma (MARTINS-COSTA, Judith. A boa fé no direito privado: sistema e tópica no processo obrigacional. São Paulo: Editora Revista dos Tribunais, 1999, p. 251).

[26] Ver Pontes de Miranda, Fontes e evolução do direito civil brasileiro, Rio de Janeiro: Forense, 1981, p. 93, Clóvis do Couto e Silva, O direito civil brasileiro em perspectiva histórica e visão de futuro, Ajuris, v. 40 e Judith Martins-Costa, A boa-fé no direito privado, cit., p. 237 e seguintes.

alvarás, decretos e resoluções promulgados pelos reis de Portugal até 25 de abril de 1821, enquanto não se organizasse um novo Código ou aqueles novos diplomas não fossem especialmente alterados[27].

Esta a razão por que a formação do direito privado brasileiro deve ser vista como resultado de um longo processo evolutivo, iniciado com a primeira das Ordenações, no século XV, e sedimentado em meados do século XVIII, através das Ordenações Filipinas, promulgadas em 1603[28]. Já em 1867, Portugal adota um Código Civil de nítida inspiração francesa, o chamado Código de Seabra. No Brasil, por outro lado, apesar da determinação constitucional de 1824, para que fosse organizado, "o quanto antes, um Código Civil e Criminal fundado nas sólidas bases da justiça e da equidade",[29] permanece-se por conta da aludida Lei de 20 de outubro de 1823, até o início da obra codificatória, com Teixeira de Freitas[30].

Augusto Teixeira de Freitas já havia apresentado, em 1858, um trabalho de consolidação das leis civis. O projeto então elaborado, denominado "Esboço do Código Civil", continha cinco mil artigos e acabou não sendo acolhido, após sofrer críticas da comissão revisora[31]. A esse propósito, salienta Judith Martins-Costa, "os infortúnios e a incompreensão que cercaram a obra de Teixeira de Freitas não foram inúteis". Afinal, lembra a autora, o que importa registrar "foi o legado transmitido ao Código Civil no que diz com a concepção de sistema até então adotada"[32], em larga medida incorporada pelo Código Civil de 1916.

Após o rompimento do contrato de Teixeira de Freitas com o Governo Imperial, em 1872, várias outras tentativas foram feitas, até que a tarefa

[27] MARTINS-COSTA, Judith, A boa-fé no direito privado, cit., p. 239.

[28] CRUZ, Guilherme Braga da, A formação histórica do moderno direito privado português e brasileiro, Revista da Faculdade de Direito da Universidade de São Paulo, v. L, 1955, p. 34, *apud* MARTINS-COSTA, Judith, A boa-fé no direito privado, cit., p. 239.

[29] Constituição brasileira de 1824, artigo 79, inciso XVIII.

[30] MARTINS-COSTA, Judith, A boa-fé no direito privado, cit., p. 246.

[31] GONÇALVES, Carlos Roberto, Direito Civil Brasileiro. 1º Volume. São Paulo: Editora Saraiva, 2003, p. 17. O Autor ressalta, igualmente, que a obra de Teixeira de Freitas influenciou o Código Civil argentino, do qual constitui a base.

[32] A boa-fé no direito privado, cit., p. 258. "O que no Código Civil 'morde (digamos) a realidade vem de Teixeira de Freitas, ou de Coelho Rodrigues', afirma Pontes de Miranda, referindo-se ao *Esboço* e ao Projeto de Coelho Rodrigues. Em termos quantitativos, deve-se a Teixeira de Freitas 189 das aproximadamente 1.929 fontes, o que, ainda segundo Pontes de Miranda, equivale a dizer que 'em tudo o que se alterou foi o *Esboço* a fonte principal".

foi encomendada a Clóvis Beviláqua. O Projeto de Código Civil foi por ele então elaborado, depois revisto, encaminhado ao Presidente da República, que o remeteu ao Congresso Nacional, em 1900[33].

Na Câmara dos Deputados, o projeto sofreu algumas alterações determinadas por uma comissão especialmente nomeada para examiná-lo. No Senado, mereceu longo parecer de Rui Barbosa. Aprovado em janeiro de 1916, entrou em vigor em 1º de janeiro de 1917. Segundo Carlos Roberto Gonçalves, "tratava-se de um Código de acentuado rigor científico, cujo surgimento foi saudado com louvor por renomados juristas, como Scialoja na Itália, Nolde e Wolff na França, que enalteceram especialmente sua clareza e precisão científica"[34].

Pois bem, foi justamente essa grandiosa obra que o novo Código Civil brasileiro veio para revogar. Após algumas tentativas frustradas de promover a revisão do Código Civil de 1916, o Governo Federal nomeou, em 1967, nova comissão de juristas, sob a supervisão de Miguel Reale. Integravam-na, além deste último: José Carlos Moreira Alves (Parte Geral), Agostinho Alvim (Direito das Obrigações), Sylvio Marcondes (Direito da Empresa), Ebert Vianna Chamoun (Direito das Coisas), Clóvis do Couto e Silva (Direito de Família) e Torquato Castro (Direito das Sucessões).

Muito embora designada para promover a substituição do Código então vigente, a "Comissão Revisora e Elaboradora do Código Civil", segundo Miguel Reale, "estabeleceu, entre os seus propósitos iniciais, o de conservar o máximo possível o disposto no Código de 1916, objeto de preciosos estudos doutrinários e de valiosa jurisprudência (...)"[35]. Portanto, se a influência daquele *Codex* na citada Comissão não foi maior, isto se devem unicamente às imensas alterações operadas no decurso do século passado, tanto no plano científico e tecnológico como no campo social (especial-

[33] Carlos Roberto Gonçalves, Direito Civil Brasileiro, volume 1, cit. p. 17. Não se pode olvidar, ainda, que pouco antes da indicação de Clóvis Beviláqua, Coelho Rodrigues havia sido escolhido para a apresentação de um projeto, e ele o fez, tendo apresentado trabalho de incontestável merecimento, em condições de se converter em lei, mas que não obteve as boas graças do Legislativo, onde não teve andamento. Clóvis Beviláqua foi então convidado para esse mister, com a recomendação de aproveitar, tanto quanto possível, o projeto Coelho Rodrigues. Desse modo, foi possível desincumbir-se da difícil tarefa em pouco mais de seis meses.

[34] Idem, p. 18.

[35] Trecho retirado do artigo Espírito da nova Lei Civil, publicado por Miguel Reale no jornal "O Estado de São Paulo", Espaço Aberto, em 04 de janeiro de 2003.

mente aquelas havidas logo após a Grande Guerra), modificações essas que tornaram impossível a manutenção de algumas disposições legais, incompatíveis com os interesses e necessidades de nosso mundo de hoje.

Não se pode perder de vista que Clóvis Beviláqua redigiu seu anteprojeto de Código Civil em fins do século dezenove, quando ainda prevaleciam princípios de marcante individualismo, e a civilização brasileira ainda correspondia a uma sociedade rural e agrária, com a maior parte da população vivendo no campo[36]. Nos domínios da ciência do direito, como lembra Miguel Reale, "prevalecia a preocupação oitocentista da escola francesa da exegese ou da germânica dos pandectistas visando resolver as questões sociais tão somente à luz de categorias jurídicas, enquanto que, nos tempos atuais, se compreende o Direito em perene vinculação com valores sociais e éticos"[37].

E foram justamente esses valores, enfim, que nortearam as diretrizes maiores do novo Código, representadas por três princípios fundamentais: o da *operabilidade*, o da *socialidade* e o da *eticidade*. No que se refere a operabilidade, preocupou-se a Comissão em estabelecer "soluções normativas de modo a facilitar sua interpretação e aplicação pelo operador do Direito"[38]. Assim é que dúvidas e sinonímias foram eliminadas, ao passo que proliferaram no texto cláusulas gerais destinadas a alcançar o direito em sua concreção.

Por outro lado, foi a partir do fortalecimento do princípio da socialidade que a fruição do próprio direito ganhou limites, "reconhecendo-se que este deve ser exercido em benefício da pessoa, mas sempre respeitados os fins ético-sociais da comunidade a que o seu titular pertence"[39]. Nesse desiderato, disciplinou-se de forma nova o direito de propriedade (a Cons-

[36] Nesse sentido, assevera Judith Martins-Costa: "O Código a final vigorante em 1916 aliou a tradição sistemática moderna recebida intelectualmente pelos seus autores ao espírito centralizador de centenária tradição lusitana. Traduz, no seu conteúdo – liberal no que diz respeito às manifestações de autonomia individuais, conservador no que concerne à questão social e às relações de família -, a antinomia verificada no tecido social entre a burguesia mercantil em ascensão e o estamento burocrático urbano, de um lado, e, por outro, o atraso o mais absolutamente rudimentar do campo, onde as relações de produção beiravam o modelo feudal".

[37] Espírito da nova Lei Civil, cit.

[38] REALE, Miguel, Código Civil: operabilidade, o terceiro princípio fundamental, artigo publicado no jornal "O Estado de São Paulo", Geral, em 20 de agosto de 2001, p. A7.

[39] REALE, Miguel, Espírito da nova Lei Civil, cit.

tituição de 1988, no artigo 5º, inciso XXIII, estabelece que "a propriedade atenderá a sua função social"), valorizou-se a teoria da responsabilidade civil objetiva (quando a natureza da atividade desenvolvida pelo autor do dano, por si só, já implica grandes riscos para quem dela participa) e compreendeu-se a "função social do contrato" (representando uma justa composição de interesses individuais e coletivos).

Finalmente, deu-se forte ênfase à eticidade, buscando superar o apego do Código Civil de 1916 ao que Miguel Reale chamava de "formalismo jurídico", fruto, a um só tempo, da influência recebida do Direito tradicional português (decorrente do valioso trabalho empírico dos glosadores) e da escola germânica dos pandectistas (dominada pelo "tecnicismo institucional haurido na admirável experiência do Direito romano")[40].

Exatamente por não acreditar na *geral plenitude da norma jurídica positiva*, dizia o professor da Universidade de São Paulo, é "preferível, em certos casos, prever o recurso a critérios éticos-jurídicos que permita chegar-se à 'concreção jurídica', conferindo-se maior poder ao Juiz para encontrar-se a solução mais justa e equitativa"[41]. Daí por que a opção do legislador, muitas vezes, por normas genéricas ou cláusulas gerais destinadas a orientar os magistrados – por intermédio de modelos jurídicos – a interpretar e aplicar o direito de conformidade com valores éticos[42].

Nesse contexto, surgem dispositivos legais nos moldes do artigo 113 do Código Civil, segundo o qual "os negócios jurídicos devem ser interpretados conforme a boa-fé e os usos do lugar de sua celebração"; do artigo 422 do mesmo *Codex*, mediante o qual "os contratantes são obrigados a guardar, assim na conclusão do contrato, como em sua execução, os princípios de probidade e boa-fé"; e nos moldes do artigo 187 do Código Civil brasileiro, responsável pela tipificação do abuso do direito, sempre que o titular de um direito, ao exercê-lo, exceda manifestamente "os limites impostos pelo seu fim econômico ou social, pela boa-fé ou pelos bons costumes".

[40] REALE, Miguel, Código Civil: diretrizes na elaboração do anteprojeto, artigo publicado no jornal "O Estado de São Paulo", Geral, em 19 de agosto de 2001.

[41] Visão geral do Projeto de Código Civil. RT, v. 752, p. 22-30, jun. 1998, p. 28.

[42] Idem. Ibidem.

3. OS NOVOS PRINCÍPIOS FUNDAMENTAIS DO REGIME CONTRATUAL

Viu-se que o contexto axiológico no qual se insere o atual Código Civil brasileiro, a partir da Constituição Federal de 1988, alterou substancialmente o tradicional sentido atribuído à autonomia privada e à teoria contratual. Embora ainda prestigiados pelo sistema, o fato é que os princípios fundamentais clássicos do regime contratual (autonomia privada, consensualismo e força obrigatória), diante de tudo o quanto aqui exposto, doravante estarão sempre acompanhados de outros princípios, dentre os quais se destacam: a *boa-fé objetiva*; *a equivalência material dos contratos;* e a *função social dos contratos.*

3.1. A BOA-FÉ OBJETIVA

A *teoria da boa-fé objetiva* é fruto de um importantíssimo avanço da doutrina moderna[43], com ponderáveis reflexos no direito contratual e no *direito dos juízes*[44]. O primeiro passo para compreender o princípio da boa-fé é distinguir a *boa-fé subjetiva* da *boa-fé objetiva.* Boa-fé subjetiva (ou o "agir de boa-fé") expressa um *estado de fato,* um estado subjetivo decorrente do conhecimento de certas circunstâncias, cuja constatação traz consequências legais (a posse de boa-fé, mais o decurso do tempo, gera a aquisição da propriedade, por usucapião)[45].

Por outro lado, a boa-fé objetiva se apresenta como um modelo jurídico[46], impondo às pessoas um comportamento honesto, correto e leal,

[43] É importante registrar que a influência da boa-fé na formação dos institutos jurídicos não se limitou ao direito moderno. Basta contemplar o direito romano para constatar a sua importância. Nos dizeres de Clóvis V. do Couto e Silva, "a atividade criadora dos magistrados romanos, restringida num primeiro momento ao *ius gentium,* e posteriormente às relações entre os civis, através do *ius honorarium,* valorizava grandemente o comportamento ético das partes, o que se expressava, sobretudo, nas *actiones ex fide bona,* nas quais o arbítrio do *iudex* se ampliava, para que pudesse considerar, na sentença, a retidão e a lisura do procedimento dos litigantes, quando da celebração do negócio jurídico" (A obrigação como processo – reimpressão. Rio de Janeiro: Editora FGV, 2006, p. 32).

[44] Expressão cunhada por Clóvis V. do Couto e Silva, *in* A obrigação como processo, cit., p. 41-43.

[45] MARTINS-COSTA, Judith. Critérios para aplicação do princípio da boa-fé objetiva (com ênfase nas relações empresariais). *In*: Estudos de Direito Privado e Processual Civil: em homenagem a Clóvis do Couto e Silva. Judith Martins-Costa e Véra Jacob de Fradera, organizadoras. São Paulo: Editora Revista dos Tribunais, 2014, p. 194.

[46] Na acepção que lhe foi dada por Miguel Reale, em O direito como experiência, na edição de 1968, desenvolvida na edição de 1992, em especial no capítulo VIII.

principalmente em função dos interesses do outro, visto como um membro do conjunto social, que é juridicamente tutelado. Vale notar, a esse propósito, que o conteúdo da boa-fé objetiva não pode ser rigidamente fixado, dependendo sempre das concretas circunstâncias do caso[47]. Trata-se de solução jurídica, e não de cunho moral, uma vez que remete e submete a solução do caso concreto "à estrutura, às normas e aos modelos do sistema, considerado este de modo aberto"[48].

Ademais, o princípio da boa-fé conjuga-se com outros princípios, postulados normativos, diretrizes, presunções e regras jurídicas, a depender dos campos em que atua. Nas relações obrigacionais "puramente" civis, por exemplo, o princípio da boa-fé conjuga-se com o princípio da autonomia privada, com o da autorresponsabilidade (contrapartida da autonomia privada) e com o dever de cooperação, resultando em um sentido ético prevalente na relação interindividual[49]. Já nas relações contratuais interempresariais, a boa-fé objetiva se relaciona com o princípio da confiança (seja a confiança como confiabilidade, seja a confiança como credibilidade, seja como estado psicológico de crença legítima ou mesmo como previsibilidade necessária para o cálculo do investidor, sócio ou empresário) e com o princípio da liberdade de iniciativa econômica (o chamado "dina-

[47] Foi dito que respeitar a boa-fé objetiva significa ter um comportamento honesto, correto e leal. Notou-se, também, que tal informação não é suficiente para desvendar, nos casos concretos, o caráter indeterminado desta verdadeira "norma em branco". Justamente por isso, a doutrina moderna, sobretudo a alemã, tem elaborado, com base na jurisprudência, uma série de "hipóteses típicas" ou "figuras sintomáticas", as quais concretizam a cláusula geral da boa-fé. São exemplos destas hipóteses a proibição de levar adiante pretensão incompatível ou contraditória com a conduta anterior do pretendente; a impugnação da validade de um negócio jurídico por quem, apesar disso, o cumpre ou aceita o cumprimento realizado pela outra parte; a vedação de o credor recusar a prestação apta a satisfazer o seu interesse, embora não esteja inteiramente de acordo com as estipulações contratuais; a proibição de se invocar a exceção do contrato não cumprido, quando a falta do inadimplente não seja de tal modo grave que justifique a recusa em cumprir da outra parte etc (Coutinho de Abreu, Jorge Manuel. Do abuso de direito – Ensaio de um critério em direito civil e nas deliberações sociais. Coimbra: Livraria Almedina, 1999, p. 59-60). Em função desse caminho percorrido por ordenamentos já afeitos à boa-fé objetiva, pode-se imaginar e sugerir que doravante também a jurisprudência nacional se preocupe em identificar "hipóteses típicas" ou "figuras sintomáticas" que representem e facilitem a concretização da cláusula geral da boa-fé.

[48] A boa-fé no direito privado, cit., p. 412-413.

[49] Martins-Costa, Judith. Critérios para aplicação do princípio da boa-fé objetiva (com ênfase nas relações empresariais), cit., p. 197.

mismo do mercado"), criando para os sujeitos de uma relação obrigacional "uma ordem envolvente de condutas que imanta a conduta negocial, a mensura e a direciona aos valores da probidade, honestidade e lealdade próprios de um *civiliter agere*"[50].

Essa "ordem envolvente" se refere ao campo onde a relação obrigacional incide, harmonizando-se com outros elementos normativos e fáticos. Vale dizer, os deveres decorrentes da lealdade e da boa-fé não se manifestam sempre os mesmos, e do mesmo modo. Eles são ordenados em graus de intensidade que variam conforme a categoria dos atos jurídicos a que se ligam, bem como de acordo com as fases e planos da relação obrigacional (abrangendo desde a fase das tratativas negociais até a fase pós-contratual, e discernindo-se entre a boa-fé contratual e a boa-fé extracontratual)[51]. Por outro lado, as consequências da infração à boa-fé dependem da situação, do tipo de dever violado, do momento e do modo como foi violado (há efeitos indenizatórios, resolutivos e invalidantes)[52].

Seja qual for a regulação jurídica subjacente, à boa-fé objetiva são imputadas, tradicionalmente, três distintas funções, muito bem resumidas por Judith Martins-Costa: a de "cânone hermenêutico-integrativo do contrato" (art. 113 do Código Civil brasileiro), a de "norma de criação de deveres jurídicos" (art. 422 do Código Civil brasileiro) e a de "norma de limitação ao exercício de direitos subjetivos" (art. 187 do Código Civil brasileiro).

Na função *hermenêutica*, a boa-fé atua como cânone de interpretação das cláusulas e do comportamento contratual, exigindo, por exemplo, coerência no comportamento contratual, de modo que o comportamento posterior das partes seja recolhido como meio auxiliar de interpretação do significado da declaração negocial[53].

Na função de *cânone integrativo do contrato*, a boa-fé objetiva destina-se ao preenchimento de lacunas presentes nas relações contratuais, decorrentes de situações ou eventos nem sempre previstos ou previsíveis pelos

[50] MARTINS-COSTA, Judith. Critérios para aplicação do princípio da boa-fé objetiva (com ênfase nas relações empresariais), cit., p. 205-206.

[51] V. MARTINS-COSTA, Judith. Critérios para aplicação do princípio da boa-fé objetiva (com ênfase nas relações empresariais), cit., p. 216-223.

[52] V. MARTINS-COSTA, Judith. Critérios para aplicação do princípio da boa-fé objetiva (com ênfase nas relações empresariais), cit., p. 206-208.

[53] MARTINS-COSTA, Judith. Critérios para aplicação do princípio da boa-fé objetiva (com ênfase nas relações empresariais), cit., p. 210.

contratantes[54]. Nessas hipóteses, resta ao juiz tornar concreto o mandamento de respeito à recíproca confiança incumbente às partes contratantes, não permitindo que o contrato, como regulação objetiva dotada de um específico sentido, atinja finalidade oposta ou contrária àquela que, razoavelmente, à vista de seu escopo econômico-social, seria lícito esperar[55]. Para tanto, se necessário for, deve o juiz impor outros deveres às partes, que não se confundem com as obrigações principais nem com as que lhes são meramente anexas, ou acessórias. Ingressa-se, então, na segunda função reservada à boa-fé objetiva, qual seja a criação dos chamados deveres instrumentais, secundários, laterais ou anexos. Entre os deveres com tais características, Judith Martins-Costa cita, como exemplos:

> "a) os *deveres de cuidado, previdência e segurança*, como o dever do depositário de não apenas guardar a coisa, mas também de bem acondicionar o objeto deixado em depósito; b) os *deveres de aviso e esclarecimento*, como o do advogado, de aconselhar o seu cliente acerca das melhores possibilidades de cada via judicial passível de escolha para a satisfação de seu *desideratum*, o do consultor financeiro, de avisar a contraparte sobre os riscos que corre, ou o do médico,

[54] Tomando por empréstimo os ensinamentos de Clóvis do Couto e Silva ("A obrigação como processo"), Martins-Costa afirma: "'Em muitos casos é difícil determinar, com firmeza, o que é resultado do princípio da boa-fé e o que é conquista da interpretação integradora'. Esta, embora sirva para 'aumentar o conteúdo do negócio jurídico', tem, todavia, como ponto nuclear, 'a pesquisa e explicitação volitiva das partes no momento da constituição do negócio, não abrangendo, por conseqüência, as mesmas situações atingidas pelo princípio da boa-fé, o qual traça uma órbita bem mais ampla, assumindo, por vezes, função limitadora de direitos (...) e alcançando todos os momentos e fases do vínculo, desde o seu nascimento até o adimplemento de deveres e obrigações'. Se a diferença é de âmbito e de método, e 'o rigor científico exige a separação' entre ambas, a conjuntiva serve para explicar que, neste tema, não atua a boa-fé apenas como recurso para interpretação flexibilizadora da vontade das partes: também a integração das lacunas a ela se liga"(A boa-fé no direito privado, cit., p. 428-429).

[55] Sobre a relação entre a hermenêutica integradora e o princípio da boa-fé, Clóvis V. do Couto e Silva assevera: "Nesse processo hermenêutico, cuida-se em conferir justa medida à vontade que se interpreta – pois que o contrato não se constitui de duas volições, ou de uma oferta e uma aceitação, isoladamente, mas da fusão desses dois elementos – e de evitar-se o subjetivismo e o psicologismo a que se chegaria sem dificuldade, caso o interesse de ambas as partes não fosse devidamente considerado. Por meio da interpretação da vontade, é possível integrar o conteúdo do negócio jurídico com outros deveres que não emergem diretamente da declaração. (...) Além disso, o princípio da boa-fé revela-se como delineador do campo a ser preenchido pela interpretação integradora, pois de perquirição dos propósitos e intenções dos contratantes, pode manifestar-se a contrariedade aos bons costumes ou à boa-fé" (A obrigação como processo, cit., p. 35-36).

de esclarecer o paciente sobre a relação custo/benefício do tratamento escolhido, ou dos efeitos colaterais do medicamento indicado, ou ainda, na fase pré-contratual, o do sujeito que entra em negociações, de avisar o futuro contratante sobre os fatos que podem ter relevo na formação da declaração negocial; c) os *deveres de informação*, de exponencial relevância no âmbito das relações jurídicas de consumo, seja por expressa disposição legal (CDC, arts. 12, *in fine*, 14, 18, 20, 30 e 31, entre outros), seja em atenção ao mandamento da boa -fé objetiva; d) o *dever de prestar contas*, que incumbe aos gestores e mandatários, sentido amplo; e) os *deveres de colaboração e cooperação*, como o de elaborar o correto adimplemento da prestação principal, ao qual se liga, pela negativa, o de não dificultar o pagamento, por parte do devedor; f) os *deveres de proteção e cuidado com a pessoa e o patrimônio da contraparte*, como, v.g., o dever do proprietário de uma sala de espetáculos ou de um estabelecimento comercial de planejar arquitetonicamente o prédio, a fim de diminuir os riscos de acidentes; g) os *deveres de omissão e de segredo*, como o dever de guardar sigilo sobre atos ou fatos dos quais se teve conhecimento em razão do contrato ou de negociações preliminares, pagamento por parte do devedor etc"[56].

Os deveres instrumentais são concretizados, pois, a partir da "adoção de determinados comportamentos", impostos pela boa-fé, tendo em vista a finalidade do contrato e a relação de objetiva confiança que o mesmo fundamenta. Mas não é só. A boa-fé objetiva pode funcionar, ainda, como limitador de direitos subjetivos[57]. Explica-se. A função de criar deveres para uma das partes, ou para ambas, pode ter, correlativamente, a função de limitar ou restringir direitos. Assim, a boa-fé pode atuar no controle do próprio conteúdo contratual bem como no comportamento das partes na sua execução, de modo a evitar condutas oportunistas ou disfuncionais à racionalidade econômico-empresarial do contrato concretamente considerado[58]. A *exeptio doli*[59], o adimplemento substancial do contrato[60], o abuso do direito, dentre outros, são exemplos de institutos usados para esse fim[61].

[56] MARTINS-COSTA, Judith, A boa-fé no direito privado, cit., p. 439.

[57] Judith Martins-Costa também escreve a respeito em A boa-fé no direito privado, cit., p. 455-472.

[58] MARTINS-COSTA, Judith. Critérios para aplicação do princípio da boa-fé objetiva (com ênfase nas relações empresariais), cit., p. 215.

[59] "A *exceptio doli*, no direito romano, constituía uma das três defesas específicas contra o dolo, ao lado da *clausula doli* e da *actio de dolo*. Desde a origem restava marcado o seu caráter de exceção, aquilo que paralisa a pretensão, ou como ensina Pontes de Miranda, algo que "diz respeito à eficácia do *ius excepciones* e à eficácia do direito, da pretensão ou da ação, ou

É preciso registrar, contudo, que a indisfarçável importância das funções desempenhadas pela boa-fé não justifica ou autoriza, por si só, a desenfreada utilização do instituto. A predisposição em fazer uso do princípio da boa-fé objetiva, se levada a extremos, pode ensejar a subversão da dogmática tradicional, com prejuízo a alguns dos mais importantes valores consagrados por nosso ordenamento jurídico. A cláusula geral da boa-fé objetiva não se presta a "remover os males do mundo", muito menos a justificar eventual ultrapassagem dos limites legislativos[62]. Clóvis V. do Couto

da execução, que ela excetua" (Tratado de direito privado, cit., t. VI, § 628, p. 3). Segundo observa Menezes Cordeiro, a *exceptio doli* servia ao réu contra ações dolosas, ligando-se à boa-fé através dos *bonae fidei judicia*. Por isso mesmo, não era um instituto de enunciação abstrata, havendo, antes, uma enumeração casuística. Era reconhecida à *exceptio doli* uma dupla atuação: em uma vertente, o réu alega a prática, pelo autor, de dolo, no momento em que a situação jurídica se formara (*exceptio doli praeteriti*, ou *specialis*; noutra vertente, o réu contrapunha à ação a incursão do autor em dolo, no momento da discussão da causa (*exceptio doli praesentia*, ou *generalis*). Esta segunda acepção teve grande desenvolvimento e chega ao direito comum de maneira "difusa", o que "lhe permite enfrentar situações mais tarde aparentadas ao abuso de direito" (*Da boa-fé*..., cit. p. 723). Contudo, não ingressou no BGB, mantendo-se no sistema por obra jurisprudencial. Mesmo assim, entrou, satisfazia (...) uma Ciência do Direito de exigência crescente" (p. 728), sendo a sua função assumida, de forma menos fluida, pela boa-fé" (Martins-Costa, Judith, A boa-fé no direito privado, cit., p. 455).

60 "Contrato. Resolução. Adimplemento substancial. O comprador que pagou todas as prestações de contrato de longa duração, menos a última, cumpriu substancialmente o contrato, não podendo ser demandado por resolução. Ação de rescisão de julgado improcedente e procedente a consignatória. Apelo provido em parte, apenas relativamente aos honorários. (Ap. civ. 588012666, Canoas, TJRGS, 5ª Câm. Civ., rel. Des. Ruy Rosado de Aguiar Jr., j. em 12.04.88)".

61 A dificuldade, no entanto, é identificar a ocorrência desses eventos nos casos concretos, uma vez que todos eles parecem afeitos a elementos fortemente subjetivos (intenção) e, portanto, de difícil comprovação. Por isso, Judith Martins-Costa afirma que a tendência, hoje verificável, é "de sistematizar estes casos através do recurso à boa-fé objetiva, caminho que se insere na tendência que busca especificar os casos de aplicação da boa-fé objetiva, tornando o princípio menos fluido e de acentuado caráter técnico". E conclui: "O caminho antes assinalado é fruto da necessidade, já aqui grifada, de isolar a boa-fé como norma técnica dotada de um específico – embora alargado – domínio de aplicação. Esta necessidade, repito, advém da constatação segundo a qual, se vista apenas como norma de reenvio de padrões éticos, tanto faria o apelo à boa-fé, como ao abuso de direito, quanto a um vago juízo de eqüidade, a uma cláusula geral de exceção de dolo ou conceitos similares, pois, em todos os casos, se estaria apenas ampliando a extensão dos poderes do juiz e não se permitindo um juízo com base em certo conteúdo substancial e específico" (A boa-fé no direito privado, cit., p. 455-456).

62 Advertência formulada por Lehmann, reproduzida por Clóvis V. do Couto e Silva, *in* A obrigação como processo, p. 42.

e Silva, acerca desta problemática, desde há muito deixou claro o real propósito da aplicação do referido princípio, ao escrever:

> "A aplicação do princípio da boa-fé tem (...) função harmonizadora, conciliando o rigorismo lógico-dedutivo da ciência do direito do século passado com a vida e as exigências éticas atuais, abrindo, por assim dizer, no *hortus conclusus* do sistema do positivismo jurídico, 'janelas para o ético'"[63].

Se se ativer aos contratos, é possível afirmar, portanto, que a aplicação da cláusula geral da boa-fé deve ocorrer para conciliar os tradicionais princípios contratuais (v.g. o *pacta sunt servanda*) com os novos princípios de inspiração ético-social. A ressalva é especialmente importante, se vista sob a perspectiva dos magistrados. Ao lançar mão da boa-fé objetiva, deve o juiz deixar de lado qualquer arbítrio subjetivo, para fazer uso da cláusula geral apenas como um importante critério de valoração jurisdicional (e não como desfecho prévio), visando ao concerto de todos os princípios contratuais úteis à solução de um determinado caso concreto. Nas sábias palavras de Clóvis V. do Couto e Silva:

> "Num sistema jurídico sem lacunas, a função do juiz resume-se em elaborar mecanicamente as soluções, esvaziando-se o direito de conteúdo vital. Num sistema jurídico concebido, não como uma *Geschlossenheit*, como um mundo fechado, mas sim como algo com aberturas por onde penetram os princípios gerais que o vivificam, não se poderá chegar a uma solução concreta apenas por processo dedutivo ou lógico matemático. Com a aplicação do princípio da boa-fé, outros princípios havidos como absolutos serão relativizados, flexibilizados, ao contato com a regra ética"[64].

Estas são algumas das consequências que a teoria da boa-fé objetiva traz para a nova realidade dos contratos e da própria jurisdição e cuja análise, mesmo que breve, avalia-se como imprescindível ao desenvolvimento deste artigo.

3.2. A EQUIVALÊNCIA MATERIAL DOS CONTRATOS

Ponderou-se que, ao longo do tempo, os contratos deixaram de pressupor a *igualdade formal* das partes – pensamento característico do Estado Liberal

[63] A obrigação como processo, p. 42.
[64] A obrigação como processo, p. 42.

–, para servirem de instrumento na busca pela *igualdade substancial ou real*, isto é, do chamado *equilíbrio contratual*[65]. Assim, ao lado dos princípios da boa-fé objetiva e da função social, passou-se a cogitar na *equivalência material dos contratos*[66] como um novo princípio social a ser considerado. Como não poderia deixar de ser, o atual Código Civil brasileiro foi forjado com base na existência deste novo princípio. Miguel Reale, ao discorrer sobre o assunto, confirma tal assertiva:

> "O Código é um sistema, um conjunto harmônico de preceitos que exige a todo instante recurso à analogia e a princípios gerais, devendo ser valoradas todas as consequências da cláusula *rebus sic stantibus*. Nesse sentido, é posto o princípio do equilíbrio econômico dos contratos como base ética de todo o direito obrigacional. (...) Nesse contexto, abre-se campo a uma nova figura, que é da resolução do contrato como um dos meios de preservar o equilíbrio contratual"[67].

Além de ratificar a presença do princípio da equivalência material dos contratos no âmbito de nosso Código Civil[68], as lições de Miguel Reale evidenciam a relação entre tal princípio e os princípios gerais da eticidade e da socialidade. Vale dizer, enquanto o princípio da eticidade autoriza que o magistrado perquira sobre o equilíbrio de determinada contratação,

[65] "Em vez de adversários, os contratantes passaram, num número cada vez maior de contratos, a ser caracterizados como parceiros, que pretendem ter, um com o outro, uma relação equilibrada e equitativa, considerando os ideais de fraternidade e justiça. Já no início do século XX, alguns autores, como René Demogue, referiam-se ao contrato como sendo "uma união de interesses equilibrados, um instrumento de cooperação leal, uma obra de confiança mútua". Mais recentemente, outros autores desenvolveram a tese da equação contratual, inspirada no direito administrativo, para vislumbrar no contrato um ponto de equilíbrio necessário, ou seja, um instrumento de colaboração entre os contratantes, no interesse de ambos e da própria sociedade" (Arnoldo Wald, Um novo direito para a nova economia: a evolução dos contratos e o código civil, cit., p. 85).

[66] Há quem designe tal princípio como de justiça contratual. A propósito, explica Fernando Rodrigues Martins que a noção de justiça contratual guarda espaço bem mais amplo que a reservada ao equilíbrio contratual, uma vez que, enquanto este se liga mais à perspectiva de intercâmbio das prestações, aquela se reveste de um julgamento ético, que absorve o sentido mercadológico. Portanto, a referência que se faz à justiça contratual é principiológica, abrangendo o equilíbrio (Princípio da justiça contratual. São Paulo: Saraiva, 2009, p. 21).

[67] Visão geral do Projeto de Código Civil. RT, v. 752, p. 22-30, jun. 1998, p. 29.

[68] São exemplos dessa presença a possibilidade de abatimento do preço, por vício da coisa ou evicção, e a própria *exceptio non adimpleti contractus*.

segundo os critérios da equidade, boa-fé, justa causa etc., o princípio da socialidade determina quais são os limites dessa busca, de acordo com a função social dos contratos[69].

Não se pode olvidar, ainda, que a atual Constituição Federal brasileira erigiu, como um dos objetivos fundamentais da República, o estabelecimento de relações justas e solidárias (art. 3º, I), de modo que, aos tradicionais princípios da autonomia privada, da obrigatoriedade das convenções e do consensualismo, pudessem ser somados, de forma harmônica, os princípios sociais da equivalência material, da função social e da boa-fé objetiva. Como lembra Rodrigo Toscano de Brito, o conceito de equivalência material supõe, necessariamente, a noção de boa-fé objetiva: "De fato, os limites da relação interna entre os contratantes são encontrados a partir do dever de lealdade e de confiança, de forma que não há dúvida sobre o conteúdo necessário da boa-fé objetiva para o alcance da equivalência material"[70].

O princípio da boa-fé objetiva e as diretrizes de eticidade e de socialidade garantem a existência de um ambiente mínimo para as noções gerais do princípio do equilíbrio contratual. Contudo, o seu conteúdo mais específico, no sentido de "justa proporção", "igualdade de valores" ou, pelo menos, "proporção justa entre as prestações", pressupõe, ainda, noções de *proporcionalidade* e *razoabilidade*[71]. Proporcionalidade, no sentido de que "o meio" escolhido pelos contratantes, ao realizar a contratação, se preste, adequadamente, ao fim e ao objeto do contrato. Razoabilidade, no sentido de que o contrato deve ser interpretado conforme à razão, ao equilíbrio e à harmonia[72].

[69] A propósito, ler Rodrigo Toscano de Brito, *in* Equivalência material dos contratos civis, empresariais e de consumo. São Paulo: Editora Saraiva, 2007, p. 7-8.

[70] Equivalência material dos contratos civis, empresariais e de consumo, cit., p. 8.

[71] Nesse sentido, afirma Teresa Negreiros: "Com efeito, a noção de equilíbrio no contrato traz para o seio da teoria contratual a preocupação com o justo, entendido tal valor sob a ótica acima definida, isto é, o justo como sendo um critério paritário de distribuição de bens. Justo é o contrato cujas prestações de um e de outro contratante, supondo-se interdependentes, guardam entre si um nível razoável de proporcionalidade. Uma vez demonstrada a exagerada ou a excessiva discrepância entre as obrigações assumidas por cada contratante, fica configurada a injustiça daquele ajuste, exatamente na medida em que configurada está a inexistência de paridade" (Teoria do contrato: novos paradigmas. Rio de Janeiro: Editora Renovar, 2002, p. 166-167.

[72] Idem, p. 12-13.

É com fundamento nestes princípios que Rodrigo Toscano de Brito propõe o seu conceito de equivalência material dos contratos, como sendo "aquele pelo qual se deve buscar e manter a justiça contratual, objetivamente considerada em todas as fases da contratação, independentemente da natureza do contrato, e sempre com base na eticidade, lealdade, socialidade, confiança, proporcionalidade e razoabilidade nas prestações"[73]. Portanto, o equilíbrio entre prestação e contraprestação não decorre da avaliação que as partes fazem a esse respeito (princípio subjetivo da equivalência), mas de critérios objetivos que evidenciam a justa proporção havida entre as prestações (segundo os princípios da eticidade, lealdade, socialidade, confiança, proporcionalidade e razoabilidade), levando-se em conta as consequências econômicas e sociais advindas do negócio celebrado (princípio objetivo da equivalência).

Ademais, a aferição da equivalência e do equilíbrio deve se dar mediante a análise do caso concreto e de todas as suas circunstâncias, desde a celebração até a ulterior execução do contrato. Ou seja, chamado a compor a lide, o magistrado deve medir, objetivamente, se as prestações contratadas são ou não indutoras de um real equilíbrio de direitos e obrigações, independentemente da fase contratual em que as partes se encontrem. Justamente por englobar todas as etapas contratuais, o princípio de preservação da equivalência material dos contratos serve-se das consequências decorrentes, por exemplo, do estado de perigo e da lesão[74], quando do nascimento do contrato; daquelas decorrentes da onerosidade excessiva, do enriquecimento sem causa ou do abuso do direito, por ocasião da execução contratual; das consequências advindas da resilição unilateral[75], no

[73] Equivalência material dos contratos civis, empresariais e de consumo, cit., p. 29. No mesmo sentido, Paulo Luiz Netto Lôbo ensina: "o princípio da equivalência material busca realizar e preservar o equilíbrio real de direitos e deveres no contrato, antes, durante e após a sua execução, para harmonização de interesses" (Princípios sociais dos contratos no Código de Defesa do Consumidor e no novo Código Civil. Revista de Direito do Consumidor. São Paulo, n. 42, p. 192, abr./jun, 2002.

[74] Cumpre esclarecer que a fraude contra credores configura-se como vício social, e não de consentimento, uma vez que traz prejuízos a credores alheios à relação contratual. Por conseguinte, inaplicável a sua utilização como instrumento na busca do equilíbrio contratual.

[75] Vide o parágrafo único do art. 473 do Código Civil brasileiro ("Art. 473. A resilição unilateral, nos casos em que a lei expressa ou implicitamente o permita, opera mediante denúncia notificada à outra parte. Parágrafo único. Se, porém, dada a natureza do contrato, uma das partes houver feito investimentos consideráveis para a sua execução, a denúncia unilateral

momento da extinção do contrato; ou mesmo daquelas provenientes da responsabilidade pós-contratual, ou culpa *post pactum finitum,* já na fase posterior à conclusão do negócio[76]. O princípio da equivalência material dos contratos, bem se vê, é um legítimo representante da nova face social dos negócios jurídicos, que se importa não apenas com a manifestação da vontade livre e consciente dos contratantes, e com a condição social e econômica das partes, mas também com os efeitos dos contratos, na busca pelo equilíbrio contratual real[77].

3.3. A FUNÇÃO SOCIAL DOS CONTRATOS

Quando se fala em "função" tem-se, em geral, a noção de um poder de dar destino determinado a um objeto ou a uma relação jurídica, isto é, de vincular um e outra a certos objetivos. Ao se acrescentar à palavra "função" o adjetivo "social", busca-se dizer mais: busca-se afirmar que esse objetivo ultrapassa o interesse do titular do direito, para revelar-se como de interesse coletivo[78].

O movimento de *funcionalização dos direitos subjetivos,* assentado em sua relativização, teve Louis Josserand como o seu grande precursor[79].

só produzirá efeitos depois de transcorrido prazo compatível com a natureza e o vulto dos investimentos").

[76] Muito embora o Código Civil não se refira expressamente à fase pós-contratual, a doutrina é pacífica no sentido da importância que deve ser dada àquela fase, diante do que dispõe o artigo 422 de nosso *Codex*: "Os contratantes são obrigados a guardar, assim na conclusão do contrato, como em sua execução, os princípios de probidade e boa-fé".

[77] Rocha, Silvio Luís Ferreira da. Curso avançado de direito civil: contratos. Volume 3. São Paulo: Revista dos Tribunais, 2002, p. 41. Ainda a propósito, e tomando por empréstimo os precisos dizeres de Cláudio Luiz Bueno de Godoy, o justo contratual representa "uma forma de substancial igualdade na formação e, ainda, no desenvolvimento da relação contratual, que se deve conservar imune (...) de extraordinárias alterações circunstanciais que a desiquilibrem, assim desigualando as partes e, quiçá, escravizando uma delas ao ajuste, de que não poderá legitimamente se desvincular" (Função Social do Contrato, cit., p. 40).

[78] Comparato. Fábio Konder. Função social da propriedade dos bens de produção. Revista de Direito Mercantil, Industrial, Econômico e Financeiro. Vol. 63, p. 71-79, jul./set., 1986.

[79] Atento a esta lição de Josserand, afirma Fernando Augusto Cunha de Sá: "a relatividade dos direitos seria postulada, desde sempre, pela sua própria origem: produtos sociais, destinados a preencher uma missão social, sob pena de renegarem a própria filiação certa e invariável, que supõe um consentimento da comunidade social, quer expressamente emanado dos poderes públicos, como é a hipótese vulgar, quer retirado directa e instintivamente da consciência colectiva, que se torna ou permanece o seu próprio legislador". E conclui: qualquer direito ou prerrogativa deve funcionalizar-se a um fim social, "pois estas prerrogativas não são sociais

Josserand, ainda no século XIX, identificou, no âmbito dos direitos individuais e em contraposição ao seu elemento subjetivo (direcionado à satisfação dos interesses pessoais do titular), o crescente florescer do elemento "objetivo social" desses direitos. Assim, se antes o elemento subjetivo dos direitos individuais conduzia o seu exercício à satisfação dos interesses pessoais do titular, a evolução do elemento "objetivo social" impulsionou tal execução ao cumprimento dos interesses da sociedade[80].

É interessante notar, ainda a esse respeito, que esse movimento de relativização dos direitos subjetivos expandiu-se no mesmo instante em que se impunha – como ainda se impõe – um novo modelo de Estado: um Estado que não se limitasse a proteger o lícito e a reprimir o ilícito, mas a contribuir, afirmativamente, com a promoção e a distribuição da justiça social[81]. No campo contratual isso significa, por exemplo, privilegiar direitos subjetivos indisponíveis ou irrenunciáveis, assim como direitos difusos, coletivos e individuais homogêneos, sempre que contrastados com direitos patrimoniais desprovidos de igual relevo social[82]. Ou antes, conforme acentua Rubén Stiglitz, significa conceber e proteger direitos subjetivos contratuais somente enquanto instrumentos úteis a serviço do desenvolvimento social, desde que plantados sobre um campo de convivência substancialmente equilibrado e igual[83].

Essa igualdade substancial, expressão do solidarismo, revela a ideia de conferir igual dignidade social aos sujeitos de direito, mediante ponde-

apenas pela sua origem e pela sua gênese, são-no ainda pelo fim para que tendem, pela sua finalidade" (Abuso do direito. Coimbra: Almedina, 1997, p. 409).

80 A esse propósito, dizia Josserand, "nos direitos individuais, 'de espírito egoísta', ao lado do elemento subjetivo que, a nosso ver, subsiste e subsistirá sempre, viu-se aparecer o elemento objectivo, social, que se desenvolve rapidamente e que, desde agora, *ocupa o primeiro lugar*" (p. 301), não tendo tais direitos, "de maneira alguma, a sua última razão de ser na satisfação dos interesses pessoais do titular, mas antes nos *interesses da sociedade* que liga o egoísmo individual ao seu próprio fim, que põe este egoísmo ao serviço das suas necessidades vitais, que vê aí um meio e não um fim" (pp. 391-392)" (Josserand, Louis, *De l'esprit des droits et de leur relativité*, cit., p. 313, *apud* Abreu, Jorge Manuel Coutinho de, Do abuso de direito, cit., p. 39.)

81 Ler, a respeito, Godoy, Claudio Luiz Bueno de, Função Social do Contrato, cit., p. 116-117.

82 Lisboa, Roberto Senise. Manual elementar de direito civil. 2ª edição. São Paulo: Revista dos Tribunais, 2002, volume 2, p. 72.

83 *Autonomia de la voluntad y revisión del contrato, in Contratos: teoria general.* Buenos Aires: Depalma, 1993, volume 2, p. 275, *apud* Godoy, Claudio Luiz Bueno de, Função Social do Contrato, cit., p. 117.

rada intervenção estatal com o fim de reduzir as desigualdades[84]. Claudio Luiz Bueno de Godoy afirma que, na senda negocial, é o solidarismo social que garante que as contratações sejam justas, "marcadas pelo padrão e exigência de colaboração entre os contratantes", além de "socialmente úteis, enquanto palco de prestígio das escolhas valorativas do sistema"[85].

Pois bem. Foi com base nesse ideário que as constituições, de uma forma geral, passaram a, sistematicamente, disciplinar a ordem social e econômica, conferindo a tais institutos uma importante dimensão jurídica. No Brasil, a primeira Constituição a inscrever um título sobre a ordem econômica e social foi a Constituição de 1934, sob a influência da Constituição alemã de Weimar, fato que se seguiu nas constituições posteriores[86].

Para fins de procedente distinção, enquanto a ordem econômica reúne um conjunto de disposições concernentes tanto aos direitos dos trabalhadores como à estrutura da economia e ao estatuto dos cidadãos, visando assegurar a todos uma existência digna, conforme os ditames da justiça social[87]

[84] Para Fábio Konder Comparato, solidariedade social significa impor a todos "deveres positivos de colaboração (situação em que hoje devem ser colocados os contratantes, como já salientado)", ou seja, significa dar "um sentido de interdependência à vida humana". Essa interdependência, diz o Autor, se manifesta pela divisão orgânica de funções dentro da sociedade (que se complementam reciprocamente), e pela chamada justiça distributiva ou prestação de serviços sociais, de forma a se evitar ou ao menos aliviar a exclusão social e, com isso, preservar a dignidade humana (A evolução histórica e os princípios fundamentais dos direitos humanos, texto de apoio para palestra no Curso de Direitos Humanos, da Escola Paulista da Magistratura de São Paulo, outubro de 2000, p. 10-11 *apud* GODOY, Claudio Luiz Bueno de, Função Social do Contrato, cit., p. 129).

[85] Função Social do Contrato, cit., p. 132.

[86] SILVA, José Afonso da, Curso de Direito Constitucional Positivo. 11ª edição. São Paulo: Editora Malheiros, 1996, p. 276.

[87] "Assegurar a todos existência digna, conforme os ditames da justiça social, não será tarefa fácil num sistema de base capitalista e, pois, essencialmente individualista. É que a justiça social só se realiza mediante eqüitativa distribuição da riqueza. Um regime de acumulação ou de concentração do capital e da renda nacional, que resulta da apropriação privada dos meios de produção, não propicia efetiva justiça social, com amplas camadas de população carente ao lado de minoria afortunada. A história mostra que a injustiça é inerente ao modo de produção capitalista, mormente do capitalismo periférico. Algumas providências constitucionais formam agora um conjunto de direitos sociais com mecanismos de concreção que devidamente utilizados podem tornar menos abstrata a promessa de justiça social. Esta é realmente uma determinante essencial que impõe e obriga que todas as demais regras da constituição econômica sejam entendidas e operadas em função dela. Um regime de justiça social será aquele em que cada um deve poder dispor dos meios materiais para viver confortavelmente segundo as exigências de sua natureza física, espiritual e política. Não aceita as profundas desigualdades,

(observados os princípios indicados no artigo 170 da Constituição)[88], os direitos sociais, como dimensão dos direitos fundamentais do homem, "são prestações positivas proporcionadas pelo Estado direta ou indiretamente, enunciadas em normas constitucionais, que possibilitam melhores condições de vida aos mais desiguais". Isto é, os direitos sociais criam condições materiais mais propícias à obtenção da igualdade real e, consequentemente, ao exercício efetivo da cidadania.

Em certo sentido, portanto, os direitos econômicos constituem pressupostos da existência dos direitos sociais, pois, "sem uma política econômica orientada para a intervenção e participação estatal na economia, não se comporão as premissas necessárias ao surgimento de um regime democrático de conteúdo tutelar dos fracos e mais numerosos"[89].

a pobreza absoluta e a miséria. O reconhecimento dos direitos sociais, como instrumentos de tutela dos menos favorecidos, não teve, até aqui, a eficácia necessária para reequilibrar a posição de inferioridade que lhes impede o efetivo exercício das liberdades garantidas. Assim, no sistema anterior, a promessa constitucional de realização da justiça social não se efetivara na prática. A Constituição de 1988 é ainda mais incisiva no conceber a ordem econômica sujeita aos ditames da justiça social para o fim de assegurar a todos existência digna. Dá a justiça social um conteúdo preciso. Preordena alguns princípios da ordem econômica – a defesa do consumidor, a defesa do meio ambiente, a redução das desigualdades regionais e pessoais e a busca do pleno emprego – que possibilitam a compreensão de que o capitalismo concebido há de humanizar-se (se é que isso seja possível). Traz, por outro lado, mecanismos na ordem social voltados à sua efetivação. Tudo depende da aplicação das normas constitucionais que contêm essas determinantes, esses princípios e esses mecanismos" (Silva, José Afonso da, Curso de Direito Constitucional Positivo, cit., p. 721/722).

[88] "Não nos enganemos, contudo, com a retórica constitucional. A declaração de que a ordem econômica tem por fim assegurar a todos existência digna, só por si, não tem significado substancial, já que a análise dos princípios que informam essa mesma ordem não garante a efetividade daquele fim" (José Afonso da Silva, *Curso de Direito Constitucional Positivo*, cit., p. 720). Nesse mesmo sentido, Josaphat Marinho salienta que a ordem econômica, configurada na Constituição, prevê apenas algumas medidas e princípios que "poderão sistematizar o campo das atividades criadoras e lucrativas e reduzir desigualdades e anomalias diversas, na proporção em que as leis se converterem em instrumentos reais de correção das contradições de interesses privados. Mas desses princípios e medidas advêm soluções de transição, apenas moderadoras dos excessos do capitalismo. São fórmulas tecnocráticas e neocapitalistas, que não suprimem as bases da ordem econômica individualista, fundada no poder privado de domínio dos meios de produção e dos lucros respectivos" (*"A ordem econômica e social nas Constituições brasileiras"* RDP 19/59 *apud* Silva, José Afonso da Silva, Curso de Direito Constitucional Positivo, cit., p. 720).

[89] Idem. Ibidem.

Foi justamente em homenagem ao ditame constitucional e, particularmente, ao propalado princípio da socialidade (um dos três princípios cardeais sobre os quais se assentam as disposições do *Codex* de 2002), que o Código Civil brasileiro estatuiu, em seu artigo 421: "A liberdade de contratar será exercida em razão e nos limites da função social do contrato".

Aliás, o legislador civilista fez mais. Para que dúvidas não pairassem acerca da natureza desse dispositivo, houve por bem logo e expressamente, no parágrafo único do artigo 2.035, alçá-lo à categoria dos preceitos de ordem pública. Ruy Rosado de Aguiar Júnior, acerca do quanto disposto no artigo 421, afirma que "a autonomia privada fornece o suporte de fato sobre o qual incidirão as normas jurídicas, atribuindo-lhes os efeitos que lhe são próprios, não mais de acordo com a vontade, mas de acordo com os fins a que se propõe a ordem estatal". Nesse sentido, prossegue Aguiar Júnior, "em vez de considerar-se a intenção das partes e a satisfação de seus interesses, o contrato deve ser visto como um instrumento de convívio social e de preservação dos interesses da coletividade, onde encontra *a sua razão de ser* e de onde extrai a sua força – pois o contrato pressupõe a ordem estatal para lhe dar eficácia"[90].

Veja-se que, em estrita observância à literalidade do quanto disposto no artigo 421, o Ministro Ruy Rosado de Aguiar Júnior chega a desconsiderar a vontade e intenção das partes, para valorizar o convívio social e a preservação dos interesses da coletividade. Não obstante a posição do referido Ministro do Superior Tribunal de Justiça, parte da comunidade jurídica manifestou grande preocupação com a redação do citado artigo, sobretudo por estabelecer que a liberdade contratual deve ser exercida *em razão* da função social do contrato, tal qual se o princípio constitucional da liberdade contratual estivesse totalmente subjugado ao princípio da função social. Não por outra razão, chegou-se a propor, na Jornada de Direito Civil, promovida de 11 a 13 de setembro de 2002, um enunciado segundo o qual "a função social do contrato prevista no artigo 421 do novo Código Civil não elimina o princípio da autonomia contratual, mas atenua ou reduz o alcance desse princípio, quando presentes estejam interesses metaindividuais ou interesse individual relativo à dignidade da pessoa humana"[91].

[90] Projeto do Código Civil: as obrigações e os contratos. RT, São Paulo, n. 755, p. 19, maio de 2000.

[91] No mesmo sentido, chegou-se a inserir, em proposta legislativa já de alteração do novo Código Civil, formulado pelo relator do projeto na Câmara, Deputado Ricardo Fiuza, posto

Longe de afastar a óbvia função individual dos contratos e as garantias a ela inerentes (art. 5º, XXXVI e LIV da Constituição Federal), o princípio insculpido no artigo 421 do Código Civil brasileiro apenas impõe que os limites à liberdade de contratar se harmonizem com os mais amplos interesses da sociedade. Nessa esteira, Miguel Reale se manifestou:

> "Como se vê, a atribuição de função social ao contrato não vem impedir que as pessoas naturais ou jurídicas livremente o concluam, tendo em vista a realização dos mais diversos valores. O que se exige é apenas que o acordo de vontades não se verifique em detrimento da coletividade, mas represente um dos seus meios primordiais de afirmação e desenvolvimento"[92].

É importante consignar, também, que a despeito da função social dos contratos se projetar, em primeiro lugar, entre as próprias partes contratantes, não se nega que a tanto não se restrinja o princípio, que também cumpre relevante papel "ultra partes", espalhando efeitos sobre terceiros não integrantes da relação contratual (eficácia social dos contratos). Cuida-se, é verdade, de flagrante corte no elastério clássico de um dos mais tradicionais princípios do contrato, o de sua relatividade, segundo o qual o contrato não prejudica nem beneficia terceiros que lhe são alheios (o contrato é *res inter alios tertio nec nocet nec prodest*)[93].

Em consonância com o princípio da socialidade, o contrato deixa de ser um assunto individual para tornar-se uma instituição social, impondo ao jurista, como observa Antônio Junqueira de Azevedo, "a proibição de ver o contrato como um átomo, algo que somente interessa às partes, desvinculado de tudo o mais". Para Junqueira, o contrato passa a ter "importância para toda a sociedade"[94].

que rejeitada, mais pela sua extensão que pelo seu conteúdo, sugestão de modificação na redação do art. 421, para suprimir a expressão "... em razão da...", persistindo apenas a dicção de que "a liberdade contratual será exercida nos limites da função social do contrato" (Projeto n. 6.960, de 12-6-2002).

92 História do novo Código Civil. São Paulo: Editora Revista dos Tribunais, 2005, p. 268.

93 Ver, a respeito, Claudio Luiz Bueno de Godoy, *in* Função Social do Contrato, cit., p. 134-155.

94 O art. 170, *caput*, da Constituição da República, salienta o valor geral, para a ordem econômica, da livre iniciativa (Princípios do novo direito contratual e desregulamentação do mercado – Direito de exclusividade nas relações contratuais de fornecimento – Função social do contrato e responsabilidade aquiliana do terceiro que contribui para o inadimplemento contratual. RT, São Paulo, vol. 750, p. 113-120, abr. 1998, p. 116).

Giovanni Ettore Nanni, nessa mesma linha, reforça que os contratos, atualmente, cada vez mais interferem nas zonas de interesse de terceiros, espraiando os seus efeitos à comunidade, o que justifica sejam também protegidas as partes não contratantes, mediante a intervenção do Estado, sempre que os negócios celebrados deixem de encontrar fundamento no princípio da função social[95].

Teresa Negreiros, a propósito, fornece rica classificação de *terceiros* que reputa possam ser *ofensores do ajuste*, e outros que considera possam ser *vítimas de contrato alheio*. Como exemplo deste último caso, cita a responsabilidade solidária, perante o *bystander*, dos integrantes da cadeia de produtores nas relações consumeristas; ou, no caso de redes de contratos (contratos coligados), a responsabilidade da financeira e da incorporadora, junto com a construtora, de entregar o imóvel financiado. Quanto a hipótese de terceiros ofensores do ajuste, alude a Autora à chamada *tutela externa do crédito*, isto é, à proteção do ajuste contra a violação que lhe possa impingir um terceiro não contratante (v. artigo 608 do Código Civil brasileiro)[96].

O próprio Código Civil de 2002 não se furtou ao influxo dessa nova compreensão da situação de um terceiro em face do contrato alheio. Assim é que, no caso de seguro obrigatório, malgrado em reiteração ao quanto já contido em legislação especial (Leis n. 6.194/74 e 8.441/92), o referido *Codex* permitiu direta postulação indenizatória pelo terceiro prejudicado (art. 788). Em idêntico sentido, lembra **Claudio Luiz Bueno de Aguiar**, o Código Civil permitiu, nos casos de evicção, a denunciação da lide, pelo evicto, não só dirigida contra o alienante direto como, também, contra qualquer dos anteriores (art. 456)[97].

REFERÊNCIAS

ABREU, Jorge Manuel Coutinho de. Do abuso de direito – Ensaio de um critério em direito civil e nas deliberações sociais. Coimbra: Livraria Almedina, 1999.

ALVIM, Arruda. A função social dos contratos no novo Código Civil. Revista dos Tribunais. São Paulo, ano 92, v. 815, p. 11-31, set. 2003.

[95] A evolução do direito civil obrigacional: a concepção do direito civil constitucional e a transição da autonomia da vontade para a autonomia privada, *in* Renan Lotufo (Coord.), Cadernos de direito civil constitucional. Curitiba: Editora Juruá, 2001, v. 2, p.186.

[96] Teoria do Contrato: novos paradigmas. Rio de Janeiro: Editora Renovar, 2002, p 230-259.

[97] Função Social do Contrato, cit., p. 138.

ANTUNES VARELA, João de Matos. Das obrigações em geral. 10ª edição. Coimbra: Editora Almedina, 2000, volume 1.

AZEVEDO, Antônio Junqueira de Azevedo. Parecer jurídico: Natureza jurídica do contrato de consórcio. Classificação dos atos jurídicos quanto ao número de partes e quanto aos efeitos. Os contratos relacionais. A boa-fé nos contratos relacionais. Contratos de duração. Alteração das circunstâncias e onerosidade excessiva. Sinalagma e resolução contratual. Resolução parcial do contrato. Função social do contrato. Revista dos Tribunais. Ano 94. Volume 832, fevereiro de 2005, p. 115-137.

—. Princípios do novo direito contratual e desregulamentação do mercado – Direito de exclusividade nas relações contratuais de fornecimento – Função social do contrato e responsabilidade aquiliana do terceiro que contribui para o inadimplemento contratual. RT, São Paulo, vol. 750, p. 113-120, abr. 1998.

BOBBIO, Norberto. A era dos direitos. Tradução de Carlos Nélson Coutinho. 9ª edição. Rio de Janeiro: Editora Campus, 1992.

BRITO, Rodrigo Toscano de. Equivalência material dos contratos – civis, empresariais e de consumo. São Paulo: Editora Saraiva, 2007.

CARPENA, Heloisa. Abuso do Direito nos Contratos de Consumo. Rio de Janeiro/São Paulo: Editora Renovar, 2001.

Comparato, Fábio Konder. Função social da propriedade dos bens de produção. Revista de Direito Mercantil, Industrial, Econômico e Financeiro. Vol. 63, p. 71-79, jul./set., 1986.

COUTO E SILVA, Clóvis V. do. A obrigação como processo – reimpressão. Rio de Janeiro: Editora FGV, 2006.

—. O direito civil brasileiro em perspectiva histórica e visão de futuro. Ajuris, v. 40.

FACHIN, Luiz Edson. Teoria Crítica do Direito Civil à luz do novo Código Civil Brasileiro. 2ª edição, revista e atualizada. Rio de Janeiro/São Paulo: Renovar, 2003.

GARCEZ NETO, Martinho. Temas Atuais de Direito Civil. Rio de Janeiro/São Paulo: Renovar, 2000.

GODOY, Claudio Luiz Bueno de, Função Social do Contrato. 2ª edição, revista e atualizada. São Paulo: Editora Saraiva, 2007.

GOMES, Orlando. Contratos. 26ª edição, Revista, Atualizada e Aumentada de acordo com o Código Civil de 2002. Rio de Janeiro: Editora Forense, 2007.

—. Contratos. 26ª edição, atualizada de acordo como Código Civil de 2002, por Antonio Junqueira de Azevedo e Francisco de Paulo de Crescenzo Marino. Rio de Janeiro: Editora Forense, 2008.

GONÇALVES, Carlos Roberto. Direito Civil Brasileiro. 1° Volume. São Paulo: Editora Saraiva, 2003.

HIRONAKA, Giselda Maria Fernandes Novaes. Contrato: estrutura milenar de fundação do direito privado – Superando a crise e renovando princípios, no início do vigésimo primeiro século, ao tempo da transição legislativa civil brasileira. Revista do Advogado, Ano XXII, nº 68, São Paulo, Dezembro de 2002.

LAUTENSCHLÄGER, Milton Flávio de Almeida Camargo. Abuso do Direito. São Paulo: Editora Atlas, 2007.

—. Ativismo Judicial Disfuncional nos Contratos. São Paulo: Editora IASP, 2018.

LISBOA, Roberto Senise. Manual elementar de direito civil. 2º Volume. 2ª edição. São Paulo: Revista dos Tribunais, 2002.

LÔBO, Paulo Luiz Netto. Princípios sociais dos contratos no Código de Defesa do Consumidor e no novo Código Civil. Revista de Direito do Consumidor. São Paulo, nº 42, p. 187-195, abr./jun., 2002.

MARTINS, Fernando Rodrigues. Princípio da justiça contratual. São Paulo: Saraiva, 2009.

MARTINS-COSTA, Judith. A boa fé no direito privado: sistema e tópica no processo obrigacional. São Paulo: Editora Revista dos Tribunais, 1999.

—. Crise e modificação da idéia de contrato no direito brasileiro. Revista de Direito Civil. São Paulo, v. 16, n. 59, p. 29, jan./mar. 1992.

—. O método da concreção e a interpretação dos contratos: primeiras notas de uma leitura suscitada pelo Código Civil. *In*: NANNI, Giovanni Ettore (Coord.). Temas relevantes do direito civil contemporâneo: reflexões sobre os cinco anos do Código Civil. Estudos em homenagem ao Professor Renan Lotufo. São Paulo: Atlas, 2008.

—. Critérios para aplicação do princípio da boa-fé objetiva (com ênfase nas relações empresariais). *In*: Estudos de Direito Privado e Processual Civil: em homenagem a Clóvis do Couto e Silva. Judith Martins-Costa e Véra Jacob de Fradera, organizadoras. São Paulo: Editora Revista dos Tribunais, 2014.

—. Cláusulas Gerais: um Ensaio de Qualificação. *In*: Direito: teoria e experiência: estudos em homenagem a Eros Roberto Grau. Tomo II. José Augusto Fontoura Costa, José Maria Arruda de Andrade e Alexandra Mery Hansen Matsuo, organizadores. São Paulo: Malheiros Editores, 2013.

MIRANDA, Pontes de. Fontes e evolução do direito civil brasileiro. Rio de Janeiro: Forense, 1981.

NANNI, Giovanni Ettore. A evolução do direito civil obrigacional: a concepção do direito civil constitucional e a transição da autonomia da vontade para a autonomia privada, *in* Renan Lotufo (Coord.), Cadernos de direito civil constitucional. Curitiba: Editora Juruá, 2001, v. 2.

NASSER, Paulo Magalhães. Onerosidade excessiva no contrato civil. São Paulo: Saraiva, 2011.

NEGREIROS, Teresa. Teoria do Contrato: novos paradigmas. Rio de Janeiro: Editora Renovar, 2002.

PRATA, Ana. A tutela constitucional da autonomia privada. Coimbra: Editora Almedina, 1982.

REALE, Miguel. História do novo Código Civil. São Paulo: Editora Revista dos Tribunais, 2005.

—.Visão geral do Projeto de Código Civil. RT, São Paulo, v. 752, p. 22-30, jun. 1998.

ROCHA, Silvio Luís Ferreira da. Curso avançado de direito civil: contratos. Volume 3. São Paulo: Revista dos Tribunais, 2002.

SÁ, Fernando Augusto Cunha de. Abuso do direito. Coimbra: Almedina, 1997.

SILVA, José Afonso da. Curso de direito constitucional positivo. 11ª edição. São Paulo: Editora Malheiros, 1996.

TEPEDINO, Gustavo. Temas de Direito Civil, Rio de Janeiro, Renovar, 1999.

—. Temas de Direito Civil. Tomo II. Rio de Janeiro: Renovar, 2006.

—. Notas sobre a função social do contrato. *In*: Tepedino, Gustavo; Fachin, Luiz Edson (Coords.). O direito e o tempo: embates jurídicos e utopias contemporâneas: estudos em homenagem ao Professor Ricardo Pereira Lira. Rio de Janeiro: Renovar, 2008.

Wald, Arnoldo. Um novo direito para a nova economia: a evolução dos contratos e o código civil *in* O Direito Civil no Século XXI, Coordenação de Maria Helena Diniz e Roberto Senise Lisboa, São Paulo, Editora Saraiva, 2003.

A VENDA DE COISA ALHEIA COMO PRÓPRIA, EM PORTUGAL*

MÓNICA JARDIM

1. NOTA PRÉVIA SOBRE A VENDA DE COISA ALHEIA COMO PRÓPRIA

O actual Código Civil, no art. 892º, comina a nulidade do contrato de compra e venda de coisa alheia como própria[1-2], «sempre que o vendedor

* Repensamos, completamos e, em parte, reproduzimos o afirmado por nós *in Efeitos Substantivos do Registo Predial – Terceiros para Efeitos de Registo*, Coimbra, Almedina, 2013, p. 447 e ss.

[1] Sobre a venda de coisa alheia como própria, *vide*, por todos: LIMA, PIRES DE / VARELA ANTUNES, *Código Civil Anotado*, vol. II, 5ª ed., Coimbra, Coimbra Editora, 1997, p. 189 e ss.; VENTURA, RAÚL, O contrato de compra e venda no Código Civil. Venda de bens alheios – Venda com expedição, *Revista da Ordem dos Advogados*, 1980, p. 305 e ss.; CUNHA, PAULO OLAVO, Venda de bens alheios, *Revista da Ordem dos Advogados*, 1987, II, p. 523 e ss.; YARA MIRANDA, Venda de coisa alheia, *Themis*, Ano VI, nº 11, 2005, p. 111 e ss.).

[2] Já o art. 1555º do Código de Seabra estatuía que a compra e venda de coisa alheia como própria era nula. Não obstante a letra da lei, cumpre referir que parte da doutrina defendia que o contrato era válido, mas resolúvel por falta de cumprimento da obrigação do vendedor. Tal tese baseava-se em dois argumentos: não faltar ao contrato nenhum elemento essencial e o § único do art. 1455 prever a revalidação do contrato pela aquisição da coisa, sendo certo que só se revalida um contrato se este já tiver sido válido (*Vide* GONÇALVES, LUIZ DA CUNHA, *Tratado do Direito Civil em Comentário ao Código Civil Português*, vol. III, Coimbra, Coimbra Editora, 1934, p. 469). Contra esta posição afirmou-se que, efectivamente, faltava um elemento essencial – o direito que se pretendia transferir – e que a revalidação não era em absoluto incompatível com a nulidade. (Neste sentido *vide* VENTURA, RAÚL, loc. cit., p. 312). TELLES, GALVÃO, Contratos civis – Projecto completo de um título do futuro Código Civil português e respectiva exposição de motivos, *Separata da Revista da Faculdade de Direito da Universidade de Lisboa*, vols. IX-X, 1953-1954, p. 158 e 159, defendia a nulidade da compra

careça de legitimidade para a realizar»[3], sendo aplicável a mesma regra aos outros contratos onerosos pelos quais se alienam bens ou se estabeleçam encargos sobre eles, de acordo com o preceituado no art. 939º do mesmo diploma legal[4].

Ao invés, desde o Código de Veiga Beirão, é permitida a venda comercial de coisa alheia como própria (cfr. art. 467º, nº 2, do Código Comercial)[5]. Perante esta realidade, torna-se evidente que a natureza real da compra e

e venda, tendo em conta a gravidade da infracção e a importância dos interesses em jogo; acresce que considerava que o regime da nulidade da compra e venda de coisa alheia apenas se encontrava limitado, em face do geral, pelo facto de existir a proibição de invocação por parte do vendedor, no caso de boa fé do comprador, e por parte do comprador de má fé, em caso de boa fé do vendedor. CABRAL, AMARAL, *Venda de Coisa Alheia*, Coimbra, 1956, p. 113 e ss., por seu turno, referia-se à nulidade da venda de bens alheios como uma nulidade específica. Por sua vez, a jurisprudência entendia que o artigo prescrevia uma nulidade relativa (anulabilidade), por um lado, porque o contrato era válido até que a sua validade fosse contestada e, por outro, porque a venda se tornava definitivamente válida, caso o vendedor adquirisse a titularidade do direito alienado em data anterior à da evicção ou da acusação do crime em que tivesse incorrido, pois todos os requisitos da validade do negócio passariam a estar preenchidos e, consequentemente, deixaria de fazer sentido a destruição dos efeitos do negócio. (*Vide*, entre outros, o acórdão do Supremo Tribunal de Justiça de 12 de Junho de 1951, *Boletim do Ministério da Justiça*, nº 25, p. 371, e o acórdão da Relação de Coimbra de 16 de Março de 1969, *Jurisprudência das Relações*, 1969, 15, p. 511).

3 Como se sabe, o poder de disposição de uma coisa pode caber a pessoa diversa do proprietário e, obviamente, pelo facto de existir aquele poder, a coisa não deixa de ser alheia. Por isso, a venda de coisa alheia é o contrato pelo qual uma das partes aliena como próprio, sem que para tal tenha legitimidade, um direito de outrem – que não tem a legítima expectativa de vir a adquirir –, mediante o pagamento de um preço.

4 No direito português, como é consabido, se as partes considerarem o objecto da venda como alheio, o contrato segue o regime da venda de bens futuros (cfr. art. 880º e art. 893º ambos do Código Civil).

5 A venda comercial de coisa alheia gera a obrigação de aquisição da propriedade dessa coisa por parte do vendedor (cfr. nº 2 do art. 467º do Código Comercial).
A lei não faz depender a obrigação do vendedor da boa ou má fé da contraparte, o que significa que tal obrigação existe mesmo quando o comprador conhece a alienidade do direito; caso o vendedor não cumpra a obrigação que sobre si impende, incorre em responsabilidade contratual (*vide* art. 467º, nº 2, § único, do Código Comercial.). Adquirida a propriedade pelo vendedor, esta transmite-se, imediatamente, para o comprador, passando a recair sobre aquele a obrigação de entrega e sobre este a obrigação de pagar o preço. A transferência da propriedade, tal como acontece em regra, não depende da entrega ao comprador; decorre, apenas, do contrato de compra e venda, o qual tem um efeito translativo diferido. Efectivamente, a propriedade transmite-se para o comprador, independentemente de nova manifestação de vontade.

venda não determina, por si só, a nulidade do contrato de compra e venda de coisa alheia como própria, sempre que o vendedor careça de legitimidade para a realizar[6]. Mais, o direito italiano é um exemplo claro de que a nulidade da venda de coisa alheia não é uma consequência necessária da natureza real do contrato de compra e venda, uma vez que, em Itália, não obstante este contrato ser um negócio real *quoad effectum* (cfr. art. 1478 do Código Civil)[7], a venda de coisa alheia é válida.

E, de facto, assim é – a natureza real do negócio não determina, por si só, a nulidade do contrato de compra e venda de coisa alheia como própria –, desde que se entenda, como nós[8], que a natureza real do negó-

[6] Acrescente-se que, como é evidente, a validade da venda de coisa alheia não pode implicar, só por si, a lesão dos direitos do *verus dominus*, perante quem a venda será absolutamente ineficaz. Portanto, nunca são os interesses deste que são ponderados pelo legislador – que atribui efeitos reais ao contrato de compra e venda – aquando da opção entre a validade ou a nulidade, do contrato de compra e venda de coisa alheia. De facto, a venda de coisa alheia, mesmo que seja considerada válida, é *res inter alios acta*, é ineficaz em relação ao proprietário e, consequentemente, não altera em nada o seu direito. O titular do direito pode perfeitamente dispor dele, mesmo após a celebração do contrato de compra e venda de coisa alheia; inclusive pode vendê-lo às partes do contrato inválido.

[7] Nos termos do art. 1470 do Código Civil italiano, a compra e venda é um contrato que tem por objecto a transmissão da propriedade de uma coisa ou de um direito, mediante o pagamento de um preço. Portanto, a transferência da propriedade é um dos efeitos essenciais do contrato sendo, consequentemente, inquestionável o facto de o ordenamento jurídico italiano ter adoptado a concepção real de compra e venda. No entanto, o legislador, ao elencar as obrigações principais do vendedor – além de ter voltado a salientar o efeito translativo da convenção –, admitiu a possibilidade de a venda não causar imediatamente a transferência da propriedade, prevendo que nesse caso o vendedor fica obrigado a fazer com que a contraparte adquira o direito, quer esta esteja de boa ou de má fé. Por isso, a venda de coisa alheia (cfr. art. 1478, n. 2 do *Codice Civile*) é apresentada como um exemplo de um contrato translativo obrigacional ou obrigatório. Sublinhe-se, por fim, que o comprador pode exigir a resolução do contrato sempre que o haja concluído ignorando a alienidade do bem, desde que, entretanto, o vendedor não tenha cumprido a obrigação de o fazer adquirir a propriedade (cfr. art. 1479 do Código Civil italiano). Resolvido o contrato, o vendedor deve restituir ao comprador o preço pago, mesmo que a coisa tenha diminuído de valor ou esteja deteriorada, acompanhado das despesas e pagamentos feitos para a realização do contrato. Mas, se a coisa tiver diminuído de valor ou se se houver deteriorado em virtude de facto praticado pelo comprador, e se este tiver auferido algum benefício, então o valor desse proveito será deduzido ao montante que a contraparte está obrigada a restituir-lhe. Acresce que o adquirente tem direito ao reembolso das despesas necessárias e úteis realizadas na coisa e, em caso de má fé do vendedor, também das voluptuárias (cfr. art. 1479 do Código Civil italiano).

[8] Jardim, Mónica, ob. cit., p. 451, e *A actual problemática a propósito do princípio da consensualidade, Boletim da Faculdade de Direito,* VOL. XC, T. I, Coimbra, 2014, p. 182, 183, 195, 212 e ss.

cio em apreço não implica a imediata transmissão da propriedade (ou de outro direito), no momento do contrato, mas, supõe "apenas" que o efeito real – que pode ser diferido no tempo – seja uma mera consequência do contrato, não dependendo, portanto, da verificação de um posterior acto translativo[9]. Nesta lógica, o legislador do actual Código Civil pôde escolher, apesar da natureza real do negócio (cfr. arts. 874º e 879º do Código Civil), entre aceitar a validade ou impor a nulidade do contrato de compra e venda de bens alheios como próprios.

No entanto, a verdade é que, em matéria de compra e venda – não comercial – de coisa alheia como própria, o legislador português, segundo o nosso entendimento e na esteira da doutrina maioritária, criou um regime atípico de nulidade: ao estatuir – de acordo com o que já era defendido pela jurisprudência e por parte da doutrina na vigência do Código de Seabra – que "o vendedor não pode opor a nulidade ao comprador de boa fé, como não pode opô-la ao vendedor de boa fé o comprador doloso" (cfr. art. 892º do Código Civil)[10]; ao continuar a prever a possibilidade de o negócio se "convalidar", ou ver sanado o vício, transferindo-se o direito logo que o vendedor o adquira por algum modo (cfr. art. 895º do Código Civil); ao

[9] Ou seja, nos ordenamentos jurídicos que reconheçam à compra e venda efeitos meramente obrigacionais, a venda de coisa alheia tem de ser havida como válida. A referida validade é uma decorrência da eficácia meramente obrigacional: se os efeitos são meramente obrigacionais, obviamente, a venda de coisa alheia não pode ser havida como nula. Ao invés, nos ordenamentos jurídicos, como o português e o italiano, que atribuem à compra e venda eficácia real, desde que se entenda que tal eficácia real não tem de ser imediata, tem de se afirmar que o legislador pode optar entre proibir a venda de coisa alheia, impondo como sanção a nulidade, ou considerá-la válida. Não obstante, caso a opção seja esta última, a verdade é que a venda só produzirá o efeito real se e quando a coisa se tornar própria do alienante. Assim, como é evidente, se tal aquisição nunca chegar a ocorrer, a venda, apesar de válida, nunca realizará a sua função típica, uma vez que nunca produzirá qualquer efeito real.
Refira-se, por fim, que caso o legislador opte pela nulidade, pode criar um regime atípico, impondo ao vendedor a obrigação de adquirir o direito e prevendo a possibilidade do negócio se "convalidar" ou ver sanado o vício, logo que a referida aquisição ocorra.

[10] "A boa fé, nestes casos, consiste na ignorância de que a coisa vendida não pertencia ao vendedor" (Cfr. LIMA, PIRES DE / VARELA, ANTUNES, ob. cit., p. 190).
Saliente-se ainda que o dolo da secção da venda de coisa alheia não é empregue com o mesmo significado do dolo-culpa do art. 483º, nº 1, mas sim no sentido da má fé, aproximando-se do dolo do art. 253º. (Neste sentido, *vide* por todos: LIMA, PIRES DE / VARELA, ANTUNES, *Código Civil Anotado*, vol. II, ob. cit., p. 190; CORDEIRO, MENEZES, *Da Boa Fé no Direito Civil*, Coimbra, Almedina, 1997, p. 497 e ss.; CUNHA, PAULO OLAVO, Venda de Bens Alheios, loc. cit., p. 452).

impor ao vendedor, de forma inovadora, a obrigação de sanar a nulidade da venda, ou convalidar o negócio, adquirindo o direito vendido, quando o comprador esteja de boa fé (cfr. art. 897º, nº 1, do Código Civil)[11]-[12]-[13]; bem

[11] O comprador de boa fé pode obter do tribunal a fixação de um prazo para a convalidação, nos termos dos artigos 1456º e 1457º do Cód.Proc.Civil, subordinando ao decurso do prazo a propositura da acção tendente à declaração de nulidade.

[12] A letra da lei é clara. A obrigação só estará cumprida, ou seja, o vício só estará sanado, se e quando o vendedor adquirir a propriedade do bem alienado. Não releva se o vendedor efectuou todos os esforços necessários para que o comprador adquirisse a propriedade, a lei exige a convalidação concreta do contrato. (Neste sentido se pronuncia a doutrina em geral, uma vez que, se assim não fosse, a obrigação de convalidação não teria efeitos práticos. Por todos, *vide*: VENTURA, RAÚL, loc. cit., p. 317; CUNHA, PAULO OLAVO, loc. cit., p. 458).

[13] Apesar de em causa estar uma nulidade atípica, entendemos que é o regime da nulidade o aplicável, sempre que não seja contrariado por alguma das especificidades referidas. Assim, por exemplo, o único limite de tempo para a invocação da nulidade é, obviamente, a convalidação do contrato e, na nossa perspectiva, a convalidação do contrato só ocorre se o vendedor adquirir o direito do *verus dominus* ou se este suceder *inter vivos* na posição do devedor. (Neste sentido *vide* LIMA, PIRES DE / VARELA, ANTUNES, ob. cit., p. 193).
Sublinhe-se, por fim, que do Código Civil nada resulta quanto ao poder ou faculdade de o tribunal declarar oficiosamente a nulidade da venda, o que justifica a diversidade de posições adoptadas pela doutrina. Segundo alguns Autores, na ausência de disposição legal, aplica-se o regime geral da nulidade, podendo e devendo, consequentemente, o tribunal declarar oficiosamente a nulidade. Nesta perspectiva, o legislador apenas impôs restrições à legitimidade das partes, não mais. (*Vide* LIMA, PIRES DE / VARELA, ANTUNES, ob. cit., p.190). Em sentido contrário manifesta-se: SOTTOMAYOR, CLARA, *Invalidade e Registo – A Protecção do Terceiro Adquirente de Boa Fé*, Coimbra, Almedina, 2010, p. 857; MIRANDA, YARA, loc. cit., p. 132 e ss., uma vez que considera que a venda de coisa alheia como própria não é nula, mas sim resolúvel. VENTURA, RAÚL, loc. cit., p. 316, por seu turno, por um lado, considera que o alcance do art. 892º perderia efeito útil com a declaração oficiosa da nulidade – uma vez que a parte, que não podia arguir a nulidade, conseguiria obter, por outra via, o resultado que a lei lhe negava, bastando para tanto intentar uma acção exigindo o cumprimento da prestação da contraparte, pois, nesse caso, o tribunal declararia oficiosamente a nulidade e o autor libertar-se-ia das obrigações impostas por lei. Mas, por outro, afirma que não impor ao tribunal o dever de reconhecer a nulidade levá-lo-ia a condenar as partes a cumprir um contrato inválido – por exemplo, se o comprador de boa fé exigisse ao vendedor a entrega da coisa, o vendedor não lhe poderia opor a nulidade do contrato e o tribunal, impedido de conhecer a nulidade, teria de condená-lo a entregar a coisa e, assim, a praticar um acto que, para além de não corresponder ao cumprimento de qualquer obrigação – uma vez que em causa estava um contrato nulo –, seria legalmente impossível, pelo facto de a coisa pertencer a outrem. Por isso, este Autor defende que "o tribunal deve declarar oficiosamente a nulidade, para os efeitos que a lei atribui a tal nulidade, não condenando à entrega da coisa ou do preço, mas sim naquilo em que deva condenar, conforme os mencionados efeitos" (No mesmo sentido CUNHA, PAULO OLAVO, loc. cit., p. 452 e 453).

como, a obrigação de indemnizar o comprador, nos termos dos arts. 898º a 900º do Código Civil, e de restituir integralmente o preço (art. 894º, nº 1, do Código Civil), mesmo que o comprador não possa restituir a coisa[14].

Assumimos, portanto, a posição da grande maioria da doutrina nacional que: não concebe a compra e venda de bem alheio como próprio enquanto um contrato translativo obrigatório ou obrigacional; não reconhece uma qualquer obrigação de transmitir o direito a cargo do alienante; defende que o direito é adquirido pelo comprador, quando o é, por efeito do contrato convalidado.

Portanto, a propriedade transfere-se para o comprador por simples efeito da convalidação do contrato que ocorre em momento cronologicamente simultâneo, mas logicamente anterior, à transferência; nenhum outro acto é necessário[15].

2. ANÁLISE CRÍTICA DA TESE SEGUNDO A QUAL A VENDA DE BENS ALHEIOS É VÁLIDA, EMBORA RESOLÚVEL, PORQUE PRODUZ, DESDE LOGO, O EFEITO DE OBRIGAR O VENDEDOR A ADQUIRIR O DIREITO OU A DILIGENCIAR NO SENTIDO DA AQUISIÇÃO POR PARTE DO COMPRADOR, FICANDO, NO ENTANTO, OS EFEITOS NORMAIS DO CONTRATO DE COMPRA E VENDA SUSPENSOS ATÉ AO CUMPRIMENTO DESSA OBRIGAÇÃO[16]

Segundo YARA MIRANDA[17], não obstante o Código Civil declarar nula a venda de coisa alheia, ela é válida, uma vez que produz, pelo menos, um efeito: a obrigação de o vendedor adquirir o direito ou de diligenciar no sentido da aquisição da propriedade por parte do comprador. Por isso,

[14] Não obstante tenha de ser deduzido o proveito obtido pelo comprador em virtude da própria perda ou diminuição do valor da coisa vendida, por exemplo, através de um prémio de seguro ou de uma indemnização paga por um terceiro (art. 894º, nº 2), como forma de se evitar o enriquecimento à custa alheia.Neste sentido, vide acórdão do Supremo Tribunal de Justiça de 29 de Junho de 2006, http://www.dgsi.pt/jstj.nsf., [consultado em 16 de Novembro de 2009].

[15] Neste sentido, *vide* VENTURA, RAÚL, loc. cit., p. 315.
Não concordamos, portanto, com MIRANDA, YARA, loc. cit., p. 135, nota 66, que considera que, na prática, o vendedor pode nunca chegar a ser proprietário do bem vendido, transferindo-se a propriedade automaticamente do verdadeiro proprietário para o comprador.

[16] *Vide*, ainda, ALMEIDA, CARLOS FERREIRA DE, Transmissão contratual da propriedade – Entre o mito da consensualidade e a realidade de múltiplos regimes, *Themis*, Ano VI, nº 11, 2005, p. 15.

[17] MIRANDA, YARA, loc. cit., p. 142 e ss.

afirma que, caso o vendedor não cumpra a obrigação a que está adstrito, o contrato não é nulo, é resolúvel por incumprimento.

Para melhor se compreender o raciocínio da Autora, passamos a transcrever partes do seu texto:

> – *"Quer na venda civil como na comercial, o vendedor está obrigado a conseguir que o comprador adquira a propriedade do bem alienado. A diferença é que o CC exige a boa fé do comprador como pressuposto da existência da referida obrigação."* (...) *"Se a venda produz este efeito essencial, como poderá ser nula? A nulidade não coaduna com a produção de qualquer efeito típico do contrato."* (...) *"É uma venda válida, ainda que os efeitos normais do contrato de compra e venda fiquem suspensos até a realização da prestação do vendedor. Uma vez cumprida tal obrigação* [a de adquirir a propriedade ou de diligenciar no sentido da aquisição da propriedade por parte do comprador], *todos os outros efeitos efectivam-se: a propriedade transfere-se para o comprador* [caso não tenha sido adquirida directamente do *verus dominus*], *este fica obrigado a pagar o devido preço e o vendedor a entregar a coisa."*[18] (...) *"A venda, quer civil quer comercial, de coisa alheia é válida perante o ordenamento jurídico português. Apesar de o direito civil e do direito comercial encararem a venda de direito de outrem de prismas diferentes, os resultados a que chegam são no essencial idênticos".* (...) *"A venda é parcialmente ineficaz, porém, ineficácia e invalidade são dois vícios absolutamente distintos."* (...) *"Onde a lei fala de nulidade e de convalidação, deve-se ler resolubilidade e execução, respectivamente. De acordo com o regime consagrado pelo CC, a venda de coisa alheia é absolutamente válida e resolúvel pelo incumprimento da obrigação que impende sobre o vendedor de diligenciar no sentido da aquisição da propriedade por parte do comprador."*

Como já resulta do afirmado, não podemos concordar com a tese apresentada. Passamos a explicitar o nosso entendimento.

A) Se o legislador pretendesse que a compra e venda de coisa alheia fosse válida, embora produzisse, imediatamente, apenas, o efeito de fazer surgir na esfera jurídica do vendedor a obrigação de adquirir o direito ou de diligenciar no sentido da aquisição da propriedade por parte do comprador, ficando diferidos os restantes efeitos até ao cumprimento dessa obrigação, não teria fixado a sanção da nulidade. Na verdade, a proibição

[18] As frases introduzidas entre parêntesis rectos são nossas, uma vez que só assim entendemos na íntegra o raciocínio da Autora.

da venda – não comercial – de bens alheios como próprios, resultou de uma clara opção do legislador nacional. Tal parece-nos evidente quando se tem em conta, por um lado, que o art. 1555º do Código de Seabra – distanciando-se da solução consagrada no Direito Comercial (desde o Código de Veiga Beirão) – já prescrevia a nulidade da compra e venda de coisa alheia, não sendo, aliás, a interpretação doutrinal deste artigo unânime. E, por outro lado, a diversa solução adoptada pelo Código Civil italiano, tão bem conhecida pelo legislador nacional.

Esta opção fundou-se, além do mais, nos seguintes argumentos: a regra da proibição de venda de coisa alheia é mais conforme com a essência do direito civil; assegura uma maior nitidez da situação, sobretudo aos olhos dos leigos; não estimula "desonestos ou aventureiros a tentativas de intromissão ilícita na esfera alheia"[19]; não se justifica a consagração da validade da venda de coisa alheia, uma vez que não se sentem as necessidades justificativas do preceito de direito comercial.

Assim, em face da norma que prescreve a nulidade da compra e venda civil de bens alheios, defender a sua validade é, no mínimo, fazer uma interpretação não conforme ao preceituado no n.os 2 e 3 do art. 9º do Código Civil.

B) A obrigação que impende sobre o vendedor – quando o comprador esteja de boa fé – de adquirir o direito vendido para, assim, sanar a nulidade da venda, ou convalidar o negócio (cfr. art. 897º, nº 1, do Código Civil), não é um efeito essencial do contrato de compra e venda civil; o efeito essencial da compra e venda é a transferência do direito, não a obrigação de adquirir, para depois transmitir o direito.

Mais, a referida obrigação não emerge (não pode emergir) – ao contrário do que ocorre na venda comercial de coisa alheia que é válida – do contrato nulo, resulta, isso sim, do regime da nulidade que é uma consequência do vício do contrato, ou por outra via, que tem por fonte própria e directa apenas a lei[20].

C) O legislador sentiu necessidade de elaborar dois preceitos legais a propósito do dever de indemnizar o comprador de boa fé pelos danos derivados do contrato nulo (cfr. arts. 898º e 899º do Código Civil) e, ainda, de

19 Ventura, Raúl, loc. cit., p. 306.

20 No mesmo sentido, por todos, *vide* Telles, Galvão, loc. cit., p. 158.

impor a obrigação de o vendedor indemnizar o comprador quando a venda não seja convalidada (cfr. art. 900º do Código Civil). Ora, se a obrigação de convalidar o contrato, adquirindo o direito vendido, emergisse do próprio contrato, como é evidente, caso não ocorresse a convalidação, o comprador só poderia ser indemnizado pelo prejuízo que não teria sofrido caso a compra e venda não tivesse sido celebrada – ao abrigo dos arts. 898º e 899º do Código Civil. Ou seja, só se justifica a existência do art. 900º do Código Civil, porque o incumprimento da obrigação de sanar a nulidade da venda – imposta pelo art. 897º do Código Civil – não se traduz num incumprimento do contrato, mas sim de uma obrigação imposta por lei[21], em virtude da nulidade do contrato. Por isso, surgem as duas obrigações de indemnizar perfeitamente distintas: uma delas pelo interesse contratual negativo, pois resulta do facto de ter sido celebrado um contrato nulo por a coisa vendida não pertencer ao vendedor; a outra, pelo interesse contratual positivo, sempre que não ocorra a convalidação e, assim, não seja cumprida a obrigação imposta por lei.

D) A obrigação de convalidar o contrato nulo ou de adquirir a coisa ou o direito vendido, embora conduza à aquisição por parte do comprador, não se traduz no cumprimento de uma *obrigação de fazer com que o comprador adquira o direito*. De facto, nem o art. 879º do Código Civil, nem o § único do nº 2 do art. 467 do Código Comercial, se referem à obrigação de o vendedor fazer o comprador adquirir o direito o que, naturalmente, significa que tal obrigação não se traduz num dos efeitos da compra e venda, mesmo da comercial.

O legislador português, quer no art. 897º do Código Civil, quer no § único do nº 2 do art. 467º do Código Comercial, apenas impõe ao vendedor a obrigação de adquirir o direito vendido, já não a de o transmitir, porque, logo que o vendedor adquira, por algum modo, a propriedade da coisa ou o direito vendido, ocorre a sanação do vício, tornando-se, assim, válido o negócio jurídico e, em consequência, o direito transfere-se, automaticamente, para o comprador, por mero efeito do contrato convalidado, não sendo necessário um qualquer outro acto (cfr. art. 895º do Código Civil).

[21] Neste sentido, *vide*: TELLES, GALVÃO, loc. cit., p. 127.; MARTINEZ, ROMANO, *Direito das Obrigações (Parte Especial). Contratos. Compra e Venda. Locação. Empreitada*, 2ª ed., 2ª reimp., Coimbra, Almedina, p. 117.

Em resumo, nem sequer existe a obrigação de fazer o comprador adquirir o direito

Consequentemente, o vendedor ao cumprir a obrigação de adquirir a coisa ou o direito, está "apenas" a actuar por forma a que a venda real produza o seu efeito essencial: a transmissão do direito real.

Porque assim é, consideramos que, também na hipótese de venda de coisa alheia (quer civil, quer comercial) não tem cabimento falar entre nós, ao contrário do que ocorre em Itália, de um contrato translativo obrigacional ou obrigatório. Ou seja, em causa não está, nem pode estar, de acordo com a lei, um contrato de compra e venda que crie uma fase intermédia entre a sua celebração e o momento em que a transmissão do direito se opera, fase essa de natureza obrigacional compatível com a atribuição do efeito translativo ao próprio contrato. O mesmo é dizer: um contrato de compra e venda que faça surgir na esfera jurídica do vendedor a obrigação de fazer com que o comprador adquira o direito ou a coisa.

E) Mesmo abstraindo, por um lado, da circunstância de a nulidade supor um vício originário do negócio jurídico, enquanto a resolução não envolve qualquer vício formativo ou estrutural do negócio – mas sim a ocorrência de factos posteriores à conclusão do contrato, frustrantes do interesse na execução contratual ou desequilibradores da relação de equivalência económica entre as prestações – e, por outro, do facto de o vício do contrato não ficar sanado e de o comprador não adquirir o direito, apesar de o vendedor o adquirir, se em data anterior à da aquisição já tiver ocorrido um dos factos previstos no nº 1 do art. 896º do Código Civil[22], entendemos

[22] Salvaguardadas, claro está, as hipóteses previstas na lei em que a aquisição não pode já conduzir à convalidação (cfr. art. 896º do Código Civil). A saber:
– Pedido judicial de declaração da nulidade do contrato, formulado por um dos contraentes contra o outro;
– Restituição do preço ou pagamento da indemnização, no todo ou em parte, com aceitação do credor;
– Transacção entre os contraentes, na qual se reconheça a nulidade do contrato;
– Declaração escrita, feita por um dos estipulantes ao outro, de que não quer que o contrato deixe de ser declarado nulo.
Hipóteses estas que se traduzem num impedimento à convalidação porque, de forma expressa ou implícita, uma das partes (ou ambas) já, previamente, manifestou a vontade de radicar ou consolidar a nulidade do contrato. (*Vide* Raúl Ventura, O contrato de compra e venda no Código Civil. Venda de bens alheios – Venda com expedição, loc. cit., p. 315).

que não é possível esquecer que o regime da resolução por incumprimento difere, e muito, do regime da nulidade, mesmo do regime da nulidade atípica que – no nosso entendimento e na esteira da doutrina dominante – o legislador consagrou em matéria de venda de coisa alheia. Consequentemente, não podemos aceitar a tese segundo a qual onde na lei se lê nulidade e convalidação, deve ler-se resolubilidade e execução, respectivamente.

De facto, ainda que se entenda, como nós, que o *verus dominus* não tem legitimidade para intentar a acção de nulidade[23], uma vez que o negócio é perante si absolutamente ineficaz – podendo defender o seu direito através de uma acção de defesa do direito real (acção negatória ou acção de reivindicação, consoante as circunstâncias em concreto, na qual pode cumular um pedido de indemnização) –, e que se considere que o tribunal não pode conhecer e declarar oficiosamente a nulidade atípica – posição que não compartilhamos porque somos sensíveis aos argumentos e aderimos à tese de Raúl Ventura nos termos da qual o tribunal deve declarar oficiosamente a nulidade atípica para os efeitos que a lei lhe atribui, não condenando à entrega da coisa ou do preço, mas sim naquilo em que deva condenar, conforme os efeitos previstos na lei –, não se pode esquecer que:

- Qualquer interessado, com interesse legítimo, pode invocar a nulidade atípica, mas não resolver o contrato;
- A nulidade, como resulta da lei, é invocável a todo o tempo, enquanto não ocorrer a convalidação do contrato (cfr. art. 895º do Código Civil); já o direito de resolução, de acordo com o art. 436, nº 2 do Código Civil, extingue-se ou caduca quando não for exercido no prazo convencionado ou no prazo razoável fixado pela contraparte ao titular do direito e, não se verificando qualquer destas situações,

Refira-se, por fim, que o nº 2 do artigo em apreço, tendo em conta o estatuído no art. 892º, prescreve que os dois primeiros casos apresentados não assumem relevância se forem praticados pela parte que não pode invocar a nulidade.

[23] No mesmo sentido *vide* Supremo Tribunal de Justiça de 12 de Junho de 1951, *Boletim do Ministério da Justiça*, nº 25, p. 371-373 e o acórdão da Relação de Coimbra de 28 de Abril de 1987, *Colectânea de Jurisprudência*, 1987, Ano XII, Tomo II, p. 97. Em sentido contrário, *vide* o acórdão da Relação do Porto de 8 de Março de 1957, Jurisprudência da Relação, III, p. 383 e acórdão do Supremo Tribunal de Justiça de 13 de Dezembro de 1984, *Boletim do Ministério da Justiça*, 1985,nº 342, p. 361 e ss..

e na ausência de prazo legal de caducidade do direito, já se defendeu que o direito de resolução fica sujeito à prescrição ordinária[24].
- A declaração de nulidade tem efeito retroactivo real, sendo consequentemente, afectados os "terceiros" subadquirentes, salvaguardados aqueles que preencham os requisitos do art. 291º do Código Civil se já tiverem decorrido três anos sobre a data do negócio nulo e não tiver sido proposta e registada acção.

Ao invés, entre nós, tal como em Itália, o direito substantivo não reconhece, em geral, eficácia retroactiva real à resolução[25], não sendo, portanto, em regra, os terceiros afectados pela cessação da eficácia do negócio jurídico, quer tenham adquirido de boa, ou má fé, a título gratuito, ou oneroso (cfr. art. 435º, nº 1 do mesmo diploma legal). Efectivamente, apenas excepcionalmente, quando em causa estejam bens sujeitos a registo, a inscrição da acção conduz à extinção dos direitos adquiridos pelos "terceiros", quer na pendência da acção quer *ante litem*, se estes não tiverem obtido a inscrição do seu facto aquisitivo com prioridade. Portanto, como resulta do acabado de afirmar, o terceiro, ainda que haja adquirido a título gratuito e de má fé, não será afectado pela resolução, se tiver obtido a inscrição do seu facto aquisitivo antes da feitura do registo da acção. E isto, independentemente do decurso de qualquer prazo sobre a data da conclusão do contrato resolvido[26], mantendo-se, assim, nesse caso, a regra da irrectroactividade real da resolução (art. 435º, nº 2, do Código Civil).

[24] Proença, Brandão, *A Resolução do Contrato no Direito Civil– Do Enquadramento e do Regime*, reimp., Coimbra, Coimbra Editora, 2006, p. 155 e 156.

[25] A resolução tem, em princípio, efeito retroactivo entre as partes (art. 433º, nº 1: "na falta de disposição especial, a resolução é equiparada, quanto aos seus efeitos, à nulidade ou anulabilidade do negócio jurídico, com ressalva do disposto nos artigos seguintes"). No entanto, esta regra envolve desvios, nos termos do art. 434º, nº 1, segunda parte: "salvo se a retroactividade contrariar a vontade das partes ou a finalidade da resolução".

[26] Acresce que é absolutamente irrelevante que antes do registo do facto aquisitivo do "terceiro" o Registo já publicitasse o eventual direito potestativo de resolução no extracto da inscrição de aquisição lavrada com base no contrato resolvido. Por isso se reconhece ao registo do direito potestativo de resolução uma função de mera publicidade notícia: advertir terceiros, para que não sejam surpreendidos com o eventual registo da acção de resolução. (Vide, Jardim, Mónica, A incerteza gerada pelo registo, com efeito enunciativo, de um facto apenas eficaz *inter partes*, in, *O Contrato na Gestão do Risco e na Garantia da Equidade*, Coordenação: António Pinto Monteiro, Instituto Jurídico, Faculdade de Direito da Universidade de Coimbra, p. 303 e ss.

3. A TESE SEGUNDO A QUAL A VENDA DE COISA ALHEIA COMO PRÓPRIA É, APENAS, PARCIALMENTE NULA

Contra a posição maioritária da doutrina segundo a qual a compra e venda civil de coisa alheia é total ou absolutamente nula, salvaguardada a hipótese prevista no art. 902º do Código Civil, CLARA SOTTOMAYOR defende que tal "como a doutrina tem defendido a cisão dos efeitos do negócio jurídico entre as partes e em relação a terceiros, através da teoria da inoponibilidade dos negócios não registados, (...) a melhor forma de explicar o regime da venda de bens alheios é recorrer a uma cisão dos efeitos jurídicos do negócio nulo, admitindo que há consequências jurídicas que não se produzem, em virtude da nulidade, e outras que se produzem, por não contradizerem a finalidade da norma que consagra a nulidade."[27].

Por isso, esta Autora assume o entendimento segundo o qual a venda de bens alheios é um negócio que padece de nulidade parcial quanto a algumas das suas consequências jurídicas.

Para facilitar a compreensão da tese em apreço passamos a citar a Autora.

> *"O contrato parcialmente nulo, porque não produz o seu efeito real típico, é, no entanto, fonte de obrigações negociais, como o dever de entrega da coisa e a obrigação de pagar o preço; a obrigação de convalidação do contrato (arts 895º e 897º) e o dever de indemnizar o comprador pelo não cumprimento ou pelo cumprimento tardio desta obrigação, assim como pelo facto de o contrato não ser válido desde o início (arts. 898º a 900º)." (...) "Trata-se, em nossa opinião, de efeitos negociais, que resultam do contrato nulo, e são imputáveis à vontade das partes. Uma vez que a nulidade não pode ser declarada oficiosamente pelo tribunal e que o contrato nulo é susceptível de execução voluntária ou coerciva, por iniciativa do comprador de boa fé, desde que o verdadeiro proprietário não reivindique a coisa, temos, neste contexto, um círculo restrito, em que a venda de bens alheios é um negócio parcialmente válido, quanto a algumas das suas consequências jurídicas. (...) Relativamente à obrigação de convalidação (art. 897º), cremos tratar-se de um efeito negocial do contrato nulo, produzindo-se o efeito real, depois da convalidação, nos termos do art. 895º, como um efeito produzido pelo contrato convalidado, a que a lei atribui efeitos transmissivos automáticos, a favor do comprador, com eficácia retroactiva à data da celebração do contrato nulo."*[28]

[27] Cfr. CLARA SOTTOMAYOR, ob. cit., p. 846.

[28] *Idem*, p. 858-859.

Ainda segundo CLARA SOTTOMAYOR, à inoponibilidade da nulidade ao terceiro adquirente de boa fé corresponde um direito legal relativo adquirido pelo terceiro, por força da sua boa fé. Ou seja, "*o instrumento de protecção do comprador de boa fé não consiste, apenas, em meios processuais de defesa, como a recusa de legitimidade ao vendedor para invocar a nulidade e a possibilidade de o comprador de boa fé opor uma excepção, contra o vendedor – a inoponibilidade da nulidade. À defesa processual corresponde o reconhecimento legal de um direito relativo do comprador contra o vendedor, de acordo com o processo de substancialização das figuras meramente processuai*"[29]. Portanto, na sua opinião, a inoponibilidade da nulidade, entre as partes, não tem apenas um significado processual, mas também um significado material. Traduz-se "*no reconhecimento, por força da lei, de um direito legal relativo, ao adquirente de boa fé, na medida em que, entre as partes, tudo se passa como se o negócio tivesse sido validamente celebrado.*"[30]

Por fim, segundo esta Autora, o adquirente de boa fé é titular de um direito relativo que se apresenta como "*uma figura próxima do direito de crédito, na medida em que consiste no poder de oposição, perante a invocação da nulidade do negócio, pelo alienante, e no poder de exigir, a este, a entrega da coisa, o cumprimento da obrigação de convalidação do contrato ou uma indemnização para a hipótese de incumprimento*"[31].

Também não subscrevemos a tese de CLARA SOTTOMAYOR, pois, repetimos, na nossa perspectiva, de acordo com as normas legais e com o resultado da sua correcta interpretação, a venda de coisa alheia é nula: totalmente nula, não apenas parcialmente nula.

De facto, consideramos que os argumentos avançados por CLARA SOTTOMAYOR, em defesa da tese da nulidade parcial, não procedem.

Concretizando:

A) Não concordamos com a doutrina que afirma que antes do registo os direitos reais apenas produzem efeitos *inter* partes e só depois passam a ser eficazes *erga omnes*. De facto, segundo o nosso entendimento, entendemos os direitos reais são sempre eficazes *erga omnes*, não existem direitos reais apenas eficazes *inter partes*; o registo, entre nós, limita-se a consolidar a eficácia *erga omnes*, e, quando o mesmo não é lavrado, se o direito do

[29] *Idem*, p. 858.
[30] *Idem*, p. 864.
[31] *Idem*.

terceiro registal prevalece, tal não constitui qualquer excepção à eficácia, preferência e sequela do direito real primeiramente constituído, mas não registado, pela simples razão de que, nesse caso, em benefício do terceiro registal, tal direito real deixa de existir ou sofre uma contracção.

Porque assim é, naturalmente, consideramos que a referida doutrina não pode dar um qualquer suporte à tese de que a venda de coisa alheia é apenas parcialmente nula.

B) Afirmar que a venda de coisa alheia é parcialmente nula, segundo o nosso entendimento, é *contra legem*.

A venda civil de coisa alheia é totalmente nula, porque, como já o referimos, e escusamos de repetir, tal resultou de uma clara opção do legislador português aquando da redacção do actual Código Civil.

Nem se diga, como Clara Sottomayor, "*que a distinção entre o regime da nulidade e o regime que resultaria da validade do negócio jurídico não é muito grande, como demonstra o regime da venda comercial de coisa alheia, válida, segundo o art. 467º do Código Comercial.*" Uma vez que, "*no caso da venda de bens alheios, a lei parte do princípio da nulidade, mas a nulidade é atenuada pela possibilidade de convalidação e pelo regime da inoponibilidade entre as partes, produzindo o contrato nulo alguns efeitos jurídico-negociais (...). Na venda comercial, apesar da regra da validade, o vendedor assume também a obrigação de adquirir a propriedade da coisa vendida. Na falta de cumprimento desta obrigação, o negócio não produz efeitos: estamos perante uma violação do contrato e o vendedor tem o dever de indemnização dos prejuízos causados ao comprador, sendo o seu montante calculado de acordo com os mesmos critérios.*"[32]. Efectivamente, tal argumento não procede, desde logo, por um lado, porque esquece a circunstância de o vendedor só estar obrigado a adquirir a coisa vendida, nos termos do art. 897º, nº 1, do Código Civil, para assim convalidar a venda, quando o comprador esteja de boa fé, o que, como se sabe, não ocorre na compra e venda comercial de coisa alheia. E, por outro, porque não dá qualquer relevância ao facto de o legislador reconhecer legitimidade para arguir a nulidade: ao vendedor de boa fé em face do comprador de má fé; ao comprador – que não tenha actuado com dolo –, perante o vendedor – independentemente da boa ou má fé deste[33]; a qualquer eventual terceiro, com interesse legítimo.

[32] Cfr. Clara Sottomayor, ob. cit., p. 862.

[33] Saliente-se que "quanto ao comprador, para que ele perca o direito de opor a nulidade ao vendedor (...), não basta que conheça a verdadeira titularidade da coisa. É necessário ainda que

Segundo o nosso entendimento, podendo a nulidade ser arguida por uma das partes[34], ou por um terceiro com legítimo interesse, não se pode afirmar que a ininvocabilidade da nulidade pelo alienante perante o comprador de boa fé implique a validade, mesmo que parcial, da venda.

Nem se argumente que também na venda civil de coisa relativamente futura o negócio apenas produz *ab initio* efeitos obrigacionais, só produzindo efeitos reais quando a coisa é adquirida pelo alienante e nunca os produzindo se a referida aquisição não chegar a ocorrer, uma vez que, nessa hipótese, o legislador admitiu a validade da venda, precisamente, por em causa estar uma coisa futura. Ou seja, a venda de coisa relativamente futura só é válida porque a coisa já existe e, apesar de ainda não estar em poder do disponente no momento da declaração negocial, este já ter uma legítima expectativa de vir a adquiri-la e o contrato ser realizado na perspectiva ou suposição (de ambas as partes) de que ela virá a entrar no património do alienante. Ao invés, o legislador determinou a nulidade da venda civil de coisa alheia, porque o disponente não tem a legítima expectativa de vir a adquiri-la e o contrato não é realizado na perspectiva ou suposição (de ambas as partes) de que ela virá a entrar no património do alienante (cfr. art. 893º do Código Civil, nos termos do qual, "a venda de bens alheios fica, porém, sujeita ao regime da venda de bens futuros, se as partes os considerarem nesta qualidade").

Sublinhe-se, ainda, que admitir que a venda de coisa alheia é apenas parcialmente nula, porque atinge apenas os seus efeitos reais, implica admitir como que uma "redução do negócio jurídico"[35]. Não podemos aceitar tal solução, uma vez que, como se sabe, quando um contrato padece de nulidade parcial pode ser objecto de redução, "salvo quando se mostre que este não teria sido concluído sem a parte viciada". Acresce que a redução só pode ocorrer se a *parte sã* do negócio assegurar a realização da intenção prática que determinou as partes à sua celebração. Ou, por outras

ele tenha induzido o alienante em erro ou que, apercebendo-se do erro, o tenha dissimulado, para manter o vendedor na sua falsa convicção. (Cfr. Lima, Pires de / Varela, Antunes, ob. cit., p. 185).

[34] Por isso, quando em causa está uma venda civil de coisa alheia, não se pode afirmar, como o faz a Autora, que *inter partes* "tudo se passa como se o negócio tivesse sido validamente celebrado".

[35] Que, acrescente-se, não acautela sequer o interesse das partes que demonstrem que o contrato não teria sido concluído sem a parte viciada.

palavras, a redução há-de permitir a subsistência do negócio, assegurar a manutenção do seu conteúdo (embora reduzido), nunca podendo, consequentemente, conduzir à descaracterização do tipo contratual. Ora, o efeito real da compra e venda não resulta de uma parte autonomizável do contrato que possa ser eliminada mantendo-se a parte restante (a referente aos efeitos obrigacionais), tal como se o efeito real fosse estabelecido numa cláusula autonomizável do negócio. Segundo o nosso entendimento, o contrato de compra e venda é uno, simultaneamente obrigacional e dispositivo, e, por isso, a invalidade decorrente do facto de a coisa ser alheia não pode afectar apenas os efeitos reais, não podendo, por isso, ser havida como meramente parcial.

Em resumo, não se pode admitir tal espécie de "redução", uma vez que a mesma conduziria a que se aceitasse que o negócio perdesse o seu elemento mais essencial – o efeito real –, envolvendo, assim, na nossa perspectiva, o "desaparecimento" do contrato de compra e venda.

Acrescente-se, ainda, que tal redução também não seria compatível com a previsão legal de convalidação do negócio. De facto, como é que o contrato poderia ser parcialmente válido, porque objecto de redução da parte viciada –, ou seja, da parte que visava produzir efeitos reais –, mas, depois, ser convalidado e ressurgir como contrato de compra e venda, caso fosse eliminado o vício que afectava a referida "parte real" previamente excluída?

Saliente-se, por fim, que na vigência do Código de Seabra a doutrina que se recusava a admitir a nulidade da venda de coisa alheia nunca afirmou a sua validade parcial, de facto, como já referimos, ou defendia que em causa estava um contrato válido mas resolúvel, ou um contrato que padecia de nulidade relativa – que correspondia à actual anulabilidade, não a nulidade parcial.

C) Segundo Clara Sottomayor, como referimos, o contrato de compra e venda de coisa alheia faz surgir, por si só, na esfera jurídica do alienante, a obrigação de convalidar o contrato ou de adquirir o direito ou a coisa e a obrigação de proceder à respectiva entrega, e, na esfera jurídica do adquirente, a obrigação de efectuar o pagamento[36]. Mais, segundo esta

[36] Como resulta do exposto, apesar de Clara Sottomayor afirmar que a venda de coisa alheia é parcialmente nula e não apenas resolúvel, reconhece ao contrato mais efeitos obrigacionais do que Yara Miranda. De facto, relembramos, segundo esta Autora, da

Autora, o contrato, parcialmente nulo, é susceptível de execução voluntária ou coerciva, por iniciativa do comprador de boa fé, desde que o verdadeiro proprietário não reivindique a coisa.

Nós, ao invés, consideramos que o reconhecimento de efeitos obrigacionais à venda civil de coisa alheia contraria a finalidade da norma que consagra a nulidade e o regime previsto na lei.

Vejamos com mais pormenor.

1) Quanto à obrigação que impende sobre o vendedor – quando o comprador esteja de boa fé – de adquirir o direito vendido para, assim, sanar a nulidade da venda, ou convalidar o negócio (cfr. art. 897º, nº 1, do Código Civil), vale o anteriormente afirmado, ou seja, e em resumo, para evitar repetições, não é um efeito essencial do contrato de compra e venda civil de coisa alheia, é, isso sim, uma consequência do vício do contrato e tem por fonte própria e directa a lei. Tanto assim é que o incumprimento da obrigação de sanar a nulidade da venda – imposta pelo art. 897º do Código Civil – dá origem a uma obrigação de indemnização diversa daquela que resulta do facto de ter sido celebrado um contrato nulo[37].

Acresce que, de acordo com o art. 903º do Código Civil, o art. 897º do mesmo diploma legal, pode ser derrogado, mediante convenção das partes inserta no próprio contrato de compra e venda, desde que o vendedor não actue com dolo, consequentemente, pode não existir a obrigação de convalidação do contrato nulo, não obstante o comprador estar de boa fé.

Assim sendo, admitir que a venda de coisa alheia é apenas parcialmente nula, mesmo quando tenha sido derrogada a obrigação de convalidação, é

compra e venda de coisa alheia apenas emerge a obrigação de adquirir a coisa ou o direito e de, assim, convalidar o negócio.

[37] Por isso, segundo o nosso entendimento, após a convalidação, a aquisição da coisa ou do direito apenas produz efeitos *ex nunc*. A este propósito cumpre ainda lembrar que considerar o adquirente de coisa alheia, após a convalidação do negócio, como o verdadeiro titular do direito desde a data da celebração da compra e venda, além do mais, implica: reconhecer-lhe legitimidade para intentar acção tendente à reparação dos danos causados por um terceiro entre a data da compra e venda e a data da convalidação; imputar-lhe, em princípio, a responsabilidade pelos danos causados pela ruína do edifício ou de outra obra (cfr., por exemplo, o art. 492º do Código Civil); atribuir àquele, e não ao até ali proprietário da coisa, o direito de fruição entre a data da celebração do contrato de compra e venda de coisa alheia e a sua convalidação – não obstante, como é evidente, o até ali proprietário da coisa sempre ter a possibilidade de, ao abrigo do 1270º, nº 1, do Código Civil, fazer seus os frutos percebidos enquanto possuidor de boa fé.

reconhecer a existência de um contrato de compra e venda quando é certo que este nunca virá a produzir efeitos reais. Ora, na nossa perspectiva, tal é inadmissível, uma vez que, quando *ab initio*, no momento da celebração do contrato, já está definitiva e irremediavelmente posta em causa a produção dos efeitos reais – não obstante o comprador o ignorar –, não vemos como se possa afirmar que em causa ainda está um contrato de compra e venda válido, mesmo que só parcialmente.

2) No que diz respeito à obrigação de entrega da coisa, na nossa perspectiva, ela não existe na esfera jurídica do vendedor em virtude da celebração do contrato de compra e venda de coisa alheia, apenas passando a existir quando ocorre a convalidação do mesmo – convalidação esta que depende sempre da colaboração do verdadeiro proprietário e que apenas opera, quando opera, *ex nunc*. Portanto, sendo a coisa alheia, enquanto assim permanecer, não há obrigação de entrega. Na verdade, o legislador não impõe a obrigação de entrega, mas sim a de convalidação; só depois de esta estar cumprida surge a obrigação de entrega. Nem podia ser de outra forma!

De facto, como é que o legislador poderia impor uma obrigação de entrega de uma coisa alheia? Por que razão a entrega da coisa poderia ocorrer voluntária e até coercivamente, independentemente da vontade do verdadeiro proprietário enquanto este não reivindicasse a coisa, quando se sabe que a acção de reivindicação é imprescritível? Como é que o Tribunal poderia condenar o vendedor a entregar a coisa pertencente a outrem, o mesmo é dizer, a realizar um acto legalmente impossível?

3) Por fim, entendemos que não existe qualquer obrigação, a cargo do comprador, de efectuar o pagamento, uma vez que a propriedade ainda não lhe foi transmitida (porque não pertencia e ainda não pertence ao vendedor) e não existe qualquer expectativa de que o venha a ser, uma vez que a obrigação de convalidação do contrato não pode ser cumprida contra a vontade e sem a colaboração do verdadeiro proprietário. Ou seja, no nosso ponto de vista, a obrigação de pagamento apenas surge, tal como a obrigação de entrega, se ocorrer a convalidação do contrato. Efectivamente, a que propósito imporia o legislador tal obrigação ao comprador, mesmo que de boa fé, fazendo-o correr o risco, não só de nunca vir a adquirir a coisa, mas, ainda, de não conseguir reaver o dinheiro entregue a título de pagamento?

Mais, sendo certo, na nossa perspectiva, que o vendedor não pode, legitimamente, efectuar a entrega da coisa, porque esta não lhe pertence, que sentido faria impor ao comprador a obrigação de efectuar o pagamento, quando a lei consagra a *exceptio non adimplenti contractus* (cfr. 428º)?

Por último, refira-se que a própria lei reconhece indirectamente a inexistência da obrigação de efectuar o pagamento antes da convalidação do contrato, ao estatuir que, caso tenha havido pagamento, o comprador de boa fé pode exigir a restituição e ainda tem direito a ser indemnizado (cfr. art. 894º)[38].

D) Segundo CLARA SOTTOMAYOR, o adquirente de boa fé é titular de um direito relativo, em virtude, precisamente, da sua boa fé. Direito relativo que, afirma, se apresenta como "uma figura próxima do direito de crédito, na medida em que consiste no poder de oposição, perante a invocação da nulidade do negócio, pelo alienante, e no poder de exigir, a este, a entrega da coisa, o cumprimento da obrigação de convalidação do contrato ou uma indemnização para a hipótese de incumprimento".

Não podemos concordar.

– Primeiro, porque não reconhecemos ao poder de oposição, perante a invocação da nulidade, a natureza de um direito relativo próximo do direito de crédito.

Explicitando.

Na nossa perspectiva, a lei limita-se a não reconhecer legitimidade ao vendedor para invocar procedentemente a nulidade, protegendo, deste modo, o comprador de boa fé. A lei não impõe ao vendedor qualquer dever jurídico de não invocar a nulidade. Se tal dever existisse, o vendedor poderia violá-lo e, portanto, obter a declaração de nulidade. Ora, tal não ocorre!

Assim, porque não existe um dever jurídico a cargo do vendedor de não invocar a nulidade, também o comprador de boa fé não é titular de qualquer direito correspectivo. Inexiste, portanto, qualquer relação jurídica, próxima de uma relação creditícia, por força da qual ao comprador seja atribuído o poder de exigir que o vendedor não invoque a nulidade do negócio. Na verdade, caso o vendedor venha a arguir, ilegitimamente,

[38] No entanto, é evidente que os princípios gerais, expressos no art. 289º, sobre os efeitos da nulidade, são, em certa medida, afastados pelo art. 894º quando o comprador tenha agido de má fé, isto é, com conhecimento de que a coisa era alheia, uma vez que, nesse caso, não pode, por argumento *a contrario*, pedir a restituição integral do preço, tendo apenas o direito de pedir, com base nos arts. 473º e seguintes, aquilo com que o vendedor se locupletou.

a nulidade, entendemos que o comprador de boa fé apenas tem a possibilidade de invocar uma excepção peremptória. Não mais! Em resumo, o legislador ao não atribuir legitimidade ao vendedor para invocar a nulidade, perante o comprador de boa fé, não pretendeu estabelecer entre eles qualquer relação intersubjectiva.

– Segundo, porque, como referimos, antes da convalidação, o vendedor não está obrigado a entregar a coisa alheia ou, noutra perspectiva, o comprador de boa fé não é titular do direito à entrega da coisa. O mesmo é dizer que, o direito à entrega da coisa só surge na esfera jurídica do comprador quando este já é proprietário dela, porque o negócio já deixou de ser inválido e já ocorreu a transmissão do direito real, ou seja, num momento em que a nulidade já não pode ser arguida por quem quer que seja. Em suma, o período de tempo durante o qual o vendedor não pode arguir a nulidade da venda, não coincide nunca com aquele durante o qual o comprador tem direito a que lhe seja entregue a coisa. Assim, na esfera jurídica do comprador nunca coexistem o poder de se opor à invocação da nulidade por parte do comprador e o direito à entrega da coisa.

– Terceiro, porque, não obstante impender sobre o vendedor, perante o comprador de boa fé, a obrigação de convalidar o negócio nulo – obrigação esta que, como já diversas vezes referimos, na nossa opinião, tem por fonte própria e directa apenas a lei –, o seu cumprimento depende da colaboração do verdadeiro proprietário. Consequentemente, apesar de o comprador de boa fé ter direito a ver convalidado o contrato, não pode exigir o seu cumprimento coactivo. De facto, se o proprietário se recusar a alienar o bem ao vendedor, nada mais restará ao comprador de boa fé do que o direito a ser indemnizado pelo incumprimento da obrigação de convalidação.

– Quarto, porque, como já o dissemos, o direito a ser indemnizado pela não convalidação do contrato não decorre do facto de ter sido celebrado um contrato nulo – cuja nulidade não pode ser invocada pelo vendedor –, ou de forma mais abreviada, não é um efeito do contrato, é, isso sim, uma consequência decorrente do não cumprimento da obrigação de convalidação imposta por lei. Em face do exposto, podemos concluir que é a lei que é a fonte do poder do comprador de se opor, através de uma excepção peremptória, à arguição da nulidade por parte do vendedor, bem como, do direito a ser indemnizado pela celebração de um contrato nulo, do direito a ser ressarcido pelos danos decorrentes do não cumprimento da obrigação de convalidação[39]. Por seu turno, o direito à entrega da coisa decorre da convalidação do contrato.

E) No nosso ordenamento jurídico são muito frequentes os *desvios* ao regime estatuído nos arts. 286º a 294º, sendo comuns, portanto, as nulidades e anulabilidades atípicas[40].

CONCLUSÃO

Por todo o exposto, reafirmamos, consideramos que a venda de coisa alheia, não obstante estar sujeita a um regime atípico, é totalmente nula.

[39] Recordamos, ainda, que, de acordo com o art. 903º do Código Civil, o art. 897º e o art. 900º (do mesmo diploma legal) podem ser derrogados, mediante convenção das partes, desde que o vendedor não actue com dolo. Consequentemente, não obstante o comprador estar de boa fé pode nem sequer ter o direito à convalidação do contrato nulo e, consequentemente, o direito a ser indemnizado em caso de não convalidação do contrato, bem como, não obstante poder ser titular do direito à convalidação do contrato, não ter o direito a ser indemnizado em caso de não convalidação.
Saliente-se, por fim, que as convenções previstas nos n°s. 1º e 2º do art. 903º do Código Civil supõem que os contraentes previram a possibilidade de a venda ser nula – por a coisa vendida não pertencer ao vendedor – e, por isso, estabeleceram um regime diferente do resultante da lei, mas não implicam, como é evidente, a má fé ou o dolo dos contraentes. De facto, o legislador, ao admitir a derrogação do regime legal da compra e venda de coisa alheia, partiu do pressuposto de que a simples previsão de que a venda pode ser nula não destrói a boa fé dos contraentes, uma vez que todos os preceitos que podem ser derrogados supõem a boa fé de um dos estipulantes.

[40] Cfr. ALARCÃO, RUI DE, Sobre a invalidade do negócio jurídico, in Estudos em Homenagem ao Prof. *Doutor J. J. Teixeira Ribeiro*, II I, *Boletim da Faculdade de Direito*, Coimbra, p. 620).

SOBRE A SUSPENSÃO DE LIMINARES E DE SENTENÇAS

NATHALY CAMPITELLI ROQUE

1. SUSPENSÃO DE LIMINARES E DE SENTENÇA: BREVE INTRODUÇÃO AO TEMA

Comumente se denomina *suspensão de liminares e de sentenças* o instituto processual que autoriza o Presidente do Tribunal competente para o recurso cabível suspender a execução de sentença ou de liminares ainda sujeita a recurso sem efeito suspensivo ou a liminares desfavoráveis ao Poder Público, sejam elas concedidas em mandado de segurança, em ações de conhecimento que tramitem pelo procedimento comum ou especial[1].

O instituto é condicionado ao requerimento do ente público e à constatação de risco de lesão à ordem, saúde, economia ou segurança pública, nos termos das leis disciplinadoras dos diferentes pedidos de suspensão. O instituto figura no ordenamento jurídico pátrio desde a edição da Lei 191/1934 (art. 8º, §9º e art. 10), introduzindo limitação para a execução de liminares e sentenças proferidas em sede de mandado de segurança, sendo reiterado no primeiro Código Processo Civil unificado da República, de 1939 (art. 328) e na disciplina autônoma do remédio constitucional, a Lei 1.533/51 (art. 13). Foi alterado pela Lei 4.348/64, que trouxe requisitos

[1] É o conceito que se pode formular tomando por base a legislação regente do tema.

específicos para a providência e atualmente é regido pela Lei 12.016/09[2], em seu artigo 15[3/4].

Há também previsão da providência para medidas cautelares de qualquer natureza (Lei 8.437/92, art. 4º) e para a tutela antecipada (Lei 9.494/97, art. 1º), se adotadas contra o Poder Público, e também em sede de recurso aos Tribunais superiores (Lei 8.038/90, art. 25[5]) e de ações coletivas (Lei 7.347/85, art. 12, §1º)[6/7]. Também se admite a suspensão de liminares e sentenças contra a Fazenda Pública no vigente Código de Processo Civil (art. 1.059).

2 A ADIn 4.296-DF, apresentada pela Ordem dos Advogados do Brasil contra dispositivos da Lei 12.106/09, não trata da disposição legal referente à suspensão de segurança.

3 "Art. 15. Quando, a requerimento de pessoa jurídica de direito público interessada ou do Ministério Público e para evitar grave lesão à ordem, à saúde, à segurança e à economia públicas, o presidente do tribunal ao qual couber o conhecimento do respectivo recurso suspender, em decisão fundamentada, a execução da liminar e da sentença, dessa decisão caberá agravo, sem efeito suspensivo, no prazo de 5 (cinco) dias, que será levado a julgamento na sessão seguinte à sua interposição.

§ 1º Indeferido o pedido de suspensão ou provido o agravo a que se refere o **caput** deste artigo, caberá novo pedido de suspensão ao presidente do tribunal competente para conhecer de eventual recurso especial ou extraordinário.

§ 2º É cabível também o pedido de suspensão a que se refere o § 1º deste artigo, quando negado provimento a agravo de instrumento interposto contra a liminar a que se refere este artigo.

§ 3º A interposição de agravo de instrumento contra liminar concedida nas ações movidas contra o poder público e seus agentes não prejudica nem condiciona o julgamento do pedido de suspensão a que se refere este artigo.

§ 4º O presidente do tribunal poderá conferir ao pedido efeito suspensivo liminar se constatar, em juízo prévio, a plausibilidade do direito invocado e a urgência na concessão da medida.

§ 5º As liminares cujo objeto seja idêntico poderão ser suspensas em uma única decisão, podendo o presidente do tribunal estender os efeitos da suspensão a liminares supervenientes, mediante simples aditamento do pedido original."

4 A redação do artigo 15 resulta da fusão dos textos revogados do artigo 13, da Lei 1533/51 e do art. 4º da Lei 4.348/64 e de disposições extraídas do texto do artigo 4º da Lei 8.437/92.

5 O artigo 25 da Lei 8.038/90 não foi alcançado pela revogação de dispositivos implementada pelo vigente Código de Processo Civil (art. 1.072).

6 Para maior detalhamento sobre as modificações legislativas do instituto, consultar Marcelo Abelha, Suspensão de Segurança, *passim*, e Araken de Assis, Manual dos Recursos, pp. 866 e ss.

7 Em que pese haver uma tendência doutrinária e jurisprudencial em reconhecer a existência de uma espécie de sistema no que toca aos pedidos de suspensão, por força da possibilidade de aplicação analógica, Cássio Scarpinella Bueno rejeita este entendimento, por entender que as restrições a direitos individuais devem ter interpretação restrita – Inconstitucionalidade das novas regras da suspensão de liminar em mandado de segurança" in Revista do Advogado nº 64. São Paulo: Associação dos Advogados de São Paulo, outubro de 2001, p. 20.

De amplo uso no cotidiano judicial da Administração Pública, o instituto é defendido como a possibilidade de manter a governabilidade dos entes federados e o andamento das atividades das entidades em colaboração com a Administração Pública contra os abusos cometidos por partes e magistrados nos litígios que envolvem especialmente as políticas públicas.

Por outro lado, verifica-se que há divergências na doutrina sobre diversos aspectos da suspensão de segurança ou de liminar, dentre as quais se encontra a discussão sobre sua a constitucionalidade e natureza jurídica, dentre diversos outros. Por seu uso constante como meio de intermediação entre Poder Executivo e demandas individuais e coletivas, é importante que se volte os olhos para o instituto a fim de procurar sua adequação ao atual contexto da disciplina constitucional de diversos temas relevantes aos indivíduos e à sociedade e, assim, avançar na sua construção doutrinária.

Este singelo estudo pretende trazer algumas ponderações à consideração dos estudiosos, com a finalidade de lançar novas luzes sobre o tema.

2. O PROBLEMA DA CONSTITUCIONALIDADE DO INSTITUTO: AS POSIÇÕES DA DOUTRINA E DA JURISPRUDÊNCIA

Nos estudos doutrinários sobre o tema dos pedidos de suspensão de sentenças e liminares verifica-se que a doutrina tem mudado seu entendimento sobre o tema, de acordo com a modificação da ideologia predominante a respeito do papel do Estado e da tutela do particular contra o Estado.

Como assinala Marcelo Abelha Rodrigues em monografia sobre o tema[8], a suspensão do cumprimento de decisões provisórias contrárias ao poder público foi concebida em uma época em que se entendia o Estado como mero assegurador de direitos, típico do estado liberal e voltada apenas ao mandado de segurança. Com a instauração da ditadura, foram impostas mais restrições ao mandado de segurança, o que significou modificar o instituto da suspensão de segurança, para discipliná-lo com maiores minúcias, na Lei 4.348/64.

Esclarece o mencionado autor que após a restauração da democracia, a suspensão de segurança foi ampliada por leis esparsas a outras demandas que pudessem gerar liminares ou sentença passíveis de execução provisória que pudessem colocar em risco o chamado interesse público[9].

[8] Suspensão de segurança: sustação da eficácia de decisão judicial proferida contra o Poder Público, pp. 71-95.

[9] op. cit., pp. 84-95.

A partir desta "proliferação" de normas restritivas, parte da doutrina reagiu, entendendo pela inconstitucionalidade da suspensão de decisões contrárias ao poder público. Seguem abaixo sintetizados os argumentos mais defendidos no sentido de apontar a incompatibilidade do instituto com a Constituição de 1988[10]:

a) a suspensão de segurança ou de liminar feriria o devido processo legal e a isonomia processual, ao disponibilizar à Fazenda Pública mais meios de defesa de seus interesses do que ao particular. Isto porque a Administração contaria com o recurso de agravo e com a suspensão de segurança para impugnação da decisão desfavorável, enquanto o particular autor apenas contaria com o recurso de agravo;
b) o instituto, por ter rito simplificado e não prever expressamente contraditório, colocaria à disposição da Fazenda Pública instrumento muito mais célere que o recurso cabível, o que faz estabelecer situação de grande desvantagem ao particular, que teria reduzidas chances de se defender;
c) a limitação às liminares confronta a diretriz de inafastabilidade da jurisdição, já que impossibilitaria o Poder Judiciário de prontamente atender a direito da parte, baseado em relevante fundamento e passível de risco de lesão, podendo sujeitá-lo à implementação do risco de dano irreparável, o que tornaria a medida judicial imprestável;
d) o mandado de segurança, como garantia constitucional que é, não admite quaisquer restrições, o que deve ser estendido às liminares proferidas em seu trâmite;
e) a Constituição Federal privilegiou irrestritamente os direitos individuais, não mais se justificando a prevalência do interesse público sobre o do particular, o que fulminaria o fundamento da suspensão de liminar ou de segurança;

Com base nestes argumentos, a questão sobre a constitucionalidade de normas que suspendem a executoriedade de decisões contrárias ao Poder Público foi levada ao Supremo Tribunal Federal, embora não em muitas

[10] Entendem pela inconstitucionalidade da suspensão de liminares e de sentenças Nelson Nery Jr., Cássio Scarpinella Bueno, Carlos Ari Sundfeld, dentre outros respeitáveis estudiosos.

oportunidades. É possível que a primeira vez [11] que o tema foi enfrentado em sede de ação direta em 5 de abril de 1990[12], no julgamento da Ação Direta de Inconstitucionalidade nº 223-6, Distrito Federal.

A demanda mencionada discutia a constitucionalidade da Medida Provisória 173 e outras, que previam a possibilidade de suspensão de liminares e de execução de sentenças em mandado de segurança, e em ações de procedimento ordinário e cautelares, nos casos de aumentos de salários, questões tributárias federais e outros temas de interesse específico da União Federal[13].

A demanda não foi julgada no mérito, tendo sido considerado prejudicada, pela perda de seu objeto, por decisão publicada em 26 de fevereiro de 1996. A liminar, apreciada em 5 de abril de 1990, foi indeferida, por maioria, restando vencidos os ministros Paulo Brossard, relator, que deferia parcialmente a liminar e o Ministro Celso de Mello que deferida a liminar totalmente[14].

Ao entender pela concessão da liminar, o Ministro Paulo Brossard, relator, ponderou sobre a generalidade da providência estabelecida por medida provisória, que postergaria para data incerta a efetivação do mandamento judicial, a ponto de poder acarretar a consumação da ameaça e a irreparabilidade do dano, concluindo pela impossibilidade de qualquer limitação ao mandado de segurança, concedendo a liminar para retirar a restrição apenas do mandado de segurança:

> "Ora, o direito que ele (o mandado de segurança) visa a tutelar há de ser líquido e certo, a reclamar e exigir a pronta custódia judicial. Por ser direito líquido e certo, seu rito é sumaríssimo. Obstar-lhe a marcha rápida e eficaz,

[11] E talvez a única. Em outras ações diretas como é o caso da ADIN 2251-DF, a discussão se ateve ao vício formal de estabelecimento de novos procedimentos para a suspensão de segurança e a inovações procedimentais da suspensão de segurança.

[12] Como foi observado pelo Ministro Paulo Brossard e confirmado pelos demais participantes do julgamento, em fls. 10 do acórdão – acesso à versão digital, disponibilizada pelo site do Supremo Tribunal Federal – consulta em 26 de dezembro de 2009.

[13] Tais providências consistiam em medidas para operacionalização de planos econômicos desenvolvidos para conter o avanço da galopante inflação da época e da estabilização econômica do país.

[14] Adin 223-6 – DF- acompanhamento processual consultado no site do STF no link http://www.stf.jus.br/portal/processo/verProcessoAndamento.asp?incidente=1496619, consulta em 26 de dezembro de 2009.

como o faz a Medida Provisória 173, é desnaturá-lo até a deformação. E quando um direito é líquido e certo é de natureza e assento constitucional essa deformação chega à contrafação do instituto constitucional. Não digo o mesmo, com vistas à concessão da cautelar requerida, quanto às ações ordinárias e cautelares a que se refere a Medida 173"[15].

Já o Ministro Celso de Mello, que se pronunciou no sentido da concessão total da liminar pleiteada, ao defender que a tutela cautelar, como modalidade de tutela cautelar, está inserida no contexto da inafastabilidade da jurisdição, e não pode ser inviabilizada, sob pena de frustrar, "pela ausência de amparo imediato, a própria eficácia da proteção a ser conferida pelo Poder Judiciário em outro processo"[16], o que feriria "a instrumentalidade do processo cautelar por virtualmente neutralizar, em situações de grave e iminente perigo para o direito da parte, os próprios fins institucionais a que se destina"[17];

O entendimento segundo o qual não haveria, pelo menos inicialmente, relevante fundamento para a concessão da liminar na Ação Direta de Inconstitucionalidade foi adotado pelos Ministros Sepúlveda Pertence, Sydney Sanches, Célio Borja, Octávio Gallotti, Aldir Passarinho, Moreira Alves e o Presidente Néri da Silveira.

A posição prevalente foi encabeçada pelo Ministro Sepúlveda Pertence, que conclui que a limitação deve ser analisada no caso concreto, ou seja, em sede de controle difuso de constitucionalidade, evitando-se o constrangimento de eventuais direitos do Poder Público de forma precipitada, com base em cognição incompleta[18].

Fundamenta o eminente Ministro seu entendimento no fato de haver a necessidade de interpretação conjunta do texto constitucional, harmonizando-se o ditame do artigo 5º, XXXV com o do artigo 2º, que estabelece a independência e a harmonia entre os poderes, princípio fundamental da República e que impõe limites a atuação de todos os poderes, inclusive o Poder Judiciário. O que quer dizer que são possíveis limites à atu-

[15] ADin 223-6, fls. 12 do voto, versão digital, já referida.

[16] Adin 223-DF, fls. 36, versão digital, já referida.

[17] Idem, p. 37, versão digital, já referida.

[18] Adin 223-6, DF, fls. 43 do voto – versão digital acessada pelo site do STF, no link http://www.stf.jus.br/portal/inteiroTeor/obterInteiroTeor.asp?numero=223&classe=ADI-MC, consulta em 26 de dezembro de 2009.

ação jurisdicional, no que se inclui condicionamentos e limitações legais ao exercício do poder cautelar do juiz, com o objetivo de evitar abusos.

Sendo assim, defende o Eminente Ministro o exercício do controle da razoabilidade da lei restritiva, nos seguintes termos:

> "Entre essas implicações constitucionais e restrição determinada em lei, há de interpor-se o exercício de um poder delicadíssimo do Judiciário, que é, pelos mecanismos do controle de constitucionalidade das leis, do de controle da razoabilidade da lei restritiva. Controle de razoabilidade para o qual se conta, hoje, no direito brasileiro, não apenas com a garantia da plenitude jurisdicional do Poder Judiciário, mas também com a garantia do devido processo legal, conforme o desenvolvimento particularmente fértil, que deu ao tema da razoabilidade da lei, a sua prática americana, realçada entre nós por um trabalho clássico de Santiago Dantas, e agora recentemente por uma valiosa monografia do jovem professor Carlos Roberto de Siqueira Castro"[19]

No sentido de também denegar a liminar, ponderou o Ministro Aldir Passarinho que não se nota, no artigo 5º, XXXV, CF, a possibilidade de limitações a liminares, sejam elas em mandado de segurança, sejam elas em demandas de outras naturezas. Asseverou, outrossim, que as peculiaridades do caso concreto (referente ao Plano do Governo para reabilitar a economia do País) indicavam que a concessão da medida liminar em sede de ação direta poderia inviabilizar o plano governamental.

O Ministro Néri da Silveira, presidente do Supremo Tribunal Federa na época do julgamento, também indeferiu a liminar na ação direta, ao não reconhecer no pleito o relevante fundamento. Isso porque, segundo seu entendimento, não haveria confronto de norma indeterminada com texto expresso da Constituição, já que essa não elege expressamente em seu texto o poder cautelar em sede de ações de rito comum ou especial (nas quais se inclui o mandado de segurança) mas apenas reconhece expressamente a função no caso das Ações Diretas de Inconstitucionalidade. Também entendeu não haver o *periculum in mora*, por não caber ao Poder Judiciário avançar no mérito dos atos da Administração Pública, que os adota por razões de conveniência e oportunidade.[20]

[19] Adin 223-6, DF, fls. 44 do voto – versão digital já referida.

[20] Idem, fls. 86-88.

Em que pese a discussão envolver questão de fundo delicadíssima à época (o que acentua o caráter político da manutenção das medidas provisórias), verifica-se que a maioria dos julgadores se posicionou pela possibilidade de postergamento da execução de medidas liminares, de caráter cautelar ou satisfativo. O motivo seria o de a atuação do Poder Judiciário regime de freios e contrapesos estabelecidos pela Constituição Federal admitiria a limitação em tese de providências processuais, cabendo, porém, a análise conforme o caso concreto.

A apreciação do tema em sede de controle difuso de constitucionalidade realizado pelo Supremo Tribunal Federal a questão foi debatida poucas vezes. Verifica-se ter-se formado o entendimento sobre constitucionalidade da providência, hoje consolidado, tendo como um dos principais precedentes o voto proferido no Agravo Regimental em Suspensão de Segurança nº 1.149-9- PE, cuja relatoria foi do Ministro Sepúlveda Pertence:

> "Verdadeiramente inconciliável com o Estado de Direito e a garantia constitucional da jurisdição seria o impedir a concessão ou permitir a cassação da segurança concedida, com base em motivos de conveniência política ou administrativa, ou seja, a superposição ao direito do cidadão das 'razões de Estado'; não é o que sucede na decisão recorrível: assim como a liminar ou a execução provisória de decisão concessiva de mandado de segurança, quando recorrível, são modalidades criadas por lei de tutela cautelar do direito provável – mas ainda não definitivamente acertado – do impetrante, a suspensão dos seus efeitos, nas hipóteses excepcionais igualmente previstas em lei, é medida de contracautela com vistas a salvaguardar, contra o risco de interesses públicos privilegiados, o efeito útil do êxito provável do recurso da entidade estatal".

Assim, apesar de objeções doutrinárias, os Tribunais reconheceram a constitucionalidade da suspensão de segurança e de liminares, reconhecendo sua natureza de medida excepcional, por veicular contracautela em favor da proteção do interesse público garantido constitucionalmente.

Veja-se que tal posicionamento encerra uma incômoda constatação: os direitos fundamentais, individuais e sociais, tão privilegiados pela Constituição de 1988 cederiam ao interesse público. Seria este um ranço ditatorial, que faz sempre minguar a tutela do cidadão em face do Estado? Ou há outros aspectos constitucionalmente eleitos que devem ser considerados?

3. A SUSPENSÃO DE LIMINARES E DE SENTENÇAS E SUA RELAÇÃO COM A ORDEM PÚBLICA ESTABELECIDA NA CONSTITUIÇÃO DE 1988: UM PONTO A SE CONSIDERAR

3.1. A CONSTITUIÇÃO DE 1988 E A VIGENTE PROTEÇÃO À ORDEM PÚBLICA

Em artigo anterior, tivemos a oportunidade de analisar as linhas mestras do reconhecimento da ordem pública no processo constituinte e sua proteção pela Constituição Federal de 1988[21]. Naquele estudo, concluímos que ideia atual de *ordem pública* expressada pela Carta de 1988, fruto que foi de ampla participação popular, compreende o atendimento dos interesses coletivos e a realização do primado da dignidade da pessoa humana, devendo as instituições públicas servir à realização de objetivos vinculados a este ideal[22].

Nesta esteira, verifica-se que no texto constitucional, aos direitos e garantias fundamentais (dentre os quais se encontram o amplo acesso à justiça e o mandado de segurança), foi dada grande ênfase. É o que se constata do texto constitucional, ao se reconhecer a aplicabilidade imediata de direitos e garantias individuais (art. 5º, § 1º, CF), sua elevação à categoria de cláusulas pétreas (art. 64, § 4º, CF) e de fundamento da República Brasileira (art. 1º, CF).

As garantias constitucionais, porém, não se restringem apenas aos clássicos direitos individuais, de prestação negativa, mas foram acrescidos dos direitos sociais (proteção ao trabalho, p. ex.) e de direitos difusos e coletivos (como a proteção ambiental), além de haver o fundamento para uma série de ações afirmativas (como a proteção à mulher, à criança e ao adolescente, à velhice, ao indígena e outros), normas também cogentes, por vezes de aplicabilidade mitigada pelo próprio texto constitucional[23].

21 "A ordem pública e seu regime jurídico do direito processual civil: as questões de ordem pública", que aguarda publicação.

22 Para maiores detalhes sobre o processo constituinte, consultar os Anais do Congresso Nacional, disponível no sítio do Senado Federal (http://www.senado.gov.br/sf/publicacoes/anais/asp/CT_Abertura.asp) e a obra de Júlio Aurélio Vianna Lopes, A carta da democracia – o processo constituinte da ordem pública de 1988.

23 José Afonso da Silva, em clássico estudo sobre a aplicabilidade das normas constitucionais, distinguiu as normas por sua aplicabilidade e eficácia em três categorias: as normas de aplicabilidade imediata e eficácia plena, como ocorre como os direitos individuais; as normas de aplicabilidade plena e eficácia restringível ou contida, as que comportam posterior limitação por diploma infraconstitucional, mas, enquanto não restritas, têm plena aplicação,

Por seu turno, novo aparelhamento público necessitava ser concebido. Isto porque Estado constituído deveria objetivar a proteção da democracia e da sociedade, sendo um dos maiores responsáveis pelo seu desenvolvimento, calcado na proteção ao indivíduo, aos grupos sociais, à economia e ao meio ambiente.

Foi, assim, incumbido o Estado de garantir a dignidade da pessoa humana e de diminuir as diferenças sociais e regionais (art. 3º, CF), tendo funções de proteção a direitos das mais variadas naturezas e da prestação de inúmeros serviços essenciais, além de regente da ordem econômica, tendo poder de interferir nos rumos dos negócios privados (art. 170, CF) e ser responsável pela proteção ao meio ambiente.

Para garantir estas finalidades, a Constituição Federal esboçou plano de governo para todos os entes federados, no qual inclusive estabelece limites mínimos de investimento em áreas essenciais, a educação e a saúde. Estabeleceu competências em matéria legislativa e de prestação de serviços, além de estabelecer diretrizes para a proteção do meio ambiente e de grupos especiais da população.

E para que houvesse o comprometimento com as finalidades estabelecidas, houve a sujeição dos agentes públicos, em suas diversas funções, impondo-se um regime próprio pautado na legalidade e na moralidade administrativa (art. 37, CF).

Foram reforçados os controles da Administração Pública especialmente pelo regime de responsabilidade civil do Estado (art. 37, § 6º, CF), da rigidez do plano orçamentário, que vincula todo o ganho e todo o gasto público, de maneira universal, por um conjunto de leis ordinárias (art. 163 a 169, CF) e pelas punições quanto à responsabilidade fiscal (art. 97, §10, CF), entregando-se ao Ministério Público importante papel fiscalizatório (art. 127 a 129, CF).

Construiu-se, assim, um grande mosaico de direitos e poderes para os indivíduos e para os grupos de indivíduos e uma gama de novas funções para os três Poderes do Estado em todos os âmbitos da federação, tudo

e as normas de eficácia limitada, ou seja, que apenas são aplicáveis com a regulamentação infraconstitucional (classe em que se encaixariam as normas referentes a direitos sociais e ações afirmativas). Porém, tal situação não tira a cogência das normas constitucionais, já que sempre devem ser obedecidas, prestando-se a prontamente revogar as disposições em contrário e a pautar a edição de novas normas. Sobre o tema, ver "Aplicabilidade das normas constitucionais", passim.

isso para garantir ao povo brasileiro a realização das intenções constatadas naquele importante momento histórico da retomada da democracia.

3.2. A APLICAÇÃO DAS NORMAS CONSTITUCIONAIS E A POSSIBILIDADE DE EMBATE ENTRE DIREITOS ESTABELECIDOS POR NORMAS CONSTITUCIONAIS COGENTES

No estudo por nós efetuado e acima referido, também analisamos a forma pela qual o ordenamento jurídico protege a ordem pública e concluímos que estes preceitos são expressados nas chamadas *normas de ordem pública*, consistentes em normas cogentes, logicamente caracterizadas por modais deônticos *obrigatório* ou *proibido* e em seu conteúdo voltadas a garantir os valores de maior envergadura reconhecidos na sociedade[24].

Observando-se a proteção da ordem pública estabelecida pela Constituição Federal de 1988, verifica-se que houve uma expansão de direitos, a fim de atender às mais distintas reivindicações identificadas no seio social e a entrega ao Estado de importante papel de regente e tutor das diferentes ações voltadas a seu atendimento.

No estabelecimento dos planos de governo, nos limites esboçados no plano constitucional, impôs-se ao Estado a tarefa de manter o equilíbrio entre os diferentes interesses, dentro dos limites do orçamento e do endividamento público, de forma a procurar atender a todos aqueles.

E este é um dos grandes temas no que toca à Constituição Federal de 1988. Tida pela doutrina como constituição rígida[25], em que o fato de o tema ser tratado no corpo da constituição o faz matéria constitucional, é ela formada, em sua maioria, por normas cogentes.

Isto porque a Constituição estabelece o particular modo de ser de um Estado, organizando seus poderes, definindo-lhe e limitando suas competências e garantindo os direitos fundamentais, individuais, sociais e coletivos dos indivíduos que se encontrarem em seu território. São todas normas igualmente obrigatórias, que não poderão ser descumpridas no exercício cotidiano da Administração Pública, da atividade legiferante e da atuação jurisdicional.

[24] Nosso "A ordem pública e seu regime jurídico do direito processual civil: as questões de ordem pública", itens 4 a 6.

[25] Aquela cujo processo de alteração é mais difícil que o da lei ordinária, conforme lição de José Afonso da Silva, Curso de Direito Constitucional Positivo, p. 44.

O que se pode verificar, em alguns casos concretos, é que o atendimento de interesses previstos na Constituição Federal em pleito judicial poderá acarretará prejuízos ao plano de governo estabelecido pelas leis orçamentárias e pela própria constituição federal.

É o que ocorre em casos como o fornecimento de medicamento muito custoso para um indivíduo, em que pode haver o comprometimento do orçamento de um município e gerar o desabastecimento de medicamentos essenciais fornecidos gratuitamente a toda a população. Ou na construção de obra essencial que poderá causar danos ao meio ambiente. Há, assim, o confronto de direitos constitucionalmente protegidos por normas cogentes, que deverão ser solucionados ao longo do debate judicial.

Nestes casos excepcionais, há que se reconhecer que a execução provisória de medidas que desequilibrem a atuação do Estado pela opção pela proteção do direito pleiteado pelo juízo pode precipitar consequências desastrosas, ainda mais se a execução ocorrer imediatamente, sem a oitiva da entidade responsável.

Veja-se que não há embate no sentido da validade ou invalidade do fundamento da decisão, mas do confronto concreto entre *duas normas cogentes estabelecidas pela Constituição Federal: a proteção judicial de direitos* (líquidos e certos ou não) *contra ações e omissões do Estado e a garantia da governabilidade do Estado* (porque é função do direito a manutenção da própria ordem jurí dica, já que é esta um dos pilares do próprio Estado de Direito). Caracteriza-se verdadeira antinomia[26], ou seja, constata-se a possibilidade de mais de uma norma reger a mesma situação concreta.

Para este tipo de debate, as regras consagradas doutrinariamente para afastar antinomias mostram-se ineficazes. As normas têm igual hierarquia (o que afasta o critério da *lex superior*) e foram promulgadas na mesma época (o que afasta o critério da lei mais nova). Nestes casos controvertidos, há choque de situações especiais, o que inviabiliza a aplicação do critério da *lex specialis*.

Trata-se de pontos em que o debate jurídico, político, social e econômico convergem, já que a Constituição Federal não apenas é um conjunto de normas jurídicas, como senso comum entre os juristas. As constituições contemporâneas, por sua natureza dirigente, são repositório de decisões que afetam toda a complexidade do tecido social, envolvendo política, eco-

[26] Norberto Bobbio, Teoria do Ordenamento Jurídico, p. 81 e ss.

nomia e a sociedade. É sobre esta complicada equação que a atual hermenêutica constitucional tem voltado suas atenções[27].

3.3. SUSPENSÃO DE LIMINARES E DE SENTENÇAS VERSUS AGRAVO DE INSTRUMENTO: QUAL O INSTRUMENTO APTO A VEICULAR CONFRONTO ENTRE NORMAS CONSTITUCIONAIS EM DEMANDAS AJUIZADAS CONTRA O PODER PÚBLICO?

Enquanto não se forma consenso na dogmática constitucional sobre o melhor método para a harmonização destes direitos, a doutrina processual encara um desafio específico: qual seria o instrumento processual apto a proporcionar a discussão sobre o tema? Da doutrina podemos destacar duas posições: uma, que entende que a matéria pode ser debatida em sede de recurso, e outra, que defende que o debate deve ser travado em via própria, no caso a suspensão de segurança ou de liminar.

Cremos que, nos termos da construção dogmática atual a respeito dos recursos, a segunda solução é que melhor se justifica. Classicamente, o recurso é definido como o "remédio voluntário idôneo a ensejar, dentro do mesmo processo, a reforma, a invalidação, o esclarecimento ou a integração de decisão judicial que se impugna" [28].

Ou seja, recurso é *remédio*, "um meio processual colocado à disposição do interessado, para que seja *eliminado o ato processual viciado ou para que seja adequada a sua legalidade à conveniência e justiça*"[...]. Trata-se de meio jurídico voltado para o controle da legalidade dos atos processuais, no sentido de que, pelo controle de sua forma e finalidade, alcança-se as finalidades últimas do próprio direito processual civil. Daí porque estuda a doutrina a diferença entre o *error in judicando* (erro de julgamento, de interpretação das provas ou do direito) e o *error in procedendo* (erro de procedimento).

O que se afigura nos casos complexos supra referidos é outra situação: o problema do confronto entre normas constitucionais cogentes: o confronto entre normas de ordem pública de idêntica hierarquia e época, voltadas para situações especiais, ambas válidas e eficazes, cujo atendimento de um preceito poderá causar a derrogação de outro, com consequências materiais graves para qualquer um dos litigantes.

[27] Diversas obras tratam do tema, Exemplo é a obra de Lenio Luiz Streck, Hermenêutica Jurídica em Crise.

[28] José Carlos Barbosa Moreira, Comentários ao Código de Processo Civil, vol V, p. 233.

Em se tratando de normas igualmente válidas e eficazes e idêntica hierarquia e da mesma época, qualquer uma delas pode ser aplicada. Não há que se reconhecer a existência de solução inválida. Sendo assim, o socorro a recurso não se revela dogmaticamente viável, já que, não se constata nestes casos *error in judicando* ou *error in procedendo* a ser extirpado da decisão judicial.

O que apontamos é o fato de que, nestes casos excepcionais de conflito, a solução extravasa a correção de erro de procedimento ou erro na apreciação do quadro probatório. O que se deve atentar é para a construção de uma via em que seja possível o debate do conflito judicial dos pontos de vista político, econômico e social, além do jurídico, dentro da complexidade trazida pelo texto constitucional.

Desta forma, dogmaticamente se revela inviável o uso do agravo para este fim, pois não há erro a corrigir. A decisão judicial pode estar correta, já que privilegiou interesse protegido por norma constitucional cogente, baseada no livre convencimento motivado do juiz, o que muitas vezes se verifica nestes casos de grave conflito entre normas cogentes que protegem diferentes direitos consagrados em normas constitucionais.

Por este motivo, pensamos que andou bem o legislador em estabelecer (ou manter) meio processual específico para esta finalidade específica. Veja-se que a suspensão de segurança ou de liminar tem campo completamente distinto do recurso de agravo (que agora é expressamente admitido em lei, pondo fim à discussão jurisprudencial sobre o tema). A suspensão de segurança ou de liminar dirige-se a discussão dos chamados *hard cases*, aqueles em que as soluções já conhecidas não se revelam suficientes, em especial em debates relacionados a direitos constitucionalmente reconhecidos, em que não há uma ilegalidade, ao menos evidente, a ser afastada. Nas palavras de Cândido Rangel Dinamarco:

> "a) considerando os fatos inerentes ao litígio em si mesmo, o impetrante pode ter o direito ao *writ* e aos seus efeitos; b) mas o Estado tem o direito à preservação daqueles valores de que a Constituição e a lei o instituem guardião; c) em conseqüência, a ordem jurídica afasta os efeitos da medida concedida, para que prepondere o culto a tais valores"[29]

[29] Op. Cit., p. 196.

Já o agravo, dotado de possibilidade de efeito suspensivo na vigente redação do artigo 1.102, § 4º, CPC, volta-se à correção de vícios da decisão judicial. Será indubitavelmente o remédio adequado no caso de defeitos de fundamentação da decisão judicial (*error in procedendo*) ou de não preenchimento dos requisitos legais para a concessão da liminar (*error in iudicando*)[30]. Da decisão final caberá apelação, que poderá também ter efeito suspensivo, por força do mencionado artigo 1.102, § 4º, CPC.

Daí porque concluímos que o debate sobre a constitucionalidade ou não da suspensão de liminar e de segurança deve considerar o atual estágio da hermenêutica constitucional, abandonando a discussão sobre ferimento ou não da isonomia processual, pois desta questão não se trata, como proporcionado por análise mais detida do sistema constitucional e dos direitos que pretende defender, além da revisão dogmática dos objetivos e objetos dos recursos.

É certo que a suspensão de segurança e de liminares em geral não conta com a simpatia da doutrina, por força dos abusos e do mau uso em seu manejo. Porém, o próprio ordenamento estabelece medidas para punição dos agentes, como o caso das penas de litigância de má-fé e, em casos graves, as penas pela prática de improbidade administrativa e responsabilização objetiva do Estado.

Daí porque cremos que na vigente ordem constitucional, a suspensão de segurança apenas se presta a ser o instrumento viabilizador do debate supra mencionado. Eventual decisão judicial maculada por erro de procedimento (nulidade por falta de fundamentação) ou de julgamento (não comprovação do preenchimento de requisitos legais ou sua má apreciação) deve ser atacada apenas por agravo de instrumento.

4. NATUREZA JURÍDICA DA SUSPENSÃO DE LIMINARES E DE SENTENÇAS

4.1. AS POSIÇÕES DA DOUTRINA SOBRE O TEMA

Sobre a suspensão de segurança, há as seguintes correntes referentes à sua natureza jurídica:

[30] Sobre o tema, verificar artigo de Arnaldo Esteves Lima, ""Agravo e suspensão de liminar ou de sentença: comentários", in Calmon, Eliana e Bulos, Uadi Lammêgo (coord). Direito Processual. Inovações e perspectivas: estudos em homenagem ao Ministro Sálvio de Figueiredo Teixeira. São Paulo, Saraiva, 2003, pp. 39-53

- **Quanto à forma:**

a) *ato de caráter administrativo,* defendida pela Ministra do Supremo Tribunal Federal Ellen N. Gracie e Diogo de Figueiredo Neto, dentre outros, pois entendem que a suspensão detém natureza de ato administrativo, na medida em que o que se analisa é a possibilidade de lesão a interesses superiores protegidos. Haveria a prevalência do cunho político da medida sobre o caráter jurídico;

b) *Caráter político,* defendido pelo Ministro do Supremo Tribunal Federal Celso de Mello[31] "já que sua finalidade tem sido permitir o exercício de 'políticas públicas' do Poder Executivo, que conseguem impedir – por intermédio dos presidentes dos tribunais – o controle dos abusos e ilegalidades do Poder Público, sempre sob ao superficial argumento de que a liminar ou decisão judicial estaria ferindo a supremacia do interesse público sobre o privado"[32][33];

c) *Recurso,* defendido por Celso Agrícola Barbi e Athos Gusmão Carneiro, para os quais a disciplina do mandado de segurança teria criado uma medida recursal própria, com procedimento especial[34];

d) *sucedâneo recursal,* adotada por Araken de Assis, para quem "o objetivo é unívoco e idêntico ao dos recursos: a reforma ou a invalidação do ato[35]". Seria assim um meio heterodoxo, como outros decorrentes da prática judicial, a que foi usado como se recurso fosse, especialmente pela resistência da jurisprudência ao uso do agravo de instrumento para impugnação da liminar em mandado de segurança[36]. Este entendimento também é defendido por José Miguel Garcia Medina e Fábio Cláudio de Araújo[37].

[31] PETMC 1.343/DF.

[32] Marcelo Abelha Rodrigues, "Apresentação e crítica de alguns aspectos que tornam a suspensão de segurança um remédio judicial execrável" in Interesse Público nº 45, p. 44.

[33] Em crítica este posicionamento, Teori Zavascki esclarece que não há a mencionada discricionariedade, característica dos atos administrativo na suspensão de segurança ou de liminar, porque "supõe a ocorrência de pressupostos específicos alinhados em lei, e nesse aspecto o juízo que então se faz tem natureza eminentemente jurisdicional". Antecipação de Tutela, p. 176.

[34] Marcelo Rodrigues Abelha, Suspensão de Segurança, p.101.

[35] Manual dos Recursos, p. 835.

[36] Idem, p. 839.

[37] Mandado de Segurança individual e coletivo – comentários à Lei 12.016, de 7 de agosto de 2009.

e) *natureza cautelar*, entendimento de Elton Venturi, já que a providência envolve "situação material (empírica), jurídica e especialmente garantida pelo ordenamento jurídico (preservação da ordem, da saúde, da segurança e das finanças públicas) e a necessidade de uma tutela jurisdicional urgente, em virtude de perigo de dano iminente e de difícil ou impossível reparação"[38];

f) *ação incidental*, já que a providência teria objeto distinto daquele estabelecido para o mandado de segurança ou ação de procedimento ordinário;

h) *incidente processual*, tese defendida por Marcelo Abelha Rodrigues. O autor, em monografia sobre o tema, depois de rejeitar os posicionamentos anteriores[39], conclui que a medida deve ser entendida como um incidente processual: "Trata-se de um incidente processual que se manifesta por meio de uma questão (ponto controvertido ou duvidoso de fato ou de direito) surgida no curso do processo, a qual, no entanto, não tem o condão de suspendê-lo"[40]. Este é o posicionamento de Cândido Rangel Dinamarco[41] e que, particularmente, entendemos a mais adequada.

- **Quanto ao conteúdo:**

a) *Contracautela*, posição predominante no Supremo Tribunal Federal."[42];

[38] Luciano Alves Rossato. "A suspensão de execução de liminar e de sentença". In Revista de Processo nº 167, p. 446.

[39] Suspensão de segurança, pp. 152 a 155. Segundo o autor, a medida seria recurso, pois não tem efeito devolutivo, não tem fundamento o erro ou desacerto do juiz ou da decisão, já que a medida deixa incólume a decisão Não seria medida cautelar, apesar do cunho acautelatório, pois não se presta a assegurar a finalidade útil do Mandado de Segurança ou ação ordinária, pois visa a assegurar direito do adversário, preferindo o autor nominar como função preventiva Não seria medida administrativa: não há que se falar em discricionariedade, é medida jurisdicional. Também não seria ação autônoma pois lhe faltaria lide própria.

[40] Idem, p. 155.

[41] "Suspensão do Mandado de Segurança pelo Presidente do Tribunal" in Revisto de Processo nº 105, p. 194.

[42] Nas palavras do Ministro Sepúlveda Pertence, " a suspensão dos seus efeitos, nas hipóteses excepcionais, igualmente previstas em lei, é medida de contracautela com vistas a salvaguardar, contra risco de grave lesão a interesses públicos privilegiados, o efeito útil do êxito provável do recurso de entidade estatal – Voto vencedor proferido no Agravo Regimental em Suspensão de Segurança nº 1.149-9-PE, acolhido por unanimidade, em votação de 3 de abril de 1997. Consulta realizada pelo site www.stf.jus.br em 26.12.2009.

b) *Desapropriação de direitos*, defendido por Carlos Ari Sundfeld, segundo quem há a remoção de direito líquido e certo por ato do Poder Público, o qual deve ser necessariamente indenizado[43];
c) *Medida de ampla proteção do interesse público*, posição adotada por Eduardo Talamini, nos seguintes termos: "(...) o mecanismo da suspensão propicia uma tutela que vai muito além da neutralização da decisão que justificou o seu emprego. A suspensão, em princípio, protegerá aqueles bens até que se aperfeiçoe a decisão definitiva da causa"[44].

4.2. DA NECESSIDADE DE ANÁLISE DA SUSPENSÃO DE LIMINARES E DE SENTENÇAS SOB A ÓTICA DA TUTELA DE URGÊNCIA

Como esclarecido pela doutrina, em que pese o instituto ser denominado *suspensão de segurança* ou *suspensão de liminar*, o que se depreende do tratamento legislativo dado a ele nos diplomas acima referidos, é que o instituto tem por finalidade inibir os efeitos de tutelas de urgência, baseadas em cognição sumária ou em cognição exauriente, ainda passível de recurso, e não de cassar a própria medida[45].

Isto quer dizer que a chamada suspensão de sentenças ou de liminares se relacionam ao regime da tutela de urgência em face do Poder Público e juntamente com ela deverá ser analisado. A fim de viabilizar as tutelas de urgência, deve a lei prever formas de imediata efetivação dos provimentos jurisdicionais que se voltem à proteção do direito da parte, pois somente assim será possível protegê-lo do risco de dano irreparável[46].

Ou seja, em havendo aparência de direito, seja pela sua possibilidade (*fumus boni iuris*, requisito das liminares em geral) ou na plausibilidade (verossimilhança acrescida de prova inequívoca, característica da tutela antecipada) e em se constatando a urgência da proteção do direito do requerente (já que seu direito corre risco de perecimento) deverá o magistrado conceder providência que atenda ao pleiteante[47].

[43] Direito Processual Público, p. 166. Sérgio Ferraz e Marcelo Abelha Rodrigues, em debate reproduzido na mesma obra, rejeitam a ideia, ao entender pelo caráter provisório da medida.

[44] "Nota sobre a atual natureza jurídica da suspensão de decisões contrárias ao 'poder público', à luz do seu regime de eficácia" in Revista Dialética de Direito Processual nº 67, p. 53.

[45] Marcelo Rodrigues Abelha, Suspensão de Segurança, p. 156-159.

[46] Como exemplos, remetemos à leitura de Teori Albino Zavascki, Antecipação de tutela, passim.

[47] Lembramos que o debate sobre o caráter cautelar ou satisfativo da providência, para fins de seu atendimento, está superado desde a expressa adoção no ordenamento brasileiro da tutela antecipada genérica, nos termos do artigo 273, CPC.

Esta providência, provisória por sua natureza, é adotada com base em cognição sumária, ou seja, sem que tenha havido o exaurimento das oportunidades oferecidas pelo adequado exercício do contraditório e da ampla defesa assegurados pelo devido processo legal. Tendo em vista a plena executoriedade do provimento expressado por decisão interlocutória, o autor que o obtiver pode, desde logo, requerer seu cumprimento, que será realizado por ordem do juiz (no caso do mandado de segurança e das ações que envolvam tutela específica, conforme os artigos 497 e 536, CPC) ou por execução provisória, nos termos do artigo 520, CPC.

No caso das sentenças, adota atualmente o sistema legal processual a postergação dos efeitos destes atos para momento posterior, coincidente com o julgamento dos recursos ordinários ou com o imediato trânsito em julgado. Por isso, reconhece-se efeito suspensivo aos recursos de apelação e embargos infringentes, que consistirá na prorrogação da suspensão da eficácia da sentença[48].

Em alguns casos, por força de lei (como ocorre com o mandado de segurança e com a sentença da ação cautelar) ou a requerimento da parte interessada (em havendo risco de dano irreparável e possível êxito no julgamento da apelação, nos termos do artigo 1.012, § 4º, CPC), a eficácia da sentença será imediata, o que sujeitará o derrotado ao cumprimento provisório da decisão[49]. Trata-se também de providência de natureza preventiva, baseada em cognição exauriente, mas ainda não confirmada pelas instâncias superiores, para que se conceda ao vencedor a tutela já reconhecida após contraditório regular.

A tutela de urgência se volta à harmonização dos direitos fundamentais da segurança jurídica e da efetividade da jurisdição[50], procurando-se inverter o ônus temporal em favor do autor, o maior prejudicado pela demora do processo judicial. Tendo-se em vista que o direito do autor ainda não é embasado na última palavra do Poder Judiciário, a pretensão do réu ainda não foi descartada, havendo possibilidade, em tese, de ser acolhida, seja ao fim do contraditório regular em primeira instância, seja pelo acolhimento de seu recurso.

[48] Nelson Nery Jr. Teoria Geral dos Recursos, p. 448.

[49] Em alguns casos, em se comprovado risco de dano irreparável e possível êxito do recurso do derrotado, é possível conferir à apelação efeito suspensivo nas hipóteses em que ela não o tem, pela aplicação do artigo 558, CPC.

[50] Teori Albino Zavascki, op. cit., p., 68.

Diante desta constatação e considerando a possibilidade de haver, no caso concreto, perigo de dano ao Réu, caso haja a execução provisória da determinação judicial (decisão interlocutória ou sentença), não seria lícito não se consagrar meio de o réu afastar este risco, desde que diante de relevante fundamento jurídico.

Em havendo perigo de dano ao réu, fundado em erro de julgamento (falta de provas ou impertinência da tese apresentada) ou de procedimento (falta de fundamentação ou outra nulidade do ato decisório ou do procedimento que lhe deu origem), cabe a ele reagir, apresentando o recurso cabível (agravo ou apelação, se as decisões forem de primeira instância) com pedido de antecipação de tutela recursal, nos termos do artigo 1.012, §4º, CPC.

Em se tratando do Réu Poder Público e havendo risco a categorias determinadas de bens jurídicos (a ordem, a saúde, a segurança, a economia públicas), em que estão em jogo categorias igualmente consagradas no texto constitucional, caberá o uso da suspensão de liminar, sem prejuízo do recurso cabível em caso de vício da decisão recorrida.

Com o instrumento, busca-se paralisar a produção de efeitos da decisão judicial, impedindo seu cumprimento, mantendo a decisão concessiva. Ou seja, pretende-se retirar a imediata eficácia característica da decisão interlocutória. No caso das sentenças, a suspensão retirará eficácia material da sentença, postergando sua execução provisória para o trânsito em julgado do último recurso cabível.

Veja-se que a suspensão de decisão (sentença ou liminar) é uma via para garantir, diante do não exaurimento do devido processo legal, a proteção de bens constitucionalmente relevantes cuja tutela incumbe ao Poder Público. Sendo assim, a suspensão de segurança deveria ser inserida no âmbito das tutelas de urgência, ao lado da antecipação de tutela recursal.

Neste sentido, trata-se de um instituto *sui generis*, já que é previsto para uma categoria específica de Réus e para a proteção de interesses relevantíssimos do ponto de vista da tutela constitucional. Entendemos que o instituto extravasa a noção atual de contracautela. Na suspensão de decisão, a lesão a ser evitada refere-se à bem que pode não ser (e via de regra não é) objeto da lide e que, também via de regra, não poderá ser recomposto ao *status quo ante*, sendo que o prejuízo será estendido a pessoas não participantes da lide.

Porém, nos termos estabelecidos pela legislação vigente (especialmente no processo cautelar), a contracautela visa à proteção do mesmo bem ou prestação, que é o objeto da disputa entre autor e réu, ou a reparação do *status quo ante,* ressarcindo-se o réu dos prejuízos por ele suportados. É instituto de proteção de direitos privados típicos, o que o faz inadequado para a caracterização da suspensão de decisão.

5. ATO JUDICIAL IMPUGNÁVEL PELO INSTITUTO

Parece este ser um dos poucos pontos em que há algum consenso entre os estudiosos e aplicadores do direito: a suspensão de execução é cabível contra medida liminar, sentença e acórdão, estes dois últimos se ainda não transitados em julgado.

Advinda o trânsito em julgado, não há mais que se cogitar em execução provisória da providência, mas sim de seu cumprimento em definitivo, depois de exaurido o trâmite processual estabelecido. Sendo assim, a decisão é impositiva às partes (independentemente do resultado – o que deriva do caráter impositivo da jurisdição) e deverá ser atendida, sob pena de responsabilização civil, administrativa e até criminal, conforme o caso.

Além disso, a providência somente poderá ser manejada com finalidade preventiva, ou seja, em situações que é possível evitar ou amenizar o dano à ordem, economia, segurança públicas, sendo incompatível com a correção de situações já consolidadas[51]. Pela redação das disposições legais, a suspensão de execução provisória somente será admissível no caso de o Poder Público se encontrar em posição de réu. Ou seja, sendo demandado, há a concessão de medida passível de execução provisória que seja prejudicial à ordem pública, por ter sido afrontado mandamento cogente, de previsão expressa na Constituição Federal ou refletida em lei de hierarquia inferior. Não se pode admitir a providência caso o Poder Público seja autor[52].

Lembramos que o Supremo Tribunal Federal considera incompatível a suspensão de execução provisória com o controle concentrado de constitucionalidade. Como decidido na Petição 1.120-SP, o caráter do processo objetivo, característico do controle de constitucionalidade pela via da ação direta, faz com que este tenha autonomia procedimental, a qual é irredutível ao processo comum, o que impede a aplicação subsidiária de procedimentos típicos de processos subjetivos, como é o caso da suspensão de segurança[53].

[51] Marcelo Abelha Rodrigues, "Apresentação..." citado, p. 44-45.

[52] Quem faz a advertência é Marcelo Abelha Rodrigues, "Apresentação...", citado, p. 52.

[53] Além do mais, como se consignou no mencionado julgamento, haveria a indevida ingerência do Supremo Tribunal Federal no controle de constitucionalidade desempenhado pelos

6. REQUISITOS PARA CONCESSÃO DA MEDIDA: ANÁLISE POLÍTICA OU JURÍDICA?

Por seu caráter extraordinário, de analisar interesses que estão em pé de igualdade em termos jurídicos, muito se questiona se a concessão da suspensão de segurança ou de liminar consistiria em juízo político puro, de conveniência e oportunidade, ou se seria um juízo jurídico, baseado em critérios estabelecidos em normas jurídicas.

Não é suficiente mencionar que a necessidade de fundamentação da decisão como razão para qualificar o julgamento como jurídico, porque os atos administrativos discricionários têm como requisito de validade a sua motivação[54].

Observando-se a legislação que rege as diferentes categorias de pedido de suspensão, verifica-se a opção legislativa de enunciar conceitos indeterminados como fundamentos invocáveis para autorizar a atuação do Presidente do Tribunal em favor do Poder Público.

Em outra oportunidade[55], estabelecemos que por conceitos legalmente indeterminados, entendemos aqueles que a lei emprega expressão vaga ou indeterminada na enunciação da regra jurídica, a qual deve ter seu sentido previamente fixado para possibilitar a aplicação da norma no caso concreto[56].

Considera a doutrina que os conceitos legalmente indeterminados são um método eleito pelo legislador para permitir a adequação valorativa entre norma e fato. Nesta feita, deve o intérprete e aplicador verificar se a norma se aplica ao fato concreto, segundo o valor contemplado. Ou seja, para ser possível verificar se o fato será ou não submetido àquela norma, necessário se faz fixar o que seja *ordem púbica*.

Estados. – caso concreto cuidava de pedido de suspensão de liminar em sede de Ação Direta de Inconstitucionalidade que suspendeu lei municipal por ofensa à constituição federal.

54 Celso Antonio Bandeira de Mello, Curso de Direito Administrativo, p. 225.

55 Nosso " A ordem pública...", citado.

56 Correntemente, nomina-se tal engenho legislativo como "conceitos juridicamente indeterminados". Cremos que a designação não é exata, já que o termo é inexato na expressão legislativa, mas alcança adequado grau de determinação pelo emprego dos métodos jurídicos de interpretação do ordenamento. Tal advertência se faz importante por o direito também é linguagem, a partir do momento em que a norma se expressa por meio de processo comunicativo. O cuidado no trato dos termos diminui o risco de vaguezas e indeterminações, o que garante uma comunicação de melhor qualidade.

Mais uma vez, trazemos as ponderações realizadas por Maria Coeli Simões Pires[57], tomando por base a doutrina alemã do direito público:

a) os conceitos jurídicos diferenciam-se dos demais graças à peculiar natureza de seu objeto, que não se liga a uma coisa, mas antes a uma significação, referentes a uma realidade cujos limites não são precisados de maneiro objetiva;
b) Os conceitos jurídicos indeterminados afastam quantificação ou determinação rigorosa e só ganham expressão na realidade no momento de sua aplicação, classificando-se como conceitos de experiência ou de valor;
c) A indeterminação não dá ao agente aplicador da norma que veicula o conceito margem de escolha, sendo apenas uma solução a adequada ao caso;
d) A análise da estrutura do conceito jurídico indeterminado é de suma importância para a identificação, no caso concreto, da solução a ser acolhida pelo ordenamento jurídico (zonas de certeza positiva e negativa, zonas de incerteza – halo conceitual).

Sendo assim, os conceitos indeterminados serão fixados para determinado caso concreto, de acordo com parâmetros fáticos, valorativos e normativos, servindo apenas como parâmetro para outras aplicações a casos concretos, sem que perca a fluidez que lhe é a característica.

Em havendo a eleição de conceitos indeterminados como requisitos, fica evidente se tratar de operação tipicamente jurídica, de interpretação e aplicação da lei, e não de opção política. Nas palavras de Teori Albino Zavascki:

> "Os conceitos vagos lançados pelo legislador nem por isso deixam de ter conteúdo jurídico, razão pela qual devem ser preenchidos com os valores buscados na própria ordem jurídica. Por tal razão, ao aplicar conceitos de conteúdo indeterminado a casos concretos, ou seja, ao fazer cessar a indeterminação, deve o juiz produzir um resultado compatível com os bens e valores jurídicos insertos naqueles conceitos. Há, nessa operação, como se vê, não o juízo discricionário, mas vinculado, destinado a operar função concretizadora

[57] Direito Adquirido e Ordem Pública – segurança jurídica e transformação democrática, p. 379-382.

dos 'valores superiores', dos 'interesses relevantes' de ordem pública, mencionados na jurisprudência da Suprema Corte, acima referida. É por isso mesmo que a lei impõe seja fundamentada a decisão recorrida"[58]

7. OS REQUISITOS EM ESPÉCIE PARA A SUSPENSÃO DE DECISÃO

Sendo assim, a suspensão de segurança ou de liminar está sujeita ao preenchimento dos seguintes requisitos: a) requerimento de legitimados, por via de petição escrita; b) demonstração lesão à ordem, à saúde, à segurança e à economia públicas de forma articulada, com a devida prova pré-constituída, posto que o expediente não comporta dilação probatória.

Como medida excepcional que é, não há que se reconhecer conveniência e oportunidade para o Presidente do Tribunal deferir ou indeferir a pleiteada suspensão. Se presente o embate constitucionalmente qualificado, a medida se imporá. Tal ponto parece ser predominante entre os estudiosos da suspensão de segurança ou de liminar.

Da mesma forma, o rol das hipóteses legais de cabimento deve ser interpretado restritivamente, ou seja, trata-se de rol taxativo, não sendo legítima a suspensão com base em outros fundamentos[59].

Por este motivo, a decisão do presidente do tribunal que apreciar o pedido de suspensão deverá ser fundamentada, conforme a própria norma disciplinadora do instituto impõe.

Da análise da doutrina e da jurisprudência, verifica-se que há alguns critérios para o preenchimento destes conceitos vagos de ordem pública, saúde pública, economia pública e segurança pública, bens a serem protegidos pelo pedido de suspensão:

a) *Ordem Pública*. Sobre o tema, dois conceitos são utilizados: o elaborado pelo Ministro José Néri da Silveira, segundo o qual se deve entender ordem pública como ordem administrativa em geral, "ou seja, a normal execução do serviço público, o regular andamento das obras públicas, o devido exercício das funções da Administração pelas autoridades constituídas"[60/61] e o de Lúcia Valle Figueiredo

[58] Op. cit., p. 177.

[59] Cândido Rangel Dinamarco, op. cit,. p. 197. Donaldo Armelin no voto proferido na SS 482.203 -1º TAC-SP.

[60] Hely Lopes, Mandado de Segurança..., p. 64, citando o TFR – SS 4.405-SP

[61] Alguns exemplos colhidos da jurisprudência recente do Superior Tribunal de Justiça são o AgRg na SS 1913 / PR e o AgRg na SLS 994 / PR, ambos da relatoria do Min. César Asfor Rocha.

sugere outra definição: ameaça às instituições e ao próprio Estado de Direito[62].

b) *Economia pública*. Seria capaz de acarretar grave lesão às finanças da do ente público, o flagrante excesso quanto à importância em dinheiro envolvida. Também poderia envolver, como defende Queirós Neto[63], todos os temas tratados nos arts. 21, VII e VIII, art. 22, VI, VII e XIX e 174, §§ 1º e 2º, todos da Constituição Federal, a economia pública é tema cuja tutela é de competência da União Federal em termos de disciplina e proteção[64].
c) *Saúde pública*. Nos termos do artigo. 196, da Constituição Federal, a saúde é direito de todos e a competência para as medidas de saúde é de todos os entes da Federação, no desenvolvimento do sistema único de saúde. Sendo assim, "consiste em decisões que venham a ofender a saúde da população, como a que determina a liberação de um medicamento ou alimento impróprio ao consumo humano"[65].[66]. Na ideia de saúde pública, pode-se incluir o meio ambiente, como já reconhecido pelo Supremo Tribunal Federal[67].
d) *Segurança pública*. Alguns doutrinadores entendem que por segurança pública deve-se entender aquela prevista no artigo 144, CF, ou seja, como o dever do Estado e direito e responsabilidade de todos, sendo exercida para a preservação da ordem pública e da incolumidade das pessoas e do patrimônio"[68] enquanto outros suscitam que a segurança deve ser entendida e uma acepção mais ampla[69].

[62] Luiz Vicente de Medeiros Queirós Neto, *Suspensão de segurança: uma análise à luz da doutrina e da jurisprudência*. Revista do Tribunal Federal da 1ª Região, Brasília, v. 14, n. 5, p. 22-37, maio 2002. e Revista da Fundação da Escola Superior do Ministério Público do Distrito Federal e Territórios. Brasília, ano 10, vol 19. pp. 101-125, jan/jul.2002. Disponível em: <http://www.trf1.gov.br>. Acesso em: 5 de outubro de 2009. p. 116.

[63] PETMC 1.343-DF – STF – Intervenção do BACEN que causou a indisponibilidade de bens de um administrador

[64] Luiz Vicente de Medeiros Queirós Neto, op. cit., p. 116

[65] Luiz Vicente de Medeiros Queirós Neto, op. cit., p. 117

[66] AGSS 523-PR, STJ e AGSS 694-DF (redução da carga de trabalho de médicos). O que se poderia cogitar é se no conceito de saúde pública pode ser englobado a proteção ao meio ambiente, já que é bem essencial à proteção da saúde física e mental do ser humano

[67] AG.REG.NA SUSPENSÃO DE TUTELA ANTECIPADA 171-PR., julgamento em 12/12/2007, Relatora Min. Ellen Gracie, STF- Pleno.

[68] Luiz Vicente de Medeiros Queirós Neto, op. cit., p. 118

Importante destacar que, para fins de fixação do conceito, imprescindível que a alegação esteja baseada em prova pré-constituída. Trazemos exemplo colhido na jurisprudência do Superior Tribunal de Justiça:

> SUSPENSÃO DE ANTECIPAÇÃO DE TUTELA – "FLAGRANTE ILEGITIMIDADE" – SENTIDO DO TERMO NO ART. 4º DA LEI 8.437/92.
>
> – A "flagrante ilegitimidade" cogitada no Art. 4º da Lei 8.437/92 não é condição da ação, porque se refere, no contexto do dispositivo, à execução da liminar nas ações movidas contra o Poder Público ou seus agentes.
>
> EXAME DE GRAVE LESÃO À ORDEM JURÍDICA – IMPOSSIBILIDADE.
>
> – O STJ não admite suspensão louvada apenas em grave lesão à ordem jurídica.
>
> GRAVE LESÃO À ORDEM, SAÚDE, SEGURANÇA E ECONOMIA PÚBLICAS – EVIDÊNCIA CONCRETA – NECESSIDADE.
>
> – É necessária provar concretamente ameaça de grave lesão à ordem, à saúde, à segurança e à economia públicas, que o deferimento do pedido de suspensão evitaria. Simples alegações não bastam.
>
> (AgRg na SLS .827/SP, Rel. Ministro HUMBERTO GOMES DE BARROS, CORTE ESPECIAL, julgado em 04/06/2008, DJe 07/08/2008)

Além dos requisitos estabelecidos em lei, a jurisprudência firmou entendimento sobre a imprescindibilidade do "efeito multiplicador", ou seja, da existência de diversas demandas que envolvam o mesmo tema, a fim de acentuar a necessidade da providência extrema.

Registra-se controvérsia sobre a necessidade de discussão sobre erro da decisão[70], consistente na possibilidade de ser realizado um juízo delibação da questão principal ou se seria suficiente à demonstração de risco na situação de fato, que causa danos, independentemente da discussão sobre a decisão desfavorável ao Poder Público.

Aqui o risco é igualar a suspensão de segurança ou de liminar ao agravo, recurso, que por sua natureza, volta-se à correção de *error in judicando* ou a *error in procedendo*. Se for suficiente a discussão no caso concreto sobre a

[69] AGSS 693-DF, STJ – caso em que se pleiteava a liberação de um loteamento, sendo que não havia condições mínimas para tanto e havia risco sério ao Meio Ambiente

[70] É o entendimento de Eduardo Talamine, op. cit., Cássio Scarpinella Bueno, op. cit, e de Luiz Vicente de Medeiros Queirós Neto, op. cit.

lesão àqueles bens privilegiados, suspensão de segurança ou de liminar e agravo terão objetivos distintos e, por isso, poderão bem conviver, o que nos parece particularmente mais correto. Se se julgar necessário o apontamento da ilegalidade, deve-se delimitar o que seria este *juízo mínimo de delibação*, para que a suspensão não seja reduzida a um recurso, o que não nos parece que seja.

Sobre o juízo de delibação se manifestou o Supremo Tribunal Federal, em voto proferido na AgSS 846, relatoria do Ministro Sepúlveda Pertence, DJ 29.5.96[71], no sentido de que aquele consiste em um juízo de plausibilidade sobre a tese de defesa utilizada pela Entidade Pública de forma afastar do direito pleiteado pelo autor. Isto porque:

> "A suspensão de segurança, em outros termos, não é moratória a conceder-se à Administração Pública para protrair a satisfação do direito subjetivo do particular, que se entremostre induvidoso; é sim, repita-se, contracautela que sobrepõe à regra geral da eficácia imediata da sentença concessiva da liminar ou da segurança, a necessidade de prevenir riscos a interesses públicos privilegiados para a hipótese viável de via a ordem a ser denegada".

Além disso, frisa o Superior Tribunal de Justiça que não se pode admitir pedido de suspensão pautado apenas em lesão à ordem jurídica, devendo o julgamento ater à verificação dos requisitos legais[72].

8. CONTRADITÓRIO NA SUSPENSÃO DE SEGURANÇA OU DE LIMINAR

Dentre os pontos controvertidos no tema de suspensão de segurança, talvez um dos que gere os mais acalorados debates seja o da implementação do contraditório no incidente de suspensão de liminar ou de segurança. Betina Rizzato Lara, em monografia sobre liminares, defendeu a desnecessidade de contraditório, nos seguintes termos:

[71] É o primeiro precedente sobre o tema e fundamento de diversos outros julgamentos no mesmo sentido.

[72] Conforme os julgamentos do AgRg na SLS n. 801/AM, publicado em 5.5.2008, da relatoria do em. Ministro Barros Monteiro, AgRg na SLS n. 846/SP, publicado em 7.8.2008, da relatoria do Ministro Humberto Gomes de Barros, AgRg na SLS n. 821/MG, publicado em 5.5.2008, da relatoria do. Ministro Barros Monteiro, e AgRg na SLS n. 1.011/PI, publicado em 7.5.2009 e AGSLS 860-PE, da relatoria do Min. CÉSAR Asfor Rocha, todos da Corte Especial, dentre outros diversas decisões

"No nosso modo de ver, para que se suspensa a liminar não é necessário o princípio do contraditório uma vez que, havendo risco de lesão grave ao interesse público, ela deve ser deferida. Assim, da mesma forma que na concessão da liminar e na sua revogação não se faz necessário o contraditório, na suspensão ele também pode ser dispensado"[73].

Assim, e como entende parte da doutrina e a jurisprudência, o contraditório deveria ser implementado por meio do recurso de agravo, a ser apresentado no prazo de cinco dias, dirigido ao plenário ou órgão especial do Tribunal Competente[74].

Em que pese certa predominância neste entendimento, deverá ser ele reexaminado à luz do que dispõe o artigo 15, parágrafo 4º da Lei 12.016/09. Isto porque, há entendimentos no sentido de que a disposição deve ser interpretada:

"no sentido da necessidade de que o exame do pedido de suspensão seja *precedido* de contraditório. Que somente em casos onde houver a 'plausibilidade do direito invocado' e ' urgência na concessão da medida' é que o Presidente do Tribunal respectivo poderá 'conferir ao pedido efeito suspensivo liminar', isto é, *concedê-lo* antes do estabelecimento do contraditório. Prevalece para a hipótese- e nem poderia ser diferente – o princípio do contraditório, albergado pelo art. 5º, LV, da Constituição Federal"[75].

E apenas no caso de urgência, "em que o estabelecimento do contraditório e o *tempo* que ele consome puderem comprometer a inteireza dos valores que o pedido de suspensão pretende resguardar"[76] que se admite a postergação do contraditório.

Sendo assim, a inovação legislativa aparentemente instaurou a necessidade de contraditório no próprio incidente, antes ou depois da concessão da medida em caráter liminar, não devendo mais ser o agravo interno utilizado para este fim.

E tal se reforça pelo fato de a Lei 12.016/09 é expressa em admitir o agravo apenas da decisão que denega a suspensão de segurança. Ou seja,

[73] Liminares no processo civil, p. 144.

[74] Queirós Neto, op. cit., mencionando jurisprudência, p. 119.

[75] Cássio Scarpinella Bueno, A nova lei do Mandado de Segurança – comentários sistemáticos à Lei 12.016, de 7-8-2009, p. 101.

[76] Idem, p. 101.

o agravo, nestes termos, o agravo apenas poderia ser utilizado pelo ente público, e não pelo autor, que somente se poderia insurgir contra a concessão da medida (favorecido pela liminar ou pela sentença). Sendo assim, inviável seria o agravo interno para fins de instauração do contraditório, que deverá ser exercido por outra forma

Lembramos que a disposição acima referida vai contra o entendimento formado pelo Supremo Tribunal Federal na vigência da Lei 4.348/64, que passou a considerar o recurso a ser interposto tanto da decisão que concedia quanto da decisão denegatória, ao cassar a súmula 506. Tal entendimento era também do Superior Tribunal de Justiça, que revogou a súmula 217.

Ainda no que toca ao contraditório, com a edição da Lei 12.016/09, outro ponto foi solucionado, quanto ao prazo para a interposição do agravo interno, que é agora de cinco dias, superando-se a divergência que havia entre a Lei 4.348/64 e a Lei 8.437/92. O prazo atual é de 15 dias, nos termos do art. 1.070, CPC. Há precedente no Supremo Tribunal Federal que admitiu o prazo dobrado para o recurso[77].

9. OUTROS TEMAS QUE NECESSITAM DE ADEQUADA ANÁLISE: SUSPENSÃO DA SUSPENSÃO, A SUSPENSÃO EM BLOCO E A DURAÇÃO DAS MEDIDAS

É certo que se somam aos temas tratados nos itens superiores outras questões, as quais ainda geram controvérsia. Tratam-se da suspensão da suspensão, da suspensão em bloco e da duração da medida.

A suspensão da suspensão e a suspensão em bloco foram inseridas no ordenamento brasileiro pela Medida Provisória 1.984-19, de 29.06.2000, que alterou a redação do artigo 4º da Lei 8.437/92. Sua constitucionalidade foi impugnada na ação direta de inconstitucionalidade nº 2.251-2-DF, a qual teve liminar para suspender apenas a suspensão retroativa, prevista no acrescido parágrafo 8º do artigo 4º da Lei 8.437/92[78] e não foi julgada no mérito, por posterior perda de objeto.

Assim, manteve-se a possibilidade de renovação do pedido de suspensão de segurança diretamente aos tribunais superiores, com fundamento na possibilidade de novo pedido sem ser retirada à competência dos tri-

[77] Trata-se do o SSAgRg 514-6 AM.

[78] O fundamento, unânime, foi no sentido de que a aplicação da suspensão de forma retroativa poderia agravar a situação de fato, e não solucioná-la, fls 231-232 do voto do Ministro Relator – versão digital do voto.

bunais de segunda instância e também para se prover ao Poder Judiciário de meio eficiente da manutenção da eficácia das decisões das cortes superiores, que poderiam ser inutilizadas por decisões inferiores[79]

Os argumentos em contrário, em especial no voto parcialmente vencido do Ministro Marco Aurélio, houve divergência em se considerar a novidade legislativa em recurso, possibilitando-se o seu julgamento em blocos, o que afrontaria a isonomia entre os litigantes, já que se reconheceria apenas recurso para a Fazenda, além da afronta competência das cortes superiores, a qual é traçada pela própria Constituição Federal. [80] Quanto à possibilidade de pedido de suspensão de liminar concedida pelo Tribunal em sede de recurso de agravo de instrumento registra-se controvérsia: não ser cabível por falta de previsão legal[81] ou ser cabível por interpretação sistemática.

Quanto à possibilidade de suspensão em bloco, entende Cássio Scarpinella Bueno tratar-se de "verdadeiro efeito intersubjetivo do pedido de suspensão, que se aproxima – e bastante – dos efeitos das súmulas vinculantes ou quejandos"[82], e estabelece que o "objetivo da regra é claro: para hipóteses juridicamente idênticas, deve-se dar a aplicação da mesma regra jurídica, embora filtrada, como ocorre no caso, pela Presidência do Tribunal"[83].

Nos termos do art. 25 da Lei 8.038/90, uma vez deferida a suspensão de liminar ou de sentença em sede dos tribunais superiores, a ordem teria eficácia até o trânsito em julgado da decisão final. Em outras palavras, a eficácia da decisão concessiva não é afetada pelo resultado do julgamento do recurso. Assim, tem-se o seguinte regime:

> "(i) se quando nem mesmo há recurso final contra a decisão interlocutória a suspensão vale até o trânsito em julgado da sentença final; (ii) se quando há recurso e este é integralmente rejeitado, a suspensão também vigora, até o Trânsito em julgado do pronunciamento final; então por identidade de razões, (iii) se há recurso e este é parcialmente provido, a suspensão concedida em extensão maior do que o parcial provimento recursal *também vigorará até o trânsito em julgado*. Sustentar ao contrário implicaria consagrar solução absurda –

[79] ADin 2.251-2-DF, fls. 218-219 do voto.

[80] Este posicionamento também é defendido por Cássio Scarpinella Bueno, A nova lei do Mandado de Segurança, p. 101.

[81] Idem, p. 101.

[82] A nova lei do Mandado de Segurança, p. 102.

[83] Idem, p. 102.

> que conferiria à suspensão uma eficácia menor precisamente quando o Poder Público (ou quem lhe faça às vezes,) logrou algum êxito (ainda que insuficiente) no recurso."
>
> "A suspensão apenas pode deixar de vigorar antes do trânsito em julgado da solução definitiva da causa quando: (i) a decisão que a concedeu for diretamente cassada ou revogada em sede recursal; ou houver a expressa concessão de uma nova medida urgente por órgão rede grau de jurisdição superior àquele que havia deferido a suspensão; ou (iii) se houver expressa ressalva em outro sentido na própria decisão concessiva da suspensão ou (iv) o objeto da decisão suspensa era diverso do objeto da sentença final (p. ex., concernia a uma mera providência cautelar, cujo conteúdo e eficácia são distintos daquele extraíveis da sentença final)[84]. (p. 51).

A fim de esclarecer a controvérsia sobre a aplicação do marco temporal das decisões proferidas em sede de suspensão pelo Supremo Tribunal Federal, foi editada a Súmula 626, na qual se reconheceu a aplicação da regra do artigo 25 da Lei 8.038/90 à suspensão de segurança, então disciplinada pela Lei 4.348/64, nos seguintes termos:

> "A suspensão da liminar em mandado de segurança, salvo determinação em contrário da decisão que a deferir, vigorará até o trânsito em julgado da decisão definitiva de concessão da segurança ou, havendo recurso, até a sua manutenção pelo Supremo Tribunal Federal, desde que o objeto da liminar deferida coincida, total ou parcialmente, com o da impetração"

Há posicionamentos em sentido contrário, no sentido de que a decisão que concede a liminar é distinta da sentença, especialmente a proferida em sede de mandado de segurança, que tem ela própria pronta efetividade, o que imporia novo pedido[85].

Uma dúvida, porém, deve ser trazida: caso concedida pelo Tribunal de Justiça ou pelo Tribunal Regional Federal, qual seria a duração da medida? Até o julgamento de primeira instância ou até o julgamento da apelação, sendo necessário eventual novo pedido ao Tribunal Superior? É preciso considerar se é possível aplicar analogicamente o artigo 25 da Lei 8.038/90

[84] Eduardo Talamini, op. cit,. p. 51.

[85] Cândido Rangel Dinamarco, op. cit., p. 201-204. Marcelo Abelha Rodrigues, "A suspensão.." cit., p. 159.

aos tribunais de segundo grau, já que se trata de norma processual, cuja analogia se admite sem maiores restrições, a fim de garantir a paridade de tratamento entre Tribunais superiores e inferiores nos limites de competência de cada qual.

Pois, em princípio, a decisão dos tribunais também é obrigatória à primeira instância e ao próprio tribunal, a exemplo do que se defendeu aos tribunais superiores. Ou não, e os tribunais se curvariam à substituição de decisões judiciais, a liminar pela sentença e a sentença pela decisão do recurso? Ainda este ponto deve ser analisado de maneira mais atenciosa.

CONCLUSÕES

No presente estudo, objetivou-se apresentar alguns pontos sobre o tema da suspensão de liminares e de sentenças, especialmente:

a) pela constatação do caráter cogente das normas constitucionais e do conflito que pode existir em determinados casos concretos, sendo que não há se que falar propriamente de erro de procedimento ou de julgamento, mas de uma decisão de qual interesse deve prevalecer no caso concreto, diante de duas (ou mais) possibilidades acatadas constitucionalmente;
b) a suspensão de liminares e de sentenças aproxima-se dos institutos ligados à tutela de urgência, e sob esta ótica devem ser analisados;
c) o ato impugnável são os pronunciamentos proferidos apenas em ações que tenham o Poder Público como réu e enquanto passíveis de execução provisória, sob pena de comprometer a finalidade dos pedidos de suspensão;
d) a concessão ou denegação de pedido de suspensão deve ser encarado como um pronunciamento jurídico, ligado à interpretação e aplicação de conceitos legais indeterminados, que devem ser preenchidos no caso concreto;
e) as alterações legislativas estabelecidas na Lei 12.016/09 embaralharam o tema do contraditório no incidente, já que se retirou a possibilidade de manejo do recurso de agravo pelo autor, o que é contrário ao posicionamento formado nas cortes superiores e que há menção à possível contraditório, sem lhe disciplinar os procedimentos;
f) a suspensão da suspensão e a suspensão em blocos também devem também ser debatidas considerando-se o contexto constitucional presente;

g) a duração da suspensão proferida em sede de segunda instância ainda não teve sua solução definida pela doutrina.

Assim, o que se espera é que o instituto tenha o desenvolvimento incrementado, por seu uso constante como meio de intermediação entre Poder Executivo e demandas individuais e coletivas, a fim de adequadamente traçar seu papel na atual proteção à Ordem Pública traçada na Constituição Federal.

REFERÊNCIAS

Assis, Araken. Manual dos Recursos. São Paulo: Revista dos Tribunais, 2007.

Barbosa Moreira, José Carlos. Comentários ao Código de Processo Civil, vol. V, 13ª ed. rev. e ampl. Rio de Janeiro: Forense, 2006.

Bobbio, Norberto. Teoria do Ordenamento Jurídico, 10ª ed. Tradução Maria Celeste Cordeiro Leite dos Santos, revisão técnica Claudio de Cicco. Brasília: UNB Editora, 1999.

Bueno, Cássio Scarpinella. A nova lei do Mandado de Segurança – comentários sistemáticos à Lei 12.016, de 7-8-2009. São Paulo: Saraiva, 2009.

—. *Liminar em Mandado de Segurança*. Vol. 3. 2ª ed. São Paulo: Editora Revista dos Tribunais, 1999.

—. *Mandado de Segurança*. São Paulo: Saraiva, 2002

—. "Inconstitucionalidade das novas regras da suspensão de liminar em mandado de segurança" in Revista do Advogado nº 64. São Paulo: Associação dos Advogados de São Paulo, outubro de 2001, pp. 20-33.

—. A nova Lei do Mandado de Segurança – comentários sistemáticos à Lei 12.016, de 7-8-2009.

Dinamarco, Cândido Rangel. "Suspensão do Mandado de Segurança pelo Presidente do Tribunal" in Revisto de Processo nº 105, pp. 191-206. São Paulo, Revista dos Tribunais, janeiro-março 2002.

Gomes Jr., Luiz Manoel e outros. Comentários à Nova Lei do Mandado de Segurança – Lei. 12.016, de 7 de agosto de 2009. São Paulo: Editora Revista dos Tribunais, 2009.

Lara, Betina Rizzato. Liminares no processo civil. 2ª ed. , atual. São Paulo: Revista dos Tribunais, 1994.

Lima, Arnaldo Esteves. "Agravo e suspensão de liminar ou de sentença: comentários", in Calmon, Eliana e Bulos, Uadi Lammêgo (coord). Direito Processual. Inovações e perspectivas: estudos em homenagem ao Ministro Sálvio de Figueiredo Teixeira. São Paulo, Saraiva, 2003, pp. 39-53.

Lopes, Júlio Aurélio Vianna. A Carta da Democracia – o Processo Constituinte da Ordem Pública de 1988. Rio de Janeiro: Topbooks, 2008

Machado, Agapito. "O princípio da isonomia e os privilégios processuais" artigo online consultado no endereço htpp://jus2.uol.com.br/doutrina/texto.asp?id=6242, acessado em 26/11/2009.

Machado, Hugo de Brito. "A nova lei do Mandado de Segurança", in Revista Dialética de Direito Processual Civil n 79 – outubro de 2009, pp. 41- 48. São Paulo: Dialética, 2009.

Medina, José Miguel Garcia e Araújo, Fábio Cláudio de. Mandado de Segurança individual e coletivo – comentários à Lei 12.016, de 7 de agosto de 2009. São Paulo: Revista dos Tribunais, 2009.

Meirelles.,Hely Lopes. Mandado de Segurança, Ação Popular, ação Civil pública, Mandado de Injunção e "Habeas Data". 17 a ed. Atualizada por Arnoldo Wald. São Paulo: Malheiros, 1996.

Moraes, Ana Paula Arruda. *A suspensão de segurança e seus reflexos sobre o mandado de segurança*. Disponível em http://www.lfg.com.br. 24 julho. 2009

Nery Jr., Nelson. Princípios do Processo na Constituição Federal – processo civil, penal e administrativo. 9ª edição – ver., ampl. E atual. São Paulo: Revista dos Tribunais, 2009.

—. Teoria Geral dos Recursos. 6ª ed. atual, ampl. e reform. São Paulo: Revista dos Tribunais, 2004.

Nery Jr., Nelson e Nery, Rosa Maria de Andrade. Código de Processo Civil Comentado e legislação extravagante. 8ª. Ed. rev., ampl. e atual. São Paulo: Revista dos Tribunais, 2004.

Queiroz Neto, Luiz Vicente de Medeiros. *Suspensão de segurança: uma análise à luz da doutrina e da jurisprudência*. Revista do Tribunal Federal da 1ª Região, Brasília, v. 14, n. 5, p. 22-37, maio 2002. e Revista da Fundação da Escola Superior do Ministério Público do Distrito Federal e Territórios. Brasília, ano 10, vol 19. pp. 101-125, jan/jul.2002. Disponível em: <http://www.trf1.gov.br>. Acesso em: 5 de outubro de 2009.

Rodrigues, Marcelo Abelha. Suspensão de Segurança – sustação da eficácia de decisão judicial proferida contra o Poder Público. 2ª. Edição, rev. atual. e ampl. São Paulo: Revista dos Tribunais, 2005.

—. "A suspensão de segurança" in Direito Processual Público – A Fazenda Pública em juízo – coord. Carlos Ari Sundfeld e Cássio Scarpinella Bueno. 1ª ed. 2ª. Tiragem. São Paulo: Malheiros, 2000.

—. "Apresentação e crítica de alguns aspectos que tornam a suspensão de segurança um remédio judicial execrável" in Interesse Público nº 45, pp. 39-56. Belo Horizonte: Editora Fórum, 2007.

Rossato, Luciano Alves. "A suspensão de execução de liminar e de sentença". In Revista de Processo nº 167, pp. 433-459. São Paulo: Revista dos Tribunais, 2009.

Silva, José Afonso. Aplicabilidade das normas constitucionais. 6ª ed., 2ª tiragem. São Paulo: Malheiros, 2003.

—. Curso de Direito Constitucional Positivo. 18ª ed., rev. e atual. São Paulo: Malheiros, 2000.

Streck, Lenio Luiz. Hermenêutica Jurídica e(m) crise. Uma exploração hermenêutica da construção do Direito. 8ª ed. rev. e atual. Porto Alegre: Livraria do Advogado, 2009.

Sundfeld, Carlos Ari e Bueno, Cássio Scarpinella (coord.). Direito Processual Público – A Fazenda Pública em juízo. . 1ª ed. 2ª. Tiragem. São Paulo: Malheiros, 2000.

Talamini, Eduardo. "Notas sobre a atual natureza jurídica da suspensão de decisões contrárias ao 'poder público' à luz do seu regime de eficácia" in Revista Dialética de Direito Processual nº 67 – outubro de 2008, pp. 43-52. São Paulo, Dialética, 2008.

TAVARES, André Ramos. Manual do Novo Mandado de Segurança - Lei 12.016/09. Rio de Janeiro: Forense, 2009.

TESSLER, Marga Inge Barth. "Suspensão de Segurança" - texto base para palestra no 1º Ciclo de Palestras de Processo Civil, 2004 , A Justiça e o Processo Civil, Curitiba, 18 de junho de 2004, disponível em http://www.trf4.jus.br/trf4/upload/arquivos/curriculo_juizes/suspensao_de_seguranca.pdf, acesso em 5 de outubro de 2009

ZAVASCKI, Teori Albino. Antecipação de Tutela. 3ª ed. rev. e ampl. São Paulo: Saraiva, 2000.

CONTRATO DE DIREITO REAL

NESTOR DUARTE

O contrato é fonte de obrigação e, sem retroceder mais, lembrem-se os textos de Gaio[1]. Não era também estranha a categoria dos contratos reais, que, segundo Alexandre Correa e Gaetano Sciascia[2], compreende *"atos obrigacionais perfeitos mediante a entrega duma coisa, que um dos contratantes faz ao outro, obrigando-se este a restituir a mesma coisa (eadem res) ou outra equivalente (tantundem); chamada "obligatio re recontrahitur"*[3]. Aliás, é também de Gaio a referência a quatro espécies de contratos: *"ou se contrai a obrigação re (pela coisa), ou pelas palavras ou pelo escrito ou pelo consentimento"*[4]. Na primeira categoria, expressamente, inseriu o mútuo[5], mas o rol é expandido pelos

[1] G. 3,88 – Nunc transeamus ad obligationes. Quarum summa divisio in duas species diducitur: omnis enim obligatio vel ex contractu nascitur vel ex delicto. D. LIB. XLIV, tit VII – obligationes aut ex contractu nascunter aut ex maleficio, aut proprio quodam jure ex causaram figuris.

[2] Correia, Alexandre; Sciascia, Gaetano – Manual de Direito Romano – vo. 1 – p. 278 – São Paulo: Saraiva, 1951.

[3] Mackeldey, F – Manuel de Droit Romain – p. 214 – traduit de l'allemand par J. Beving – troisième edition – Bruxelles: Societé Typographique Belge, 1846: "C'est ce que les Romains appelaient obligatio re contrahitur; les modernes on donné à ces conventions le nom de contrats réels".

[4] G. 3.89 – Et prius videamos de his, quae ex contractu nascunter. Harum autem quattuor genera sunt: aut enim re contrahitur obligatio aut verbis aut litteris aut consensu.

[5] G. 3.90 – Re contrahitur obligatio veluti mutui datione.

romanistas, mencionando Bonfante, além do mútuo, a fidúcia, o comodato, o depósito e o penhor[6]. Desses, apenas o penhor entra na classe de direito real no Código Civil brasileiro (artigos 1341 a 1466); e, no Código Civil português, apesar de tratado no capítulo das garantias especiais das obrigações (artigos 666º a 685º), não perde a qualidade de direito real, conforme acentua António Menezes Cordeiro, e, na mesma situação, inclui a hipoteca[7]. Não foram imunes esses direitos reais de garantia à impugnação de tal qualificação, ou seja, não os reputando direitos reais[8].

Apreciando a classificação dos contratos, fundada nos textos de Gaio, anota José Carlos Moreira Alves[9] que ele "*não se referia propriamente aos contratos, dizendo que eles se constituíam re, verbis, litteris ou consenso, mas sim às obrigações*", tendo sido "*os intérpretes do direito romano que criaram as expressões contrato real, verbal, literal e consensual*", configurando contrato real "*o que se constitui com a entrega de uma coisa*", a exemplo do depósito, que, para constituir-se, não é suficiente acordo de vontades, exigindo a entrega da coisa ao depositário. Prosseguindo, reconhece que o problema é complexo, dada a dificuldade de acesso às fontes, porquanto "o comodato, o depósito e o penhor eram contratos reais, graças a textos dos "Aureorum Libri", ou "Res Cottidianae", inseridos no Digesto[10]. Sucede, ainda, que a própria autoria de Gaio é discutível, afirmando Sebastião Cruz[11] que "este não pode ser o seu autor, porque diferentes os estilos, há soluções diferentes para o mesmo caso e, quanto à época, sendo Gaio do Século II, as RC são dos

[6] Bonfante, Pietro – Istituzioni di Diritto Romano – p. 381 e ss – ristampa corretta della X edizione – Milano: Dott A. Giuffrè Editore, 1987.

[7] Menezes Cordeiro, António -Tratado de Direito Civil Português – vol. II – t. IV – p. 543 – Coimbra: Almedina, 2010 – "Não obstante funcionalmente adstritos ao papel de assegurar obrigações, estas figuras, de que destacamos, pela ordem que surgem no Código Civil, a consignação de rendimentos, o penhor, a hipoteca, os privilégios creditórios e o direito de retenção, são autênticos direitos reais, compartilhando as suas características".

[8] Cunha Gonçalves, Luiz da – Tratado de Direito Civil – vol. V – t. I – (1ª edição brasileira) p. 441 – São Paulo: Max Limonad, 1955: "O direito real tem como característica o ser um jus in rem alienam, uma função do direito de propriedade, e, como tal, é exercido diretamente na cousa e pode ser oposto a todos os terceiros; enquanto que o credor hipotecário nenhum direito exerce sobre a cousa, mas sim sobre o valor dela, antes e depois de vendida...".

[9] Moreira Alves, José Carlos – Direito Romano – vol. II – p. 116 – 6ª edição – Rio de Janeiro: Forense, 2002.

[10] Moreira Alves, José Carlos – ob. cit. – p. 120.

[11] Cruz, Sebastião – Direito Romano – Lições – I – Introdução. Fontes, p. 439 – Coimbra: Almedina, 1969.

princípios do séc. IV ou fim do séc. III. Porém, já não repugna que tenha sido um discípulo de Gaio".

Impende, ainda, considerar que, à hipoteca e ao penhor, antecedeu, no Direito Romano, a fidúcia, com grande aplicação e interesse na época clássica, período de culminância de seu ordenamento jurídico, entre 130 a.C. e 230 d.C., desaparecendo no direito justinianeu. É defendido, contudo, que a base legal da fidúcia tenha sido a Lei das XII Tábuas (450 e 449 a.C.), cuja Tábua VI-I dispunha: "Quum *nexum faciet mancipiumque, uti lingua nuncupassit, ita jus esto*". A divergência está em que se havia sanção, ou fundava-se somente na lealdade [12].

Os textos conhecidos sobre a fidúcia são fragmentários e sujeitos a interpolações[13], mas entre as fontes jurídicas que atestam sua existência, pela precisão e segurança das referências, acham-se as Institutas de Gaio, distinguindo a fidúcia "*cum creditore*" e a fidúcia "*cum amico*" e, especialmente, com a menção de que a transmissão se fazia pela "*mancipatio*" e pela "*in juri cessio*"[14]. Explica-a José Carlos Moreira Alves[15]. Não era direito real sobre coisa alheia, na medida que o objeto dado em garantia passava à propriedade do credor, com diversos inconvenientes, entre os quais o de que o credor podia alienar o bem, e o devedor, que não mais era proprietário, não podia reivindicá-lo de terceiro adquirente, porquanto o "pactum fiduciae", acarretando a "infamia"[16], apenas tinha o condão de forçar a devolução pelo fiduciário ao fiduciante.

Diferente era a fidúcia germânica. Aliás, Wolff[17] tratou de observar que é distinta a evolução dos direitos reais de garantia no direito romano e no

[12] Souza Lima, Otto – Negócio Fiduciário – p. 9 – São Paulo: Revista dos Tribunais, 1959.

[13] Cruz, Sebastião – ob. cit. p. 513: "*Por exemplo, se o jurista, num certo livro seu, tratava da fidúcia, e um fragmento (desse mesmo livro e autor), inserido na compilação justificava, fala de pignus, é muito provável que pignus esteja interpolado em vez de fidúcia*".

[14] Gaio – G2, 59 e 60.

[15] Moreira Alves, José Carlos – ob. cit. – vol. I – p. 350. "*A fidúcia cum creditore era negócio jurídico pelo qual o devedor, ao transferir a propriedade (por meio da mancipatio ou da in iure cessio) de uma coisa infungível ao credor, visando a garantir-lhe o cumprimento de uma obrigação, convencionava com este, por um pacto (os romanistas e denominavam pactum fuduciae), a restituição da coisa quando extinta a relação obrigacional*"

[16] Correia, Alexandre; Sciascia, Gaetano – ob. cit. – p. 70.

[17] Wolff, Martin, Enneccerus, Ludwig; Kipp, Theodor. Tratado de Derecho Civil. Tradução de Blas **Pérez** Gonzales e José Alguer – Vol. II (Derecho de Cosas) – p. 172 – 2ª ed.- Barcelona: Bosch, 1951.

direito germânico, a despeito de alguns paralelismos. Uma distinção fundamental entre a fidúcia romana e a germânica é que, enquanto naquela o "*pactum fiduciae*" atribuía um direito pessoal, nesta havia uma limitação real ao direito do fiduciário, subordinando-o a uma condição resolutiva, de modo que, se violada a obrigação ou se ocorresse uso diverso do pactuado, esses atos eram ineficazes, inclusive em elação a terceiro, cabendo a reivindicação da coisa. À vista dessa nota distintiva, José Carlos Moreira Alves[18] afirma que "não se pode considerar como fiduciário o denominado negócio fiduciário do tipo germânico", pela impossibilidade de abuso pelo fiduciário, porquanto ao fiduciante é assegurada a "resolução real", aderindo à posição de Schultze, para quem a 'fides' do direito alemão não está na pessoa do fiduciário simplesmente, mas significa "a confiança que regula a posição jurídica – poder jurídico e dever jurídico – no caso particular".

No Direito Romano, entretanto, sem os inconvenientes da fidúcia, surgiu no século II a.C. o penhor, que se caracterizava pela transferência da posse, não da propriedade, tanto de coisa móvel como imóvel, criando um direito real sobre coisa alheia (*pignus datum*), embora se tenha contestado a natureza real desse direito, pois faltava o de vender a coisa[19]. Mais recente é a hipoteca, palavra de origem grega, reinando controvérsia sobre como fora introduzida em Roma, sendo, todavia, teoria mais acolhida a que remete à situação do arrendatário rural que, se ofertasse bens necessários à sua atividade em penhor, para garantia do aluguel, transferindo-lhes a posse, ficaria impedido de lavrar a terra. Para resolver esse problema, surgiu uma garantia independente da transmissão da posse, com o nome de "p*ignus obligatum*", recebendo, no direito justinianeu, a denominação de hipoteca. A distinção entre penhor e hipoteca não se fazia em função de a coisa dada em garantia ser móvel ou imóvel, mas apenas se havia ou não transmissão da posse[20], embora o penhor fosse mais utilizado para coisas móveis[21]. No Direito clássico já se admitia o penhor de alguns direitos, como o de cré-

[18] Moreira Alves, José Carlos – Da alienação fiduciária em garantia – p. 27 – São Paulo: Saraiva, 1973.

[19] Wetter, P. Van – Cours Elémentaire de Droit Romain – vol I – p. 456 – 3ª ed. Paris: Librairie A. Marescq Aîné, 1893.

[20] Maynz, Charles – Cours de Droit Romain – t. I – p. 876 – cinquiène edition – Bruxelles: Bruylant-Christophe et Cie, 1891.

[21] Girard, Paul Frédéric – Manuel Élémentaire de Droit Romain – p. 815 – septìenie edition – Paris: Librairie A. Rousseau, 1924.

dito (pignus nominis) e do próprio penhor (pignus pignoris) e, no justinianeu, o das servidões rústicas, da enfiteuse e da superfície[22].

Desaparecida a fidúcia no Direito justinianeu[23], não se pode olvidar que entre as finalidades da fidúcia acha-se a de suprir a deficiência da legislação, tornando "dúctil um sistema jurídico fechado"[24] e ocorreu que, a partir da metade do século XIX, a fidúcia recuperou seu esplendor, com intensa elaboração doutrinária, vindo a alcançar a transmissão fiduciária não só da propriedade de bens tangíveis, mas igualmente a cessão fiduciária de créditos, possibilitando ao credor fiduciário haver seu crédito diretamente do devedor do cedente[25]. Outras figuras afins despontaram, sobressaindo o "trust", disseminado não só para os Estados Unidos, onde floresceu, mas também para outros países, culminando com a Convenção de Haia, de 01/7/1985, relativa à aplicação do "trust", que recebeu a adesão de diversos países europeus.

A fidúcia é precursora, portanto, de novos negócios típicos, conferindo-lhes forma apropriada aos fins pretendidos, daí a objeção, de que, quando isso ocorre, isto é, se, "existindo regência legal a respeito da constituição do "jus in res aliena" (propriedade fiduciária) com escopo de garantia a que a transmissão (resolúvel) do domínio se destinava, da causa jurídica só resta, de rigor, o nome, a ideia ou noção de sua caracterização"[26]. É forte, porém, o entendimento de que a alienação fiduciária em garantia é espécie do gênero negócio fiduciário[27]. Cabe ainda salientar que uma coisa é o negócio fiduciário e outra a propriedade fiduciária, só admitida em casos limitados, em um sistema dominado pela tipicidade dos direitos reais, não podendo ser produto apenas da autonomia contratual[28].

No Brasil, pela Lei 4.728, de 14/7/1965, foi introduzida a alienação fiduciária em garantia, sobrevindo copiosa legislação, destacando-se alguns diplomas, como o Decreto-lei 911, de 01/10/1969, que instituiu ação autô-

[22] Moreira Alves, José Carlos – ob. cit. -vol.1 – p. 355.

[23] Correia, Alexandre, Sciascia Gaetano – ob. cit. p. 207

[24] Souza Lima, Otto de- ob. cit. – p. 177.

[25] Larenz, Karl, Derecho de obligaciones – versión española y notas de Jaime Santos Briz- t. I – p. 466 – Madrid: Editorial Revista de Derecho Privado, 1958.

[26] Restiffe Neto, Paulo; Restiffe, Paulo Sérgio – Garantia Fiduciária – p. 27 – 3ª edição São Paulo: Revista dos Tribunais, 2000.

[27] Chalhub, Melhim Namem – Negócio Fiduciário – p. 132 – 4ª edição – Rio de Janeiro: Renovar, 2009.

[28] Galgano, Fracesco – Il negozio giuridico – p. 484 – 2ª edição Milano: Giuffrè, 2002.

noma para recuperar coisa móvel alienada fiduciariamente; a Lei 4.864, de 29/11/1965, albergando a cessão fiduciária de direitos (artigo 22); a Lei 9.514, de 20/11/1997 que, dispõe sobre a alienação fiduciária de bens imóveis, estendendo sua possibilidade a pessoas físicas e jurídicas não integrantes do sistema de financiamento imobiliário (artigo 27, § 1º), e sobre cessão fiduciária de direitos creditórios (artigo 17, II); Lei 10931, de 02/8/2004, referente à cessão fiduciária de títulos de crédito; Lei 11.196, de 21/11/2005 que acrescentou o artigo 28-A à Lei 8987/95, admitindo a cessão fiduciária de crédito pelas concessionárias, para garantia de longo prazo, portanto, no Direito público, e, também, o Código Civil de 2002, que destinou capítulo específico à propriedade fiduciária (artigos 1.361 a 1.368-B). Inúmeros, também, os regulamentos editados pelo Poder Executivo nesta matéria.

Indubitavelmente, hoje, a garantia fiduciária é a mais importante garantia real, conforme anteviu Orlando Gomes ao concordar com "*que a alienação fiduciária em garantia atende melhormente às exigências do comércio jurídico do que os clássicos direitos reais em garantia, tudo indicando que os substituirá na generalidade dos casos, quando vencidas algumas dificuldades dogmáticas e técnicas*", sendo o penhor e a hipoteca "*expressões de um estágio do desenvolvimento econômico, que estão esgotando sua função numa sociedade cuja economia se baseia na riqueza mobiliária e na difusão de crédito, voltada para o consumo e de produção em massa*"[29].

Em Portugal, merece destaque o Decreto-lei 105 de 08/5/2004, que transpõe para sua ordem jurídica a Diretiva nº 2002/47/CE, do Parlamento Europeu e do Conselho, de 06 de junho, relativa aos acordos de garantia financeira, dele constando como modalidade de contrato de garantia financeira, a "*alienação fiduciária em garantia e o penhor financeiro, que se distinguem consoante tenham, ou não, por efeito a transmissão da propriedade com função de garantia*" (artigo 2º, 2).

Alongou-se nessas considerações para determinar o campo específico dos contratos de Direito Real e, para bem identificá-los, primeiro se busca uma definição de contrato fiel ao Direito obrigacional: "*Diz-se contrato o acordo vinculativo resultante da fusão de duas ou mais declarações de vontade contrapostas, mas harmonizáveis entre si, destinado a estabelecer uma regulamentação de interesses entre as partes*"[30]. Seu conteúdo é de natureza patrimonial, como se

[29] Gomes, Orlando – Alienação Fiduciária em Garantia – p. 186 – 4ª edição – São Paulo: Revista dos Tribunais, 1975.

[30] Antunes Varela, João de Matos – Direito das Obrigações – vol. 1 – p. 119 – 1ª edição – Rio de Janeiro: Forense, 1977.

extrai da definição oferecida por Maria Helena Diniz[31]: "*com escopo de adquirir, modificar ou extinguir relações jurídicas de natureza patrimonial*". Os princípios que o regem foram assim alinhavados por Rubens Limongi França[32]: "são três: *a) o da autonomia da vontade. b) o da supremacia da ordem pública; e c) o da obrigatoriedade da convenção*". A autonomia da vontade "é o princípio por força do qual as partes têm ampla liberdade para contratar"

O direito patrimonial onde estão os contratos compreende os direitos pessoais e os direitos reais, mas consoante Rosa Maria de Andrade Nery e Nelson Nery Júnior, "*os direitos reais e os direitos pessoais se constituem de maneira diferente, se estruturam de maneira diferente e geram consequências diferentes*", sendo que "*os direitos reais colhem os objetos de direito na sua condição estática de componentes de um patrimônio*", enquanto "*os direitos pessoais fomentam a movimentação desses elementos, a circulação das riquezas e as atribuições patrimoniais*"[33].

É fácil, pois, demonstrar que os contratos se inserem no campo obrigacional, pois seu objeto é a prestação contratual, tendo por efeito a transformação que determina na posição jurídica das partes[34]. Resta saber se é possível cogitar de contrato inserido no Direito Real.

O primeiro escolho está em que os direitos reais se distinguem pela tipicidade, isto é, por criação exclusiva da lei[35], enquanto no regime contratual vigora o princípio da autonomia da vontade, particularizada na liberdade de contratar, pelo que as pessoas podem "suscitar, mediante declaração de vontade, efeitos reconhecidos e tutelados pela ordem jurídica"[36]. Nem por isso, direitos pessoais e direitos reais "se distanciam tanto que não se toquem, se cruzem e se cubram, em muitos pontos"[37], mas, exatamente,

[31] Diniz, Maria Helena – Curso de Direito Civil Brasileiro – vol. 3 – p. 32 – 30ª edição – São Paulo: Saraiva, 2014). – "contrato é o acordo de duas ou mais vontades, na conformidade da ordem jurídica, destinado a estabelecer uma regulamentação de interesses entre as partes, com o escopo de adquirir, modificar ou extinguir relações jurídicas de natureza patrimonial".

[32] Limongi, França, Rubens – Instituições de Direito Civil – p. 714 – 4ª edição – São Paulo: Saraiva, 1996.

[33] Nery, Rosa Maria de Andrade e Nery Júnior, Nelson – Instituições de Direito Civil – vol. 3 – p. 56 – 2ª edição – São Paulo; Revista dos Tribunais, 2019.

[34] Roppo, Vincenzo – Il contratto – p. 312 – seconda edizione – Milano: Giuffrè, 2011.

[35] Gomes, Orlando – Direitos Reais – p. 16 – 19ª edição (revista, atualizada e anotada por Luiz Edson Fachin) – Rio de Janeiro: Forense, 2004.

[36] Gomes, Orlando – Contratos – p. 25 – 26ª edição (atualizadores Antonio Junqueira de Azevedo e Francisco de C. Marino) – Rio de Janeiro: Forense, 2008.

[37] Beviláqua, Clóvis – Direito das Obrigações – p. 23 – 9ª edição – Rio de Janeiro: Livraria Francisco Alves, 1957.

por se cruzarem e se tocarem, emerge a dificuldade de apurar alguma situação, em que somente, ou ao menos, predominantemente, a disciplina do ajuste é de natureza real.

A investigação deve iniciar-se pela classificação dos contratos, que se dá por vários critérios, em virtude de agruparem-se em diversas categorias, mas que, isoladamente, se submetem à regulamentação de normas idênticas ou afins[38]. Entre os vários critérios para formar os grupamentos, há o que separa contratos consensuais de contratos reais, cuja importância reside na determinação do momento em que se aperfeiçoam. Classificam-se como reais os que, para cuja perfeição, exige-se a entrega da coisa, diversamente dos consensuais que já se perfazem com o acordo de vontades. Entre os contratos reais encontram-se o comodato, o mútuo e o depósito, acrescentando Maria Helena Diniz "as arras, o penhor e a anticrese". Não é, porém, unânime essa noção de contrato real[39] e, também, se dá a classificação como simplesmente consensuais alguns contratos por algumas legislações, enquanto outras os reputam reais; considera-se uma opção legislativa[40].

Certo é, também, que, na classificação dos contratos segundo sua função econômica, há, conforme entende Messineo[41], um grupo a parte, formado pelos contratos constitutivos de direito reais de gozo ou de garantia. Ainda sobre a qualificação de um contrato como real, e não simplesmente consensual, interessante sub-divisão adota António Menezes Cordeiro[42], uma dos contratos reais "quoad constitutionem", exigindo "além das declarações de vontade (consensuais ou formais, conforme o caso), a entrega da coisa" e reais "quoad effectum", que constituem, modificam, oneram ou extinguem direitos reais, exemplificando com a compra e venda, a doação e, em alguns casos, o de sociedade, ficando excluídos os contratos da área de serviço, como o mandato e o de trabalho. Além desses, refere a tipos específicos "quoad effectum", citando o penhor e a hipoteca. Naquela primeira referência – à

[38] Diniz, Maria Helena – ob. cit. – p. 94.

[39] Diniz, Maria Helena – ob. cit. – p. 112.

[40] Gomes, Orlando – ob. cit. p. 92.

[41] Messineo, Francesco – Doctrina General del Contrato – tradución de R. O. Fontanarrosa, S. Santos Melendo e M. Volterra – t. I – p. 37 – Buenos Aires: Ediciones Juridicas Europa-America, 1952.

[42] Menezes Cordeiro, Antonio – Tratado de Direito Civil Português – vol. II – t. II – p. 193 – Coimbra: Almedina, 2010.

compra e venda – tem-se, na verdade, uma relação negocial regida, exclusivamente, pelo Direito das Obrigações, como se vê do artigo 481 do Código Civil brasileiro: "um dos contratantes se obriga a transferir o domínio de certa coisa". No caso de doação, embora o Código (artigo 538) use no texto o verbo transferir (uma pessoa, por liberalidade, transfere do seu patrimônio bens ou vantagem para o de outra), envolve, apenas, direitos pessoais, não oponíveis a terceiros, embora haja "quem ache que é contrato real, que se aperfeiçoa com a entrega, pelo doador do bem doado ao donatário"[43]. Isso, evidentemente, não anula as regras segundo as quais a propriedade das coisas imóveis só se adquirirão pelo registro e a das coisas móveis pela tradição, e não pelos negócios jurídicos (artigos 1245, § 1º, e 1267 do CC).

Em meio a esses usos da denominação contrato reais, observa Luciano de Camargo Penteado[44] que ela é equívoca, abarcando os contratos reais "quoad constitutionem" e "quoad effectum", e acrescenta: "*Por fim, haveria a categoria dos contratos reais como contratos de direito das coisas, que se diferenciam pelo setor dogmático em que operam, criando, modificando ou extinguindo relações jurídicas reais, ou seja, relações jurídicas cujo objeto primário seja uma coisa*". Esse acréscimo é de boa cepa, na medida que pontua: "*Os contratos que atuam no sentido de regular as relações de garantia, quaisquer que sejam eles, são contratos de direito das coisas*".

A respeito dos direitos reais limitados, ou sobre coisa alheia, Hedemann, fizera uma distinção entre direito sobre a substância e direito sobre o valor, conforme seja ou não afetado o direito do proprietário; no primeiro caso ele perde algum atributo da propriedade, do corpo mesmo da coisa, como nas hipóteses de cessão de direitos reais de usufruto, uso ou habitação. No segundo caso, sobressai o elemento financeiro, conserva-se o proprietário sem nenhum detrimento de seu direito de dono, mas o valor em dinheiro é afetado em proveito de outrem[45]; é o que se passa no penhor e na hipoteca.

Distingue, com elegância, também Affonso Dionysio Gama[46]: "*Os direitos reaes de uso e gôzo existem por si mesmos, gravando ou onerando a coisa alheia,*

[43] Diniz, Maria Helena – ob. cit. – p. 252.

[44] Camargo Penteado, Luciano de – Direito das Coisas – p. 544 – 3ª edição – São Paulo: Revista dos Tribunais, 2014.

[45] Hedemann, J. W – Derechos Reales – p. 34 – versión espanõla y notas de José Luis Diez Pastor e Manuel Gonzalez Enriquez – Madrid: Editorial Revista de Derecho Privado, 1955.

[46] Gama, Affonso Dionysio – Dos Direitos Reaes de Garantia – p. 22 – São Paulo: Livraria Academia Saraiva & Cia Editores, 1930.

o que não se dá relativamente aos direitos reaes de garantia, cuja existência depende essencialmente de uma obrigação, cujo cumprimento asseguram e garantem, vivendo, assim, por ella e, com ella, desaparecendo". A interseção é perfeita: trata-se de um direito real, que absorve dos contratos, ou do direito obrigacional, a transitoriedade, sustentando-se, assim, e simultaneamente, em ambos os pilares do direito patrimonial.

Estende-se a ideia à propriedade fiduciária na medida que o fiduciante conserva a posse, e a propriedade do fiduciário é resolúvel, mas também o valor em dinheiro da coisa é que sobressai na relação jurídica. Somente nessa mescla, onde, no mesmo negócio, predominando o elemento real acha-se elemento próprio do direito obrigacional, é que se pode identificar um contrato de direito real, não se confundindo com outras modalidades de contrato, que somente determinam efeitos reais.

APONTAMENTOS PARA UMA ESTÉTICA DA JUSTIÇA[1]

RAFAEL CHAGAS MANCEBO

1. PROPOSTA

Este artigo propõe-se a articular alguns pontos entre racionalidades, percepções e emocionalidades que impelem a realidade jurídica. A maior articulação das razões emocionais e sensíveis, que faz acontecer a realidade jurídica, abre maiores compreensões do fenômeno jurídico – no direito eleitoral, no direito econômico, monetário, financeiro, família, civil, penal, internacional público e privado etc.

O estudo toca pressupostos filosóficos, princípios gerais do direito e "conceitos abertos"[2], ainda pouco articulados entre juristas, até pela dificuldade na variedade de cruzamento de argumentos. Há uma sutil tendência na filosofia do direito, às voltas com problemas da inconsistências e incompletudes, em tratar o direito além do estrito racionalismo, já no âmbito de percepções e sensibilidade social, elementos pré-racionais. Este

[1] Artigo originalmente publicado na coletânea "Recht, Architektur und Kunst – Direito, Arquitetura e Arte", coord. Grundmann, Mancebo e outros, Nomos Verlag, Alemanha, 2019.

[2] Karl Larenz, Metodologia da ciência do direito, Lisboa, Editora Fundação Calouste Gulbenkian 3a edição, 1997, Canaris, Claus-Wilhelm, Pensamento sistemático e conceito de sistema na ciência do direito, Lisboa, Editora Calouste Gulbenkian, 2ª edição, 1996. Em figura de imagem mais dinâmica, Miguel Reale, teoria tridimensional do direito, São Paulo, Saraiva, 1968. Vale também a discussão irresolvida sobre a norma hipotética fundamental, vaidade e eficácia da norma jurídica, Hans Kelsen Teoria Pura do Direito, São Paulo, Martins Fontes, 1999.

paradoxo da Razão Científica, contido e sustentado pela Irrazão, é facilmente aceito em humanidades mais reflexivas –filosofia, psicologia- que enfrentam seus sem-saídas, enquanto a ciência do direito -mais incidente no cotidiano da vida comum- requer um maior teatro de eficiência, de justificativa social.

Algumas crises nacionais e internacionais dão a prova das antigas inconsistências conceituais jusnaturalistas absorvidas pelo discurso jurídico contemporâneo e racionalista.

Por exemplo, na história das Humanidades, a Irrazão é facilmente "sublimada"[3] por critérios enevoados da metafísica jusnaturalista, sob expressões como a "Providência Divina", num apelo imagético arrebatador à moda renascentista de El Greco e no barroco de Bernini ou Rubens. Esta falta de arrazoamento entre sentimento religioso[4] e razão laica encontra difícil realocamento no positivismo contemporâneo, ainda que os princípios jurídicos mais básicos – Soberania, Poder Constituinte Originário, Vontade e Liberdades Individuais- permaneçam em completa polissemia conceitual subjetivismo e afasias que "recalcam"[5] a falta de justificativas das leis e evidenciam banalizações de justificativas incorrentes em sérios desgastes de legitimidade e legalidade do próprio sistema jurídico, na transposição legítima da psicologia pessoal para a psicologia de grupo[6].

A dissonância entre o sistema de leis e seu ambiente cultural abre cenário para o discurso jurídico contemporâneo, especialmente em cenários de instabilidades institucionais como o brasileiro. O presente artigo propõe-se a aprofundar argumentos jurídicos no tema da percepção social sobre a lei, melhor delineado com a simplificação dos temas jurídicos no tema fundamento da Lei, a Justiça, que é um conceito natural tanto entre o discurso corrente na comum quanto um discurso jurídico.

[3] Sigmund Freud, O Mal-Estar na civilização, in Obras psicológicas completas, Imago Editora, Rio de Janeiro, versão digital. Sobre Inconsciente, Sigmund Freud, Qualidades psíquicas, idem e Carl Gustav Jung, O eu e o inconsciente, Editora Vozes, 19ª edição, Petrópolis, 2006.

[4] Mircea Eliade, o sagrado e o profano-a essência das religiões-, Editora Martins Fontes, São Paulo, 2001.

[5] Freud. A repressão. in Obras psicológicas completas, idem.

[6] Veremos à frente que a correlação entre formação pessoal e social é um tema central na filosofia política do Iluminismo, além da menção a filosofias pristínas, como o Bramanismo, pela perspectiva do Samkhyia e do Yoga. Sobre este tema, Heinrich Zimmer, Filosofias da Índia, Ed. Palas Athena, 2005.

Transitaremos rapidamente por alguns autores do Iluminismo e o Romantismo, que rearranjam o tema antigo da tensão entre pensamento e emocionalidade, "ondas de longa duração"[7] que reabrem os temas da culturalidade, da linguística e da psicologia social, e muito influentes nos temas jurídicos do século XX. Desdobraremos alguns argumentos por fragmentos da fenomenologia de Edmond Husserl e sua contraparte da Psicologia Moderna, cujos contrastes são esclarecedores em posicionar a realidade do direito e a justiça, ambas convergentes à Semiótica, especialmente a de Charles "Santiago" Sanders Peirce e de William James.

2. REALIDADES DA JUSTIÇA

Quais são as realidades da Justiça? Esta pergunta inicial condiciona a concepção deste valor básico, pois perceber a Justiça é tema complicado que afasta a discussão direta deste fundamento no cotidiano jurídico. Um ato pode ser justo, um argumento, um conceito, um sentimento, uma sensação, um evento natural, todos são qualificáveis como justo.

Justo pode ser o pensamento e o fato, o sujeito e o objeto. A relação entre a subjetividade e a objetividade é um tema perene, da relação entre indivíduo e mundo, retomados na roupagem moderna da disputa entre o psicologismo e o objetivismo, entre a intencionalidade e os fatos apresentados. Porém, o senso de Justiça é imprescindível para a vida comum. A praticidade do tema está aí. Basta observar as confusões emocionais comuns nas escolhas em diversos temas éticos e políticos, mais impelidos pela retórica das próprias razões e do equívoco do que por razões amplas.

Edmond Husserl é atento aos diversos mundos reais e desdobra um tema que chama de "fenomenologia"[8], o estudo do que "se apresenta" (*phainesthai*) para tratar das crises de metodologias científica e certa prevalência de *historicismos* e *psicologismos* muito em voga no século XIX que anulariam critérios de objetividade na lógica e matemática. Curiosamente, neste mesmo momento histórico, as ciências exatas caminham para novas fronteiras e paradoxos que mesclam sujeito e objeto -basta lembrar Max Planck-, o que certamente impele novos modelo das exatas e das lógicas do século XX, que derivam para a probabilística e descontinuidade (paralogia, *fuzzy logics* etc).

[7] Fernand Braudel, Escritos sobre a História, Editora Perspectiva, Brasil, 1978.

[8] Edmund Husserl, Investigações lógicas, Editor Victor Civita, 1985.

E ainda mais curiosamente, nesta busca por uma objetividade radical das matemáticas e da filosofia, a "fenomenologia" husserliana, que tenta contrastar o psicologismo corrente à época, especialmente do grupo de Brentano, acaba por influenciar a própria psicologia moderna ao passo que por ela é influenciado[9], como que numa relação de mútua complementaridade e polarização entre fato e pensamento.

Nesta luta contra a influência da psicologia sobre as exatas, Husserl elabora uma proposta sintética de quatro realidades possíveis no chamado "quadro de realidades ônticas". Quatro são as realidades, talvez em apelo poético ao "*tetractys*"pitagórico[10], talvez numa "coincidência significativa"[11], talvez não, Husserl fala em quatro realidades: a realidade natural, a realidade cultural, a realidade ideática e a realidade metafísica.

2.1. REALIDADE NATURAL

A *realidade natural* é a realidade dos fatos naturais. Abrange instintos, sensações, emoções, pulsões e outras realidades da natureza humana que impulsionam os fatos da vida e da vida social. Tais sensos primais – proteção, perpetuação, medo, domínio, evolução – condicionam e estruturam o senso de justiça e a justificação das leis tanto no âmbito pré-consciente ou mesmo nas circunstâncias que impelem as tomadas de decisões.

[9] Esta relação entre sujeito, verdade e verbo reflete e atualiza discussões antiquíssimas. Entre tantas, instigante é a discussão sobre os Universais, especialmente na corrente do "Realismo Transcendente" (objetivismo radical), no "Realismo Moderado" (relação entre objetivismo e subjetivismo) e no "Conceptualismo-Subjetivista" (Subjetivismo radical) dada na na Escolástica Pré-tomista, com Scoto Erígena. Sobre os "Universais", Umberto Padovani e Luís Catagnola, Editora Melhoramentos, 10 Edição, pag. 226 e ss.

[10] *Tetractys* é a hipotética base da filosofia iniciática pitagórica que conjumina os primeiros 4 números neutrais, a razão numérica e notas musicais da *Harmonia*, hipoteticamene passado a Pitágoras por sua irmã, *Temistoclia*, pitonisa de Delfos. Esta relação fundamenta a Harmonia como expressão da Ordem Cósmica, relfetida na Ordem Social, por extensão, na imagem da Justiça. Sobre a referência da narrativas de Aristóteles, Iâmblico, Diógenes Laércio, Porfírio e outros é dada por G.S. Kirk e outros, "Os filósofos pré-socráticos", Fundação Calouste Gulbenkian, Portugal, 2002, pag. 242 e ss. O "tectrays" pitagórico influencia a cosmovisão grega e podemos vê-la em recorrências em conceitos de largo uso comum ou científico: 04 elementos, 04 tipos psicológicos da medicina tradicional (colérico, sanguíneo, fleumático e bilioso), assim como nos sólidos platônicos. Há convergência para a percepção estrutural humana das 04 dimensões: altura, largura, comprimento e Tempo, condicionante, portanto, da percepção da realidade independentemente do momento cultural.

[11] Carl Gustav Jung, Sincronicidade, Editora Vozes, Brasil, 2004.

A operação consciente, racionalizada, é misturada ao inconsciente, ao irracional, à forte emoção concorrentes na tomada de decisão.

De maneira muito simples, as sensações e percepções influenciam os modos de se compreender e realizar a Justiça e as leis, na atualização da dúplice natureza do homem, "*bios politikos*" e "*bios zoé*" aristotélico, nem tão contraposta na separação entre corpo e alma religiosa que penetra também no pensamento filosófico medieval e moderno.

2.2. REALIDADE CULTURAL

Husserl propõe um segundo âmbito de realidade, que é a cultural. Cultura é um conceito aberto – "polissêmico" – e ao passo que tenha largo uso na vida comum, carece de uma definição perfeita.

A palavra recua a Cícero, em seu "*Tusculanae Disputationes*", numa referência ao cultivo da alma, o "*cultura animi*". Esta proposta decorre da absorção romana dos modos da civilização grega, na qual a formação da juventude patrícia –a "*Paideia*", παιδεία- era um tema central na estruturação política, o que aliás é intuitivo na formação cívica para um país melhor. O conceito de "Cultura" recua aos primórdios da civilização clássica grega, porém é aferível em outras políticas públicas ancestrais, como a chinesa, caso queira fixar no confucionismo e na indiana, com o bramanismo, mas seria injusto tentar fixar nesta ou naquela expressão civilizatória. Cultura é um conceito de ordem prática para a sobrevivência de qualquer organização social permanente, ou seja, é qualidade essencial em qualquer expressão de vida em grupo.

No corte deste artigo, a temática é reabilitada no Século XVII e XVIII num teatro de guerras intermitentes do cenário europeu, especialmente na Alemanha. Neste contexto, Samuel Pufendorf (1632 – 1694) entende a Cultura como um artifício para transpor uma situação de barbárie e nos tornar mais humanos, o que entra em consonância com o subseqüente Iluminismo e Romantismo. Nos reinos alemães, a proposta da Cultura encontra forte consonância pelos anseios de identidade e afirmação cultural, nas ideias de pessoas como Johann Georg Hamman (1730 – 1888), Johann Gottfried Herder (1744 – 1803) e Wilhelm v. Humboldt (1767 – 1835).

Hamman toma a intensidade do movimento *Sturm und Drang* (Tempestade e Ímpeto) do Ultrarromantismo, numa busca de harmonização de fontes que vai do classicismo, protestantismo, ultrarromantismo e uma mística selvagem, intuitiva, emocional, a percepção intuitiva que justifica a emoção acima da razão. Este pensador propõe a afirmação da língua e cultura alemã e do orgulho alemão, argumento que sofrerá o gatilho da "exaltação e banalização"[12] dos próprios erros no século XX.

A imagem correlata para o introvertido romantismo alemão é a do solitário "Viajante sobre o mar de névoa", de Caspar David Friedrich. O romantismo francês, mais vibrante, social e trágica pode ser representado pela "A balsa (ou jangada) da Medusa", de Théodore Gericault, já na crítica mordaz ao expansionismo civilizatório francês. Herder, por sua vez, retoma a Linguagem como ciência e sua conexão com a literatura, numa proposta do caráter evolutivo da Linguagem –central para a melhoria social na vida alemã–.

Note-se que este não é tema novo. Já no Renascimento, Petrarca[13] já afirmara o caráter evolucionista da linguagem no contraste de escritas e artes romanas e gregas. Herder retoma o conceito do "*Espírito do Povo*" do o conceito latino do "*Genius Loci*", do imanentismo religioso latino – em especial o romano-, aí o panteísmo trazido ao conceito de Nação. Este pensador rearticula conceitos e políticas de estadistas como Jean Bodin (Soberania), Cardeal de Richelieu (Razão de Estado), Thomas Hobbes (Leviathan), Montesquieu (Espírito das Leis) e Voltaire (Contrato Social), que certamente inspiram o ambiente de Herder[14].

Originalmente, Herder cunhara a expressão "Nationalgeist", posteriormente, "Volksgeist", tema exortativo seminal para o patriotismo e esforço para unificação alemã. Natural a derivação para a psicologia social e pessoal florescente do século XIX, enfatizada por Mitos e Fábulas, na transposição legítima entre psicologia pessoal e psicologia de grupo no ajustamento entre educação e cívica, para mencionar o precursor da pedagogia alemã, Herbart[15].

[12] Paul Diel, O simbolismo na mitologia grega, Editora Attar, Brasil, 1991.

[13] Andrew Graham-Dixon: Palestra the Spiritual in Art https://youtu.be/kKxV8b0LTlc?t=1

[14] Vale a passagem pela unificação da Alemanha, na metáfora dada pelo discurso do legislador, Doutor Norbert Lammert, o de que o coração da Democracia bate no Legislativo:
"Was ein politisches System als Demokratie qualifiziert, ist nicht die Existenz einer Regierung, sondern die Existenz eines Parlamentes und seine gefestigte Rolle im Verfassungsgefüge wie in der politischen Realität.
Hier schlägt das Herz der Demokratie oder es schlägt nicht."
Entendemos que o coração da Democracia bate na Consciência Popular, da qual as Leis são Invólucros.
O legislativo é a proteção deste coração, o pericárdio da Democracia.

[15] Johann Friedrich Herbart (1776 – 1841) dos precursores da pedagogia alemã e proponente de mais firme política educacional na Alemanha em meados de 1860, um problema fundamental

Este temário de Herder influencia diversas ciências sociais: a Germanística, o estudo da Cultura. No direito, percebemos suas ideias no Historicismo de Friedrich Carl von Savigny no costume e intenção do povo como fonte do direito, assim como no Historicismo, Georg Hegel enfatiza o conceito do (Espírito Objetivo), que inspira Karl Marx (Consciência de Classe), a Sociologia Moderna. No direito constitucional atual, temos o conceito contemporâneo do Poder Constituinte Originário e Soberania, que permanecem indefiníveis, conceitos abertos, mas que se encaixa perfeitamente ao conceito psicológico do inconsciente coletivo.

O terceiro pensador no tema da Cultura é Wilhelm von Humboldt, que propõe um caráter enciclopédico da ciência, o que justifica a Universidade como afluxo de pensadores. A confluência entre Cultura, Linguagem, Ética, Existência, Religião, Ciência e Conhecimento na qualificação do "*Weltanschauung*", uma "Cosmovisão" Social. O conceito da Cosmovisão (*Weltanschauung*), o tema que triangula o conceito do Espírito de Época (*Zeitgeist*) e do Espírito de Povo (*Volksgeist*).

De modo muito simples, "Cosmovisão" é o modo pelo qual o indivíduo ou grupo percebe, interpreta e age no mundo. Um conjunto de modos, costumes, éticas, emoções, temas, valores, filosofias que compõem a orientação ideológica e ética de um indivíduo ou de um grupo social. Há uma sobreposição entre os conceitos de Cosmovisão (*Weltanschauung*) e da própria "Cultura"[16], que passa da formação cívica e social da juventude para os modos, dinâmicas e interações sociais.

Esta identidade, semelhança, sinalagma ou mútua interpretação entre "Cosmovisão" e "Cultura" é bastante comum entre conceitos básicos. Podemos explicar Verdade, Bem e Belo na mútua interpretações[17] entre

no Brasil atual. Influenciado pelo Iluminismo, propõe a ideia de "repressão" psicológica, absorvida por Freud, porém sem justificar sua dinâmica. Fontes: site da Enciclopaedia Britannica https://www.britannica.com/biography/Johann-Friedrich-Herbart e site da US National Library of Medicine National Institute of Health https://www.ncbi.nlm.nih.gov/pubmed/17156548 . Herbart foi também um dos proponentes da diferenciação entre sensação e percepção, o que é absorvido pela semiótica norte-americana e argumentado neste artigo, no reforço do fluxo do Iluminismo/Romantismo do XVIII para a díade clube metafísico/círculo de Viena, aqui representados em Peirce e Frege.

[16] Fernand Braudel, Escritos sobre a História, Perspectiva; Abraham A. Moles, Sociodinâmica da Cultura, Perspectiva, 1974; Leslie A. White, O conceito de Cultura, Ed. Contraponto, 2009; Ernst Cassirer, Linguagem e Mito, Perspectiva, 4ª edição; Humberto Maturana, Emoções e Linguagem na Educação e na Política, Ed. UFMG, 2002.

[17] Charles Sanders Peirce, Semiótica ... Escritos Coligidos...

seus conceitos. Podemos explicar Lógica, Aritmética e Geometria em suas mútuas interpretações. Podemos explicar Justiça, Leis, Cultura, Linguagem, Ética, Vida Social e Cosmovisão nas mútuas interpretações entre seus conceitos.

Isto porque símbolos básicos ajudam a explicar outros símbolos básicos[18].

O conceito de Cultura é variável no tempo (*Zeitgeist*) e no contexto social (*Volksgeist*), mesmo em diferentes grupos geram variâncias conceituais, como na Antropologia, na Sociologia, na Pedagogia, na Filosofia, na História, no Direito, em grupos sociais diferentes, na alta cultura, na média e na cultura de massas[19]. De nosso lado, há a utilidade nesta qualidade polissêmica do termo –carrega múltiplas significações- visto que a Justiça e a Lei são simbolicamente trazidas para o mundo da Cultura.

Esta polissemia cria maleabilidade, harmonização e plasticidade conceitual para o processo de coerência e novas sínteses entre a noção individual e grupal do que seja a Cultura, que é interpretante da própria vida comum.

Nesta dinâmica, a Justiça mantém aberta as simbolizações sociais e possibilita a ponderação contínua das relações sociais[20]. Cultura e Justiça, dois símbolos básicos interpretantes da vida comum, tornam-se mútuas interpretantes. A Justiça é valor interpretante de sensações, emoções, sensibilidades, sensações, dadas em realidades naturais –instintivas, pré-racionais- e ao mesmo tempo projeta-se em realidades ideais –arrazoamentos, lógicas- ainda que estas mesmas sejam carentes de definições perfeitas, pois continuamente singularizadas a depender de momentos e contextos diferentes.

O conceito Justiça circula na realidade cultural porém a significação da Justiça pode ser percebida em outras realidades. Adensada na realidade

[18] Charles Sander Peirce, Semiótica, Perspectiva, Brasil, 2000 e Escritos coligidos fala em *Interpretamen* e em *Signo Interpretante*.

[19] Teixeira Coelho, O que é indústria cultural, editora brasiliense, 1980; Teoria da Cultura de Massas, Adorno, McLuhan e outros, Editora Paz e Terra, 1978. Instigante a proposta de Andrew Graham-Dixon, que aponta para uma diferença entre Alta Cultura e Cultura Popular já por Petrarca, que contrapõe uma Renascença ideal inspirada nas referências gregas e romanas, contrapostas a uma cultura de menor qualidade, nomeadamente a de Veneza, que é fundada pelos refugiados de Constantinopla. Fonte: palestra the Spiritual in Art https://youtu.be/kKxV8b0LTlc?t=1

[20] Ferdinand de Saussure, Curso de Linguística Geral, Cultrix, 2000, fala em "sincronia" e "diacronia". Ernst Cassirer, Linguagem e Mito,..., atenta para o apercebimento dos "conceito dinâmico da divindade", o que pode ser tradutível para um conceitos políticos básicos, como Justiça, Liberdade Democracia.

cultural, a Justiça projeta socialmente uma finalidade ideal da lei e então adentra a terceira realidade, a realidade ideática.

2.3. REALIDADE IDEÁTICA

O mundo ideático é o das ideias abstratas, simbolizações e definições, o mundo dos postulados gerais. Ideias como "triângulos", "número racionais", "sóis", "quadriláteros" "notações" são abstratas e ainda que relacionados a fatos da realidade, pertencem ao mundo eminentemente simbólico.

Vê-se que tal realidade é alcançada eminentemente por exercícios de abstrações intelectuais (lógica, definições, deduções, silogismo, adstrições etc) ainda que acessíveis por outras formas de conhecimento. Este ambiente mais racional e menos emocional é o âmbito em que a comunidade jurídica se projeta, no mimetismo do avanço das matemáticas[21] na Modernidade e que se potencializa na Era Industrial. Isto se dá pela força dos exemplos das ciências exatas, mais pelo "espírito geométrico" que pelo "espírito da sutileza", na famosa expressão de Blaise Pascal. Nada mais enganoso. Na prática, as leis acontecem na realidade cultural, onde os grandes temas – eficácia, realização, exortação- apresentam desgastes e acomodações entre Razão, Sensação, Percepção e Emoções.

2.4. REALIDADE METAFÍSICA

Este artigo reduz muito as propostas dos quadros de realidades possíveis propostos por Edmond Husserl, mas vale para a remissão para propor o contato à sua filosofia. Ainda que chegue aos limites da filosofia das ciências exatas, Husserl enfatiza a importância da realidade metafísica, desprestigiada no discurso cientificista dos XIX para o XX.

Notável é que por esta Época, as artes plásticas ganham expressões na contracorrente, pela busca de religiosidade. Na busca imediata do religioso, expressivas as artes de William Turner, van Gogh, Camille Claudel, Rodin, Gustav Klimt, Egon Schiele, Kazimir Malevich e Ygor Kandinsky.

Em busca de uma reconexão religiosa –na atualização da busca do Éden Perdido[22] – Gauguin, o primitivismo de Pablo Picasso e no cinema expres-

[21] Boaventura Souza Santos, Um discurso sobre as ciências, Editora Afrontamento, Brasil, 1999

[22] Sérgio Buarque de Holanda, Visão do Paraíso, Editora Brasiliense, Brasil, 2002. Sobre o tema, Erasmo de Rotterdam, Elogio à Loucura, Editora LPM, Brasil, Santo Thomas Morus, Utopia, Editora LPM Brasil e Platão, Timeu e Crítias, Editora Edipro, 2012.

sionista alemão, Friedrich Willhelm Murnau (*Tabu, Nosferatu*) e o casal Fritz Lang e Thea von Harbou (*Metrópolis*). Isto para ficarmos em três das artes visuais.

A realidade metafísica é aquela além da realidade compreensível ou natural. A palavra metafísica "do grego antigo μετα (metà), "depois de", "além de tudo" e Φυσις [*physis*], "natureza ou física". Quem pensa a realidade metafísca acima das outras realidades, como um castelo sobre as nuvens, um "Conto de Fadas" do João e o Pé de Feijão (*Jack and the Beanstalk*), toma a imagem incompleta de metafísica.

O objeto metafísico pode estar acima (Mundo dos Anjos, Valhalla, Pé--de-Feijão etc), pode estar abaixo (Tartarus, Inferno, Pluteo etc), pode estar para trás, no passado (Civilizações e Conhecimentos esquecidos, Utopias), pode estar para frente (Futuridade, Utopias) e pode estar para dentro da pessoa (Conhecimento Profundo de Si, Conhecimento Profundo do Grupo Social, Inconsciente Pessoal e Coletivo[23], ideologias religiosas e políticas).

O metafísico é a fronteira e o continente do que podemos conhecer, do fato cognoscível. Envolve e contata diretamente os mundos natural, cultural e ideático, pois suas fronteiras são o mundo desconhecido, que permeia, embebe e contém o mundo conhecido. Abrange, portanto problemas de sensações e percepções. Originalmente, o próprio conceito de Justiça e das Leis tem o seu princípio vital[24] – seu "*Manah*"- e legitimidade de fontes metafísicas, o que se mostra natural na deusa egípcia da Justiça, Maat, no Deus Shamash mesopotâmico, no Dharma indiano, na Têmis e Diké gregas, na Justitia Romana, no Xangô Iorubá (Nigéria) e Afrobrasileiro[25], no Parajás Tupy-Guarany, no Cristo, Arcanjo Miguel hebraico, cristão e muçulmano, para ficarmos com divindades e representações mais próximas.

Em razão disto, o objeto metafísico conecta-se ao mundo natural (instintos, sensações e emoções, manifestações), cultural (simbolizações e projeções sociais, políticas) e ideático (fronteiras do cognoscível, paradoxos, inconsistências teóricas). Fato é que a solução cotidiana na vida das leis impõe tomada de decisões rápidas, pretensamente práticas em seu "espírito geometrizante". O modo imediatista acaba por desconsiderar a

[23] Carl Gustav Jung, O eu e o inconsciente, Editora Vozes, Petrópolis, 2006.

[24] Mircea Eliade, O sagrado e o profano, Editora Martins Fontes, 2001, Brasil; Junito de Souza Brandão, Mitologia Grega, volumes I, II e III, Editora Vozes, Brasil, 1989.

[25] Pierre Verger, Notas sobre o culto aos orixás e voduns, Editora Edusp; Brasil, 2000.

complexidade dos valores metafísicos, culturais e naturais por uma lógica simplificada, em desrespeito a temas como legitimidade, força de convicção da lei que e que se acumulam no tecido social, para citar a aguda crise institucional brasileira nos três poderes: eficácia social, aderência, coerência, realização da lei.

Esta crise de sintonia, de "sutileza" que depende de uma nova "poética"[26] da Justiça e da Lei, o que só se possibilita com uma mudança de "cosmovisão", que passa pela Estética da Justiça. E neste ponto entre perceber o mundo – a vivência- e compreender o mundo – a experiência – revela-se a realidade metafísica da infinitude de nosso desconhecimento. Vamos ensaiar uma proposta para a melhor percepção da Justiça.

3. UBIQUIDADE DA JUSTIÇA

A Justiça permeia as 4 realidades: natural, cultural, ideática e metafísica. Valor arcaico, transborda racionalidades modernas e projeta-se em ideários utópicos e quase percebimentos, impressões de si. A Justiça está em todos os lugares, ela tem ubiquidade, a qualidade de estar em vários lugares ao mesmo tempo. Alguém poderia falar em transcendência do valor Justiça.

Esta ubiquidade cresce pelo fato da Justiça ser um valor interpretante do fenômeno humano, logo a Justiça é difícil de ser interpretada por uma qualidade humana, sua linguagem. Por tal razão a Justiça é um valor básico da filosofia, como a própria Vida, Amor, Verdade etc. Todas estas realidades -natural, cultural, ideática e metafísica – tocam nosso senso de Justiça por diversas formas: sensações, emoções e razões.

Propõe-se a necessidade de certa liberdade na teoria do direito que implique num exercício de sensibilização estética da Justiça para novos argumentos que respondam em "sintonia fina" o campo semântico dos argumentos que afluem na vida social. Ainda que estes fluxos sejam um tanto vagos e até inconsistentes, a sincronia do discurso jurídico ao discurso social reforça temas de legitimidade e eficácia social, até porque a pauta do sistema jurídico deve ser dada pela sociedade e não pelo mundo dos juristas.

[26] Gianbattista Vico, Ciência nova, Editora Abril Cultural, Brasil, 1974. Ver conceito de romântico do "*Gehalt*": percepção intuitiva do objeto. Noam Chomsky propõe uma "gramática gerativa", que a partir de um conjunto finito de sentenças, tende a infinitas possibilidades e uso.

4. FORMAS DE CONHECIMENTO DA LEI E DA JUSTIÇA

Quatro são as formas de se pensar e alcançar a realidade. Estas formas são importantes para trazer coerência ao sentido de Justiça. Traremos um brevíssimo conceito delas para algumas conclusões sobre a percepção da Justiça e das Leis.

4.1. INDUÇÃO

Indução vem de "*in ductio*", "induzir", um pensamento que a partir de algumas experiências chegam a uma conclusão generalizante. A indução é o argumento pelo qual tomamos algumas experiências e chegamos a uma conclusão.

> João pensa bem,
> Maria pensa bem,
> José Maria pensa bem,
> Logo, todas as todas as pessoas pensam bem.

Naturalmente que há um desvio possível na indução, pois na prática é impossível de aferir que todas as pessoas pensem bem como Maria, João e José Maria. A indução pressupõe certo grau de INCERTEZA. Este tipo de empirismo, generalizante de uma ideia é bastante comum na VIDA CULTURAL e NATURAL, no conceito de Justiça e das Leis, como no Princípio da Dignidade Humana, bastante propagado como um direito estendido a todos, mas que infelizmente não acontece de fato.

Caso consideremos todos os princípios mais básicos do Direito, vemos que são sabedorias depuradas da experiência[27] e que fixam certas regras projetivas, pretendem uma extensão generalizada e irrestrita. Por tal razão, tais regras – Democracia, Igualdade, Justiça etc- acontecem de modo imperfeito ou não acontecem de imediato, como uma relação entre causa e efeito dada no mundo ideal.

De outra forma, o pensamento indutivo é o comum na dinâmica das leis, porque sua prática depende do contato com a realidade cultural e natural, só excepcionalmente se dá em realidades ideáticas, ainda que a retórica "cientificista" se pretenda "dedutiva", em desvios tremendos na realização da Justiça e das Leis, uma necessidade política do sistema de leis se firmar

[27] David Hume, Tratado da Natureza Humana, Editora Unesp, Brasil, 2000.

como Verdade, dar a Impressão de Previsibilidade e Segurança Jurídica, teatro que acontece no Brasil e em todo panorama internacional[28].

4.2. DEDUÇÃO

Dedução vem de "*de ductio*", um processo de pensamento em que uma regra geral e abstrata enquadra ou se precipita a um fato particular. A dedução é a forma de conhecimento ligada aos conceitos abstratos, ao MUNDO IDEÁTICO, onde tais definições são oriundas da abstração e simbolização geral humana.

Como visto, este é o mundo das definições geométricas (triângulos, retas, pontos etc), aritméticas (números, fórmulas etc), geometria (corpos celestes, efemérides etc), química (matéria, elementos, composições etc), lógica (notações, enunciados, fórmulas), música (notas musicais, notações etc) e biológicas (humano, animal, vegetal etc) tendem a objetos perfeitamente definidos. Mesmo nestas áreas, não se operam só por definições, visto que o empirismo pode refinar ou alterar a definição.

A dedução é associada ao mundo ideático e bem representa as ciências duras e biológicas, em que as causas e consequências são correspondentes, no exemplo de soltar uma maçã e ela cair. As humanidades imitam as ciências duras e mesmo um apego estilítico a palavras: "Estrutura, triângulo, paralelismo, verticalização", o que revela mais uma estética do industrialismo do que uma verdadeira gramática contemporânea das leis.

A transição do mundo das ideias para o mundo da realidade sofre desvirtuamentos, pois entre a ideia e a prática sempre há atritos.

Na lógica formal, acontecido o fato, deduz-se resultar a consequência, no *Modus Ponens Ponendi* (P -> N, P .: Q).

Pelo exemplo do Código Penal brasileiro, artigo 121, "matar alguém, pena base de 06 a 20 anos", em que o crime acontece, mas a não ocorre a consequente apenação que seria a causa final ou suficiente do crime.

Vê-se que a condição transicional de que havendo um fato, implica-se numa consequência pode não funcionar na vida cultural do direito. Entendemos que esta inacuidade gera a insensibilidade em se pensar o fenômeno humano, na crise do pensamento científico nas humanidades[29].

[28] A lembrar um princípio operativo do sistema autopoiético de Luhmann, "o princípio da completude do sistema", uma ficção contraprodutiva já contrastado pelo tridimensionalismo de Miguel Reale.

[29] Thomas Kuhn, O caminho desde a estrutura – ensaio filosófico, Editora Unesp, São Paulo, 2006; Boaventura Souza Santos, um discurso sobre as ciências.

4.3. INTUIÇÃO

Intuição é o processo de conhecimento que projeta a compreensão ampla para então se articular a sua justificação. Dedução e a indução operam por ajustamentos, justificativas -a dedução corre de "cima para baixo" e a indução corre "de baixo para cima" -, enquanto a intuição PROJETA-SE sobre o objeto, numa captação geral. Pode-se cogitar da intuição projetar-se do objeto para o sujeito, como acontece em sonhos lúcidos, mas ainda não temos como afirmar pelo sim ou pelo não.

A intuição é a percepção que ilumina o golpe de vista (*coup d'oeil*)[30] e perpassa todos os tipos de inteligências sensoriais, artísticas, lógico-analíticas intrapessoais e interpessoais[31]. Pode-se dizer que este processo mais imediato de conhecimento AREJA a formação de novos discursos e ideários políticos, como o da Justiça, e ainda que não bem delineados, indicam um senso de FUTURIDADE social e por tal razão tende a ser reprimida no discurso jurídico, inspira instabilidade no *Status Quo*[32].

É a forma de conhecimento ligada às utopias pessoais e sociais, até porque faz conexão entre o passado (cidades de um passado imaginado) e o futuro (Proposta de uma Vida Melhor).[33] A intuição é uma nota entre o instinto e o sexto sentido e por tal razão circunda temas de Êxtase, Arrebatamentos e Revelações.

Esta forma de conhecimento perpassa facilmente todas as realidades: Natural, Cultural, Ideática e Metafísica. Propõe Husserl que quanto mais percebemos o objeto, mais passamos de uma realidade para outra e é o caso do valor Justiça, numa complexidade que deve se simplificar e se refletir na ponderação e aplicação das leis.

4.4. RETRODUÇÃO

Retrodução é o exercício do conhecimento pelo qual passada uma ou algumas vivências e chegamos a algumas conclusões[34]. Na retrodução, voltamos

[30] Carl von Clausewitz, da Guerra, Editora Martins Fontes, Brasil, 1996.

[31] Daniel Goleman, Inteligência emocional, Editora Objetiva, Brasil, 14 edição.

[32] Sobre o tema, Henry Bergson, O riso, Martins Fontes, Brasil, 2000, A Evolução Criadora, Martins Fontes, Brasil, 1998.

[33] Platão, Timeu e Crítias, Editora Hemus, Brasil; Thomas Morus, Editora LPM, Brasil, Erasmo de Rotterdam, Elogia à Loucura, Editora LPM, Brasil.

[34] Charles Sanders Peirce, Semiótica, Perspectiva, Brasil, 2000.

olhos a Experiência e a Prudência e pautamos regras futuras[35]. Esta forma de conhecimento é de largo no Direito, até porque a Jurisprudência, os Usos e Costumes derivam da Retrodução, como é no caso do sistema de precedentes do Direito Romano e da Common Law.

Os processos civil, penal e administrativo são criados a partir de relatos passados, mais pela retórica poética do que pela aferição perfeita de fatos passados, trazendo a Justiça para uma Verdade Enunciada ou Convencionada (*Veritas* ou *Emunah*), antes que por uma Verdade Ideal (*Aletheia*).[36] Interessante, a Retrodução tem lastro uso no direito civil brasileiro, como na montagem de peças processuais, em que temos de nos haver com aas tendências jurisprudenciais, porém é pouco refletida no direito civil, talvez porque se confunda com "empirismo raso", ainda desconsiderada pelo discurso "pró-ciência" que enfatiza o "dedutivismo".

O empirismo e a retrodução são métodos legítimos necessários para dar coerência entre a lei pensada e a lei escrita, até porque "modula" o fluxo das leis e a percepção social sobre estas leis[37], mediadas por um senso oportunístico de Justiça. A retrodução é operante em todas as realidades, é o paradigma do aprendizado pela Experiência, presente na compreensão do mundo natural, cultural, ideático e metafísico mas contata as Leis e a Justiça mormente por uma realidade cultural. Indução, Dedução, Retrodução e Intuição são formas de conhecer a realidade. São modos de interpretar a Justiça e subsidiam a propositura para uma Estética da Justiça.

5. ESTÉTICA DA JUSTIÇA

A palavra "Estética" radica do grego "Aisthésis" (αίσθηση) "Sensação", "percepção, "sensibilidade". A Estética, em sua acepção tradicional, é ramo ou instrumental da filosofia que trata da relação entre o mundo percebido e a mente percipiente por sensações. O tema perpassa toda a Filosofia visto que é tema básico da condição humana. O iluminista Alexander Baumgarten (*Aesthetica*, 1750)[38] translitera a significação de "Estética" para o julgamento do "bom gosto" e do ato criativo, do subjetivismo. Isto é, afasta

[35] Franz von Lizt propôs no direito penal que a efetividade da pena deve ser observada, o que aliás converge à sociologia e a criminologia.

[36] Marilena Chauí, Convite à Filosofia, Editora Ática, Brasil, 5ª edição.

[37] Ferdinand de Saussure, Curso de Língüística Geral, fala em "sincronia" e "diacronia".

[38] Fonte: página da Encyclopaedia Britannica https://www.britannica.com/topic/Aesthetica

a Estética do mero estudo do objeto sentido e do mimetismo da natureza, do fato natural ou cultural.

Immanuel Kant repele inicialmente a proposta de Baumgarten, porém num segundo momento adota esta teoria, reafirma a Estética como um ramo de conhecimento próprio na filosofia e na exacerbação deste subjetivismo, que se desdobra no discurso psicologizante e na busca de conexão metafísica da arte contemporânea[39]. Lembramos que muito da filosofia e das humanidades atuais trabalham por propostas desatualizadas aos avanços científicas que se firmam no século XIX, com a descoberta da bioeletricidade e da fisiologia do cérebro, no qual o próprio psicologismo é embebido e contata a realidade metafísica à realidade física.

Em decorrência do estágio rudimentar sobre o funcionamento do corpo e do sistema neurológico até o século XIX, as opiniões sobre o funcionamento das sensações e compreensões da vida ainda é envolta em metáforas e infindáveis conjecturas filosóficas baseadas em princípios mágicos, para lembrarmos a proposta da imagem tocar o espírito sediado na glândula pineal (Descartes, *De homine*, 1662) ou a representação de um mundo anterior e fora do tempo, de um mundo das Ideias (Platão) ou nos pré-socráticos, de um princípio criador, o *Arché* feito de Éter de Anaximandro, o *Logos* de Heráclito[40], ou o bramânico princípio *Maya*, do mundo das ilusões, todas concepções de estruturas mitológicas, se é que algum dia venhamos a sair destas estruturas. Na virada do século XX, advindo da psiquiatria, Sigmund Freud[41] propõe uma explicação sobre a correlação entre pensamento e mente. Já prenunciado, o matemático e filósofo Edmond Husserl também propôs em sua fenomenologia a relação entre mente e ambiente.

Psicologia moderna e fenomenologia acabam por sofrer uma relativização e convergência. Suaviza-se o limiar estrito entre ambas, na ênfase de uma vivência imediatizada, cristalizada na fenomenologia de Martin Heidegger, que calca nossa condição de "estar-no-mundo" (*Dasein*)[42].

Entendemos que a Justiça presente na realidade natural, cultural, ideática e metafísica acontece neste tipo de "presentidade" conjuntural,

[39] Como se depreende das manifestações do abstracionismo, no suprematismo de Kasimir Malevitch, no cubismo, dadaísmo. Sobre o tema, Vasily Kandinsky, Concerning to Spiritual in Art, trad. Michael Sadler, fonte: www.semantikon.br

[40] Sobre o tema, Os filósofos pré-socráticos, Kirk, G. S., Raven, J. E, e Schofield, M., Editora Fundação Calouste Gulbenkian, Portugal, 6ª edição.

[41] Sigmund Freud, Qualidades psíquicas, idem

[42] Martin Heidegger, Seminários Zollikon, Editora Vozes, 2001.

um tanto confusa e aleatória, dada nas contingências da vida. Esta abertura é também presente na tópica aristotélica, cujas vertentes -poética (imaginação), retórica (verossimilhança) analítica (lógica) e a dialética (probabilidade)[43] abarcam o jogo das circunstâncias do desconhecido, num Élan Vital[44] político ou "Hilozoísmo"[45].

6. SENSAÇÃO, PERCEPÇÃO, EMOÇÃO E COMPREENSÃO DA JUSTIÇA

Sensação, percepção e emoção da Justiça podem ser tomadas em sua realidade natural, no instinto, pré-consciente, na atividade sensorial e fisiológica da produção de uma emoção pertinente ao estímulo. A sensação se duplica no salto entre o estímulo sensorial físico e o impulso bioelétrico decodificado para o cérebro – o processo de transducção.

Espelhadas aos estímulos dos sentidos, a sensação é também uma resposta valorativa do observador ainda que pré-consciente. Já visto, esta fronteira da fisiologia do cérebro/mente replica e atualiza o antigo problema corpo/alma. Interessa é que esta fronteira inspira a nascente Semiótica, cujos proponentes cruzavam temas da Medicina com Filosofia.

O círculo intelectual chamado "Clube Metafísico", composta por Charles "Santiago" Sanders Peirce, William James, John Dewey e outros frequentadores, como o jurista Oliver Wendel Holmes, cruzam temas lingüísticos a ciências várias – astronomia, linguística, psiquiatria, medicina, matemática, sociologia, leis etc.

William James estudou psiquiatria na Alemanha à época da descoberta da bioletricidade e da fixação da psicologia moderna. Chega mesmo a formular hipóteses de funcionamento do estímulo sensorial e resposta emocional do cérebro (*iter James-Lang*), bem aceito à época, ainda que o modelo já não seja atualmente mais aceito. É mais segura a expressão "sensação da Justiça" ou "percepção da Justiça" no sentido figurado, conotativo, visto que a ciência atual não dá informações o suficiente sobre o Instinto de Justiça.

Neste caso, a sensação e a percepção são respostas MEDIATIZADAS pela mente, percebidas e processadas e ao mesmo tempo IMEDIATIZA-

[43] Luiz Meirelles, A tópica e o positivismo jurídico, Fonte: *www.paradigmas.com.br/index.php/revista/.../319-a-topica-e-o-positivismo-juridico*

[44] Henry Bergson, A evolução criadora, Editora Martins Fontes, 1999, Brasil, O Riso, 2004, Editora Martins Fontes, Brasil, 1998.

[45] Dirk, G. S., Os filósofos pré-socráticos, ...

DAS, pois guardam fisiologia sensorial e física que nem chegam a ser percebidas. Tudo para dizer que a própria estrutura da mente acaba espelhando a fisiologia do cérebro[46] e numa transição do pessoal ao social, também se vislumbra uma repetição de estruturas, como é do apelo ao conceito de sistema de direito, que replica o "Logos" pré-socrático da Razão Cósmica.

Há portanto, uma holografia entre Compreensões, Sensações, Percepções e Emoções que muito das vezes as confundem, ao passo que tomamos a divisão entre pensamento e corpo, a dizer, entre mundo natural e mundo ideático, esquecemo-nos de que pensamento, emoção e sensação ocorrem e se cruzam[47] no Mundo, no cruzamento entre a vida natural e a ideática[48] que é já a Realidade Cultural. A busca de compreensão é sempre mesclada a emoções, sensações e percepções indistintas.

O „Buscar a si¨ da Religião Grega, seguido por tantos, como Heráclito, Sócrates, reflete em Santo Agostinho[49], Schopenhauer, Nietzsche e na psicologia moderna.

Repete-se o processo do desabrochar pessoal/espiritual chamado na Grécia Antiga de "Eudaimonia", na confluência entre virtude (*Aretê*) e sabedoria prática (*Phronesis*). Tudo concorre para o fundamento religioso grego, "conheça a Ti mesmo" (gnōthi seauton – γνωθι σεαυτόν), dado no Centro religioso de Delfos. Este contato entre sensação e percepção intrapessoal e interpessoal tem a precedência no "*Yoga-Veda*" (contato com eu interior) indiano, conluente ao "*Samkhya*" (teoria, análise, aprsisionamento e liberação da natureza humana, psicopessoal e psicossocial), que compõem os 6 pontos de vista (dársanas) do Bramanismo[50]: *Sāmkhya*, *Yoga* (técnica de desate), *Mimānsā* (lingüistica e ritualística), *Vedānta* (mitologia e filosofia), *Vaisesika* (Cosmologia) e *Nyāya* (Lógica). Este contato entre o indivíduo e eu entorno passa por uma linha interpessoal[51]. No contempo-

[46] Vide a noção de "aparelho psíquico", Sigmund Freud, Esboço de Psicanálise, Editora Victor Civita, 1978, pag. 199 e ss. Grande a surpresa ao conferir na leitra posterior que Émile Durkheim propõe algo semelhante. Sociologia e Filosofia, Editora Ícone.

[47] Ver a ressiginificação do conceito comum "Estar-no-mundo" (Dasein) em Martin Heidegger, Seminários Zollikon, Editora vozes, pag. 33.

[48] Mircea Eliade, O sagrado e o profano, trabalha a ideia de cruzamento entre o mundo natural e religioso pela horizontalidade, no símbolo da cruz.

[49] ver Charles Taylor – http://www.huffingtonpost.com/entry/charles-taylor-philosopher_us_57fd00dde4b068ecb5e1c971?

[50] Heinrich Zimmer, Filosofias da Índia, Editora Palas Athena, Brasil, 2005.

[51] Daniel Goleman, Inteligência emocional...

râneo ocidental moderno, este cruzamento entre psique pessoal e psicologia social ganha plasticidade pela relação emocional entre as pessoas, na simpatia, o *Pathos*, o apelo emocional na arte retórica da persuasão, juntamente com a Lógica[52] e a Ética.

Vê-se que o antigo tema da conexão entre indivíduo e sociedade ou ainda, ordem social e ordem cósmica, tomam novos argumentos na política, que sofre uma retomada populista e de espetacularização da Justiça por termômetros de *simpatia, antipatia, apatia, anomia*. Passam, portanto por temas de Estética, que trabalha a sensação, a percepção, a emoção para estruturar uma compreensão da Justiça, traduzida pela expressão Harmonia Social.

Esta Harmonia Social requer um contato, uma coerência, aderência ou "injunção"[53] entre discurso jurídico e discurso comum, no posicionamento da legitimidade da lei à compreensão social, antes que na compreensão dum grupo de juristas. Deste modo acontece a Estética da Justiça, trabalhada a partir da mescla entre consciência pessoal e conhecimento generalizante, passa por uma percepção de si e do ambiente social.

Esta proposta de conexão entre o conhecimento pessoal e o conhecimento social é rastreável nos movimentos culturais que se cristalizam em propostas políticas. Lembramos as propostas didáticas dadas nos manuais brasileiros sobre as "ondas" de direitos humanos de primeira geração (direitos civis e políticos), de segunda geração (direitos sociais, econômicos e culturais), de terceira geração (direitos difusos ligados à fraternidade e solidariedade) e os direitos de quarta geração (também difusos, ligados à democracia, à informação).

Tais separações são meramente acadêmicas, pois na realidade cultural há uma interdependência entre direitos pessoais/individuais e direitos sociais/difusos. Há um paradoxo no Princípio da Identidade, pois a Consciência Pessoal se revela tramada à Consciência Social, pois as máscaras, complexos, inconsciência e estruturas biopsicológicos de uma pessoa são a permeáveis ao Teatro, dinâmica social, complexos e inconsciência e estruturas do grupo social. Por tal razão propomos uma plasticidade lógica para a ciência do direito, menos binária e mais difusa, com maior aceitação dos

[52] Sobre o subjetivismo lógico e George Berkeley, David Berman, Berkeley, filosofia experimental, Editora Unesp, Brasil.

[53] Thomas Kuhn, O caminho desde a estrutura –ensaio filosófico, Editora Unesp, São Paulo, 2006; Boaventura Souza Santos, um discurso sobre as ciências.

caminhos ambivalente da Lógica no século XXI, como na paralogia, na *fuzzy logics*, ponderadas na probabilística –IMAGENS mais corretas para projeções humanas antes que o grafismo binário da lógica formal clássica, fundada no princípio da identidade, no princípio do terceiro excluído e no princípio da não-contradição.

Neste ponto as "artes liberais" seguem técnicas plásticas antigas, a lembrar as técnicas de desenho e pintura das suavizações: o "*Sfumato*" e a "*Unione*" na pintura renascentista, de largo uso por Giorgione, Da Vinci, em algumas fases de Ticiano, mais para captar a realidade difusa que pela separação ou contraste da linha (transposto para a lógica, a ênfase do princípio da identidade) e mais pela fusão de impressões das cores (difusão, incerteza, paralogia) na captura da realidade. Já nos mil e setecentos, tais impressões são retomadas em William Turner, envolto no Fog inglês e romantismo dos XVIII e XIX e abrindo caminho para o impressionismo francês, já a um passo de nossa Contemporaneidade. Claro que poderíamos traçar uma Lógica do Contraste, no "Primado do Desenho" (e.g. Michelangelo e Dürer) pelas técnicas renascentistas do contraste: "*Chiaroscuro*", "*Cangiante*" com Michelangelo, Rafael, influenciando Cézanne, Gauguin e van Gogh, o Expressionismo, o Cubismo e a Contemporaneidade.

A proposta aqui não é a polarização entre uma linha dura ou permeável para perceber e retratar a Realidade. Interessa-nos a coexistência, ponderação e complementaridade entre o Certo e o Duvidoso[54] nas razões das Humanidades, do Direito. Esta coexistência entre uma lógica estrita para a lógica difusa já acontece nas pesquisas de campo –probabilística, projeções demográficas, econômicas etc – que envolvam um esforço compreensivo dos paradoxos e contradições da vida comum, mais pela indução, retrodução e intuição que pela mera dedução.

A Lógica da Justiça é mais plástica, atua pela incerteza do possível do que pela certeza gráfica, aí a sua mútua-dependência com a Estética da Justiça. Por tal razão as próprias relações, ideias, conceitos e dinâmicas no tema da Justiça tornam-se borradas, acompanham uma tendência cultural para a policontextualidade e pluralidade, inseridas no próprio fluxo linguístico que pretende compreendê-la.

[54] *Certum* ou *Dubium*. Tércio Sampaio Ferraz, Do discurso sobre a Justiça, fundado em Theodor Viehweg e Nicolai Hartmann. Fonte: https://www.revistas.usp.br/rfdusp/article/download/66876/69486

Isto gera multiplicações e espelhamentos inúteis de conceitos, como é de se ver na inoperância processual da realidade jurídica brasileira[55], no que somos por uma simplificação simbólica para organizar o inferno linguístico[56] das Leis e da Justiça. Há uma percepção da Justiça imersa numa realidade sensorial, cultural, fluida, que atualize o contínuo discursivo das leis às sensações e emoções sociais que reforçam a percepção e compreensão da justiça. A coerência da Justiça – e do sistema das Leis- ganha com o estudo da Estética da Justiça na percepção do papel das emoções no discurso jurídico, dadas no fluxo da Realidade Cultural.

[55] Nas artes conceituais do século XX, há uma semelhança com o discurso teórico e vazio da arte moderna, instrumental para a cooptação política e comercial das artes.

[56] Carlos Eduardo Bianca Bittar, Linguagem Jurídica, Saraiva, Brasil, 2000. O Rabino Maimônides: instado sobre como seria o céu e o inferno disse: "O inferno é cheio de leis, o céu tem poucas e boas leis".

A FUNÇÃO SOCIAL DA POSSE E OS MOVIMENTOS POPULARES

Roberto Bolonhini Junior

INTRODUÇÃO

No presente trabalho traremos à discussão a função social possessória e o fenômeno da desobediência civil. Buscaremos, dessa forma, demonstrar que a função social da posse pode ser alcançada pela desobediência civil referida que tem se viabilizado por meio da invasão e ocupação de posse/propriedade que não cumprem sua função social.

Apesar das críticas aos movimentos populares, fato é que o Estado brasileiro tem ao longo da história demonstrado uma passividade, quase uma inércia em relação à função social dominial-possessória, não se preocupando com a desigualdade imobiliária existente em nosso país e, consequentemente, com a disparidade social resultante dessa situação. Na verdade, se a dignidade humana, como princípio constitucional, fosse respeitada em nossa pátria, especialmente na distribuição da terra para subsistência e habitação, desnecessário seriam as invasões e ocupações como forma de se adquirir uma posse qualificada. No entanto, tal fato não ocorre, o que faz brotar a desobediência civil e o rompimento com a ordem legal existente.

Nos itens que se seguem faremos comentários a respeito do Estado Liberal do Direito e do seu Estado Social; posteriormente trataremos da função social possessória e em seguida discorreremos acerca dos movimentos populares como forma de cumprimento da função social da posse e da desobediência civil como seu instrumento; por fim traremos nossas conclusões.

É importante salientar que os itens a ser desenvolvidos serão feitos em apertadas sínteses, tendo se em vista os limites do presente trabalho.

1. O ESTADO LIBERAL E O ESTADO SOCIAL DO DIREITO

Conforme a sociedade foi se humanizando, o direito seguiu sua trilha e também passou a ter como centro o ser humano e a sua dignidade. Atualmente vivenciamos o Estado Social do Direito e já começamos a caminhar para um novo momento que a doutrina define como Estado Pós-social. O antropocentrismo passou a ser a tônica do direito moderno; as constituições no direito comparado contemplam o princípio da dignidade humana como um dos seus pilares estruturantes, e a atual Constituição brasileira não destoou dessa realidade, contemplando esse princípio no artigo 1º, III.

Diversamente da atual realidade jurídica, o direito romano e o direito francês napoleônico tinham como centro das suas atenções a propriedade e o individualismo jurídico, que eram qualificados pela doutrina como Estado Liberal do Direito.

Um traço característico do estado liberal era a igualdade formal entre os sujeitos envolvidos numa relação jurídica, como, também, uma aplicação acentuada da autonomia privada que possibilitava às pessoas detentoras dos bens de capital e produção ditarem as normas no âmbito privado, sem dar maior importância à dignidade humana. O Código Civil Brasileiro promulgado em 1916 seguiu essa linha de pensamento, pouco se importando com o aspecto jurídico coletivo-social.

A revolução industrial, a encíclica *rerum novarum*, a tentativa da construção de uma nova realidade sociojurídica baseada no bem-estar social, no início do século XX na Europa, assim como as duas guerras mundiais foram fatos determinantes para repensar o direito que conduziram ao seu estado social. Esse estado se caracteriza pela existência de uma igualdade material e uma maior intervenção estatal nas relações jurídicas, com o objetivo de se proteger e tutelar os sujeitos mais fragilizados econômico-socialmente, passando, como já dito, a dignidade humana ser o centro do próprio mundo jurídico. No Brasil, a Constituição Federal de 1988 e o Código Civil de 2002 seguiram a tendência do direito comparado e passaram a ter como centro do mundo jurídico a dignidade humana e o aspecto sócio-coletivo do direito; aliás, o atual Código Civil Brasileiro tem como alicerces três pilastras que determinam a direção das regras do diploma material pátrio, que são: a eticidade, a operacionalidade e a socialidade.

Nessa seara, o mundo científico jurídico brasileiro terá no século XXI um grande desafio, qual seja, eliminar as desigualdades econômico-sociais existentes em nosso país por meio da aplicação do direito. Nesse contexto, se encontra uma contradição que envolve a posse e a propriedade imobiliária brasileira, pois de um lado, como uma realidade fática, temos uma pequena parcela da população como titulares da posse e propriedade da maioria dos imóveis existentes e, naturalmente, uma grande parte da sociedade sem um teto para habitar; por outro lado, a ordem legal nacional contempla normas calcadas na dignidade humana e no caráter coletivo-social, como, por exemplo, a função social da propriedade, que, pelo menos no papel, clama por mudanças e avanços para uma convivência mais justa e equânime. Caberá ao jurista e ao aplicador do direito enfrentar essa contradição e equacioná-la.

Nas linhas em que se seguem, trataremos da função social da posse e da propriedade e da desobediência civil como forma de romper com a situação sócio-jurídica existente em nosso país, a fim de propiciar a possibilidade de uma nova realidade dominial-possessória, apontando um caminho alternativo, calcado no princípio da cidadania, a fim de que se possa alcançar a tão sonhada justiça social.

2. FUNÇÃO SOCIAL POSSESSÓRIA

A função social da propriedade e da posse tem sido um tema recorrente no mundo jurídico nos últimos 60 anos, especialmente após a segunda guerra mundial. Diversas constituições no direito comparado[1] disciplinam a matéria, inclusive a atual Constituição brasileira, nos seus artigos 22 e 70.

[1] Perquirindo a respeito da função social da propriedade no direito comparado, verificamos a contemplação do fenômeno de forma explicita ou implícita nas Cartas Constitucionais: Constituição Argentina de 1994 – Artigo 41: Todos los habitantes gozan derecho a un ambiente sano, equilibrado, apto para el desarrollo humano y para que las actividades productivas satisfagan las necesidades presentes sin comprometer las de las geraciones futuras: y tiene el deber de preservarlo. El daño ambiental generará prioritariamente la obligación de recomponer, según lo establezca la ley. Las autoridades proveerán a la protección de este derecho, a la utilización racional de los recursos naturales, a la preservación del patrimonio nacional y cultural y de diversidad biológica y la información y educación ambiental.

Quando pensamos na função social da propriedade e da posse, devemos ter em vista o caráter coletivo dominial-possessório sem que isso implique na aniquilação do direito individual que cada cidadão tem como fundamental.

Quando cogitamos desse caráter coletivo, no fundo o que se pretende dizer é que a propriedade e a posse devem atender a dignidade humana, deixando-se de lado o dogma jurídico tão propagado no estado liberal do direito que tinha na propriedade e na posse direitos individuais a serem exclusivamente alcançados, com o poder absoluto do seu titular sobre as coisas objeto de seu domínio e um dever de abstenção de toda a sociedade em relação à coisa apreendida. Não podemos no atual momento jurídico ter esta visão egoística da propriedade e da posse, visão adequada na realidade no direito romano e Francês Napoleônico, que não mais condiz com as exigências do mundo moderno, do mundo jurídico.

A legislação constitucional não trata diretamente da função social da posse; faz menção a essa função em relação à propriedade, conforme se pode depreender dos artigos 5°, XXII e XXIII e 170, III, da Carta Maior[2].

(Disponível em <http://jus.com.br/revista/texto/4125/a-funcao-social-da-propriedade-nos-contratos-agrarios#ixzz258K6qQ9h>. Acesso em: 29 de Abril de 2013.)
Constituição Italiana de 1942 – Artigo 42: La proprietà è pubblica o privata. I beni economici appartengono allo Stato, ad enti o a privati. La proprietà privata è riconosciuta e garantita dalla legge, che ne determina i modi di acquisto, di godimento e i limiti allo scopo di assicurarne la funzione sociale e di renderla accessibile a tutti. (Disponível em: <http://www.senato.it/documenti/repository/costituzione.pdf>. Acesso 29 de Abril de 2013).
Tradução: Art. 42: A propriedade é pública ou privada. Os bens econômicos pertencem ao Estado, aos entes públicos ou privados. A propriedade privada é reconhecida e garantida pela lei que determina os seus modos de aquisição, gozo e limites com o escopo de assegurar-lhes função e torná-la acessível a todos.
(Disponível em: <http://www.grin.com/en/e-book/109800/a-funcao-social-da-propriedade>. Acesso em 29 de Abril de 2013.)
Constituição alemã de 1942 – Artigo 14: [Eigentum – Erbrecht – Enteignung].
Das Eigentum und das Erbrecht werden gewährleistet. Inhalt und Schranken werden durch die Gesetzt bestimmt. Eigentum verpflichtet. Sein Gebrauch soll zugleich dem Wohle der Allgemeinheit dienen.(Disponível em: <http://archiv.jura.uni-saarland.de/BIJUS/grundgesetz/>. Acesso em 29 de Abril de 2013.
Tradução: Artigo 14 – Propriedade, direito de sucessão e expropriação.
A propriedade e o direito de sucessão hereditária são garantidos. A sua natureza e os seus limites são regulados por lei. A propriedade obriga. O seu uso deve ao mesmo tempo servir ao bem-estar geral.

[2] Artigo 5º – Todos são iguais perante a lei, sem distinção de qualquer narureza, garantido-se aos brasileiros e aos estrangeiros residentes no País a inviolabilidade do direito a vida, a

No entanto, duas situações devem ser observadas em relação à função social possessória, a saber:

a) Embora a carta maior constitucional não mencione diretamente essa função, fato é que os artigos 183 e 191 tratam do caráter social da posse, dispondo a respeito da moradia e do cultivo da terra como requisitos para a caracterização da usucapião urbano e rural, o qual depende diretamente do exercício possessório. Numa certa medida a função social da posse está consagrada na Carta Magna.
b) Outro aspecto de caráter doutrinário a ser evidenciado reside no fato de se alcançar efetivamente a função social da propriedade por meio do exercício da posse[3] Realmente, o título formal de dono, que

liberdade, a segurança e a propriedade, nos termos seguintes:
XXII – é garantido o direito de propriedade;
XXIII – a propriedade atenderá a sua função social;
Artigo 170º – A ordem economica, fundada na valorização do trabalho humano e na livre iniciativa, tem por fim assegurar a todos existencia digna, conforme os ditames da justiça social, observados os seguintes principios:
III – funçao social da propriedade;

[3] Vide a respeito a obra *Propriedade e a posse* – um confronto em torno da função social, de Marcos Alcino de Azevedo Torres, em sua 2° edição, publicada pela editora Lumen Juris, no Rio de Janeiro em 2010 (p.303-310).
Nesse sentido, é a opinião de Marcio Kammer de Lima que assim discorre a respeito do tema: "Dessas premissas parece lícito concluir que se ao direito de propriedade se comanda o cumprimento de uma função social, igualmente a posse não passará ao largo desse imperativo. Atender-se-á a função social da propriedade, basicamente, pela projeção do comportamento socialmente prezado no plano possessório. Disso dimana a franca convicção no sentido de que, se pudéssemos focar o plano da posse a partir de uma lente instalada na seara do direito de propriedade, a função social de posse apareceria como projeção ou conteúdo da função social que se lhe prescreve e a sanção que se lhe impõe quando em descompasso com aquele imperativo, realiza-se, antes de mais nada, em nome e em homenagem à função social da propriedade. E assim é por ser função da posse a tutela da propriedade (quando existe propriedade subjacente ao controle humano da coisa material) ou a proteção da confiança, de um estado de aparência de propriedade (quando não há domínio subjacente à posse). A posse então irá aparecer como uma exteriorização do que se espera de uma eventual propriedade ou, dito de outro modo, a função social que se comanda ao possuidor relaciona-se ao comportamento expectável do proprietário." (LIMA, 2009, p. 19-20).
Vide também a opinião de Fábio Tartuce em seu artigo: *A função social da posse e da propriedade e o direito civil constitucional.* (Disponível em: <http://jus.com.br/revista/texto/7719/a-funcao-social-da-posse-e-da-propriedade-e-o-direito-civil-constitucional>. Acesso em 29 de Abril de 2013); e de Joel Figueira Junior em sua obra: *Novo Código Civil comentado.* Coordenador: Ricardo Fiúza. São Paulo: Editora Editora Saraiva, 2ª Edição, 2003, p. 1.095.

> atribui ao indivíduo a propriedade abstrata, não tem o condão, por si só, de determinar a funcionalização da propriedade. É necessária uma atuação de fato mediata ou imediata do titular do domínio, o qual somente pode fazê-lo por meio do exercício da posse; logo, a funcionalização do domínio depende da funcionalização da posse. Além disso, mesmo aqueles que negam à posse o seu caráter social, hão de convir, ao se aceitar a posse como aparência da propriedade como um direito dependente do domínio, que o alcance da função social disciplinado na Constituição Federal depende de fato dessa aparência referida, aplicando-se à posse tudo aquilo que se aplica à propriedade. Até porque, segundo o pensamento de Ihering, a posse é a exteriorização do domínio, a imagem de propriedade, assim, se tratarmos da função social do domínio, automaticamente estaremos nos referindo à função social da posse, aplicando-se à segunda as situações fático-jurídicas, aplicadas à primeira.

O Código Civil de 2002 não se refere explicitamente à função social da posse, mas, em consonância com o princípio da socialidade, o qual constitui um dos seus pilares estruturantes, trata da função referida, sendo o fenômeno acolhido pela norma infraconstitucional; tal fato pode ser constatado nos artigos 1.228, §§ 4º e 5º em que temos a posse-trabalho, nas reduções de prazos para a caracterização da usucapião extraordinário e ordinário, artigos 1.238 e 1.242, como também, a cominação da usucapião urbano e especial, de acentuado caráter social, disciplinado nos artigos 1.239 e 1.240, dentre outras situações.

A posse pode ser considerada uma realidade social primária, estando intimamente ligada ao atendimento das necessidades vitais do homem. O fenômeno possessório existe como um instrumento de satisfação individual e coletivo dos interesses mais elementares do ser humano, tendo a posse, como função social, o atendimento dessas necessidades, sendo, portanto, um instituto voltado para pessoa em prol da sociedade.

Assim, a posse por meio da sua função social, possibilita o atendimento das necessidades mínimas exigidas que permitem a existência digna do homem e também viabiliza uma distribuição da riqueza e uma vida mais igualitária para os indivíduos em sociedade. Portanto, o mínimo de exercício possessório é fundamental para o alcance de uma melhor distribuição de renda e construção de uma sociedade mais justa e equânime.

A função social da posse no campo é alcançada por meio da produção de alimentos e conseguinte distribuição e abastecimento, atendendo-se assim as necessidades de uma população, sendo um importante fator econômico-social, pois, alimentada a coletividade e os indivíduos, atendida estará a dignidade humana. Em relação às áreas urbanas, a função social da posse também desempenha importante papel na medida em que busca viabilizar a moradia das pessoas, atribuindo-se aos indivíduos o mínimo de segurança e liberdade desejadas, possibilitando um teto para habitação digna.

Quando a propriedade cumpre o seu papel social, se apresentando funcionalizada, a função social da posse é uma projeção da função do domínio, sendo a posse instrumento dessa funcionalização, pois propriedade e posse estão alinhadas e marcham lado a lado na busca da realização da justiça social. Por sua vez, quando o domínio não cumpre a função em questão, a propriedade permanece à mercê de uma visão egoística, desumana, antissocial e especulativa. A posse qualificada exercida por quem não é titular da propriedade propicia a existência da função social cível constitucionalmente prevista, voltando a ter o fenômeno possessório uma importância social relevante como um verdadeiro instrumento de distribuição da riqueza, erradicação da pobreza, obtenção de uma justiça social. E tudo em conformidade, como já dito, com os princípios constitucionais da dignidade humana, cidadania, moradia, solidariedade etc.

A Constituição Federal de 1988, artigos 183 a 191, dentre outros, aponta as hipóteses de função social da propriedade, tanto no âmbito rural/agrário, quanto na esfera urbana, existindo sanções legais que penalizam o não cumprimento da função social do domínio.

A função social da propriedade é alcançada nas áreas urbanas quando se atende à ordenação da cidade, definido no plano diretor do Município, segundo o que determina a Constituição Federal e o Estatuto da Cidade, Lei nº 10.257/01.

Uma nova visão a respeito da função social possessória deve ser desenvolvida em nosso país, baseada na desobediência civil instrumentalizada pelas invasões e ocupações de posse/propriedade desfuncionalizadas, a fim de que se possa alcançar uma posse qualificada e o cumprimento de sua função social. No item que se segue faremos alusão a essa nova visão da função social da posse, enfatizando os movimentos populares e o fenômeno da desobediência civil.

3. OS MOVIMENTOS POPULARES COMO FORMA DE REALIZAÇÃO DA FUNÇÃO SOCIAL POSSESSÓRIA E A DESOBEDIÊNCIA E RESISTÊNCIA CIVIL COMO SEUS INSTRUMENTOS

Diferentemente do que ocorreu em grande parte dos Estados Unidos da América do Norte, em que se instaurou uma colonização de povoamento, o Brasil, como o restante da América Latina, foi colonizado com o objetivo de carrear para a metrópole luso-espanhola suas riquezas naturais, sendo o nosso país uma colônia de exploração.

Uma das grandes características da colonização de exploração foi a monocultura e a distribuição das terras brasileiras na forma de latifúndios; prova dessas características foi a exploração do pau-brasil, a monocultura da cana-de-açúcar, do algodão e do café, além do látex extraído na Amazônia. No que tange à distribuição latifundiária, fatos evidentes dessa situação foram a distribuição dos imóveis brasileiros na forma de capitanias dos portos e cesmarias, grandes levas de terras distribuídas a fidalgos da coroa portuguesa.

A elevação do Brasil à categoria de Reino Unido e, posteriormente à condição de Império independente e transformação em República, não subverteu a ordem até então vivenciada, mantendo-se o país numa estrutura agrária secularmente arcaica e latifundiária. Essa estrutura agrária determinou e determina uma realidade imobiliária injusta e desumana. Poucos brasileiros continuam a ser proprietários e possuidores da grande maioria dos imóveis rurais e urbanos e a maioria da população sem um imóvel para habitar, sendo inexorável esse fato, bastando atentar para o grande número de favelas e cortiços existentes nos grandes centros urbanos, como também, trabalho de colonos e "boias frias" em condições sub-humanas, quando não na forma de mão de obra escrava, na maioria dos imóveis rurais brasileiros.

Chega-se ao absurdo de 1% da população brasileira ser titular da posse e da propriedade de 50% dos imóveis existentes em nosso país. Na cidade de São Paulo, maior cidade da América Latina, há cerca de 1800 favelas, sem o mínimo de urbanização, sem o desejável para uma existência digna.

Apesar de avanços no plano financeiro-econômico e habitacional ocorridos nos últimos 20 anos, que sem dúvida contribuíram para a ascensão de parte da população para a classe média, muito ainda há de se fazer no âmbito imobiliário urbano-rural; há um hiato que distancia e muito a realidade social habitacional, pois grande parte da população brasileira não tem terra para plantar, não tem imóvel para habitar, enquanto que uma minoria detém a maioria dos imóveis com o escopo especulatório, na contramão da função social da propriedade cominada na Constituição Federal. Provas dessa realidade sócio-habitacional são os constantes conflitos observados no campo na luta pela terra, como também, nas grandes cidades na busca de um imóvel para habitar; colonos, trabalhadores, indígenas, quilombos, dentre outros, lutam para conquistar um espaço mínimo de terra para o plantio e subsistência, a fim de ter um mínimo vital necessário para uma vida digna; áreas de conflito nos quatro cantos do país denotam a dura realidade brasileira, de um lado famintos sem um teto para morar, quase sempre esmagados em seus propósitos, e do outro, uma oligarquia imobiliária quase sempre em conluio com políticos inescrupulosos, sempre protegidos e vencedores dos conflitos existentes, numa luta constante para a manutenção do *status quo* existente, obstando a possibilidade de uma mudança agrária-habitacional significativa. Nas grandes cidades os conflitos são inúmeros, áreas desocupadas que tem um único propósito especulatório, como também prédio públicos desocupados, são invadidos e ocupados por pessoas que vivem no relento e que se organizam para lutar por um teto que lhes propiciem dignidade. Nesse diapasão, ganham destaque os movimentos do sem-terra e o movimento do sem-teto, normalmente qualificados de desocupados, marginais e oportunistas por uma imprensa mal informada e por quem não tem economicamente interesse numa melhor distribuição imobiliária. É claro que em todo segmento social há pessoas malévolas que tem propósitos mesquinhos, certamente os movimentos populares têm indivíduos desqualificados que buscam interesses não dignos, mas não há dúvida de que os movimentos referidos tem um propósito maior que é uma melhor distribuição imobiliária e o cumprimento da sua função social.

Não podemos concordar com essa dura realidade brasileira, o Brasil não é de poucos, o Brasil é de todos e a função social da propriedade-posse é o vetor que deve nortear o mundo científico-jurídico para uma reflexão, mais que isso, para uma transformação da realidade imobiliária brasileira, uma adequação dessa realidade aos fatos, valores e normas constitucionais e infraconstitucionais que clamam por uma justiça social.

Não apregoamos a invasão e ocupação de imóveis urbanos e rurais sem critério, ao contrário, as propriedades e posses funcionalizadas devem ser respeitadas, pois o respeito à dignidade humana desses titulares não pode ser violado; defendemos, no entanto, que propriedades e posses de imóveis não funcionalizados sejam devidamente expropriados pelo Estado e redistribuídos a quem não tem o mínimo necessário para subsistir e habitar, como também, na hipótese da inércia estatal, a invasão e ocupação dessas áreas que não cumprem sua função social para que a justiça social seja alcançada, tudo em, conformidade com o que já foi devidamente exposto em linhas anteriores.

Outro aspecto importante que deve ser ressaltado relativo à má distribuição da renda e de bens, diz respeito ao Estado opressor e corrupto que o nosso país ao longo do tempo pôde vivenciar. Se somarmos os períodos de democracia brasileira até hoje vivenciados, em mais de 500 anos de existência do Estado brasileiro, não tivemos sequer 50 anos de democracia. Soma-se à opressão descrita, a corrupção do Estado que, como uma verdadeira sombra de nossa nação, nunca deixou de nos acompanhar, inclusive nos dias de hoje, bastando atentar para o *mensalão*, a atuação de bicheiros como Cachoeira, dentre outras situações obscuras existentes, espraiando-se a corrupção do executivo para o legislativo e para o poder judiciário, conforme farto noticiário nos últimos tempos[4] .

A desigualdade existente em nosso país não é fruto do acaso, nem uma situação isolada na história; é na verdade resultado de um Estado opressor e corrupto. Tanto a opressão quanto a corrupção possibilitam o cha-

[4] TRF1 – Encontro Nacional do Poder Judiciário debate o combate à corrupção (Disponível em:<http://nota-dez.jusbrasil.com.br/noticias/100168842/trf1-encontro-nacional-do-poder-judiciario-debate-o-combate-a-corrupcao> Acesso em 29 de Abril de 2013).
CORRUPÇÃO O CÂNCER QUE AFASTA O PODER JUDICIÁRIO DA JUSTIÇA (Disponível em: <http://www.afolhanoticias.com.br/VerNoticia.php?cod=738> Acesso em: 19 dezembro 2012).
Cidadão revela que o poder judiciário brasileiro está usando de abusos de autoridade para encobrir a corrupção em seus porões. (Disponível em:<http://www.dihitt.com.br/barra/cidadao-revela-que-o-poder-judiciario-brasileiro-esta-usando-de-abusos-de-autoridades-para-encobrir-a-corrupcao-em-seus> Acesso em: 29 de Abril 2013)
"Existe corrupção no Poder Judiciário", afirma Eliana Calmon (Disponível em:<http://noticias.terra.com.br/brasil/cidades/39existe-corrupcao-no-poder-judiciario39-afirma-eliana-calmon,77f8dc840f0da310VgnCLD200000bbcceb0aRCRD.html> Acesso em: 19 dezembro 2012 19/12/2012 em 15:22)
Judiciário deve ter combate à corrupção como prioridade, diz Ayres Britto (Disponível em: <http://www1.folha.uol.com.br/poder/1180885-judiciario-deve-ter-combate-a-corrupcao-como-prioridade-diz-ayres-britto.shtml> Acesso em: 29 de Abril 2013).

mado direito de resistência[5], que para muitos não é um direito, sendo mais um fato político assentado no poder legítimo do povo, o qual não concordando com a atuação do Estado constitucionalmente posto, pode romper com a ordem legal, tendo inclusive a possibilidade, por meio da revolução armada, de pôr fim ao direito positivado.

O direito de resistência é inerente à natureza humana, podendo o homem, individual e coletivamente se opor a regimes políticos tiranos e corruptos que retirem da sociedade seus anseios mais elementares determinados pela liberdade, exercício da cidadania, dignidade humana, igualdade, dentre outras regras e princípios.

A corrupção sempre estribada numa crise moral e numa situação econômica, esfacela a sociedade organizada, fazendo surgir poderes paralelos ilegítimos que por meio da força bruta e monetária alimentam o poder corrupto e simultaneamente também se alimentam, numa simbiose perfeita que faz uma sociedade, aparentemente organizada, se desestruturar, não acreditando o povo nas instituições constituídas, gerando uma verdadeira crise existencial do Estado. Efetivamente, o Brasil vive esse momento existindo poderes ilegítimos paraestatais que procuram determinar ordens não constituídas, sendo exemplo dessas situações os comandos criminosos observados nos morros do Rio de Janeiro, nas favelas em São Paulo, enfim, em todo canto mais longínquo de nosso território, existindo esses poderes por conta do narcotráfico diante de uma passividade inadmissível do Estado. A corrupção conduz a desigualdade social já referida, possibilitando a concentração de riquezas nas mãos de poucos, normalmente inseridos no processo político do país. Por outro lado, a maioria da população fica marginalizada, tendo, se muito, uma bolsa família para sobreviver, isto é, fora do contexto econômico da distribuição da riqueza e também, excluído do processo político eleitoral, não sendo possível a mudança efetiva dos governantes e legisladores, criando um ciclo vicioso de alternância do poder, o qual sempre é exercido pelos mesmos representantes pulveri-

[5] "A corrupção seria, portanto, desde sempre, uma das causas justificadoras do direito de resistência: corrupção e opressão são formas correspondentes, aliás, que motivam a insatisfação dos governados seja qual for o conceito que se tenha do Estado, isto é, mesmo que se entenda o Estado como organização bastante em si, independendo qualquer cogitação sobre a sua finalidade, como o Bem Comum, conforme já referido neste estudo. Opressão e corrupção, o lado visível e o lado invisível da patologia do Estado." (GARCIA, Maria. *Desobediência civil, direito fundamental*. São Paulo: Editora Revista dos Tribunais, 1994, p.152.)

zados em diversos partidos. Assim, foi se criando e continua a ser criado um enorme abismo entre uma elite afortunada, com grande concentração imobiliária e a maioria da população sem teto para moradia, sem terra para subsistência, um *status quo* contrário a Carta Constitucional, aos direitos fundamentais, num verdadeiro descompasso sociojurídico entre o que de fato ocorre e a situação abstrata normatizada. Seja a fase do Estado opressor, tirano, por nós vivenciado, seja por conta da corrupção, uma verdadeira patologia social que nunca nos deixou, fato é que a resistência civil é a única alternativa para pôr fim a esta desigualdade que aniquila a dignidade humana da sociedade brasileira.

Não apregoamos a revolução armada como meio de romper esse *status quo*, mas defendemos a desobediência civil, espécie do direito de resistência, como um meio de se alcançar, pelo menos no que se refere à propriedade imóvel, uma situação mais equânime que possa atender às necessidades vitais da maioria da população brasileira.

A desobediência civil nada mais é do que o exercício legítimo que tem o indivíduo/sociedade de descumprir uma norma em razão da sua injustiça[6], a partir da aplicação axiológica do direito, dando-se a esse descumprimento a publicidade devida, a fim de que o não cumprimento normativo

[6] A respeito da justiça de uma norma, Maria Helena Diniz afirma:
Como já pudemos apontar em páginas anteriores, a norma jurídica deve ser sempre uma tentativa de realização de valores (utilidade, liberdade, ordem, segurança, saúde etc.), visando à consecução de fins necessários ao homem e à sociedade. Realmente, se a norma jurídica objetiva atingir certo propósito, ela é um meio de realização desse fim, encontrando nele sua justificação. Sua finalidade é implantar uma ordem justa na vida social.
A justiça, apesar de não se identificar com qualquer desses valores, é, diz Miguel Reale, condição primeira de todos eles, a condição transcendental de sua possibilidade como atualização histórica. Ela vale para que todos os valores valham. A justiça, que compreendia todos os valores jurídicos, é a *ratio juris*, ou seja, a razão de ser ou fundamento da norma, ante a impossibilidade de se conceber uma norma jurídica desvinculada dos fins que legitimam sua vigência e eficácia. Além disso, é preciso não olvidar que a justiça deve respaldar o exercício do poder que elabora a norma, legitimando-o; isto é assim porque a norma jurídica traduz interesses e ideologias do órgão legiferante."
E continua a civilista:
"A justiça exige que todos os esforços legais se dirijam no sentido de atingir a mais perfeita harmonia na vida social, possível nas condições de tempo e lugar. O justo objetivo, não é a vontade individual, que constitui objeto da norma, é o bem devido a outrem segundo certa igualdade, numa equivalência de quantidade." (Diniz, Maria Helena. *Compêndio de introdução à ciência do direito*: 19.ed. São Paulo: Editora Saraiva, 2008).

seja por todos na coletividade conhecido e, por conseguinte traga consigo a aceitação desejada da sociedade. Maria Garcia, comentando Celso Lafer e Norberto Bobbio traz um interessante conceito a respeito da desobediência civil, prelecionado[7]:

É de Celso Lafer o conceito de desobediência civil como a ação que objetiva a inovação e a mudança da norma através da publicidade do ato de transgressão, visando demonstrar a injustiça da lei. "Esta transgressão à norma, na desobediência civil, completa – é vista como cumprimento de um dever ético do cidadão – dever – que não pretende ter validez universal e absoluta, mas que se coloca como imperativo pessoal numa dada situação concreta e histórica. (...). A desobediência civil, contudo, é, segundo Bobbio, uma forma particular de desobediência, na medida em que é executada "com o fim imediato de mostrar publicamente a injustiça da lei e com o fim mediato de induzir o legislador a mudá-la. Como tal, explicita, é justificada pelo transgressor de justificativas que levem à sua consideração não apenas lícita, mas como obrigatória e seja admitida pelas autoridades públicas, diversamente do que ocorre com outras transgressões.

A desobediência é um exercício de cidadania, sendo uma prerrogativa constitucional prevista no artigo 5º, parágrafo 2º da Carta Maior de nosso país.Pode causar certa estranheza incluir a desobediência civil como um meio determinante da funcionalidade da posse qualificada, pois, a função social da propriedade/posse é constitucionalmente garantida. Assim, se estamos diante do exercício funcionalizado da posse, estamos de acordo com uma norma legítima aplicável, sendo, a princípio, ilógica a possibilidade da desobediência civil. Ocorre que os Códigos Civil e Processual Civil (o primeiro socializado), continuam a ser aplicados pelo poder judiciário em descompasso com a Constituição Federal.

Não fosse assim, o poder judiciário não tutelaria propriedades imóveis não ocupadas por seu titular, improdutivas, não habitadas em detrimento de ocupações legítimas de titulares de uma posse qualificada, os quais são considerados esbulhadores ou turbadores, quando não marginais, bandidos, meliantes, que diante da inércia do Estado no sentido de uma melhor distribuição habitacional-agrária, não têm alternativa que não o exercício da própria força para viabilizar sua moradia e subsistência.

[7] GARCIA, Maria. **Desobediência civil, direito fundamental.** São Paulo: Editora Revista dos Tribunais, 1994. p. 244

No entanto, não hesitam os tribunais brasileiros[8], na maioria de suas decisões, em reintegrar os titulares inertes da propriedades/posses desfuncio-

[8] POSSESSÓRIA. LIMINAR. Liminar em ação de reintegração de posse. Concessão. Incontroversa a posse anterior e o esbulho recentemente praticado. Art. 927, do CPC. Relação de contrato verbal entre as partes. Livre exame da prova pelo Juiz. Seguimento negado ao agravo. (Agravo de Instrumento Nº 70041160755, Décima Nona Câmara Cível, Tribunal de Justiça do RS, Relator: Carlos Rafael dos Santos Júnior, Julgado em 10/02/2011). Disponível em: <http://www.jusbrasil.com.br/jurisprudencia/22018579/agravo-de-instrumento-AI-70050088517-rs-tjrs/inteiro-teor> Acesso em: 29 de Abril 2013.
Processual civil. Administrativo. Agravo de instrumento. Ação de indenização. Alegação de existência de danos ocasionados por invasão do mst. Indeferimento de prova testemunhal, pericial e de requisição de documentos que demonstrem repasse de verbas federais ao mst. Manutenção da decisão. Possibilidade de ocorrência de prescrição. Danos de 1998. Ação ajuizada em 2010. (disponível em: http://www.jusbrasil.com.br/jurisprudencia/20838962/agravo-de-instrumento-ag-18969-mg-0018969-1520114010000-trf1> acesso em: 29 de Abril 2013).
Ação de interdito proibitório convertida em ação de reintegração de posse e ação de indenização por danos materiais sentença que julga procedentes ambas as ações. Apelo 1 ação de reintegração de posse promovida contra ocupantes do m.s.t. pedido de concessão dos benefícios da assistência judiciária gratuita pedido deferido alegação de nulidade da sentença não-ocorrência – requisitos do art. 927 do CPC preenchidos – recurso parcialmente provido unicamente para conceder a justiça gratuita aos apelantes. Apelo 2 ação de indenização proposta contra o estado pela omissão de seus agentes em fornecerem reforço policial para retirada dos ocupantes do m.s.t. por mais de 02 anos responsabilidade objetiva do estado aplicação do art. 37, § 6º, da Constituição Federal – omissão específica danos à propriedade que devem ser indenizados sentença mantida. Recurso desprovido. (disponível em: <http://www.jusbrasil.com.br/jurisprudencia/20838962/agravo-de-instrumento-ag-18969-mg-0018969-1520114010000-trf1> acesso em: 29 de Abril 2013). Eros Roberto Grau, citado por Maria Garcia, afirma acerca da legitimidade: "o direito há de ser referido como protegendo e assegurando a liberdade de agir do indivíduo, compatibilizando-a ao interesse coletivo, de forma a prover a determinação de um ponto de equilíbrio entre esses valores.
É certo, contudo, que o Direito só pode ser descrito como instrumento de organização social quando legítimo. O Direito não legítimo – portanto, ilegítimo – deixa de ser instrumento de organização social e passa a cumprir a função de organizar e justificar o exercício do poder por um determinado grupo". Maria Garcia em interessante passagem comenta o poder legítimo do povo romano determinante das normas aplicáveis em Roma, desmistificando a visão da norma romana como fruto do absolutismo do poder à época reinante, para tanto, faz menção a Charles H. Macllwain, prelecionando o que se segue: "Quando estuda o "Constitucionalismo antigo e moderno" Charles H. Macllwain ressalta o significado e a importância da constituição republicana de Roma, no seu desenvolvimento: "a chave era a fonte de toda autoridade política em Roma é a definição de Lex. Lex, diz Gayo, no séc. II – é o que o povo ordena e tem estabelecido. Uns quatro séculos depois, as Instituições de Justiniano a definem, dizendo que "é o que o povo romano estava acostumado a estabelecer quando iniciava um magistrado

nalizadas, deixando ao relento famílias não assentadas que sequer podem prover sua existência, por lhes faltar o piso mínimo vital que atenda suas necessidades básicas. Diante da aplicação de normas infraconstitucionais de forma ilegítima, com único propósito de atender aos economicamente mais afortunados, em conformidade com o individualismo do estado liberal do direito, já sepultado no mundo jurídico, na legislação comparada, ganha legitimidade a posse qualificada fruto das invasões e ocupações feitas pela população normalmente engendradas por movimentos organizados, fazendo da desobediência civil um meio de se exercer uma posse funcionalizada, buscando-se dessa forma a melhor distribuição da terra e a justiça social tão desejada.

Os mais radicais, contrários às ocupações e invasões, diriam, como certamente dirão, que a desobediência civil não pode surgir de um ato de violência e que as invasões e ocupações, tanto nas áreas urbanas, quanto nas áreas rurais, seriam exemplos de apreensões ilícitas por conta da violência empregada. Dois argumentos são decisivos para afastar essa crítica, a saber:

a) Nem sempre as invasões e ocupações de imóveis desfuncionalizadas são feitas de maneira violenta, ao contrário, os movimentos, como os cidadãos de um modo geral, ocupam áreas muitas vezes abandonadas de maneira pacífica, quando muito de forma clandestina, sem a prática de apreensões *vis absoluta*, como propagavam os romanos.
b) Interpretando-se a *contrario sensu* o artigo 1.210, parágrafo 2° do Código Civil, pode-se concluir que a tentativa de apreensão de um bem imóvel por meio de uma posse qualificada pode ser feita por força própria, devendo a ação empregada ser proporcional à reação observada, pois se o titular ilegítimo da propriedade/posse desfuncionalizada resistir à ocupação, deve o ocupante, legítimo titular de uma posse qualificada, apreender o bem utilizando a força, como uma verdadeira autotutela social da posse, a fim de que a justiça social seja alcançada. Assim, os invasores e ocupantes de áreas desfuncionalizadas estarão desobedecendo civilmente o comando do artigo 1.210, parágrafo 2° citado, subvertendo de maneira legítima a ordem, fazendo justiça com as próprias mãos.

senatorial ou um cônsul". Assim, o princípio político central da jurisprudência romana não é o absolutismo do príncipe, como se supôs comumente, "senão a doutrina de que o povo é a fonte última de toda autoridade política legítima do Estado". (Ibidem, p.83, 89 e 90).

A desobediência civil tem como escopo alterar o ordenamento jurídico, inovando a ordem legal, não tendo como propósito a destruição do direito posto. Como os tribunais brasileiros, nas ações de reintegração na posse oriundas das invasões e ocupações urbanas e rurais, insistem em aplicar apenas um aspecto do direito, qual seja, as normas civis e processuais civis positivadas, esquecendo os fatos e valores circundantes a essas normas, sem dúvida que as invasões e ocupações que determinam posses qualificadas são formas de desobediência civil. Isso, pois visam compatibilizar o que se apresenta regrado com os fatos e valores existentes a nossa época, inovando a ordem legal, alterando o direito posto, aplicando as regras civis constitucionais fulcradas no princípio da dignidade humana, da cidadania, da moradia, da solidariedade, da igualdade, dentre outros. Ou seja, buscam, através da posse qualificada a realização da justiça social negada pelo Estado brasileiro, por seus poderes constituídos, executivo, legislativo e principalmente pelo poder judiciário que, diante de fatos e valores que exigem mudanças na aplicação do direito, prefere aplicar normas enferrujadas pelas águas do novo tempo, tornando, em matéria possessória, uma situação crítica em nosso país, injusta e desumana, abrindo caminho para o não desejável, isto é, o rompimento dos poderes constituídos por meio da resistência civil.

Devemos repensar a situação possessória em nosso país, como também o domínio, apontando novas direções a fim de se alcançar soluções mais plausíveis, calcadas na igualdade social, projetando luzes para um futuro mais justo e promissor para a sociedade brasileira.

CONCLUSÕES

De tudo o que foi exposto podemos concluir que:

O Brasil se encontra inserido no chamado estado social do direito, não havendo mais espaço para aplicação egoística do direito de propriedade exclusivamente individualista, como pensava o direito romano e o direito Frances napoleônico;

A função social da posse se encontra implicitamente contemplada na Constituição Federal, como também, no atual Código Civil Brasileiro, conforme se pode inferir respectivamente, nos artigos 183, 191 da Carta Maior e 1228, §§ IV. V, 1238, 1239, 1240, 1242 e 1276, todos do diploma material em vigor.

A função social possessória também pode ser alcançada por meio do exercício da função social da propriedade, sendo, aliás a posse, instrumento de funcionalização do domínio;

A função social possessória diante da inércia do Estado, que não se preocupa com a má distribuição da propriedade, pode ser alcançada por meio da desobediência civil, uma vez que esse fenômeno tem como fundamento jurídico o princípio da cidadania esculpido na Constituição Federal;

Em nosso país, a desobediência civil em matéria imobiliária, pode e deve ser feita por meio das invasões e ocupações de áreas defuncionalizadas, a fim de que se possa alcançar a função social da posse/propriedade, como, também o respeito à dignidade humana;

Portanto, desobediência civil por meio das invasões e ocupações feitas pelos movimentos populares, se apresenta como uma nova faceta da função social do domínio-posse a ser alcançado.

REFERÊNCIAS

ALBUQUERQUE, Ana Rita Vieira. *Da função social da posse e sua conseqüência frente à questão proprietária.* Rio de Janeiro: Lumen Juris, 2002.

ALVES, Jose Carlos Moreira. *Posse*: estudo dogmático. 2.ed. Rio de Janeiro: Forense, 1999, v. 2, tomo II.

ANDRADE, Vander Ferreira de. *A dignidade da pessoa humana:* valor fonte da ordem jurídica. Andrade: Editora Cautela, 2007.

ARCE, Joaquín & VALDÉS, Flórez. *Los princípios generales del derecho y su formulación constitucional.* Madrid: Editorial Civitas, 1990.

ASCENSÃO, José de Oliveira. As relações juridicas reais. Lisboa, livre. Morais Ed., 1962.

—. *A tipicidade dos direitos reais.* Lisboa: [s.n.], 1968.

BARCELLOS, Ana Paula de. *A eficácia jurídica dos princípios constitucionais*: o princípio da dignidade da pessoa humana. São Paulo: Renovar, 2002.

BOLONHINI JR., Roberto. *Portadores de necessidades especiais.* 2.ed. São Paulo: Editora Atlas, 2010.

—. A posse segundo a Teoria de Ihering e o código civil brasileiro. Tese de mestrado apresentada na PUC/SP em 1996.

—. Uma nova visão fático-social da posse, tese de doutorado apresentada na PUC/SP em 2013.

BONAVIDES, Paulo. *Do estado liberal ao estado social.* 7.ed. São Paulo: Malheiros, 2001.

BONFANTE, Pietro. *Istituzioni di diritto romano.* Roma: G. Barbèra Editore, 1896.

CIMARDI, Claudia Aparecida. *Proteção processual da posse.* 2.ed. São Paulo: Editora Revista dos Tribunais, 2007.

COLOGNESI, Luigi Capogrossi. Diritto romano. In *Enciclopédia del diritto I – proprietà in generale*: Milano: Giuffrè, 1988, v. 37.

CORDEIRO, António Menezes. *A posse: perspectivas dogmáticas actuais*. 3.ed. Coimbra: Almedina, 2005.

CUNHA GONÇALVES, Luiz da. *Princípios de direito civil luso-brasileiro*. São Paulo: Max Limonad, 1951.

CUNHA GONÇALVES, Luiz da. *Tratado de direito civil*. São Paulo: Max Limonad, 1968.

DALLARI, Dalmo de Abreu. *Direito de propriedade com função social*. Preleções no curso de pós-graduação, 1985.

DINIZ, Maria Helena. *As lacunas no direito*. 3.ed. São Paulo: Editora Saraiva, 1995.

— *Curso de direito civil brasileiro*: Direito das coisas. 17.ed. São Paulo: Editora Saraiva, 2002, v.4.

— *Compêndio de introdução à ciência do direito*: 19.ed. São Paulo: Editora Saraiva, 2008.

— *Curso de direito civil brasileiro*: Direito das coisas. 26.ed. São Paulo: Editora Saraiva, 2010, v.4.

— *Sistema de registro de imóveis*. 9.ed. São Paulo: Editora Saraiva, 2010.

— *Curso de direito civil brasileiro*: Teoria Geral do Direito Civil. 28.ed. São Paulo: Editora Saraiva, 2011, v.1.

FABRÍCIO, Adroaldo Furtado. *Comentários do código de processo civil*. 9.ed. São Paulo: Forense, 2008, v. 8, tomo III.

FACHIN, Luiz Edson. *A função social da posse e a propriedade contemporânea*: uma perspectiva da usucapião imobiliária rural. Porto Alegre: Sérgio Antônio Fabris, 1988.

FIGUEIRA JR., Joel. *Novo código civil comentado*. 2.ed. São Paulo: Editora Saraiva, 2003.

FIGUEIRA Junior, Joel Dias. *Posse e ações possessórias*. Curitiba: Juruá, 1994

FRANCISCO, Caramuru Afonso. *Estatuto da cidade comentado*. São Paulo: Juarez de Oliveira, 2001.

GARCIA, Maria. *Desobediência civil, direito fundamental*. São Paulo: Editora Revista dos Tribunais, 1994.

GIL, Antonio Hernandez. *Função social de la posesión*. Madrid: Alianza editorial, 1969.

GOMES, Orlando. *Direitos reais*. 18.ed. Rio de Janeiro: Forense, 2002.

GONÇALVES, Carlos Roberto. *Direito das coisas*. 4.ed. São Paulo: Editora Saraiva, 2011, v. 5.

GONÇALVES, Luiz da Cunha. *Tratado de direito civil, em comentário ao Código Civil Português*. 2.ed. São Paulo: Max Limonad, 1958.

IHERING, Rudolf von. *Teoria simplificada da posse*. São Paulo: Pillares, 2005.

LIMA, Marcio Kammer de. *Usucapião coletivo e desapropriação judicial*. Rio de Janeiro: GZ Editora, 2009.

LOUREIRO, Fracisco Eduardo Loureiro. *A propriedade como relação jurídica complexa*. São Paulo: Renovar, 2003.

MONTEL, Alberto. *La disciplina del possesso nel codici civille italiano*. Torino: G. Giappichelli, 1946.

NUNES, Rizzatto. *O princípio constitucional da dignidade da pessoa humana*. 2.ed. São Paulo: Editora Editora Saraiva, 2009.

PERLINGIERI Pietro. *Diritto civille nella legalitá constituzionale*. Napoli: Scientifiche Italiane, 1983, In *Perfil do direito civil*: introdução ao direito civil constitucional, tradução de Maria Cristina de Cicco, Rio de Janeiro: Renovar, 1997.

PEROZZI, Silvio. *Instituzioni di diritto romano*. Roma: Athenaeum, 1906.

PINTO, Rui. *Direitos reais de Moçambique*: teoria geral dos direitos reais. 2.ed. São Paulo: Editora Almedina, 2012.

RAU, Virgínia. *Sesmarias medievais portuguesas*. Lisboa: Presença, 1946

RODRIGUES JR., Manuel. *A posse*: estudo de direito civil português. Coimbra: Coimbra editora, 1924.

SALEILLES, Raymond. *La posesión*. Tradução de J. M. Navarro de Palencia. Madri: Libreria General de Victoriano Suárez, 1909.

TANAJURA, Grace Virgínia Ribeiro de Magalhães. *Função social da propriedade rural* – com destaque para a terra no Brasil contemporâneo. São Paulo: LTR, 2000.

TARTUCE, Fábio. *A função social da posse e da propriedade e o direito civil constitucional*. Disponível em: <http://jus.com.br/revista/texto/7719/a-funcao-social-da-posse-e-da-propriedade-e-o-direito-civil-constitucional>. Acesso em: 29 de abril 2013.

TEPEDINO, Gustavo. Contornos constitucionais da propriedade privada. In: *Temas de Direito Civil*. Rio de Janeiro: Renovar, 1999.

TORRES, Alcino de Azevedo. *A propriedade e a posse* – um confronto em torno da função social. 2.ed. Rio de Janeiro: Lumen juris, 2010.

ZAVASCKI, Teori Albino. A tutela da posse na constituição e no projeto do novo código civil. In: MARTINS-COSTA, Judith (Org.). *A reconstrução do direito privado*. São Paulo: Editora Revista dos Tribunais, 2002.

PANDEMIA, CASO FORTUITO E IMPREVISÃO

ROGÉRIO DONNINI

INTRODUÇÃO

A pandemia provocada pelo *coronavírus* (SARS-CoV-2, que ocasiona a doença COVID-19) tem suscitado uma série de indagações e dúvidas acerca do remédio jurídico adequado para restabelecer o equilíbrio nas relações contratuais, em razão da alteração da base negocial, especialmente com a vedação temporária à abertura dos estabelecimentos comerciais. Estar-se-ia diante de situação extraordinária e imprevisível que poderia levar à revisão ou resolução contratual, ou seria a hipótese de fato inevitável capaz de se invocar o inadimplemento da obrigação ao abrigo do *caso fortuito* ou *força maior*? Estes e outros temas serão aqui examinados.

1. CONTRATO, COMUTATIVIDADE E TEMPORALIDADE

Há muito, ao menos entre nós, as palavras de Alfred Fouillée, no sentido de que todos contratos livremente celebrados, por definição estariam conforme a justiça e o interesse geral, o que propiciou a máxima "quem diz contratual, diz justo" (*qui dit contractuel dit juste*)[1], não mais se coadunam com a ideia de equilíbrio e correção nas relações contratuais. No final do século passado e especialmente após o advento de nosso texto constitucional de 1988, o princípio da *intangibilidade contratual* passou a ser atenuado,

[1] Alfred Fouillée, *La Science sociale contemporaine*, Paris: Hachette, 1880, p. 410.

com a possibilidade de revisão judicial dos contratos, o que se acentuou com nossa lei consumerista e a partir do Código Civil de 2002.

Quem diz contratual, mesmo em se tratando de uma avença paritária (*contrat de grés à grés*), em verdade, nem sempre diz justo, especialmente diante de situações anômalas, sejam elas inevitáveis ou imprevisíveis, que podem suceder no momento da celebração, ou posteriormente nos casos de contratos de trato sucessivo.

A palavra contrato, do latim *contractus*, advém de *contrahere*, unir, reunião do consenso[2], motivo pelo qual a própria noção de contrato está relacionada à ideia de comutatividade ou *justiça comutativa*[3], que nada mais é do que a necessidade de existência de um equilíbrio nas prestações acordadas, equivalência entre prestação e contraprestação. Sem equilíbrio, sem comutatividade, a convenção perde sua essência, haja vista que são noções inseparáveis, pois há que existir sempre um vínculo entre o acordo de vontades e equivalência nas prestações. Um contrato realizado sem esse binômio torna-se iníquo, desigual e não atinge a tão almejada *justiça contratual*.

Além da comutatividade estar ínsita a qualquer contrato, este é um ato de antecipação do futuro, tendo em vista que o tempo é seu meio natural de efetivação. Diante disto, *comutatividade* e *temporalidade* podem tornar-se, em alguns casos, aparentemente conflitantes, uma vez que, com o passar do tempo, podem surgir fatos imprevistos pelos contratantes, quando da celebração da avença, ou mesmo situações inevitáveis, causadores de desequilíbrio na relação contratual e, por via de consequência, ferindo a ideia de *comutatividade*.

[2] http://etimo.it/?term=contratto&find=Cerca

[3] A divisão do vocábulo *Justiça* é feita no intuito de se fazer uma diferenciação de suas formas de manifestação. Aristóteles diferencia a justiça comutativa (*iustitia comutativa*) da distributiva (*iustitia distributiva*). A primeira, também denominada *justiça compensativa*, *corretiva* ou *sinalagmática*, implica igualdade entre prestação e contraprestação, entre aquilo que se entende por equivalente, *v.g.*, dano/indenização e preço/mercadoria, utilizada, em especial, na seara contratual e no direito à indenização. A segunda (justiça distributiva), por sua vez, determina que todas as pessoas sejam tratadas com igualdade, em uma relação entre a comunidade e seus integrantes. Além dessas duas maneiras de manifestação, há a *iustitia legalis*, desenvolvida por Santo Tomás de Aquino, consistente no dever que uma pessoa tem em face do todo, como o dever de votar ou uso social da propriedade. Tem por objetivo o bem comum. Essa noção transmudou-se para *justiça social*, idealizada há pouco mais de um século (Norbert Horn, *Introdução à ciência do direito e à filosofia jurídica*, tradução de Elisete Antoniuk, Porto Alegre: Sergio Antonio Fabris Editor, 2005, p. 239).

1.1. CASO FORTUITO: NECESSIDADE E INEVITABILIDADE

Entre os romanistas não há consenso nos conceitos de caso fortuito e força maior. No Digesto (50.8.2.7), caso fortuito é definido da seguinte forma: *fortuitus casus est qui nullo humano consilio praevideri potest* (caso fortuito é aquele que não pode ser previsto por nenhuma providência humana), enquanto nas Institutas de Gaio, força maior (*vis maior*) *est cui humana infirmitas resistire non postest* (força maior é aquela a que a fraqueza humana não pode resistir)[4]. Para alguns *casus fortuitus* seria o fato humano, como uma guerra ou invasão, e força maior estaria vinculada a fenômenos naturais, tais como um raio ou um furacão; para outros, caso fortuito seria o evento da natureza imprevisível e a *vis maior* o fato humano irresistível[5].

No Código Civil de 2002 (art. 393) e no de 1916 (art. 1.058), o legislador não diferenciou caso fortuito de força maior e a redação nos dois dispositivos é praticamente a mesma[6]. Em França, no séc. XIX, Théophile Huc conceituou esses dois institutos e para ele *caso fortuito* seria o acidente causado por força física ininteligente, em condições que não podiam ser previstas pelas partes. *Força maior*, por outro lado, seria o fato de terceiro, que estabeleceu um obstáculo intransponível ao devedor, propiciando a inexecução da obrigação[7]. Entre os civilistas pátrios também não há con-

[4] V. Emilio Betti, *Istituzioni di Diritto Romano, volume secondo, parte prima*, Padova: Cedam. 1962, p. 253 e s. No Digesto 19, 2, 15, 2, *in Digesto ou Pandectas do Imperador Justiniano*, vol. III, livros 12-19, trad. Manoel da Cunha Lopes e Vasconcellos (Conselheiro Vasconcellos), São Paulo: YK Editora, 2018, p. 307, há seguinte menção: "Vejamos se o locador é responsável por alguma coisa para com o locatário no caso de sobrevir um temporal calamitoso. Sérvio pensa que o proprietário deve indenizar o colono de todas as desgraças causadas por uma força maior, à qual é impossível resistir, como, por exemplo, pelo transbordamento de rios, invasão de pássaros ou inimigos e outras coisas semelhantes."

[5] José Carlos Moreira Alves, *Direito Romano*, Vol. II, 13ª ed., Rio de Janeiro: Forense, 2003, p. 40. Eugène Petit, *Tratado Elementar de Direito Romano*, trad. Jorge Luís Custódio Porto, Campinas: Russell, 2003, p. 622, ensina: "O caso fortuito é o acontecimento ao qual a vontade do devedor fica completamente alheia, e não pode lhe ser imputado. É um caso de força maior, *vis maior*, quando o homem é impotente para resistir, como os incêndios, as inundações, os ataques a mão armada."

[6] Código Civil de 2002, art. 393: "O devedor não responde pelos prejuízos resultantes de caso fortuito ou força maior, se expressamente não se houver por eles responsabilizado. Parágrafo único. O caso fortuito ou de força maior verifica-se no fato necessário, cujos efeitos não era possível evitar ou impedir." O art. 1.058 do Código Civil de 1916 apenas acrescentava, em seu *caput* a exceção aos artigos 955, 956 e 957, que tratavam da mora.

[7] Théophile Huc, *Commentaire Théorique & Pratique du Code Civil*, Paris: Librairie Cotillon, 1895, VII, ns. 143 e 144.

senso. Clóvis Bevilaqua, em seus comentários ao art. 1.058 do Código de 1916, proclamava a dispensabilidade na diferenciação:

> "Nesses e em outros casos, é indiferente indagar se a impossibilidade de o devedor cumprir a obrigação procede de força maior ou de caso fortuito. Por isso o Código Civil reuniu os dois fatos na mesma definição: o caso fortuito ou de força maior é o fato necessário, cujos efeitos não era possível evitar ou impedir."

Há quem sustente[8] que o *caso fortuito* seria um fato ou ato alheio à vontade dos contraentes, vinculado ao comportamento humano, como greve, guerra, motim etc.; *força maior* estaria relacionada a acontecimentos externos ou fenômenos da natureza, tais como terremoto, tempestade, fato do príncipe (*factum pricipis*)[9] etc.

Se para a maioria dos doutrinadores nacionais são expressões sinônimas ou irrelevante a sua diferenciação[10], outros argumentam que são institutos diversos, com efeitos diferentes[11]. O Código Civil trata desse tema no art. 393, nos mesmos moldes do Código anterior (art. 1.058) e também aparentemente não faz um discrímen desses institutos. Todavia, o art. 734

[8] Carlos Roberto Gonçalves, *Direito Civil Brasileiro, 2 – Teoria Geral da Obrigações,* 13ª ed., São Paulo: Saraiva, 2016, p. 379.

[9] Celso Antônio Bandeira de Mello, *Curso de Direito Administrativo,* 18ª ed., Rio de Janeiro: Malheiros, 2005, p. 692, define *fait du prince* como "o poder concedente deverá indenizar integralmente o concessionário quando, por ato seu, agravar a equação econômico-financeira da concessão em detrimento do concessionário, salvo se a medida gravosa corresponder a ônus imposto aos administrados em geral cuja repercussão não atinja direta ou especificamente as prestações do concessionário."

[10] Arnoldo Wald, *Direito Civil, Direito das Obrigações e Teoria Geral dos Contratos,* 18ª ed., São Paulo: Saraiva, 2009, p. 153; Caio Mário da Silva Pereira, *Instituições de Direito* Civil, vol. II, *Teoria Geral das Obrigações,* Rio de Janeiro: Forense, 23ª ed., 2009, p. 346 e 347; Orlando Gomes, *Obrigações,* 16ª ed., Rio de Janeiro: Forense, 2004, p. 176; Paulo Lôbo, *Direito Civil – Obrigações,* São Paulo, Saraiva, 2ª ed., 2011, p. 235.

[11] Maria Helena Diniz, *Curso de Direito Civil Brasileiro, Teoria Geral das Obrigações,* São Paulo: Saraiva, 27ª ed., 2012, p. 117; Washington de Barros Monteiro, *Curso de Direito Civil, Direito das Obrigações, 1ª Parte,* 32ª ed., São Paulo: Saraiva, 2003, p. 317; Silvio Rodrigues, *Direito Civil, Parte Geral das* Obrigações, vol. 2, São Paulo: Saraiva, 2002, p. 239; Carlos Alberto Dabus Maluf, *Do caso fortuito e da força maior, in* Nery, Rosa Maria de Andrade; Donnini, Rogério, *Responsabilidade Civil, Estudos em homenagem ao professor Rui Geraldo Camargo Viana,* São Paulo: Revista dos Tribunais, 2009, p.81-102. V. Rogério Ferraz Donnini, *A Revisão dos Contratos no Código Civil e no Código de Defesa do Consumidor,* 2ª ed., São Paulo: Saraiva, 2001, p. 56 e 57.

de nossa lei civil substantiva versa sobre a excludente de responsabilidade do transportador na hipótese de *força maior*, sem qualquer alusão ao *caso fortuito*. Esse dispositivo, em verdade, vem ao encontro da teoria idealizada por Agostinho Alvim[12], segundo a qual o caso fortuito é um impedimento relacionado com a pessoa do devedor ou com a sua empresa (*fortuito interno*) e a *força maior* um acontecimento externo (fortuito externo). Deveras, em um sistema centrado na responsabilidade subjetiva, como o Código de 1916, não se fazia necessária a distinção entre *caso fortuito* e *força maior*, uma vez que ambos eram excludentes do nexo causal. Contudo, com o advento da Constituição Federal de 1988, do Código de Defesa do Consumidor e do atual Código Civil, em que a responsabilidade objetiva passou a abarcar a maior parte das situações atinentes à reparação dos danos[13], essa diferenciação passou a ser indispensável.

Nossos tribunais, perfilhando essas noções de *fortuito interno* e *fortuito externo*, têm delimitado quando há *força maior* (*fortuito externo*), fato esse capaz, portanto, de excluir a responsabilidade e quando o fato é inerente à atividade da empresa e incapaz de excluir o nexo de causalidade (*fortuito interno*)[14], devendo, desta forma, responder objetivamente pelo dano.

[12] *Da inexecução das obrigações e suas consequências*, São Paulo: Saraiva, 5ª ed., 1980, p. 330.

[13] A regra geral do Código de 1916 de uma responsabilidade civil subjetiva, seguida pelo *caput* do art. 927 do atual Código, não se traduz mais na maioria das hipóteses em que se busca a reparação de danos. Para tanto, basta o exame do sistema objetivo de responsabilidade civil que o Código de Defesa do Consumidor adotou, as hipóteses atinentes a questões ambientais, o sistema objetivo do parágrafo único do artigo em tela e as exceções estabelecidas nos arts. 936/940 do Código Civil, entre outras, para concluirmos que a regra passou a ser a aplicação da responsabilidade objetiva. De registrar-se que todos esses casos de responsabilidade sem culpa aumentam ainda mais se analisarmos se há ou não diferença entre *atividade de risco* e *risco da atividade*. No primeiro caso, inspirado no art. 2050 do Código Civil italiano, a atividade perigosa seria aquela existente em situações de real perigo, de grande impacto (atividade nuclear). No segundo caso (risco da atividade), o maior número de situações estaria no âmbito da responsabilidade objetiva, pois a atividade humana, por menos ofensiva que possa parecer, apresenta inegáveis riscos como, por exemplo, a venda de alimentos, bebidas, medicamentos, transportes, entre outros, que, bem de ver, numa relação de consumo já integram o sistema da responsabilidade objetiva. V. Rogério Donnini *in Comentários ao Código Civil Brasileiro, arts. 927/954*, vol. VIII, coord. Arruda Alvim e Thereza Alvim, Rio de Janeiro: Forense, 2013, p. 387/388.

[14] O Superior Tribunal de Justiça, no REsp 258707/SP, 4ª Turma, Rel. Min. Sálvio de Figueiredo Teixeira, julg. 22/08/2000, DJ 25/09/2000, definiu caso fortuito e força maior da seguinte forma: "*Segundo qualificada doutrina, que encontrou eco nesta Corte, caso fortuito é 'o acidente produzido por força física ininteligente, em condições que não podiam ser previstas pelas partes', enquanto a força*

Independentemente da discussão a respeito da diferenciação ou não de *caso fortuito* e *força maior*, o certo é que, para a incidência dessas figuras é indispensável que haja dois requisitos: *necessariedade* e *inevitabilidade*. O primeiro aponta para um acontecimento de natureza grave, que possui, por sua magnitude, o condão de impossibilitar o cumprimento obrigacional; o segundo impõe a inexistência de meios de se evitar o acontecido[15]. Em sendo cumpridos esses pressupostos, opera-se a extinção da obrigação, sem que o devedor responda pelos prejuízos decorrentes do evento, por se tratar de inadimplemento involuntário da obrigação.

A situação provocada pela pandemia do *coronavírus*, com a quarentena imposta e a vedação à atividade comercial por quase todos os estabelecimentos, por longo período, cumpre, em tese, os requisitos acima, tendo em vista que o acontecimento é grave e não houve qualquer maneira de impedi-lo. Todavia, para que o devedor se valha desse permissivo legal (CC, 393), há que se demonstrar o caráter inevitável como, por exemplo, a obrigação do devedor de entregar ao credor um grande número de equipamentos cirúrgicos que restaram adquiridos, na sua integralidade, pelo poder público, sem que existam outros passíveis de oferta. O incumprimento do devedor, que deveria entregar esses produtos no prazo determinado contratualmente, seria justificável, o que possibilitaria a resolução do contrato, com a devolução do preço, se já recebido, sem qualquer multa ou indenização por perdas e danos.

Situação diversa, entretanto, seria aquela proveniente de relações locatícias, em que o fato notório da pandemia e suas consequências fáticas, por si só, não seriam argumentos capazes de provocar a resolução do contrato, a menos que haja comprovação de que a impossibilidade de exercício da atividade teria levado o locatário à insolvência, o que justificaria a não incidência de multa contratual e, como consectário, a extinção da avença. Se, por outro lado, há impossibilidade temporária de se cumprir o contrato, mas há real intenção de permanecer na relação *ex locato*, justifica-se a redução, durante certo lapso de tempo, do valor locatício, sem se

maior é 'o fato de terceiro, que criou, para a inexecução da obrigação, um obstáculo, que a boa vontade do devedor não pode vencer, com a observação de que o traço que os caracteriza não é a imprevisibilidade, mas a inevitabilidade." Súmula 479 do STJ: "As instituições financeiras respondem objetivamente pelos danos gerados por fortuito interno relativo a fraudes e delitos praticados por terceiros no âmbito de operações bancárias."

[15] Caio Mário da Silva Pereira, ob. cit., p. 347.

olvidar, contudo, de que o locador não pode ser desamparado, sob pena de causar-lhe graves prejuízos, razão pela qual a redução deve estar pautada com razoabilidade[16].

1.2. FORÇA OBRIGATÓRIA DOS CONTRATOS E A TEORIA DA IMPREVISÃO

Sob a égide do Código Civil de 1916 e até a Constituição Federal de 1988, o princípio da *força obrigatória dos pactos*, consagrado na máxima *pacta sunt servanda*[17], era defendido pela maior parte da doutrina e decidido por nossos tribunais com rigor extremo, salvo exceções, mesmo em várias situações injustas, desiguais, desequilibradas. Embora não houvesse um dispositivo expresso entre nós, nos moldes do *Code Napoléon* (art. 1134)[18] e *Codice Civile italiano* (art. 1372)[19], estabelecendo que os contratos legalmente formados têm força de lei para as partes, sua aplicação decorria da teoria clássica contratual.

O princípio da *força obrigatória dos pactos* era e é a própria essência das convenções e continua a ser fundamental, visto que não teria qualquer sentido contratar sem que houvesse um efeito obrigatório. Todavia, houve uma mudança de paradigma mais intensa, a partir do Código de Defesa do Consumidor (1990) e do atual Código Civil (2002), o que já se delineava desde o texto constitucional, verdadeira atenuação à *intangibilidade contratual*, que, bem de ver, prevaleceu por quase todo o século XX. Dispositivos de nossa lei consumerista (art. 6º, V) e do Código Civil (arts. 317 e 478) passaram a admitir expressamente a possibilidade de revisão e resolução contratual em situações em que fatores externos aos pactos,

16 Em acórdão da 34ª Câmara de Direito Privado do TJSP, no agravo de instrumento nº 2069928-09.2020.8.26.0000, sob relatoria do desembargador Costa Wagner, com razoabilidade, decidiu pela redução temporário do aluguel em 50%.

17 Ulpiano, no Digesto L. 1, § 6º (Ulpiano): *contractus enim legem ex conventione accipiunt* (os contratos recebem lei da convenção das partes).

18 *Les conventions légalement formées tiennent lieu de loi à ceux qui les ont faites. Elles ne peuvent être révoquées que de leur consentement mutuel, ou pour les causes que la loi autorise.* Elles doivent être exécutées de bonne foi" (tradução livre: "As convenções legalmente formadas têm o mesmo valor que a lei relativamente às partes que a fizeram. Só podem elas ser revogadas mediante consentimento mútuo, ou pelas causas que a lei admite. Devem ser executadas de boa-fé".

19 *Il contrato ha forza di legge tra le parti. Non può essere sciolto che per mutuo consenso o per cause ammesse dalla legge*"(tradução livre: "O contrato tem força de lei entre as partes. Não pode ser dissolvido senão por mútuo consentimento ou por causa prevista em lei."

considerados extraordinários e imprevisíveis, seriam capazes de alterar a base do negócio jurídico[20].

Se havia um comprometimento do Código Civil de 1916 com a circulação de riquezas, com pouco interesse no equilíbrio entre prestação e contraprestação, nossa atual legislação busca a denominada *justiça contratual*, pois vários dispositivos constitucionais e infraconstitucionais primam pela transparência e correção nas relações contratuais, evitando, assim, que situações desproporcionais e que transgridam a boa-fé objetiva prevaleçam. Todavia, a possibilidade de se pleitear, sem a devida justificativa e de maneira exagerada, a revisão de contratos civis e empresariais, levou nosso legislador a estabelecer que essas convenções são presumivelmente paritárias, cuja alteração do que foi pactuado passou a ser excepcional e limitada, além de privilegiar a autonomia privada (arts. 421, parágrafo único, e art. 421-A e seus incisos I/III do Código Civil).

A existência de maior rigor naquilo que foi acordado, entretanto, não obsta a possibilidade de resolução ou revisão dos contratos em determinadas situações de *imprevisibilidade* nos contratos de trato sucessivo, com alteração do que foi previsto inicialmente pelas partes, em confronto com momento posterior, provocado por uma causa externa que o leva a se tornar iníquo, desigual.

A *teoria da imprevisão* origina-se na antiga cláusula *rebus sic stantibus*[21], que é abreviação da fórmula *contractus qui habent tractum successivum et dependentiam de futuro rebus sic stantibus intelliguntur* (nos contratos de trato sucessivo ou a termo, o vínculo obrigatório entende-se subordinado à continuação daquele estado de fato vigente ao tempo da estipulação),[22] glosa medieval atribuída a Neratio. Antes de integrar nossa lei civil substantiva, a rara

[20] A denominada base objetiva do negócio jurídico é violada quando a relação de equivalência entre prestação e contra-prestação não mais existe. V. Karl Larenz, *Base del negocio jurídico y cumplimiento de los contratos*, Madrid, *Revista de Derecho Privado*, 1956, p. 224 e s.

[21] A cláusula *rebus sic stantibus* tem o seguinte significado: "cláusula" é palavra de origem latina (*clausula*), conclusão, disposição, o que se decide, o que se conclui. *Rebus* é ablativo do plural *res, rei* (coisa, acontecimento, fato, circunstância, sorte, estado de coisas). *Sic* é advérbio, apócope de *sice* (assim, desse modo, dessa maneira, a tal ponto). *Stantibus* é ablativo plural do particípio presente do verbo intransitivo latino *sto, stas, steti, statum, stare* (estar, conservar-se, manter-se). Desta forma, *rebus sic stantibus* corresponde no vernáculo a "estando assim as coisas". V. Rogério Ferraz Donnini, ob. cit. p. 9.

[22] Arnoldo Medeiros da Fonseca, em sua obra *Caso Fortuito e Teoria da Imprevisão*, Rio de Janeiro: Imprensa Nacional, 2a. ed., 1943, p. 14.

aplicação dessa teoria estava condicionada a alguns pressupostos, que continuam a subsistir: a) vigência de um contrato comutativo de execução continuada; b) alteração radical das condições econômicas objetivas no momento da execução, em confronto com aquele do momento de sua celebração; c) onerosidade excessiva para um dos contratantes e benefício exagerado para o outro, que normalmente sucede, mas que é dispensável; e d) *imprevisibilidade* e *extraordinariedade* daquela modificação[23]. O requisito do benefício exagerado para o outro contraente nem sempre se observa e não é essencial, pois em situações extraordinárias, como se constata em uma pandemia, muitas vezes ambas as partes suportam prejuízos.

Embora a possibilidade de revisão ou resolução contratual não se limite às hipóteses de *imprevisibilidade* e *extraordinariedade*, uma vez que a infração às *cláusulas gerais* de *função social do contrato* e *boa-fé objetiva* também autorizam essa pretensão[24], nossa lei civil substantiva, em se tratando de algo imprevisível, exige a sua demonstração. O art. 317, que versa sobre a revisão contratual[25], reporta-se à imprevisibilidade, sem qualquer menção a fato extraordinário, enquanto o art. 478, que trata da onerosidade excessiva e da resolução contratual, abarca as duas noções[26]. Considera-se imprevisível o acontecimento logicamente improvável, fora da probabilidade passível de verificação; extraordinário seria uma situação que se insere além da normalidade esperada nos eventos, algo estatisticamente difícil de ocorrer[27].

Se nas relações entre particulares e, portanto, reguladas pelo Código Civil, exige-se a demonstração do acontecimento imprevisível e extraordinário, o mesmo não ocorre nas relações de consumo, pois o Código de

[23] Maria Helena Diniz, *Curso de Direito Civil Brasileiro, Teoria das Obrigações Contratuais e Extracontratuais*, vol. 3, 28ª ed., São Paulo: Saraiva, 2012, p. 184.

[24] V. Nelson Nery Junior e Rosa Maria de Andrade Nery, *Código Civil Comentado*, 13ª ed., São Paulo: Revista dos Tribunais, 2019, p. 724, e Rogério Donnini, *Revisão Contratual sem Imprevisão, in Revista do Advogado*, v. 98, p. 212-221, 2008.

[25] Art. 317. Quando, por motivos imprevisíveis, sobrevier desproporção manifesta entre o valor da prestação devida e o do momento de sua execução, poderá o juiz corrigi-lo, a pedido da parte, de modo que assegure, quanto possível, o valor real da prestação.

[26] "Art. 478. Nos contratos de execução continuada ou diferida, se a prestação de uma das partes se tornar excessivamente onerosa, com extrema vantagem para a outra, em virtude de acontecimentos extraordinários e imprevisíveis, poderá o devedor pedir a resolução do contrato. Os efeitos da sentença que a decretar retroagirão à data da citação."

[27] Carlo G. Terranova, *Il Codice Civile – Commentario – L'eccessiva onerosità nei contratti – artt. 1467-1469*, Milano: Giuffrè Editore, 1995, p. 130.

Defesa do Consumidor não adotou a clássica *teoria da imprevisão,* visto que o art. 6º, nº V, possibilita a modificação das cláusulas contratuais que estabeleçam prestações desproporcionais ou sua revisão em virtude de acontecimentos supervenientes que as tornem excessivamente onerosas. Na primeira hipótese, o juiz pode alterar uma ou mais cláusulas que estabeleçam uma prestação desproporcional, vale dizer, aquela que provoca um desequilíbrio contratual, seja no preço ou qualquer outra obrigação desproporcional; na segunda, há a possibilidade de revisão judicial da cláusula de preço, que era equitativa na época da celebração do contrato e se tornou excessivamente onerosa para o consumidor. Não existe qualquer menção a fatos imprevisíveis e extraordinários. Basta que haja desproporção, desequilíbrio a causar excessiva onerosidade.

A possibilidade de revisão judicial do contrato não beneficia apenas o consumidor, uma vez que, posto o referido art. 6º, nº V de nossa lei consumerista esteja incluído entre os direitos básicos do consumidor, pode ser pleiteada pelo fornecedor de produtos ou serviços a alteração ou revisão de cláusula que lhe provoque ônus excessivo, em razão do disposto no § 2º do art. 51 do mesmo *codex*, assim como ao abrigo do princípio da boa-fé (art. 4º, nº III), que deve nortear as relações de consumo.

CONCLUSÕES

A pandemia provocada pelo *coronavírus* tanto pode ensejar a extinção ou a revisão dos contratos. Embora a doutrina nacional e estrangeira tenha sempre diferenciado o caso fortuito da *teoria da imprevisão,* a inevitabilidade da situação no primeiro caso e a imprevisibilidade e extraordinariedade no segundo, ambas as figuras podem servir de sustentáculo para o inadimplemento justificável da obrigação, com a resolução do contrato, ou para a modificação de cláusula contratual por excessiva onerosidade, para o retorno perdido do equilíbrio nas prestação, mediante demonstração inequívoca, desde que não esteja o devedor em mora[28].

Tudo depende, no entanto, do caso específico. Se a paralisação da atividade comercial ou industrial resulta na impossibilidade do cumprimento obrigacional, fato esse inevitável (fortuito externo) como, por exemplo, a cessação na entrega de insumos ou matéria prima, o incumprimento obrigacional é justificável. De outro lado, porém, caso o valor do produto

[28] Art. 399 do Código Civil.

ou serviço tenha se tornado excessivamente oneroso, cabe a resolução ou revisão judicial (CC, arts. 317 e 478; CDC, arts. 6º, V e 51, § 2º).

A paralisação temporária do comércio gera situação de difícil solução nas locações comerciais e residenciais de imóveis. Há um fato inevitável e muito menos previsto pelas partes que possibilita a redução temporária do valor locatício, especialmente no primeiro caso. Entretanto, se há a vontade de se permanecer na relação locatícia por parte do locatário, não deve apenas ele ser beneficiado, tendo em vista que não cabe apenas ao locador suportar exclusivamente a diminuição do valor, que, se fixado com razoabilidade, propicia não apenas a ideia de equilíbrio nas perdas, mas a conservação do contrato.

O fato notório da pandemia, por si só, não é fundamento para a incidência de fortuito externo ou imprevisão. Há que se provar a inevitabilidade e a onerosidade excessiva, mesmo porque existem setores que não suportaram ou sentiram perdas consideráveis capazes de justificar o inadimplemento contratual ou a resolução ou revisão contratual, bem como os contratos aleatórios, cujo risco é ínsito à sua natureza, o que inviabiliza qualquer pretensão nessa direção.

REFERÊNCIAS

ALVES, José Carlos Moreira. *Direito Romano,* vol. II, 13ª ed., Rio de Janeiro: Forense, 2003.

BETTI, Emilio. *Istituzioni di Diritto Romano, volume secondo, parte prima,* Padova: Cedam, 1962.

DINIZ, Maria Helena. *Curso de Direito Civil Brasileiro, Teoria Geral das Obrigações,* São Paulo: Saraiva, 27ª ed., 2012.

—. *Curso de Direito Civil Brasileiro, Teoria das Obrigações Contratuais e Extracontratuais,* vol. 3, 28ª ed., São Paulo: Saraiva, 2012

DONNINI, Rogério. *A Revisão dos Contratos no Código Civil e no Código de Defesa do Consumidor,* 2ª ed., São Paulo: Saraiva, 2001.

—. *Comentários ao Código Civil Brasileiro, arts. 927/954,* vol. VIII, coord. Arruda Alvim e Thereza Alvim, Rio de Janeiro: Forense, 2013.

—. *Revisão Contratual sem Imprevisão, in Revista do Advogado,* v. 98, 2008.

FONSECA, Arnoldo Medeiros da. *Caso Fortuito e Teoria da Imprevisão,* Rio de Janeiro: Imprensa Nacional, 2ª ed., 1943.

FOUILLÉE Alfred. *La Science sociale contemporaine,* Paris: Hachette, 1880.

GOMES, Orlando. *Obrigações,* 16ª ed., Rio de Janeiro: Forense, 2004.

GONÇALVES, Carlos Roberto. *Direito Civil Brasileiro, 2 – Teoria Geral da Obrigações,* 13ª ed., São Paulo: Saraiva, 2016.

HORN, Norbert. *Introdução à ciência do direito e à filosofia jurídica,* tradução de Elisete Antoniuk, Porto Alegre: Sergio Antonio Fabris Editor, 2005.

HUC, Théophile. *Commentaire Théorique & Pratique du Code Civil,* Paris: Librairie Cotillon, 1895.

LARENZ, Karl. *Base del negocio jurídico y cumplimiento de los contratos*, Madrid, *Revista de Derecho Privado*, 1956.

LÔBO, Paulo. *Direito Civil – Obrigações*, São Paulo, Saraiva, 2ª ed., 2011.

MALUF, Carlos Alberto Dabus. *Do caso fortuito e da força maior, in* NERY, Rosa Maria de Andrade; DONNINI, Rogério, *Responsabilidade Civil, Estudos em homenagem ao professor Rui Geraldo Camargo Viana*, São Paulo: Revista dos Tribunais, 2009.

MELLO, Celso Antônio Bandeira de. *Curso de Direito Administrativo*, 18ª ed., Rio de Janeiro: Malheiros, 2005.

MONTEIRO, Washington de Barros. *Curso de Direito Civil, Direito das Obrigações, 1ª Parte*, 32ª ed., São Paulo: Saraiva, 2003.

NERY JUNIOR Nelson; NERY, Rosa Maria de Andrade. *Código Civil Comentado*, 13ª ed., São Paulo: Revista dos Tribunais, 2019.

PEREIRA, Caio Mário da Silva. *Instituições de Direito* Civil, vol. II, Teoria Geral das *Obrigações*, Rio de Janeiro: Forense, 23ª ed., 2009.

PETIT, Eugène. *Tratado Elementar de Direito Romano*, trad. Jorge Luís Custódio Porto, Campinas: Russell, 2003.

RODRIGUES, Silvio. *Direito Civil, Parte Geral das* Obrigações, vol. 2, São Paulo: Saraiva, 2002.

TERRANOVA, Carlo G. *Il Codice Civile – Commentario – L'eccessiva onerosità nei contratti – artt. 1467-1469*, Milano: Giuffrè Editore, 1995.

WALD, Arnoldo. *Direito Civil, Direito das Obrigações e Teoria Geral dos Contratos*, 18ª ed., São Paulo: Saraiva, 2009.

DEMOCRACIA JUDICIAL: IMPESSOALIDADE E GESTÃO DA PROVA

VIVIANE COÊLHO DE SÉLLOS KNOERR
FERNANDO GUSTAVO KNOERR

INTRODUÇÃO: PREMISSAS HISTÓRICO-POLÍTICAS

A fundação dos estados nacionais modernos resultou da retirada do poder das mãos do soberano monárquico, prenunciada pelo manual de Maquiavel que, escrito em língua *paysanne*, ensinou os habitantes dos burgos a agir de forma calculada diante do príncipe despreparado[1]. O soberano é

[1] Nesse sentido é ilustrativo o trecho d'O Príncipe quando ensina que "Deixando de parte, assim, os assuntos relativos a um príncipe imaginário e falando daqueles que são verdadeiros, digo que todos os homens, máxime os príncipes por situados em posição mais preeminente, quando analisados, se fazem notar por alguns daqueles atributos que lhes acarretam ou reprovação ou louvor. Assim é que alguns são havidos como liberais, alguns miseráveis (usando um termo toscano, porque "avaro" em nossa língua é ainda aquele que deseja possuir por rapina, enquanto "miserável" chamamos aquele que se abstém em excesso de usar o que possui); alguns são tidos como pródigos, alguns rapaces; alguns cruéis, alguns piedosos; um fedífrago, o outro fiel; um efeminado e pusilânime, o outro feroz e animoso; um humano, o outro soberbo; um lascivo, o outro casto; um simples, o outro astuto; um duro, o outro fácil; um grave, o outro leviano; um religioso, o outro incrédulo, e assim por diante.
Sei que cada um confessará que seria sumamente louvável encontrarem-se em um príncipe, de todos os atributos acima referidos, apenas aqueles que são considerados bons; mas, desde que não os podem possuir nem inteiramente observá-los em razão das contingências humanas não o permitirem, é necessário seja o príncipe tão prudente que saiba fugir à infâmia daqueles vícios que o fariam perder o poder, cuidando evitar até mesmo aqueles que não chegariam a pôr em risco o seu posto; mas, não podendo evitar, é possível tolerá-los, se bem que com

deposto e o mando que exercia conforme seus desígnios pessoais migra para as mãos de seus até então súditos.

Ao assenhorar-se do poder do soberano (a soberania), a burguesia passa a exercê-lo sob o argumento de que o faz em nome de todos, e não apenas em seu proveito pessoal, inserindo nesta articulação a figura do estado[2] como instituição que, por delegação geral, movimenta-se para satisfazer o interesse público, estampado em lei.

Nesse sentido, observa que Châtelet que "A principal obra de Rousseau, o Contrato Social, propõe aos homens firmarem um pacto legítimo que lhes permita reconquistar a liberdade, 'encontrar uma forma de associação que defenda e proteja a pessoa e os bens de cada associado com toda a força comum, e pela qual cada um, unindo-se a todos, só obedeça a si mesmo."[3]

Excetuando contextos episódicos em que o exercício da soberania pode ser efetivado diretamente pelos habitantes dos burgos[4], torna-se possível adotar a regra do exercício indireto do poder que agora titulariza, delegando esta função aos governantes e parlamentares. Esta delegação é articulada através do instituto do mandato, oriundo do *Jus Civile* romano, pois, como ensina Châtelet, "para se exercer, esta potência tem de se encarnar nas instituições empíricas que tem a missão de governar"[5] e, governando, os mandatários ficam adstritos a agir conforme a vontade expressa ou presumida dc scus mandantcs.

Institucionaliza-se a soberania. A institucionalização verticaliza-se exatamente pela marca de retirar qualquer nome, rosto ou preferência pessoal

quebra do respeito devido. Ainda, não evite o príncipe de incorrer na má faina daqueles vícios que, sem eles, difícil se lhe torne salvar o Estado; pois, se bem considerado for tudo, sempre se encontrará alguma coisa que, parecendo virtude, praticada acarretará ruína, e alguma outra que, com aparência de vício, seguida dará origem à segurança e ao bem-estar." (MAQUIAVEL, Nicolo. O príncipe. Traduzido por Nélia Maria Pinheiro Padilha von Tempski-Silka. 1ª edição Editora Juruá: Curitiba, 2001.p. 104).

[2] Maquiavel (op. cit. p. 22) inaugura o emprego do termo Estado quando já no início d'O Príncipe afirma: "Todos os Estados, todos os poderes que tiveram e têm ainda autoridade sobre os homens foram e são repúblicas ou principados."

[3] CHATELÊT, François *et alli*. História das idéias políticas. 1ª edição. Tradução Carlos Nelson Coutinho. Jorge Zahar Editores: Rio de Janeiro, 1997. p. 73.

[4] Nesse sentido observa "*Rousseau et Tolstoï préconisant la vie patriarcalle sous le forme de pétites communautés, ont admis que les hommes ont avantage à se grouper et ils ont étudié le caractére du contrat social suivant lequel ils doivent se lier.*" (MARKOVITCH, Milan I. Jean-Jacques Rousseau et Tolstoï. Slatkine Reprints. Genéve, 1975. p. 228)

[5] CHÂTELET. Op. cit. p. 47.

do exercício da soberania e, por isso, ladeada pela legalidade, a impessoalidade também se erige como elemento de fundação e sustentação do estado, destacando-se como princípio[6].

Nas origens do estado, visando extirpar em definitivo a figura do governante como *legibus solutus*[7], legalidade e impessoalidade despontam como limites ao exercício da soberania justamente para conter excessos no exercício deste poder que não reconhece superiores[8]. A legalidade é o limite objetivo da atuação estatal, pois aponta os caminhos a serem seguidos na satisfação do interesse público. A impessoalidade, de sua vez, é o limite subjetivo, pois não admite o uso da estrutura do estado para o atendimento de desígnios pessoais, mas apenas para que o bem comum[9] seja concretizado. Assim se estrutura o modelo originário do estado liberal, com o governo preenchendo o espaço público e os particulares situados na esfera da liberdade individual privativa do espaço privado.

O governo é compartilhado pelo Poder de Execução (de sanções e alguns poucos tributos), melhor chamado Poder Executivo, e pelo Poder Legislativo, responsável pela formulação da Lei e, portanto, pela construção da barreira que separa o espaço público do espaço privado, protegendo a liberdade que grassa neste em face de eventuais abusos daquele, afinal, como frisa o Barão de Montesquieu, trata-se de uma relação de causalidade, pois "Todo homem investido de poder é tentado a dele abusar."[10]

Cunha-se neste contexto a primeira formulação recebida pelo princípio da legalidade, estabelecendo que ao governo somente é dado agir nos

[6] Princípio como fator de criação e de sustentação da realidade. Início e meio de todo ser. Alfa e ômega.

[7] *Lex princeps legibus solutus abrogata*

[8] Para Jean Bodin," "Sovereignty is the absolute and perpetual power of a commonwealth". (BODIN, Jean. *On Sovereignty: four chapters from 'The Six Books of the Commonwealth'.* edição de trad. para inglês de Julian H. Franklin, Cambridge University Press, 1999, p. 1)

[9] "Santo Agostinho busca a construção de uma moral política fundada numa utopia: a da fé cristã que almeja e que luta por um mundo mais justo do que o da sociedade. Para ele, o amor tudo rege: "Aquele que te fez, te exige todo". A premissa de toda a ação e de toda a existência está medida neste apelo: "Ama e faze o que queres '. De acordo com Santo Agostinho, toda sociedade pressupõe o amor a um bem comum compartilhado por todos e visa um objetivo também comum: a ordem da paz." (CONCEIÇÃO, Gilmar Henrique da. A filosofia política de Santo Agostinho.: algumas aproximações. Revista Tempo de Ciência. 2º semestre, 2008. p. 102.)

[10] MONTESQUIEU, Charles Louis. *Montesquieu: Choix de textes et introduction,* p. 32, Charles de Secondat Montesquieu (baron de) – Louis-Michaud, 1910.

estritos termos da Lei, pois apenas exerce o poder com os limites inerentes a esta função, e não o titulariza, enquanto o particular tem a liberdade de fazer tudo o que a Lei não proíbe (liberdade negativa). O poder público age ilegalmente quando abusa.

Assim vertebrada, a estrutura do estado liberal não alocava o Poder Judiciário no espaço público, ressalvada a referência tangencial de Montesquieu ao Poder Executivo do Povo. Com a gradativa passagem histórica do modelo de produção capitalista eminentemente agrário para o industrial, que permite geração de riqueza em menor tempo, potencializada em maior dimensão, o modelo político também passa por profundas alterações, principalmente porque, com a industrialização, os modos de produção passam a depender também de outra força: o trabalho.

Observa Huberman que "O capitalista é o dono dos meios de produção – edifícios, máquinas, matéria-prima, etc.; compra a força de trabalho. É da associação dessas duas coisas que decorre a produção capitalista."[11] Com a escassez de mão de obra consumida pela conjunção do grande número de baixas nas guerras de conquistas de território e dos ambientes de trabalho e moradia absolutamente insalubres, a geração de riqueza no modelo capitalista industrial, que até então avançava em escala geométrica, esbarra em uma profunda crise, pois com pouca mão-de-obra disponível gera-se pouca riqueza e com pouca riqueza compromete se o modelo de estado que até então se articulava muito bem com o modelo econômico capitalista.

Não se duvida que estado e capitalismo mantem uma relação de mútua dependência e, por isso, a crise deste modelo econômico também gera a crise do modelo político. O estado reage e parte em socorro do capitalismo industrial, subsidiando a mão-de-obra através da prestação de serviços de auxílio ao proletariado, tais como saúde e educação básicas.

Surgem os serviços públicos que, ao suprirem carências do proletariado, permitem ao modelo capitalista contornar a crise pela qual passava, superando-a para torná-lo ainda mais vigoroso, rumo à primeira e à segunda revolução industrial. Fato é que a prestação de serviços públicos pelo poder público gera outras consequências de igual relevância, pois encarregado da prestação de serviços em favor dos indivíduos, surge no espaço público outro setor: a administração pública.

[11] Huberman, Leo. História da riqueza do homem. 21ª edição. Editora Guanabara: Rio de Janeiro, 1986. p. 157.

Em paralelo, a relação que antes se estabelecia entre o indivíduo e o poder público no modelo liberal tinha caráter estritamente político, concentrando-se no jogo de forças e interesses inerente a este fenômeno, travado entre o governo e os indivíduos na outorga de mandatos, na formação de facções partidárias e no próprio exercício da soberania. Como assinala Adriano Moreira, "temos que o Poder é uma relação entre a sociedade civil e o aparelho do Poder. Visto que o fenômeno central da política é a luta pela aquisição, manutenção e exercício do Poder, essa luta decorre em relação a cada um ou ambos dos termos dessa relação."[12]

Com o advento do estado prestador de serviços (estado social, de bem estar social, *welfare state*), a relação entre o indivíduo e o poder público jurisdiciza-se, é dizer, passa a ser, além de política, também jurídica, afinal a consolidação paralela do constitucionalismo gradativamente sedimenta a conclusão de que o poder público (*rectius*: administração pública) tem o dever de prestar serviços públicos e o indivíduo direito de ser deles usuário. Assim, a relação entre esses dois pólos, que antes se estabelecia ente interesses prevalentes e interesses subjugados (relação política), agora vem a ser também uma relação de direito e dever (relação jurídica).

Nesse contexto, o poder público age ilegalmente quando abusa, mas também quando se omite diante de seu dever legal de prestar serviços públicos, adensando-se na seara governamental o surgimento de outro Poder, um terceiro, chamado Judiciário, a quem, a partir da execução da lei, incumbe o papel de solucionar conflitos de interesses entre particulares e também de controlar a administração pública, coibindo eventuais abusos e forçando-a a prestar serviços públicos.

1. DEMOCRACIA TAMBÉM NO PODER JUDICIÁRIO

O Poder Judiciário se insere, portanto, de forma tardia na articulação original do controle recíproco estabelecido entre o Poder Executivo e o Poder Legislativo, destacando-se no modelo de estado prestador de serviços como o maior controlador dos demais poderes, pois o modelo capitalista industrial impinge a busca cada vez mais frequente do controle judicial, sendo ao mesmo tempo o menos controlado, afinal o monopólio da coisa julgada lhe outorga a última pronúncia do Direito na disciplina das relações estabelecidas entre indivíduo e indivíduo, indivíduo e poder público e entre

[12] MOREIRA, Adriano. Ciência política. Almedina: Coimbra, 1992. p. 153.

os próprios entes do poder público que são gradativamente mais jurídicas e cada vez menos políticas.

Este *locus* peculiar do Poder Judiciário na estrutura estatal, no entanto, não alcança o ponto de alforriá-lo do controle popular, consolidado pelo advento dos modelos democráticos, pois a procedimentalização da atuação judicial também esbarra num conjunto de limites que orientam e protegem o particular, construindo a plêiade de princípios denominada processo.

Por isso, a democracia contemporânea não repercute apenas no sentido político ao franquear a participação na gestão pública de todos os cidadãos que preencham as condições constitucionais para o exercício do sufrágio ou até mesmo para fazê-lo de forma direta, mas também espraia-se para as relações (jurídicas) mantidas com o Poder Judiciário, afinal, como alerta Kelsen, "o desejo de um governo eficaz, não justifica a substituição que coloca, em lugar da definição de democracia com governo do povo, uma definição da qual o povo, com força atuante, seja eliminado e mantido apenas como um fator passivo, uma vez que se faz necessária, de sua parte, a aprovação do líder, expressa de uma forma ou de outra. Essas definições só tem o efeito – quando não a intenção – de camuflar o recuo da posição democrática com uma terminologia democrática."[13]

2. A IMPESSOALIDADE NA GESTÃO DA PROVA JUDICIAL

Da mesma forma que não se admite a condução do estado direcionada para o atendimento dos desígnios pessoais dos mandatários políticos, a impessoalidade também repele a decisão judicial desatrelada do conteúdo do processo construído pelas partes ao longo do procedimento através da sustentação de suas razões jurídicas, mas também da demonstração das questões de fato. Os princípio elencados pelo artigo 37, *caput*, da Constituição Federal, apesar da topografia que lhes foi reservada no texto maior, não se remetem apenas a limitar a atuação da administração pública, mas de todo o estado brasileiro, pois elencam-se os princípios da legalidade, moralidade, publicidade, impessoalidade e eficiência como balizadores da atuação da "administração direta e indireta de quaisquer dos poderes."

Os meios de prova, portanto, concebidos como instrumentos de reconstrução da realidade pretérita no procedimento em curso, ou como melhor

[13] KELSEN, Hans. A democracia. Tradução de Ivone Castilho Benedetti *et alli*. Martins Fontes: São Paulo, 1993. p. 191

o conceitua Maria Helena Diniz no dicionário jurídico, é "o que estabelece a verdade por demonstração"[14] e "aquilo que confirma a veracidade de um fato"[15], destinando-se a formar o conjunto de dados reais fatos postos em lide, dirige-se ao processo e não ao Poder Judiciário, afinal a amplitude de defesa é decorrência da atuação democrática das partes na relação judicial.

É justamente por essa razão que, de modo absolutamente excepcional, admite-se a rejeição do uso dos meios de prova indicados pelas partes, pois a regra ofenderia o teor democrático da relação processual judicial, não se admitido que o Poder Judiciário conduza a fundamentação da decisão que depende de prova técnica especializada (não jurídica) unicamente de acordo com a convicção pessoal do Magistrado.

3. O DIREITO DAS PARTES À PRODUÇÃO DA PROVA QUE DEPENDA DE CONHECIMENTO TÉCNICO EXTRAJURÍDICO E O DEVER JUDICIAL DE PRODUZI-LA

A se permitir ao Magistrado que, para sê-lo, deve ter formação jurídica, mesmo que tenha qualificação em outras searas, decida com lastro em elementos não jurídicos sem valer-se do conhecimento técnico outros elementos de prova aportados pelas partes, admite-se, por igual, a gestão da prova de forma a direcionar o resultado do processo sem a participação igualitária – proporcionada pelo contraditório – e democrática do processo, imposta pela ampla defesa e pela fundamentação impessoal das decisões, desconsiderando-se o disposto no artigo 156 do Código de Processo Civil, que é taxativo ao estatuir que "O juiz será assistido por perito quando a prova do fato depender de conhecimento técnico ou científico."

"Será assistido" e não apenas "poderá ser assistido". Fica claro que não trata de faculdade que permite ao Magistrado, ainda que sentindo-se habilitado para tanto, proceder de forma autônoma, sem amparo na manifestação técnica especializada. Por isso, nos processo cuja solução da lide dependa de forma preponderante de conhecimento técnico que extrapola os lindes jurídicos, a atuação pericial assume protagonismo de grande efeito na decisão sobre a questão de fundo.

Eduardo Cambi examina a questão, pontuado que "A prova pericial ou científica tem finalidade de facilitar a apreciação, a compreensão e a valo-

[14] DINIZ, Maria Helena. Dicionário jurídico. 3ª edição. Saraiva: Rio de Janeiro, 2017. P. 212.

[15] DINIZ, Maria Helena. Op. cit. p.212.

ração de questões de fato controvertidas no processo, que exigem conhecimentos técnicos, excedentes daqueles os quais o juiz ou qualquer pessoa de cultura média normalmente possuiria. A propósito, mesmo dispondo o julgador desses conhecimentos técnicos, não pode dispensar a realização da prova pericial, porque o magistrado não pode se valer dos seus conhecimentos privados, além de a consulta de um especialista na matéria ser recomendável à boa administração da justiça, a ponto de o legislador processual distinguir expressamente as funções processuais a serem exercidas pelo juiz das desempenhadas pelo perito (art.134, inc. II, CPC)."

Destacando que "O perito colabora com o juiz, podendo simplesmente observar a existência dos fatos cuja percepção dependa de um saber técnico ou científico, ainda que seja apenas para indicar as regras de experiência comum, que, depois de reveladas, são aplicadas pelo juiz, ou mais frequentemente, para valorar esses fatos em conformidade com o conhecimento especializado."[16]

De forma certeira apontou o Superior Tribunal de Justiça no Recurso Especial nº 1.217.614, relatado pelo Ministro Hamilton Carvalhido, referindo o juiz-perito ao destacar: "É evidente que a essas conclusões só se pode chegar mediante a utilização de conhecimentos técnicos, o que abre duas possibilidades, com as respectivas implicações: 1º) o julgador fez uso de elementos constantes do laudo elaborado para chegar a tais conclusões, o que implicaria em admitir dilação probatória em mandado de segurança; ou 2º) o julgador se valeu de conhecimentos técnicos próprios, o que viola o princípio da imparcialidade, por criar a figura do juiz-perito, inadmissível em nosso sistema processual."[17]

Na mesma linha, Fredie Didier Jr. pronuncia-se sobre a matéria, indagando: "Resta, então, responder à seguinte pergunta: dispondo o magistrado de conhecimentos técnicos (por exemplo: além de bacharel de direito, o magistrado é médico), poderia ele dispensar a realização da perícia, aplicando o seu próprio saber técnico para a formação do seu convencimento? Não. Do contrário, o juiz acumularia a função de perito, impossibilitando a adoção do correspondente procedimento probatório e amputando às partes a oportunidade de participar dele pela forma que a lei lhe assegura.

[16] Cambi, Eduardo. A Prova Civil. Admissibilidade e Relevância. Rio de Janeiro: Ed. Revista dos Tribunais, 2006, p. 232 /233.

[17] STJ. Recurso Especial nº 1.217.614.

Tanto quanto o juiz-testemunha, o juiz-perito é recusado pelo sistema. Ademais: a) nem sempre o juiz que preside a produção da prova será aquele que sentenciará e b) a instância recursal é composta necessariamente por outros magistrados distintos daquele que proferiu a sentença. A perícia é, então, indispensável." [18]

Sobre o conhecimento técnico e científico Luiz Rodrigues Wambier comenta que até é possível ao Magistrado que eventualmente o tenha empregá-lo para esclarecer ponto controvertido. No entanto, tal conhecimento pessoal não afasta a necessidade de perícia, pois "[...] esse meio de prova tem dupla função: ao mesmo tempo em que serve para dirimir as dúvidas que o juiz tenha a respeito dos fatos, também se presta a mostrar para as partes a realidade do acontecido. Se o juiz, por coincidência, estudou o ramo da ciência necessário para entender o ponto controvertido, mesmo assim deve deferir a perícia, porque sua realização servirá também para esclarecer o ponto às partes e seus advogados. Esse é um aspecto essencial para o contraditório. Mas não é só isso: considere-se que a causa poderá passar também por outros graus de jurisdição, em que os magistrados não tenham, necessariamente, os mesmos conhecimentos técnicos que o juiz de primeiro grau. A perícia, enfim, servirá para todos os sujeitos do processo em todos os graus de jurisdição – e não apenas para o juiz de primeiro grau. A necessidade de conhecimentos técnicos para a identificação e compreensão dos fatos da causa deve ser contraposta à hipótese em que esses mesmos resultados podem ser atingidos meramente com base em noções da vida cotidiana (as "regras da experiência comum", a que alude o art. 375 do CPC/2015). Aí não se cuida de conhecimentos técnicos ou científicos que o juiz tenha, mas sim das máximas da experiência que todos têm. Incluem-se: as leis essenciais da física, da biologia etc. Exemplificando: se um veículo trafega em pista asfáltica e, não conseguindo realizar curva à sua direita, vem a abalroar outro veículo que segue em sentido contrário, não é necessária a perícia para demonstrar que estava em excesso de velocidade, pois todos sabem, e não apenas o juiz, que os corpos em movimento tendem a manter trajetória retilínea. É a lei da inércia. Mas o mesmo art. 375 do CPC/2015, na parte final, ressalva eventual necessidade da realização da prova pericial. É que, sempre

[18] DIDIER JR., Fredie. *Curso de Direito Processual Civil*. Salvador: Ed.Jus Podivm, 9ª Ed., 2014, p. 211.

que houver necessidade de conhecimento técnico ou científico mais aprofundado, ainda que o juiz detenha esse conhecimento específico, a prova pericial não poderá ser dispensada – como já se viu. Pense-se, por exemplo, na seguinte situação: o juiz dispensa a realização de prova pericial e decide com base em seus conhecimentos em topografia. Se a parte interpuser recurso de apelação contra essa decisão, o órgão de segundo grau, cujos membros não necessariamente terão esse mesmo conhecimento, ficará sem subsídios para apreciar o recurso."[19]

Cassio Scarpinella Bueno também se pronuncia sobre a matéria, frisando o relevo da produção da prova pericial para o esclarecimento de questões técnicas de caráter específico e estranhas ao que se espera do conhecimento médio de um magistrado, ensinando que "O perito é auxiliar do juízo assim entendido o responsável por levar, ao conhecimento do juízo informações técnicas, que não estão ao alcance da compreensão exigida de um magistrado mas que, não obstante, são indispensáveis porque relevante se pertinentes para o julgamento da causa. Rigorosamente falando, todas as questões relativas a dados não jurídicos e que têm aptidão de ser entendidas como áreas específicas ou próprias do conhecimento humano podem resultar, quando seu enfrentamento é necessário, para fins de resolver um conflito, na necessidade da produção de prova pericial.[20]

Não menos contundentes são os comentários de Fernando Gajardoni acerca da obrigatoriedade de utilização de um perito em questão de conhecimentos técnicos e específicos, enfatizando que "O Perito (artigo 156 do CPC/2015)... Profissional de inegável importância, o perito se destaca como sendo o auxiliar da justiça requisitado quando o esclarecimento dos fatos depender de produção de prova técnica ou científica, ligada à área do conhecimento de caráter específico e estranha ao magistrado. Mesmo que o juiz detenha os conhecimentos técnicos estranhos ao universo jurídico (v.g., juiz que estudou engenharia), mister a nomeação do perito, visto que seus conhecimentos servem, também, às partes e aos magistrados de outros graus de jurisdição que não detém o mesmo conhecimento técnico do juiz."[21]

[19] WAMBIER, Luiz Rodrigues. Curso Avançado de Processo Civil. Rio de Janeiro: 2017.

[20] SCARPINELLA BUENO, Cassio. Curso Sistematizado de Direito Processual Civil. São Paulo: Ed. Saraiva, 2009, p. 301/302.

[21] GAJARDONI, Fernando. *Teoria Geral do Processo – Comentários ao CPC de 2015*. Rio de Janeiro: Ed. Forense, Grupo GEN, 2017, p. 521.

A doutrina é, portanto, absolutamente convergente no resguardo da amplitude de atuação no processo que alcança o pleno direito das partes em demonstrar pericialmente suas razões, concluindo pela obrigatoriedade de o Magistrado, que tem formação jurídica, valer-se de peritos em conhecimentos técnicos e especializados para a formação impessoal da fundamentação de suas decisões.

A conclusão doutrinária ressoa na jurisprudência uniformizadora do Superior Tribunal de Justiça, confirma a obrigatoriedade de o juiz em utilizar-se da prova pericial, não podendo valer-se, por mais que os tenha, de conhecimentos em assuntos técnicos extrajurídicos, sob pena de ferir o princípio do contraditório, pois " Quando a matéria de fato demandar conhecimento técnico e específico para sua adequada compreensão, escapando às regras de experiência comum, deve o juiz deferir a produção de prova pericial, a teor do art. 145, caput, e, a contrario sensu, do inciso I do parágrafo único do art. 420, ambos do CPC, sob pena de configuração de cerceamento de defesa. 3. Nessas circunstâncias, não é dado ao julgador, ainda que detenha cultura técnica em outras áreas além da jurídica, valer-se de seus conhecimentos em detrimento da prova pericial, produzida nos termos da lei, com inteira submissão ao princípio do contraditório."[22]

A linha hermenêutica do Superior Tribunal de Justiça está consolidada neste sentido, reiterada em outro acórdão que é igualmente elucidativo quando conclui que "Em se tratando de matéria complexa, em que se exige o conhecimento técnico ou científico, a perícia deve ser realizada. O juiz, ainda que não esteja vinculado às conclusões do laudo pericial, não pode realizar os cálculos "de próprio punho". Isso porque, com a determinação da perícia, as partes terão a oportunidade de participar da produção probatória, com a nomeação de assistentes técnicos e a formulação de quesitos."[23]

Curioso é notar como o efeito uniformizador da jurisprudência das cortes superiores demanda considerável parcela de tempo para alinhar as decisões proferidas pelos tribunais intermediários que ainda tende a agrupar-se no sentido oposto, sendo frequente encontrar-se nos areópagos de

[22] STJ. Recurso Especial nº 1549510/RJ. Relator Ministro João Otávio de Noronha, Terceira Turma, julgamento em 23 de fevereiro de 2016, publicado no DJe em 4 de março de 2016.

[23] STJ. Agravo Regimental no Agravo em Recurso Especial 2012/0112075-4. Relator Ministro Humberto Martins, Segunda Turma, julgamento em16 de agosto de 2012 e publicação em 28 de agosto de 2012.

segundo grau a radical conclusão segundo a qual "As provas são destinadas ao juiz para formação de seu convencimento. Se o magistrado entende que os documentos constantes dos autos são suficientes para construção de sua convicção, pode indeferir prova que entenda desnecessária, não constituindo cerceamento de defesa." [24]

Ou, dito de forma em outro acórdão, "A nova perícia só é determinada, na esteira do art. 437 do Cód. Proc. Civil, quando a matéria não parecer ao Juiz 'suficientemente esclarecida'. No caso, não se vê irregularidade na conduta do magistrado que, diante do laudo ofertado, bem como dos esclarecimentos prestados pelo 'expert', indeferiu pedido de realização de nova prova técnica. O laudo está suficientemente fundamentado, sendo certo que o convencimento é do julgador que irá efetuar a entrega da prestação jurisdicional e não das partes." [25]

4. A PROIBIÇÃO DA NÃO CONTRADIÇÃO COMO LIMITE DA AUTONOMIA JUDICIAL

É fato que ao proibir às partes o emprego de qualquer meio de prova, o Poder Judiciário, além de ofender a condução democrática e impessoal do processo, vedando a ampla integração das partes na reprodução dialética dos fatos postos em lide, limita-se pela imposição racional de não contradição, também conhecida pela vedação do *venire contra factum proprium*, pois não lhe será dado repelir a pretensão manifestada pela parte a quem a produção da prova fora negada, ao argumento de não se desincumbira integralmente do *onus probandi* que lhe pesava.

Nesse sentido consolidou-se a jurisprudência do Superior Tribunal de Justiça ao concluir que "evidenciada a necessidade da produção de provas pelas quais protestou a autora, constitui cerceamento de defesa o julgamento antecipado da demanda e violação aos princípios constitucionais do contraditório, ampla defesa e devido processo legal."[26]

Assertivamente concluindo em outro precedente: "Consoante jurisprudência desta Corte Superior, há cerceamento de defesa quando a parte, embora pugnando pela produção de determinada prova, tem obstado o ato processual e há julgamento contrário ao seu interesse com fundamento na

[24] TJDF. Apelação cível 20050910175304

[25] TJSP. Agravo de Instrumento nº 2081598-78.2019.8.26.0000.

[26] STJ. 4ª Turma. Recurso Especial nº 714.467. Relator: Ministro Luís Felipe Salomão.

ausência de prova de suas alegações."[27] A unicidade estrutural do Poder Judiciário e as contradições entre suas próprias decisões traduzem autêntico *venire contra factum proprium,* inserindo-se em contexto que encontra respaldo nas situações em que alguém, por certo período de tempo, comporta-se de determinada maneira, gerando expectativas em outrem de que seu comportamento permanecerá inalterado.

Esse comportamento incentiva a confiança de que a conduta será mantida tal qual adotada anteriormente, vindo a ser adotado, inopinadamente, comportamento contrário ao inicial a ponto de romper a boa-fé objetiva (confiança).

O Tribunal de Justiça de São Paulo aplica o conceito da vedação do comportamento contraditório, vindo a decidir caso em que foi condicionada a outorga da escritura pública de imóvel ao pagamento de parcelas que alcançariam valor superior ao do próprio bem, decidindo em acórdão cuja ementa sintetiza: "Quitação, sem ressalvas, da última das 240 prestações convencionadas, quanto à existência de saldo devedor acumulado. Exigência, no instante em que se reclama a outorga da escritura definitiva, do pagamento de saldo astronômico. Inadmissibilidade, eis que constitui comportamento contraditório (*venire contra factum proprium*). Sentença mantida. Recurso não provido."[28]

Muito embora o instituto tenha raízes no direito privado, nada afasta a conclusão de que a ofensa ao *venire contra factum proprium* também se encontra em todos os âmbitos do Poder Público, incluindo o Poder Judiciário. Trata-se de um fenômeno que de tão habitual passou a ser visto como corriqueiro e normal: a contradição entre decisões proferidas pelos entes estatais. Contudo, embora por vezes o particular o possa, ao estado jamais é dado se contradize, por nenhuma de suas manifestações, tampouco nas de natureza judicial.

Essas contradições acontecem desde pequenas falhas de entendimento de questões simplórias como o parâmetro para a aplicação de uma multa ambiental, até decisões de grande porte com a cobrança de tributos que englobam toda uma comunidade.

A tutela de confiança que conduz à segurança jurídica, contudo, é algo buscado e desejado sempre e em qualquer seara da vida civil. Sem equi-

[27] STJ. 4ª Turma. Agravo Interno no Agravo em Recurso Especial nº 590.205. Relator: Ministro Raul Araujo.

[28] TJSP. Apelação cível nº 415.870-4/5-00.

líbrio não há possibilidade de governança em nenhum poder. A vedação ao comportamento contraditório visa justamente essa segurança jurídica, caso contrário poderiam acontecer diversas conclusões para situações idênticas, causando perigosas incongruências na jurisprudência e nos atos públicos e privados.

No Superior Tribunal de Justiça, a teoria dos atos próprios foi empregada de forma precursora pelo Ministro Ruy Rosado de Aguiar, consignando que "O princípio da boa-fé deve ser atendido também pela administração pública, e até com mais razão por ela, e o seu comportamento nas relações com os cidadãos pode ser controlado pela teoria dos atos próprios, que não lhe permite voltar sobre os próprios passos depois de estabelecer relações em cuja seriedade os cidadãos confiam."[29]

CONCLUSÕES

É palmar que a incoerência da jurisprudência acarreta grande insegurança jurídica e deste modo, navega a montante da *ratio essendi* do próprio Direito, que tem por papel social alicerçar a segurança, a previsibilidade da vida em sociedade e o planejamento da vida pessoal e familiar em todos os seus aspectos.

A eliminação dessas idiossincrasias que ainda resumem a unicidade do Poder Judiciário a elemento meramente estrutural, mas não funcional, por certo fará espraiar-se também nesta parcela do poder público a efetividade dos princípios previstos pelo artigo 37, *caput*, da Constituição Federal, democratizando a função judicial ao admitir a efetiva integração das partes na condução do processo e na gestão das provas que conduzem à plenitude da demonstração das razões de cada parte.

REFERÊNCIAS

BODIN, Jean. *On Sovereignty: four chapters from 'The Six Books of the Commonwealth'*. edição de trad. para inglês de Julian H. Franklin, Cambridge University Press, 1999.

BRASIL. STJ. Recurso Especial nº 1.217.614.

BRASIL. STJ. Agravo Regimental no Agravo em Recurso Especial 2012/0112075-4. Relator Ministro Humberto Martins, Segunda Turma, julgamento em16 de agosto de 2012 e publicação em 28 de agosto de 2012.

BRASIL. TJDF. Apelação cível 20050910175304

BRASIL. TJSP. Agravo de Instrumento nº 2081598-78.2019.8.26.0000

[29] STJ. Recurso Especial nº 141.879/SP, Relator Ministro Ruy Rosado de Aguiar, DJ 22.06.1998.

BRASIL. STJ. 4ª Turma. Recurso Especial nº 714.467. Relator: Ministro Luís Felipe Salomão.

BRASIL. STJ. 4ª Turma. Agravo Interno no Agravo em Recurso Especial nº 590.205. Relator: Ministro Raul Araujo.

BRASIL. TJSP. Apelação cível nº 415.870-4/5-00.

CAMBI, Eduardo. A Prova Civil. Admissibilidade e Relevância. Rio de Janeiro: Ed. Revista dos Tribunais, 2006.

CHATELÊT, François *et alli*. História das idéias políticas. 1ª edição. Tradução Carlos Nelson Coutinho. Jorge Zahar Editores: Rio de Janeiro, 1997.

CONCEIÇÃO, Gilmar Henrique da. A filosofia política de Santo Agostinho.: algumas aproximações. Revista Tempo de Ciência. 2º semestre, 2008.

DIDIER JR., Fredie. *Curso de Direito Processual Civil*. Salvador: Ed.Jus Podivm, 9ª Ed., 2014.

DINIZ, Maria Helena. Dicionário jurídico. 3ª edição. Saraiva: Rio de Janeiro, 2017.

GAJARDONI, Fernando. *Teoria Geral do Processo – Comentários ao CPC de 2015*. Rio de Janeiro: Ed. Forense, Grupo GEN, 2017.

HUBERMAN, Leo. História da riqueza do homem. 21ª edição. Editora Guanabara: Rio de Janeiro, 1986.

KELSEN, Hans. A democracia. Tradução de Ivone Castilho Benedetti *et alli*. Martins Fontes: São Paulo, 1993.

MAQUIAVEL, Nicolo. O príncipe. Traduzido por Nélia Maria Pinheiro Padilha von Tempski-Silka. 1ª edição Editora Juruá: Curitiba, 2001.

MARKOVITCH, Milan I. Jean-Jacques Rousseau et Tolstoï. Slatkine Reprints. Genéve, 1975.

MONTESQUIEU, Charles Louis. *Montesquieu: Choix de textes et introduction*, p. 32, Charles de Secondat Montesquieu (baron de) – Louis-Michaud, 1910.

MOREIRA, Adriano. Ciência política. Almedina: Coimbra, 1992.

SCARPINELLA BUENO, Cassio. *Curso Sistematizado de Direito Processual Civil*. São Paulo: Ed. Saraiva, 2009.

WAMBIER, Luiz Rodrigues. Curso Avançado de Processo Civil. Rio de Janeiro: 2017.

EL SISTEMA INTERAMERICANO DE DERECHOS HUMANOS Y EL CONTROL DE CONVENCIONALIDAD

William Jesús Oblitas Villalobos

INTRODUCCIÓN

En el presente trabajo trataremos de abordar las complejidades aplicativas a las cuales se llega bajo el "control de convencionalidad"; la primera objeción que efectuaría un Estado para apartarse de dicho mecanismo jurisprudencial sería el que no existe un artículo en la CADH que de forma explícita determine su alcance; debido a ello, es que se desconoce si solo obedece a las sentencias de la Corte IDH, a la opiniones consultivas, a las medidas provisorias, o a los procedimientos de supervisión de cumplimiento; el aporte efectuado es mayormente de interpretación, la misma que se sustenta en los lineamientos hermenéuticos sobre los derechos humanos.

Ante lo mencionado, deviene en necesario el que el "control de convencionalidad" se mantenga sobre normas claras, que sea comprensible, que brinde el menor debate posible en su interpretación, que guarden consistencia en el tiempo, que no genere cambios, ya que ello provoca inseguridad jurídica. El mecanismo mencionado obedece a una nueva cultura jurisdiccional, la misma que necesita de una adecuada implementación, la cual es objeto del presente trabajo.

1. EL SISTEMA INTERAMERICANO DE PROTECCIÓN DE LOS DERECHOS HUMANOS

De acuerdo a lo indicado por José Carlos Remoti Carbonel: "La protección jurisdiccional de la Corte Interamericana se extiende, en primer lugar, a aquellos derechos expresamente señalados por la Convención Interamericana de Derecho Humanos. En segundo lugar, a los derechos contemplados en los Protocolos adicionales a dicha Convención"[1].

La Corte vigila los derechos humanos que se encuentran explícitos en la Convención firmada por los siguientes países: Argentina, Barbados, Bolivia, Brasil, Colombia, Costa Rica, Chile, Dominica, Ecuador, El Salvador, Granada, Guatemala, Haití, Honduras, Jamaica, México, Nicaragua, Panamá, Paraguay, Perú, República Dominicana, Surinam, Uruguay (Trinidad y Tobago en 1998, y Venezuela en el 2012 renunciaron).

La doctrina se ha encargado de determinar cuáles son las características de los derechos humanos que la ONU reconoce, a saber del jurista Javier Valle – Riestra son cuatro los elementos: i) Suponen una relación jurídica entre individuos o grupo social frente al Estado, ii) Son congénitos, innatos o personales, iii) Son universales e iguales, iv) son inalienables, imprescriptibles e irrenunciables[2].

Si bien en la ONU se dio el inicio de la regulación sobre tratados de derechos humanos; a nivel regional la OEA siguió el ejemplo de la organización mundial (1969 en Costa Rica)[3]; todo ello posterior a la segunda guerra mundial. De acuerdo a la CADH, en la Parte II (medios de protección) Capítulo VI (de los órganos competentes) artículo 33 y siguientes, se menciona de manera textual: "Son competentes para conocer de los asuntos relacionados con el cumplimiento de los compromisos contraídos por los Estados Partes en esta Convención: a) la Comisión Interamericana de Derechos Humanos, llamada en adelante la Comisión, y b) la Corte Interamericana de Derechos Humanos, llamada en adelante la Corte".

La CIDH, y la Corte IDH protegen los derechos humanos que reconoce la Convención; los mismos se encuentran determinados en el Capítulo II (derecho civiles y políticos) y el Capítulo III (derechos económicos, sociales y culturales) del referido Tratado: Derecho al Reconocimiento de la Personalidad Jurídica, Derecho a la Vida, Derecho a la Integridad Per-

[1] REMOTTI Carbonel, José Carlos. La Corte Interamericana de Derechos Humanos. Editorial: IDEMSA. Edición: Primera, 2004, Perú. Página 103.

[2] VALLE Riestra, Javier. Manual de los Derechos Humanos. Editorial: Ediciones jurídicas. Edición: Primera, año 2016, Lima – Perú. Página 305.

[3] Comisión Interamericana de Derechos Humanos. "Documentos Básicos de Derechos Humanos en el Sistema Interamericano". Recuperado de: http://www.oas.org/es/cidh/mandato/documentos_basicos.asp.

sonal, Prohibición de la Esclavitud y Servidumbre, Derecho a la Libertad Personal, Garantías Judiciales, Principio de Legalidad y de Retroactividad, Derecho a Indemnización, Protección de la Honra y de la Dignidad, Libertad de Conciencia y de Religión, Libertad de Pensamiento y de Expresión, Derecho de Rectificación o Respuesta, Derecho de Reunión, Libertad de Asociación, Protección a la Familia, Derecho al Nombre, Derechos del Niño, Derecho a la Nacionalidad, Derecho a la Propiedad Privada, Derecho de Circulación y de Residencia, Derechos Políticos, Igualdad ante la Ley, Protección Judicial. Se determina entonces, que la Corte IDH y la CIDH protegen los veintidós derechos fundamentales descritos; pero tal numeración no es estricta, ya que también se encuentran los derechos económicos, sociales y culturales contenidos en el artículo 26° de la Convención referida.

1.1. LA COMISIÓN INTERAMERICANA DE DERECHOS HUMANOS

El doctor Alexandre Vidigal de Oliveira define a la CIDH de la siguiente forma: "La Comisión Interamericana de Derechos Humanos – CIDH es el principal órgano de promoción y defensa de los derechos humanos en el escenario regional americano. Creada en 1959, a ella se encuentran vinculados todos los treinta y cinco países que firmaron la Carta de la OEA, no limitando su competencia a la aceptación previa por los países, como ocurre por regla en los demás sistemas internacionales de protección"[4]. Asimismo, la Organización de Estados Americanos (2018) indica que "la CIDH es un órgano principal y autónomo de la Organización de los Estados Americanos (OEA) encargado de la promoción y protección de los derechos humanos en el continente americano"[5].

La OEA indica que "la CIDH realiza su trabajo con base en tres pilares de trabajo: i) el Sistema de Petición Individual; ii) el monitoreo de la situación de los derechos humanos en los Estados Miembros, y iii) la atención a líneas temáticas prioritarias"[6]. En cuanto a su composición, la Comisión

[4] VIDIGAL de Oliveira, Alexandre. Protección internacional de los derechos humanos – justificaciones técnico-jurídicas para la creación de un tribunal mundial de derechos humanos. Tesis de post grado. Universidad Carlos III. Año 2011, Página 258.

[5] Organización de Estados Americanos. Comisión Interamericana de Derecho Humanos. Recuperado de: "https://www.oas.org/dil/esp/tratados_b-32_convencion_americana_sobre_derechos_humanos.htm"

[6] Ídem.

referida se encuentra constituida por siete comisionados que son propuestos por los Estados miembros de la OEA. Si bien en la Corte IDH es imprescindible que los representantes sean juristas, en el caso de la Comisión no se exige ese requisito (artículo 52 de la CADH).

La base funcional de la CIDH se encuentra reconocida en el artículo 41° de la Convención Interamericana de Derechos Humanos, dicho dispositivo indica: "La Comisión tiene la función principal de promover la observancia y la defensa de los derechos humanos, y en el ejercicio de su mandato tiene las siguientes funciones y atribuciones: a) estimular la conciencia de los derechos humanos en los pueblos de América; b) formular recomendaciones, cuando lo estime conveniente, a los gobiernos de los Estados miembros para que adopten medidas progresivas en favor de los derechos humanos dentro del marco de sus leyes internas y sus preceptos constitucionales, al igual que disposiciones apropiadas para fomentar el debido respeto a esos derechos; c) preparar los estudios e informes que considere convenientes para el desempeño de sus funciones; etc."[7].

Lo mencionado nos da a colegir que la creación de la CIDH, y sobre la cual los países firmaron, no tenía naturaleza convencional, ello quizá debido a la situación política que los países soportaban por aquel entonces (existían gobiernos totalitaristas). Podríamos decir entonces que en sus inicios la Comisión tenía como objetivo la promoción de los derechos humanos. Con el tiempo vinieron sosteniendo mayores facultades, tal como la de recibir quejas de privados contra los Estados firmantes.

La CIDH tiene competencia sobre todos los Estados firmantes de la CADH y de los Protocolos especializados que le reconozcan con autoridad suficiente. A su vez, la potestad de denunciar ante la Comisión puede ser asumida por cualquier persona, en su propio nombre o el de terceras personas; es más, a la fecha se han sometido múltiples denuncias efectuadas por personas jurídicas (mayormente ONG) reconocidas legalmente en uno o más Estados parte de la OEA.

Si bien existe la competencia ratione personae (denuncia personal, de ONG, o grupos de personas), también existe la denuncia interestatal; dicha posibilidad se efectúa con la CADH y no con la Carta de la OEA; solo es vinculante con los países que rubricaron dicho acuerdo; la finalidad es que

[7] Convención Americana de Derecho Humanos. "Tratados Multilaterales". Recuperado de: "https://www.oas.org/dil/esp/tratados_b-32_convencion_americana_sobre_derechos_humanos.htm".

un Estado pueda denunciar a otro la violación de los derechos humanos, los países que aceptaron tales facultades y obligaciones son: "Argentina, Chile, Colombia, Costa Rica, Ecuador, Jamaica, Nicarágua, Perú, Uruguay y Venezuela"[8].

1.2. LA CORTE INTERAMERICANA DE DERECHOS HUMANOS

El filósofo Robert Alexy al afirmar sobre las proposiciones normativas que se utilizan para resolver indica: "El que la verdad no consiste en una simple relación proposición – mundo es un argumento importante contra la tesis de que las proposiciones no son susceptibles de verdad, pero para fundamentar positivamente su capacidad de verdad es necesario algo más. Se debe mostrar que, en el marco de una teoría consensual, es posible diferenciar las aserciones fundadas de las infundadas, los argumentos válidos de los inválidos (...)"[9]. Justamente la institución que efectuará en sus fallos lo que Robert Alexy menciona en el párrafo descrito, es la Corte IDH, teniendo como paraguas de aplicación a la CADH.

Para José Carlos Remotti Carbonel la Corte IDH guarda la siguiente definición: "La Corte Interamericana de Derechos Humanos, según lo establece su propia jurisprudencia, tiene una naturaleza jurisdiccional específica dirigida a interpretar y aplicar las disposiciones de la Convención Interamericana de Derechos Humanos. (...)"[10].

La Corte IDH se compone de siete jueces, cuya nacionalidad tiene que ser de los Estados miembros, para la elección de los mismos se requiere contar con la condición de que sean juristas de la más alta autoridad moral y de reconocida competencia sobre derechos humanos. No cabe la posibilidad de que existan dos jueces de la misma nacionalidad. Son nombrados por un periodo de seis años con la posibilidad de reelegirse en una sola oportunidad. La elección de los Magistrados se efectuará en sesiones de la Asamblea General de la OEA. Las vacantes en la Corte se efectuarán por los motivos de: muerte, incapacidad permanente, renuncia o remoción.

[8] VIDIGAL de Oliveira, Alexandre. Protección internacional de los derechos humanos – justificaciones técnico-jurídicas para la creación de un tribunal mundial de derechos humanos. Tesis de post grado. Universidad Carlos III.

[9] ALEXY, Robert. Teoría de la Argumentación Jurídica. Traducción de Manuel Atienza e Isabel Espejo. Editorial: Palestra, Lima – Perú. Edición: Primera. Página 165.

[10] REMOTTI Carbonel, José Carlos. La Corte Interamericana de Derechos Humanos. Editorial: IDEMSA. Edición: Primera, 2004, Perú. Página 40.

En cuanto a las facultades de la Corte IDH, el jurista Cristián Correa menciona: "El artículo 63 de la CADH establece tres facultades que la Corte IDH puede ejercer cuando conozca de algún asunto: la de disponer el goce de los derechos conculcados a favor de quienes la Corte declare han sido afectados en ellos; la de ordenar la reparación de los mismos; y la de adoptar medidas provisionales para evitar daños irreparables a las personas. Se trata de una norma de orden adjetivo, referida a la competencia y funciones de la Corte, y no de la parte sustantiva de la Convención, donde se declaran los deberes de los Estados parte"[11]. La jurisprudencia de la misma Corte IDH ha contribuido con asentar posición sobre la facultad de garantizar los Derechos Humanos ante los Estados miembros, y sobre los que no forman parte de la Convención (la jurisprudencia es una fuente para la Corte IDH).

Si bien la Corte IDH hace referencia que por medio de la jurisprudencia se pueden ampliar su radio de facultades, es necesario conocer lo que literalmente expresa la CADH en su artículo 63°, citamos: "1. Cuando decida que hubo violación de un derecho o libertad protegidos en esta Convención, la Corte dispondrá que se garantice al lesionado en el goce de su derecho o libertad conculcados. Dispondrá asimismo, si ello fuera procedente, que se reparen las consecuencias de la medida o situación que ha configurado la vulneración de esos derechos y el pago de una justa indemnización a la parte lesionada. 2. En casos de extrema gravedad y urgencia, y cuando se haga necesario evitar daños irreparables a las personas, la Corte, en los asuntos que esté conociendo, podrá tomar las medidas provisionales que considere pertinentes. Si se tratare de asuntos que aún no estén sometidos a su conocimiento, podrá actuar a solicitud de la Comisión"[12].

En cuanto a las excusas formales que un Estado desearía presentar a fin de evitar la ejecución de los fallos, el caso Castillo Petruzzi y otros vs. Perú (1999) indica al respecto: "Por otro lado, la Corte declara que las disposiciones contenidas en la legislación de emergencia adoptada por el Estado para hacer frente al fenómeno del terrorismo, y en particular los

[11] CORREA, Cristián. Comentario a la Sección II – Competencia y funciones de la Corte IDH. Libro "Comentarios a la Convención Americana sobre Derechos Humanos". Libro promovido por el Tribunal Constitucional del Perú y Fundación Konrad Adenauer. Editorial: Biblioteca Nacional del Perú – Perú. Edición: primera, febrero del 2016. Página 821.

[12] RAMOS Bohórquez, Miguel. Constitución Política del Perú (sumillada, concordada y comentada). Editorial: Berrio", Lima – Perú. Edición: primera. Página 270.

Decretos-Leyes Nos. 25.475 y 25.659, aplicados a las víctimas en el presente caso, infringen el artículo 2 de la Convención, por cuanto el Estado no ha tomado las medidas adecuadas de derecho interno que permitan hacer efectivos los derechos consagrados en la misma y así lo declara la Corte. El deber general del artículo 2 de la Convención Americana implica la adopción de medidas en dos vertientes. Por una parte, la supresión de las normas y prácticas de cualquier naturaleza que entrañen violación a las garantías previstas en la Convención. Por la otra, la expedición de normas y el desarrollo de prácticas conducentes a la efectiva observancia de dichas garantías. Evidentemente, el Estado no ha llevado a cabo, en lo que atañe a las disposiciones aplicables al juicio de los inculpados, lo que debiera realizar a la luz del artículo 2 de la Convención"[13].

Si bien el inciso 1) del artículo 63 de la CADH refiere que la Corte garantiza los derechos y obliga a reparar las violaciones, a la fecha la misma entidad mediante su jurisprudencia ha ampliado su espectro de aplicación, ya que una reparación integral comprende a su vez: i) medidas de restitución (restablece hasta se pueda antes de la violación)[14], ii) rehabilitación (medidas destinadas a atender dolencias de salud psíquica y física), iii) satisfacción (reparar el daño inmaterial, disculpas públicas, actos de conmemoración), iv) garantías de no repetición (actos que acrediten el que no se repetirán los actos de violación, ello se hace adecuando la legislación, capacitando a los funcionarios en DDHH, u otras) iv) Obligación de investigar, juzgar y en su caso sancionar (deber de identificar al responsable y sancionarlo)[15]. Esto último la Corte lo ha efectuado en sus informes anuales de los años 2010 y 2011.

Ha resultado necesario detallar el proceso del juicio ante la Corte, a efectos de poder determinar la relevancia de la decisión a tomar, tanto es así que una causa en promedio puede durar tres años de análisis y actuación. Justo este exiguo hurgamiento y su particularidad tratamiento, es el que promueve que pueda existir una convencionalidad en su resultado

[13] Corte Interamericana de Derechos Humanos (1999). Caso "Castillo Petruzzi y otros Vs. Perú". Recuperado de: http://www.corteidh.or.cr/docs/casos/articulos/seriec_52_esp.pdf. Página 64.

[14] Corte Interamericana de Derechos Humanos (1997). Caso "Caso Loayza Tamayo vs. Perú". Recuperado de: http://www.corteidh.or.cr/docs/casos/articulos/seriec_33_esp.pdf.

[15] Corte Interamericana de Derechos Humanos (1998). Caso "Castillo Páez vs. Perú". Recuperado de: http://www.corteidh.or.cr/docs/casos/articulos/seriec_34_esp.pdf.

(inicialmente para los Estados partes, luego tendría una fuerza irradiadora). De por sí, el que exista contradictorio en el juicio, el que se excepcione, se evalúen peritos, se examinen testigos, se pidan aclaraciones (si fuera el caso), o se alegue bajo teorías escrupulosamente realizadas, permite que el fallo a elucidar cuente con mayor pureza técnica jurídica y por tanto vincule a las partes. Asimismo, cabe mencionar que el proceso delata que son las partes las que se someten a la jurisdicción, pudiendo incluso excepcionar, caso contrario con las opiniones. Entonces, resulta beneficioso conocer de qué tipo de actuaciones brota la convencionalidad.

2. CONCEPTO DE "CONTROL DE CONVENCIONALIDAD"

El creador del "control de convencionalidad", y ex presidente de la Corte IDH, Sergio García Ramírez, nos menciona sobre dicho control: "El control de convencionalidad en su doble dimensión: externo (propio, original) e interno, ha sido objeto de largo y sólido desarrollo de la jurisprudencia de la Corte Interamericana desde que me ocupé específicamente de este asunto, en votos particulares a los que adelante aludiré. (...) El control de convencionalidad entraña la aplicación del orden supranacional, nacionalmente aceptado y colectivamente formulado, en lo que toca a definiciones de derechos y libertades, asignación de responsabilidades y consecuencias jurídicas de los hechos ilícitos contraventores de aquel orden. El control se acoge a lineamientos que le confieren congruencia en el examen de todas esas cuestiones. Además, representa esto mismo: congruencia, no congruencia con propósito puramente innovador o protagónico; puede ser el fruto de un activismo bien entendido, pero no podría (no debería) comprometerse con un activismo desbocado. Así las cosas, el control de convencionalidad no dispersa ni atomiza, sino reúne y sistematiza"[16].

El tratadista Néstor Pedro Sagüés refiere sobre el origen del "control de convencionalidad": "El "control de convencionalidad" establecido por la Corte Interamericana de Derechos Humanos en el caso "Almonacid Arellano" y completado por otros, especialmente "Trabajadores cesados del Congreso", ordena a los jueces nacionales reputar invalidas a las normas internas (incluida la Constitución) opuestas a la Convención Americana

[16] García Ramírez, Sergio. El control judicial interno de convencionalidad. Libro: "El Control Difuso de Convencionalidad". Editorial: FUNDAP. Edición: primera, 2012, México. Página 211 - 215.

sobre Derechos Humanos y a la interpretación dada a esta por la Corte Interamericana. Es un instrumento eficaz para construir un *ius commune* interamericano en materia de derechos personales y constitucionales. Su éxito dependerá del acierto de las sentencias de la Corte Interamericana y de la voluntad de seguimiento de los tribunales nacionales"[17].

Ya en la casuística de la Suprema Corte Internacional, específicamente en el caso "Tibi vs Ecuador", se tiene una definición muy didáctica sobre lo que llegaría a entenderse por "control de convencionalidad", cito: "La Corte Interamericana, por su parte, analiza los actos que llegan a su conocimiento en relación con normas, principios y valores de los tratados en los que funda su competencia contenciosa. Dicho de otra manera, si los tribunales constitucionales controlan la "constitucionalidad", el tribunal internacional de derechos humanos resuelve acerca de la "convencionalidad" de esos actos. A través del control de constitucionalidad, los órganos internos procuran conformar la actividad del poder público – y, eventualmente, de otros agentes sociales – al orden que entraña el Estado de Derecho en una sociedad democrática. El tribunal interamericano, por su parte, pretende conformar esa actividad al orden internacional acogido en la convención fundadora de la jurisdicción interamericana y aceptado por los Estados partes en ejercicio de su soberanía"[18].

Como se puede evidenciar, la Corte a fin de dar a comprender lo que se entendería por convencionalidad, hace una analogía respecto a la constitucionalidad en la jurisdicción de los mismos países. Dicha distinción fue efectuada en el argumento número tres del voto concurrente de Sergio García Ramírez. A propósito de lo mencionado, cabe indicar que de la cita se infiere que la convencionalidad es implícita a la firma del Tratado de la Organización de Estados Americanos.

A fin de no alterar el decurso de la explicación que hacen los creadores del "control de convencionalidad", es fundamental el citar de manera explícita lo indicado por la misma Corte IDH en el caso de "Almonacid Arellano vs Chile", dice en su párrafo más prístino sobre la figura antedicha: "La Corte es consciente que los jueces y tribunales internos están

[17] SAGÜES, Néstor Pedro. Obligaciones internacionales y control de convencionalidad. Libro: "Opus Magna Constitucional Guatemalteco". Editorial: Instituto de Justicia Constitucional. Edición: primera, 2011, Guatemala. Tomo IV. Página 271.

[18] Corte Interamericana de Derechos Humanos (2004). Caso "Tibi vs Ecuador". Recuperado de: http://www.corteidh.or.cr/docs/casos/articulos/seriec_114_esp.pdf. Página 115.

sujetos al imperio de la ley y, por ello, están obligados a aplicar las disposiciones vigentes en el ordenamiento jurídico. Pero cuando un Estado ha ratificado un tratado internacional como la Convención Americana, sus jueces, como parte del aparato del Estado, también están sometidos a ella, lo que les obliga a velar porque los efectos de las disposiciones de la Convención no se vean mermadas por la aplicación de leyes contrarias a su objeto y fin, y que desde un inicio carecen de efectos jurídicos. En otras palabras, el Poder Judicial debe ejercer una especie de "control de convencionalidad" entre las normas jurídicas internas que aplican en los casos concretos y la Convención Americana sobre Derechos Humanos. En esta tarea, el Poder Judicial debe tener en cuenta no solamente el tratado, sino también la interpretación que del mismo ha hecho la Corte Interamericana, intérprete última de la Convención Americana"[19].

Como se puede evidenciar es justo este considerando donde se utiliza la explicación más precisa del fenómeno jurídico: "control de convencionalidad". La máxima Corte Interamericana describe cuáles son los órganos jurisdiccionales nacionales que deben acatar lo dispuesto en las normas de la Convención, ya que dicho tratado fue firmado por los países signatarios.

Entonces, el "control de convencionalidad" viene a ser la asimilación de los países sujetos a la jurisdicción de la Corte IDH sobre las interpretaciones de las normas del Tratado denominado Convención Interamericana de Derechos Humanos. Ello obliga a que si existiera alguna norma interna que contraviniera un concepto derivado del tratado, implícitamente aquella regla sería inaplicada.

2.1. APLICACIÓN DEL "CONTROL CONVENCIONAL"

Tal como lo señala la revista mexicana Renovación Jurisprudencial "según la doctrina jurisprudencial interamericana, el control concentrado de convencionalidad se encuentra a cargo de la Corte IDH y, el de carácter difuso, a cargo de las autoridades públicas de los Estados, quienes deben ejercerlo ex officio, esto es, independientemente de que las personas interesadas lo soliciten"[20].

[19] Corte Interamericana de Derechos Humanos (2006). Caso "Almonacid Arellano vs Chile". Recuperado de: http://www.corteidh.or.cr/docs/casos/articulos/seriec_154_esp.pdf. Página 53.

[20] Renovación Jurisprudencial. "Control de regularidad convencional". Editorial: Konrad Adenauer Stiftung. México. Véase: http://www.kas.de/wf/doc/kas_45689-1522-4-30.pdf?160625011856. Página 10.

Sobre la formalidad que viene adquiriendo el "control de convencionalidad" en la jurisprudencia y la doctrina, Néstor Pedro Sagües indica: "Liminarmente cabe constatar que mientras en "Almonacid Arellano vs. Chile" la Corte habla de "una especie de control de convencionalidad", en "Trabajadores cesados del Congreso vs. Perú" alude directamente al control de convencionalidad. En la última sentencia, en síntesis, el instituto de referencia es presentado, sin más, como un acto de revisión o fiscalización de la sumisión de las normas nacionales, a la Convención Americana de Derechos Humanos, y a la exégesis que a este instrumento da la Corte Interamericana de Derechos Humanos"[21].

Es decir, que nos encontramos ante una institución que está yendo en ascenso de forma progresiva; es más, a la fecha ya es posible diferenciar su alcance internacional y las normas que la regulan; por tanto el establecer como una especie de control (similar al de constitucionalidad) resulta lógico y necesario. El jurista García Belaunde y Palomino Manchego (2012) en el artículo "El Control de Convencionalidad en el Perú" indican sobre la aplicación geográfica de dicha institución:

El control de convencionalidad presupone la interrelación de los tribunales nacionales y los tribunales internacionales en materia de derechos humanos. Y puede darse en dos niveles:

a) Internacional: el control de convencionalidad consiste en juzgar en casos concretos si un acto o una normativa de derecho interno resulta compatible con la Convención Americana de Derechos Humanos (de ahora en adelante, CADH), disponiendo la reforma, abrogación o inaplicación de dichas prácticas o normas, según corresponda, en orden a la protección de los derechos humanos y a la vigencia de tal Convención y de otros instrumentos internacionales en este campo. Igualmente, procede en el supuesto de que el Estado no haya cumplido con el deber de adoptar disposiciones de derecho interno (art. 2 CADH) para garantizar el ejercicio de los derechos humanos reconocidos por la Convención. Para ello, la Corte Interamericana de Derechos Humanos (de ahora en adelante, la Corte), por vía jurisprudencial, impone al Estado a tomar medidas

[21] Sagües, Néstor Pedro. Obligaciones internacionales y control de convencionalidad. Libro: "Opus Magna Constitucional Guatemalteco". Editorial: Instituto de Justicia Constitucional. Edición: primera, 2011, Guatemala. Tomo IV. Página 275.

legislativas o de otro carácter para lograr tal finalidad. Este control puede alcanzar a la normativa en general (leyes, reglamentos, etc.), y a la Constitución, esto último no tan frecuente y con alcances limitados (véase como excepción notable el caso "La última tentación de Cristo" de 2006). Pero aquí nos centramos en el primer supuesto. Y en el entendido de que es un control a nivel supranacional.

b) Interno: esta modalidad se despliega en sede nacional, y se encuentra a cargo de los magistrados locales. Consiste en la obligación de verificar la adecuación de las normas jurídicas internas que aplican en casos concretos, a la CADH (y otros instrumentos internacionales en el área de los derechos humanos), y a los estándares interpretativos que la Corte ha formulado a través de su jurisprudencia. Se efectúa una interpretación de las prácticas internas a la luz o al amparo del corpus iuris básico en materia de derechos humanos, y sobre lo cual la Corte ejerce competencia material, que se expresa en su jurisprudencia. Desde este punto de vista, el control de convencionalidad es un principio que, debidamente empleado, puede contribuir a la aplicación armónica, ordenada y coherente del derecho vigente en cada Estado, abarcando sus fuentes internas e internacionales[22].

Resulta muy didáctica la diferenciación efectuada, ya que sintetiza la forma de aplicación de la convencionalidad en sede de la Corte IDH y en fuero nacional. Claro está que la Corte IDH efectúa el control referido descartando normas locales (incluso las que en un Estado pueden ser constitucionales), pero que se oponen al Pacto de San José de Costa Rica; a esto el tratadista Sagüés lo denominado "control de convencionalidad" en sede internacional, "para diferenciarlo del que imperativamente asigna a los jueces domésticos en "Almonacid Arellano" y los demás fallos posteriores ya mencionados, que aluden al "control de convencionalidad" en sede nacional"[23].

[22] García Belaunde, Domingo, y Palomino Manchego, José F. El control de convencionalidad en el Perú. Revista: Pensamiento Constitucional. Edición: 018, 2013. Página 241.

[23] Sagües, Néstor Pedro. Obligaciones internacionales y control de convencionalidad. Libro: "Opus Magna Constitucional Guatemalteco". Editorial: Instituto de Justicia Constitucional. Edición: primera, 2011, Guatemala. Tomo IV. Página 276.

En este alcance podría causar duda si el Tribunal Constitucional (al no pertenecer a la estructura del Poder Judicial) también podría (o debería) aplicar el "control de convencionalidad", sobre el particular coincidimos con la doctrina: "razones derivadas del principio de analogía, del argumento teleológico y del argumento "a fortiori", llevan a concluir que esa directriz obliga también los jueces de un Tribunal Constitucional extra-poder (cuando así ha sido diseñado por la Constitución), en las causas sometidas a su decisión. Si de lo que se trata de asegurar el "efecto útil" del Pacto de San José de Costa Rica, contra normas internas que se le opongan"[24]. Entonces, podemos inferir que también existe la necesidad de que el mismo Tribunal Constitucional pueda efectuar el control precitado.

2.2. EL "CONTROL DE CONVENCIONALIDAD" CONCENTRADO

El "control convencional" inicio siendo internacional o concentrado, ya que solo fue emitida por la Corte IDH. Esta, de acuerdo a lo expresado por el jurista Eduardo Ferrer Mac-Gregor "obedece a las facultades inherentes de la Corte Interamericana al resolver los casos contenciosos sometidos a su consideración, en cuanto guardián e intérprete final de la Convención Americana"[25].

También se le ha denominado "control concentrado de convencionalidad", ya que reconoce que dicho organismo tiene "la facultad exclusiva de "garantizar al lesionado en el goce de su derecho o libertad conculcados" y "reparar las consecuencias de la medida o situación que ha configurado la vulneración de esos derechos y el pago de una justa indemnización a la parte lesionada"; todo lo cual cuando "decida que hubo violación de un derecho o libertad protegidos por esta Convención" (art. 63, CADH), teniendo dicho fallo carácter "definitivo e inapelable" (art. 67, CADH); por lo que los Estados "se comprometen a cumplir con la decisión de la Corte en todo caso de que sean partes" (art. 68.1, CADH)"[26].

Cabe precisar que al haberse efectuado una violación a los derechos fundamentales, la Corte IDH no solamente interviene mediante el Pacto de San José, sino que el "control de convencionalidad" alcanza a la apli-

[24] Ibídem. Página 276.

[25] MAC-GREGOR Ferrer, Eduardo. BAZÁN, Víctor. Interpretación conforme y Control Difuso de Convencionalidad. El nuevo paradigma para el Juez mexicano. Libro: "El Control Difuso de Convencionalidad". Editorial: FUNDAP. Edición: primera, 2012, México. Página 132.

[26] Ídem.

cación de sus protocolos adicionales. A su vez, como hemos descrito en el Capítulo II, la responsabilidad vendría a ser de todo el Estado mas no de sus organismos o dependencias; así lo ha dejado expresado el maestro Sergio García Ramírez en su voto del caso Myrna Mack Chang vs Guatemala (2003):

Para los efectos de la Convención Americana y del ejercicio de la jurisdicción contenciosa de la Corte Interamericana, el Estado viene a cuentas en forma integral, como un todo. En este orden, la responsabilidad es global, atañe al Estado en su conjunto y no puede quedar sujeta a la división de atribuciones que señale el Derecho interno. No es posible seccionar internacionalmente al Estado, obligar ante la Corte sólo a uno o algunos de sus órganos, entregar a éstos la representación del Estado en el juicio – sin que esa representación repercuta sobre el Estado en su conjunto – y sustraer a otros de este régimen convencional de responsabilidad, dejando sus actuaciones fuera del "control de convencionalidad" que trae consigo la jurisdicción de la Corte internacional[27].

En esta sentencia del año 2003 el mismo Sergio García Ramírez menciona que el control concentrado convencional practicado por la Corte IDH se asemeja al que sostienen los tribunales constitucionales, ya que estos examinan los actos impugnados a la luz de los principios y valores fundamentales; siendo que la Corte resuelve sobre al "convencionalidad" de dichos actos[28]. A nuestro parecer, desde su primera sentencia, la Corte IDH ha ejercido el "control de convencionalidad concentrado". El mismo, que tal como ha sido expresado oportunamente en el Capítulo II, debe ser subsidiario, ya que se ejecuta cuando todos los demás controles jurisdiccionales internos de cada nación han fallado.

2.3. EL "CONTROL DE CONVENCIONALIDAD" DIFUSO

Dicha facultad se encuentra referida a los magistrados locales (siendo que también involucran a las demás autoridades públicas); de acuerdo al doctor

[27] Corte Interamericana de Derechos Humanos (2003). Caso "Murna Mack Chang vs Guatemala". Recuperado de: http://www.corteidh.or.cr/docs/casos/articulos/seriec_101_esp.pdf. Página 7.

[28] Nogueira Alcalá, Humberto. Los desafíos del control de convencionalidad del corpus iuris interamericano para los tribunales nacionales, en especial, para los Tribunales Constitucionales. Libro: "El Control Difuso de Convencionalidad". Editorial: FUNDAP. Edición: primera, 2012, México. Página 344.

Víctor Bazán se menciona sobre la facultad local "consiste en la obligación de verificar la adecuación de las normas jurídicas internas que aplican en casos concretos, a la CADH (y otros instrumentos internacionales esenciales en el área de los derechos humanos) y a los estándares interpretativos que la Corte IDH ha acuñado a su respecto, en aras de la cabal tutela de los Derechos Fundamentales"[29]. En efecto, la jurisprudencia de la misma Corte IDH en el tiempo ha ido ampliando el efecto irradiador del "control de convencionalidad"; si bien inicialmente esta figura era potestad sólo de los Magistrados locales, actualmente cualquier autoridad pública puede ejecutar tan principio. Diríamos entonces, tal como lo ha precisado el actual presidente de la Corte IDH Eduardo Ferrer Mac – Gregor, "La intencionalidad de la Corte IDH es clara: definir que la doctrina del "control de convencionalidad" se debe ejercer por "todos los jueces", independientemente de su formal pertenencia o no al Poder Judicial y sin importar su jerarquía, grado, cuantía, o materia de especialización"[30].

2.4. EL "CONTROL DE CONVENCIONALIDAD" ALCANZA A TODOS LOS ESTADOS MIEMBROS

El control convencional difuso no solamente se aplica para las partes (el Estado) que intervienen en una controversia jurídica, sino que el sentido de su pronunciamiento irradia a todos los Estados que se encuentran bajo jurisdicción de la Corte IDH, al respecto el profesor Humberto Nogueira Alcalá indica: "El control de convencionalidad implica que todos los jueces de los Estados Partes de la Convención en cuanto expresión del Estado juez se encuentran vinculados por ésta, como asimismo por la interpretación que ha hecho la Corte Interamericana de Derechos Humanos del mencionado instrumento. Ello implica que los Estados partes del sistema deben asumir, más allá del Estado específico directamente obligado por la respectiva sentencia de acuerdo al artículo 68 numeral 1 de la CADH, la "ratio decidendi" o "holding" de la sentencia, en cuanto interpretación fidedigna y auténtica de la Convención emanada de su intérprete final, lo

[29] BAZÁN, Víctor. Estimulando sinergias: De Diálogos Jurisdiccionales y Control de Convencionalidad. Libro: "El Control Difuso de Convencionalidad". Editorial: FUNDAP. Edición: primera, 2012, México. Página 15.

[30] MAC-GREGOR Ferrer, Eduardo. BAZÁN, Víctor. Interpretación conforme y Control Difuso de Convencionalidad. El nuevo paradigma para el Juez mexicano. Libro: "El Control Difuso de Convencionalidad". Editorial: FUNDAP. Edición: primera, 2012, México. Página 139.

que constituye un aporte jurisprudencial de la CIDH al desarrollo del sistema interamericano, lo que algunos autores han llamado "interpretación mutativa por adición"[31].

Tal posición también ha sido asumida por la misma Corte IDH, en específico por el jurista Eduardo Ferrer Mas-Gregor en su voto referido al caso "Cabrera García y Montiel Flores Vs. México", expresa:

> En efecto, como lo señalamos en su momento (supra párrs. 51, 52 y 63), la jurisprudencia de la Corte IDH adquiere "eficacia directa" en todos los Estados nacionales que han reconocido expresamente su jurisdicción, con independencia de que derive de un asunto donde no han participado formalmente como "parte material". Lo anterior, debido a los efectos de la norma convencional interpretada, que produce "efectos expansivos" de la jurisprudencia convencional y no sólo eficacia subjetiva para la tutela del derecho y libertad en un caso particular sometido a su competencia. En este sentido, la jurisprudencia convencional no es simplemente orientadora, sino resulta obligatoria para los jueces mexicanos (en su dimensión subjetiva y objetiva); y su eficacia comienza desde que las sentencias internacionales son notificadas o transmitidas al Estado mexicano, en términos del artículo 69 de la Convención Americana sobre Derechos Humanos y con independencia del procedimiento interno que realicen los órganos y autoridades mexicanas para coordinar su implementación y cumplimiento, así como los demás actos que se realicen para dar a conocer y adoptar la sentencia y jurisprudencia internacional[32].

En concreto, lo que la Corte interprete o resuelva, no solo tiene eficacia para las partes intervinientes, sino que al tratarse de un organismo que se pronuncia sobre derechos humanos, es que los efectos de sus fallos vinculan a todos los Estados miembros de la CADH. Y, en ese sentido, por convencionalidad, vinculan también a sus organismos internos o domésticos al momento de administrar justicia. Este afán tiene sus bases en que la Corte IDH resuelve sobre derechos fundamentales, los mismos que son respetados por los Estados signatarios al firmar el Pacto de San José como mínimas condiciones de garantía sobre un Estado Constitucional de Dere-

[31] Ídem.

[32] Corte Interamericana de Derechos Humanos (2003). Caso "Murna Mack Chang vs Guatemala". Recuperado de: http://www.corteidh.or.cr/docs/casos/articulos/seriec_101_esp.pdf. Considerando 79. Página 130.

cho. En el caso de Perú, "el Tribunal Constitucional en el Expediente N° 1277-99-AC-TC, Caso Ana Elena Townsend Diez Canseco y otros, sobre indemnización a los presos inocentes por terrorismo, al otorgarle validez y vigencia directa al Pacto Internacional de Derechos Civiles y Políticos, sin que medie resolución o recomendación de organismo jurisdiccional alguno, abrió la reflexión acerca del carácter vinculante de los tratados internacionales, en razón a su fuerza normativa obligatoria"[33].

Es más, el jurista peruano César Landa Arroyo va mucho más allá de las decisiones de la Corte IDH y expresa que la fuerza vinculante la tienen todos los organismos del Sistema Interamericano de Derechos Humanos, tal como lo expresara el Tribunal Constitucional peruana en el expediente N° 0217-2002-HC-TC (Caso de Crespo Bragayrac): "De conformidad con la IV Disposición Final y Transitoria de la Constitución Política del Estado, los derechos y libertades reconocidos en la Constitución deben interpretarse de conformidad con los tratados internacionales en materia de derechos humanos suscritos por el Estado Peruano. Tal interpretación, conforme con los tratados sobre derechos humanos, contiene, implícitamente, una adhesión a la interpretación que, de los mismos, hayan realizado los órganos supranacionales de protección de los atributos inherentes al ser humano y, en particular, el realizado por la Corte Interamericana de Derechos Humanos, guardián último de los derechos en la Región"[34].

El autor mexicano, Juan Carlos Hitters, en una opinión que compartimos, indica que si bien ninguna norma del Pacto de San José le da el carácter vinculante, válido para todos los asuntos a los decisorios de la Corte IDH, salvo obviamente, para el caso concreto; pero, por ello mismo "para resolver este *desiderátum* es preciso acudir a la interpretación de los principios y postulados que reinan en el Derecho Internacional de los Derechos Humanos. Surge – a nuestro modo de ver –, de tal análisis que en principio existe por lo menos una vincularidad moral y también jurídica de acatamiento ya que el incumplimiento de los Tratados y de las directivas del Tribunal de San José impone la responsabilidad internacional del Estado en cualquiera de sus tres poderes (art. 1.1 y 2 del Pacto de San José)"[35].

[33] Landa Arroyo, César. Convencionalización del Derecho peruano. Editorial: Palestra. Edición: primera, diciembre del 2016, Lima – Perú. Página 19.

[34] Ibídem. Página 21.

[35] Hitters, Juan Carlos. ¿Son vinculantes los pronunciamientos de la Comisión y de la Corte Interamericana de Derechos Humanos? Control de Constitucionalidad y Convencionalidad.

Además, a nuestro entender, de acuerdo al inciso 1) del artículo 31.de la Convención de Viena, que regula la *Buena Fe*, si un Estado firma un Tratado Internacional el mismo se vincula a proyectar sus mejores esfuerzos en cumplir los objetivos del mismo y de lo que dispongan los intérpretes autorizados del mismo.

2.5. FUNDAMENTO JURÍDICO DEL "CONTROL DE CONVENCIONALIDAD"

El doctor García Belaunde y Palomino Manchego (2012) en el artículo "El Control de Convencionalidad en el Perú" efectuaron una evaluación sobre la aplicación del principio mencionado en la jurisdicción peruana, la sumilla de su trabajo fue la siguiente: "El control de convencionalidad presupone la interrelación de los tribunales nacionales y los tribunales internacionales en materia de derechos humanos". El aporte de dichos juristas al desarrollo del referido control lo consignaron en la siguiente conclusión:

> "El control de convencionalidad al que nos hemos referido, es un principio que no está incluido en ninguno de los tratados que en materia de derechos humanos rige nuestro Sistema Interamericano de Derechos Humanos, pero es indudable que se desprende de él. En efecto, aceptar la competencia contenciosa de la Corte, reconocer que esta tiene facultades jurisdiccionales, que emite sentencias que son obligatorias para los Estados que son parte del Sistema y que no obliguen o no se apliquen internamente, es un sinsentido. Aceptado que este control existe, ha ido surgiendo lentamente y se ha perfilado, recién, a partir del año 2006, como se ha visto. Y ha sido aceptado paulatinamente por los Estados que han reconocido la competencia contenciosa de la Corte. Se trata, pues, de un principio que ha tenido una creación y concreción pretoriana. En el caso del Perú, ha sido aceptado muy pronto y aun antes de que dicho control surgiera, por nuestro Tribunal Constitucional. En cuanto al Poder Judicial, es todavía incipiente la acogida de dicho control, más aún cuando son muchas las causas que no llegan a la Corte Suprema de la República, y menos aún al Tribunal Constitucional"[36].

Libro: "El Control Difuso de Convencionalidad". Editorial: FUNDAP. Edición: primera, 2012, México. Página 261.

[36] García Belaunde, Domingo, y Palomino Manchego, José F. El control de convencionalidad en el Perú. Revista: Pensamiento Constitucional. Edición: 018, 2013. Página 241.

Como se puede evidenciar, los tratadistas mencionados son de la opinión de que si bien no está regulado el control mencionado, su aplicación se vuelve necesaria e imperante. Así también lo menciona Pablo Gonzáles Domínguez al dar a entender que si bien no existe un dispositivo taxativo, es un tema de interpretación el que se efectúa: "en este punto es relevante recordar lo explicado por García Ramírez en el sentido de que "el derecho internacional de los derechos humanos es el "piso" de los derechos, no el "techo"", por lo que los tribunales internos, cuando realicen el control de convencionalidad, están llamados a realizar sus propias interpretaciones de la Convención de conformidad con su derecho doméstico y atendiendo a las realidades de cada caso particular y de cada sociedad".

De acuerdo a lo explicado por Néstor Pedro Sagües en el artículo "Obligaciones Internacionales y Control de Convencionalidad", sobre las razones jurídicas del "control de convencionalidad", menciona lo siguiente:

> Las razones dadas por la Corte Interamericana para sentar el control de convencionalidad son tres y ambas de derecho internacional: i) Las obligaciones internacionales deben ser cumplidas de buena fe; ii) no es posible alegar el derecho interno para no incumplirlas, conforme el artículo 27° de la Convención de Viena sobre el derecho de los Tratados; iii) a ello se suma el principio de "efecto útil" de los tratados, que obliga a los Estados a instrumentar el derecho interno para cumplir lo pactado. Aquí conviene recordar dos temas. El primero es que, para muchos, estas reglas significan una seria restricción a la soberanía de los Estados. Sobre el punto, cabe tener presente, sin embargo, que en la cuna misma de la doctrina de la soberanía (estamos hablando del siglo XVI), Jean Bodin, que la describe y enuncia en sus rasgos esenciales, advertía que la soberanía, aún entendida como "poder absoluto y perpetuo" del Estado, de todos modos admitía como tope que el príncipe soberano estaba obligado (como también Dios) a cumplir sus promesas, aclarando que no había mayor delito para un Rey, que ser perjuro. El segundo comentario es que la Convención de Viena sobre el Derecho de los Tratados permite en su artículo 47 al Estado – como excepción – alegar su derecho interno para eximirse del cumplimiento de un tratado, si su consentimiento al elaborarlo hubiera sido viciado por una violación manifiesta, en materia de competencia para celebrar el tratado y ello afectare a una norma fundamental de ese derecho interno[37].

[37] SAGÜES, Néstor Pedro. Obligaciones internacionales y control de convencionalidad. Libro: "Opus Magna Constitucional Guatemalteco". Editorial: Instituto de Justicia Constitucional. Edición: primera, 2011, Guatemala. Tomo IV. Página 275.

El artículo 2 de la CADH nos dirige la interpretación del "control de convencionalidad", citamos: "Si el ejercicio de los derechos y libertades mencionados en el artículo 1 no estuviere ya garantizado por disposiciones legislativas o de otro carácter, los Estados Partes se comprometen a adoptar, con arreglo a sus procedimientos constitucionales y a las disposiciones de esta Convención, las medidas legislativas o de otro carácter que fueren necesarias para hacer efectivos tales derechos y libertades"[38]. Tal como lo refiere Víctor Bazán, "la palabra "garantizar" supone el deber del Estado de tomar todas las medidas necesarias, incluso a través de decisiones jurisdiccionales, en orden a remover los obstáculos que pudieran existir para que sus habitantes estén en condiciones de disfrutar de los derechos que la Convención consagra"[39].

Ejemplo de lo indicado es el fallo de la Corte IDH en el Caso Castillo Petruzzi y otros vs Perú (30 de mayo de 1999) donde se menciona literalmente: "El deber general del artículo 2 de la Convención Americana implica la adopción de medidas en dos vertientes. Por una parte, la supresión de las normas y prácticas de cualquier naturaleza que entrañen violación a las garantías previstas en la Convención. Por la otra, la expedición de normas y el desarrollo de prácticas conducentes a la efectiva observancia de dichas garantías. Evidentemente, el Estado no ha llevado a cabo, en lo quc atañc a las disposiciones aplicables al juicio de los inculpados, lo que debiera realizar a la luz del artículo 2 de la Convención"[40]. Así también se expresa la Corte Internacional en el caso "Salvador Chiriboga vs Ecuador"[41] en donde de forma más didáctica aplica el principio de Adecuación normativa.

[38] Convención Americana de Derecho Humanos. "Tratados Multilaterales". Recuperado de: "https://www.oas.org/dil/esp/tratados_b-32_convencion_americana_sobre_derechos_humanos.htm"

[39] BAZÁN, Víctor. Estimulando sinergias: De diálogos jurisdiccionales y control de convencionalidad. Libro: "El Control Difuso de Convencionalidad". Editorial: FUNDAP. Edición: primera, 2012, México. Página 21.

[40] Corte Interamericana de Derechos Humanos (1999). Caso "Castillo Petruzzi y otros vs Perú". Recuperado de: http://www.corteidh.or.cr/docs/casos/articulos/seriec_52_esp.pdf. Página 64.

[41] Corte Interamericana de Derechos Humanos (2008). Caso "Salvador Chiriboga vs Ecuador". Recuperado de: http://www.corteidh.or.cr/docs/casos/articulos/seriec_179_esp.pdf. Página 34.

2.6. LOS ESTÁNDARES PARA APLICAR EL "CONTROL DE CONVENCIONALIDAD"

Tal como lo refiere Víctor Bazán "el material de cotejo para desarrollar el contralor de convencionalidad no se agota en el Pacto de San José de Costa Rica, sino que puede involucrar también a los restantes instrumentos internacionales que conforman el corpus iuris básico en materia de protección de los derechos humanos, y de la interpretación que de ese plexo jurídico haya elaborado la Corte IDH. En otras palabras, alcanza a los documentos internacionales respecto de los cuales este último Tribunal ejerce competencia material"[42].

En efecto, el estándar para la misma Corte IDH es la legislación del propio Sistema Interamericano de Derechos Humanos. Así lo ha dejado expresado el jurista García Ramírez en su voto sobre el caso "trabajadores cesados del Congreso vs Perú", cito:

> En la especie, al referirse a un "control de convencionalidad" la Corte Interamericana ha tenido a la vista la aplicabilidad y aplicación de la Convención Americana sobre Derechos Humanos, Pacto de San José. Sin embargo, la misma función se despliega, por idénticas razones, en lo que toca a otros instrumentos de igual naturaleza, integrantes del *corpus juris* convencional de los derechos humanos de los que es parte el Estado: Protocolo de San Salvador, Protocolo relativo a la Abolición de la Pena de Muerte, Convención para Prevenir y Sancionar la Tortura, Convención de Belém do Pará para la Erradicación de la Violencia contra la Mujer, Convención sobre Desaparición Forzada, etcétera. De lo que se trata es de que haya conformidad entre los actos internos y los compromisos internacionales contraídos por el Estado, que generan para éste determinados deberes y reconocen a los individuos ciertos derechos[43].

En igual sentido, la misma Corte IDH en la opinión consultiva OC-16/99 ha mencionado: "El *corpus juris* del Derecho Internacional de los Derechos Humanos está formado por un conjunto de instrumentos internacionales

[42] Bazán, Víctor. El control de convencionalidad: incógnitas, desafíos y perspectivas. Recuperado de: http://www.corteidh.or.cr/tablas/r30034.pdf. Página 31.

[43] Corte Interamericana de Derechos Humanos (2006). Caso "Caso Trabajadores Cesados del Congreso vs Perú. Recuperado de: http://www.corteidh.or.cr/docs/casos/articulos/seriec_174_esp.pdf. Página 66.

de contenido y efectos jurídicos variados (tratados, convenios, resoluciones y declaraciones). (...) Por lo tanto, esta Corte debe adoptar un criterio adecuado para considerar la cuestión sujeta a examen en el marco de la evolución de los derechos fundamentales de la persona humana en el derecho internacional contemporáneo"[44].

Entonces, el estándar de la Corte IDH es su facultad interpretativa sobre las normas de que pertenecen al SIDH. Asimismo, los jueces domésticos al aplicar el "control difuso constitucional" también ejecutan un estándar creado por el Tribunal internacional mencionado; sobre ello, el jurista Mac – Gregor indica:

> El "control difuso constitucional" se trata de un estándar "mínimo" creado por dicho Tribunal Internacional para que en todo caso sea aplicado el *corpus iuris* interamericano y su jurisprudencia en los Estados nacionales que han suscrito o se han adherido a la CADH y con mayor intensidad a los que han reconocido la competencia contenciosa de la Corte IDH; estándar que, como veremos más adelante, las propias constituciones o la jurisprudencia nacional pueden válidamente ampliar, para que también forme parte del "bloque de constitucionalidad/convencionalidad" otros tratados, declaraciones e instrumentos internacionales, así como informes, recomendaciones, observaciones generales y demás resoluciones de los organismos y tribunales internacionales[45].

Tal como lo menciona Eduardo Ferrer Mac – Gregor: "Entre los países de nuestra región que expresamente adoptan este canon interpretativo explícito en una norma constitucional se encuentran Bolivia, Colombia, Perú, y, recientemente, México, con independencia de que varios tribunales y cortes latinoamericanas lo aplican en su jurisprudencia"[46].

El jurista peruano César Landa menciona que "la jurisprudencia de la Corte IDH a través de sus estándares ha ido construyéndose en una fuente

[44] Corte Interamericana de Derechos Humanos (1999). Opinión Consultiva OC-16/99. Recuperado de: http://www.corteidh.or.cr/docs/opiniones/seriea_16_esp.pdf. Página 68.

[45] Mac-Gregor Ferrer, Eduardo. Bazán, Víctor. Interpretación conforme y Control Difuso de Convencionalidad. El nuevo paradigma para el Juez mexicano. Libro: "El Control Difuso de Convencionalidad". Editorial: FUNDAP. Edición: primera, 2012, México. Página 139.

[46] Ferrer Mac – Gregor, Eduardo, Interpretación Conforme y Control Difuso de Convencionalidad. El nuevo paradigma para el juez mexicano. Libro "El Control Difuso de Convencionalidad". Editorial: FUNDAP. Edición: primera, 2012, México. Página 123.

de creación de Derecho Internacional de Derechos Humanos, debido a que los Estados se encuentran obligados a cumplir las sentencias condenatorias de la Corte IDH y a respetar las interpretaciones que sobre la CADH realice en sentencias para terceros países"[47]. Y, justamente por ello es que demarcamos que los precedentes del Tribunal Internacional constituyen un estándar vinculante para la misma Corte y para los países miembros. De manera general podríamos indicar que el estándar genérico para la aplicación del "control de convencionalidad" es el de carácter normativo y el de fin interpretativo, ya que en ambos se introduce vinculación para los países suscriptores. Asimismo, de acuerdo a la intensidad de los pronunciamientos, los precedentes constituyen un estándar, siendo que los mismos pueden verse modificados en el tiempo de acuerdo al estudio casuístico y contando con una adecuada motivación.

CONCLUSIONES

1. La creación de los derechos humanos tiene un origen histórico, siendo los mismos necesarios para nuestra sociedad. Los Principios excepcionales que regulan un Tratado sobre Derechos Humanos (buena fe, fin útil, *pro homine*, *pacata sunt servanda*) son de cumplimiento obligatorio para todos los Estados.
2. En la mayoría de países de la región el "control convencional" se aplica en símil condición al "control constitucional". El primero también mantiene un carácter concentrado (a cargo de la misma Corte IDH) y difuso (a cargo de los Magistrados locales, incluso del Tribunal Constitucional). A su vez, su aplicación se da en el índole interpretativo, como también normativo (dispositivos domésticos). Este control debe efectuarse incluso de oficio cuando se considere necesario, ya sea contra normas, resoluciones o actuaciones de un Estado, resaltando la subsidiariedad.
3. El "control convencional" puede ser efectuado por cualquier autoridad que tenga la potestad de dirimir sobre la resolución de un conflicto o el reconocimiento de un derecho (sin importar jerarquía, grado o especialización). En cuanto a si el mismo puede efectuarse en sede administrativa, cabe indicar que el profesor Sagües

[47] LANDA Arroyo, César. Convencionalización del Derecho peruano. Editorial: Palestra. Edición: primera, diciembre del 2016, Lima – Perú. Página 84.

al analizar el caso de los países en los cuales el PJ no puede efectuar control difuso (Uruguay, Costa Rica y Mexico) indica que se debe elevar el caso a una dependencia que sí cuente con tal facultad; por tanto, en análoga circunstancia podría efectuarse a los casos que se procesen en la vía administrativa. A modesta opinión del investigador, los Estados que nieguen la posibilidad a autoridades judiciales y administrativas de aplicar el control difuso (y por tanto el de convencionalidad), contravienen implícitamente la CADH y los principios de acceso a la justicia.

4. El control convencional alcanza a todos los Estados parte del Tratado sobre DDHH, ello de acuerdo a la *interpretación mutativa por adición*, y el caso "Cabrera García y Montiel Flores Vs. México" donde se prefijo dicho postulado. Es más, no solo la Corte IDH es vinculante sino también los pronunciamientos de la CIDH, ello de acuerdo al artículo 33 de la CADH que indica: "Son competentes para conocer de los asuntos relacionados con el cumplimiento de los compromisos contraídos por los Estados Partes en esta Convención: a) la Comisión Interamericana de Derechos Humanos, llamada en adelante la Comisión, y b) la Corte Interamericana de Derechos Humanos, llamada en adelante la Corte". Asimismo, la Organización de Estados Amcricanos indica que "la CIDH es un órgano principal y autónomo de la Organización de los Estados Americanos (OEA) encargado de la promoción y protección de los derechos humanos en el continente americano". Así también el Perú lo ha reconocido mediante la Sentencia del TC N° 0217-2002-HC-TC (Caso de Crespo Bragayrac).
5. El "control de convencionalidad" si bien se determina en un fallo con efectos para todas las partes firmantes del Tratado, también la evolución de dicha interpretación es evolutiva hasta verse consolidada en su aplicación. Es más, en el tiempo y de acuerdo a las condiciones, hasta puede verse variada, siempre y cuando exista una debida motivación. Todos los países de forma progresiva vienen asumiendo el "control de convencionalidad" destacando en ello Colombia, Argentina, México y Perú.
6. El "control de convencionalidad" de forma literal no está incluido en ninguno de los Tratados del SIDH, pero se efectúa en atención a los principios y el objeto mismo de la creación del SIDH (su apli-

cación se vuelve necesaria e imperante). Su base se desprendería del artículo 2 de la CADH que dice: "Si el ejercicio de los derechos y libertades mencionados en el artículo 1 no estuviere ya garantizado por disposiciones legislativas o de otro carácter, los Estados Partes se comprometen a adoptar, con arreglo a sus procedimientos constitucionales y a las disposiciones de esta Convención, las medidas legislativas o de otro carácter que fueren necesarias para hacer efectivos tales derechos y libertades".

REORGANIZAÇÃO FAMILIAR PELO EVENTO MORTE: DEFINIÇÕES DE CRITÉRIOS PARA DECIDIBILIDADE PATRIMONIAL E EXTRAPATRIMONIAL

WILSON JOSÉ GONÇALVES

INTRODUÇÃO

O art. 6º, do Código Civil estabelece que a existência da pessoa natural termina com a morte, porém, o evento morte, no âmbito familiar, provoca a abertura de sucessão, de modo que se observa a alteração a proteção jurídica à pessoa e seus direitos patrimoniais e extrapatrimoniais. Com isto, tem-se uma reorganização familiar seja a configuração de órfãos, revelações testamentárias, alteração no estado civil, a mudança da titularidade patrimonial, configurações e reconhecimento de união estável ou não, reconhecimento de paternidade etc.

Os reflexos e as consequências jurídicas do evento morte na reorganização familiar exige uma compreensão fática, social, econômica, documental e jurídica, de modo a permitir que os sucessores identifiquem suas reais situações ou pretensões, o que implica em definições sistemáticas de critérios para decidibilidade sobre os pleitos e a intenção verdadeira do titular em indicar os meios da reorganização familiar com a ausência ou a morte do titular, observando, quando existente os atos de disposições de última vontade do falecido – testamento.

Com este contexto do evento morte, a reorganização familiar, na dimensão jurídica impõem a definições de critérios para decidibilidade patrimonial e extrapatrimonial, vez que as pretensões podem surgir tanto do âmbito dos membros familiares, como pretensões externas ao conhecimento e domínio do núcleo familiar.

A preocupação com a reorganização familiar após a ocorrência do evento morte de um, ou mais, de seus membros consiste num imperativo legal, vez que o evento morte põe fim a tutela da personalidade, desencadeando outras proteções e implicações, no caso patrimonial a substituição do titular pelos seus herdeiros ou legatários, o que conduz para a sucessão legítima ou testamentária. Como também, para um novo viés que é a judicialização da reorganização familiar, na decorrência do modelo que se apresenta e se configura diante da busca pela resolução do conflito no Poder Judiciário.

No entanto, nem sempre a situação da reorganização familiar, diante do evento morte, se apresenta de forma pacífica e ordeira, em muitos casos surgem terceiros, sejam filhos não reconhecidos, sejam companheiros ou companheiras até então ocultos ou não declarados, que devem receber um tratamento digno na reorganização familiar. Diante dos casos e da necessidade de definições de critérios para decidibilidade patrimonial e extrapatrimonial, justifica o estudo e sistematização para tais situações e pacificação social. Considerando ainda que os critérios sejam os parâmetros utilizados para estabelecer comparações, escolhas e até mesmo para efetivar julgamentos, avaliações e tomadas de decisões.

A proposta é centralizar-se na definições dos critérios para reorganização familiar diante do evento morte, vez que um ou mais titulares de direitos e obrigações não mais se encontra presente, mas, com a decretação do fim da pessoa natural é preciso redirecionar a tutela, sobretudo, das questões patrimoniais e extrapatrimoniais que o *de cujos* veio a deixar, seja para os herdeiros, legatários, companheiros e companheiras, terceiros e credores.

Enfatizando que o desdobramento patrimonial e extrapatrimonial é inerente ao conjunto de bens deixados pelo falecido. No que tange aos bens patrimoniais estes, em tese, se resolvem pelo processo de inventário ou pelo formal de partilha. Enquanto que os extrapatrimoniais podem haver inúmeros desdobramentos, como a honra, o dano moral, a imagem, o nome, os direitos autorais morais, o sepultamento e outros tantos fatores e direitos personalíssimos, que se resolvem dentro da concepção e reorganização familiar.

O objetivo da pesquisa é demonstrar o marco unificador ou as bases dos critérios para reorganização familiar diante do evento morte, de maneira que se permita a tomada de decisões sobre as questões patrimoniais e extrapatrimoniais aos herdeiros, legatários, companheiros e companheiras, reconhecidos ou não durante a vida do *de cujos* que por circunstância alheia não pode ou não fez a devida regularização ou reconhecimento em vida, sendo que, no evento morte, a reorganização familiar, se faz necessária e, diante do conflito de interesse, é preciso a demonstração e as definições de critérios para decidibilidade patrimonial e extrapatrimonial, base de fundamentação pelo princípio da justiça ou da equidade (proporcionalidade, igualdade, simetria, retidão, imparcialidade, conformidade, equilíbrio, razoabilidade etc.).

Diante do evento morte de um ou mais membro da família, está precisa se reorganizar ou acomodar a nova situação, sobretudo, definir a partilha dos bens, para quem de direito, na fração de seu quinhão. Com isto, surge a problemática da definição de critérios para decidibilidade patrimonial e extrapatrimonial, em especial no confronto de pedidos de reconhecimento de situações jurídicas, situações estabelecidas em testamento e realidade oculta ou fática. O que projeta para seguinte pergunta: *com o evento morte de um ou mais membro da família, como reorganizar a família, no que tange ao patrimônio remanescente e os bens extrapatrimoniais, diante de vida oculta e declaração de última vontade por testamento, quais critérios de decidibilidade a seguir? Principalmente, em modelos não tradicionais de família?*

Para responder à questão problema da reorganização familiar, fixam-se as seguintes hipóteses de trabalho, com base na formulação de critérios resolutivos para decidibilidade indica-se os seguintes:

a) *critério de situação real*, no momento do evento morte;
b) *critério de garantia* de valor de alimento por equivalência de patrimônio;
c) *critério de intenção* de unidade familiar (projeção futura);
d) *critério de correção* por comprovação de vida oculta (vida pretérita);
e) *critério de reconhecimento* de situação existente ou planejamento de reorganização familiar (testamento e última vontade).

Ainda, incluir os critérios de situação de reorganização familiar com os seguintes pressupostos:

a) *critério de situação própria* – com divisão inteira de forma legal;
b) *critério de situação imprópria* – com divisão fracionada;
c) *critério de situação mista* – com divisão legal e fracionária e vice-versa;

e) *critério de situação aparente* – indica alternativa ou desdobramento da reorganização familiar.

A metodologia utilizada foi a pesquisa bibliográfica, bem como, a reflexão crítica e a base na sistematização lógica encontrada no sistema jurídico brasileiro.

A fundamentação teórica ou revisão bibliográfica registrou-se nas referências, cujo subsídio essencial para as inferências e base no direcionamento da pesquisa.

Os resultados sinalizam que a compreensão e demonstração do marco unificador para reorganização familiar, pautado nos critérios, permite uma tomada de decisão mais justa sobre as questões patrimoniais e extrapatrimoniais. O que permite pacificar as relações na reorganização familiar. Ao mesmo tempo, percebe-se que os interessados, sejam os membros renascentes expresso ou ocultos, buscam pautar no percurso de existência, com foco na comprovação, por exemplo, da união estável, com o registro temporal de início da relação ou apenas, das lembranças, relegando para um outro plano o lapso temporal lacunoso ou de continuidade da relação, caso não se verificasse a interrupção pelo evento morte.

A solução mais adequada é a incidência de critérios solucionadores, de modo a permitir um controle e uma solução que pacifique a reorganização familiar, com fundamento nas definições dos critérios para decidibilidade patrimonial e extrapatrimonial, na nova configuração familiar.

De modo a detalhar e desenvolver a temática proposta, optou-se por dividir em cinco partes, ou seja, um tópico dedicado a reorganização familiar, destacando-se os modelos possíveis de famílias, precedendo estes conceitos e sua reorganização. No tópico seguinte, buscou demonstrar que as indefinições de critérios favorecem o pleito, incentivando o direito subjetivo, em especial, quando se tem em debate uma herança de valor significativo. Por outro, observa-se que as definições de critérios para decidibilidade patrimonial e extrapatrimonial possibilita um tratamento justo e estimula ou desestimula a busca da judicialização da própria reorganização familiar após o evento morte. Por fim, apresenta as conclusões e as principais referências utilizadas ao longo da pesquisa.

É importante o conhecimento e o domínio da incidência dos critérios para solução e base para decidibilidade em casos de reorganização familiar, após o evento morte de um ou mais de seus membros, vez que a morte provoca uma ausência que por sua vez, senão apaziguada, pode gerar conflito, em especial, em decorrência da partilha de bens, do reconhecimento ou não e de outros reflexos jurídicos, tanto patrimonial, como extrapatrimonial ou personalíssimo. Razão que os profissionais devem ater-se a temática de direcionamento e norteamento de conflito por meio do entendimento e da demonstração de critérios de decidibilidade. A pesquisa discute este enfoque aplicado na reorganização familiar.

1. REORGANIZAÇÃO FAMILIAR PELO EVENTO MORTE

A Constituição de 1988 estabelece que a família é a base da sociedade e tem especial proteção do Estado. Por tal peculiaridade e proteção, volta-se a preocupação com qualquer evento ou situação perturbadora do *status quo* existente na configuração familiar, sobretudo, na reorganização familiar pelo evento morte.

Destaca-se que a configuração familiar ou modelos de família, no direito brasileiro, tem por formação o casamento entre duas pessoas ou a união estável, bem como a possibilidade de família pela presença de prole ou filhos.

Em regra, pode-se ter como configuração familiar as seguintes possibilidades:

1. *Família Tradicional* – pautada ou constituída pelo *casamento* – um contrato de família, solene e especial, entre duas pessoas, que visam a uma comunhão de vidas;
2. *Família Afetiva* – pautada na *união estável* – é uma união livre de forma expressa em lei, que duas pessoas, desimpedidos para se casar, mantém unidas com sentido de comunhão de vidas;
3. *Família Monoparental* – é aquela constituída por uma pessoa e seus descendentes;
4. *Família Anaparental* – é aquela que pauta na convivência entre parentes do vínculo da colateralidade ou pessoas – mesmo que não parentes e sem conotação sexual – dentro de uma mesma estruturação com identidade de propósitos, que é o animus de permanecer ou constituir um núcleo familiar. A denominação é apropriada, vez que "*ana*" é prefixo de origem grega, que é indicativo de "falta", "privação", ou seja, a família agregada pela convivência e por traços de consanguinidade;

5. *Família Eudenomista – "é aquela decorrente do convívio de pessoas por laços afetivos que buscam atingir a felicidade individual"*. Tem seu núcleo de identificação na finalidade, que é a busca da felicidade individual, o que pode levar um outro conceito de família, por exemplo a Família Unipessoal;
6. *Família Unipessoal – "é aquela formada por uma única pessoa, seja ela solteira, separada, divorciada ou viúva"*;
7. *Família Homoafetiva – "é a relação afetiva entre pessoas de mesmo sexo"*;
8. *Família Poliamor* – é aquela formada por mais de um vínculo ou relação familiar, pautando-se na poligamia. E na coexistirem duas ou mais relações afetivas paralelas, no qual os partícipes conhecem a situação vivida e aceitam uns aos outros, em uma relação múltipla e aberta. Não podendo haver desconhecimento por parte de um dos conviventes;
9. *Família Bigâmea* – cujo sentido transcende ao "poliamor", passando e alicerçando no *consentimento*, o que leva ao comprometimento e a proteção ou tutela a ambas as famílias, ainda que uma seja de "fachada", merece o disciplinamento para proporcionar segurança jurídica e dignidade a seus membros, em particular, com a questão do evento morte.

Em qualquer um dos modelos de família, a ausência de um ou mais de seus membros desconfigura o modelo existente, exigindo sua reorganização, seja no enquadramento dos modelos, como também na destinação patrimonial e extrapatrimonial existe. Todavia, este momento, em alguns casos, gera desconforto, conflito, instabilidade e pretensões subjetivas e a judicialização da própria necessidade de se reorganiza a família.

Como a desorganização ocorreu por evento alheio a vontade do membro da família, no caso a ocorrência do evento morte, que muitas vezes se dá por meio violento ou inesperado, no qual se tem a vida ceifada. A partir do evento morte, surge a dificuldade na reorganização da família, sobretudo, se o modelo ou a configuração familiar, não tem seu recorde tradicional ou nuclear, fundada no casamento. Agregado a situação da desorganização familiar, tem-se ainda a sobreposição familiar, no qual agregados ou famílias paralelas surgem na reivindicação patrimonial e extrapatrimonial, para fins de sua própria reorganização ou continuidade.

Neste momento, de reorganização surge as primeiras dificuldades no enquadramento familiar a um modelo preexistente, ou mesmo na busca do reconhecimento de vínculos familiares até então desconhecidos ou que se encontram numa aparente união estável, podendo os membros sobreviventes pleitear o reconhecimento fático de uma situação pretérita ou desconhecida.

2. INDEFINIÇÕES DE CRITÉRIOS

Destaca-se que os critérios de reconhecimento, organização e transferência nos modelos e padrões pré-definidos em lei, sobretudo no modelo de família tradicional, ou seja, aquelas regidas ou formadas pelo vínculo de casamento. No momento de sua reorganização, as regras e os parâmetros para tais situações já estão definidos, bastando apenas a sua observância legal. No entanto, para os modelos de família não tradicional, em especial, quando se verifica sobreposição de modelos e arranjos complexos com desdobramentos cujos pontos controvertidos transcendem os critérios existentes de resolução de conflito, identificando situações reais de indefinições de critérios de reorganização familiar diante da circunstância do evento morte.

Antes, porém, é preciso entender que as indefinições de critérios para reorganizar a família, pressupõem a existência da família. O que pode ser família em sua concepção real ou de aparência.

A família em sua concepção real consiste naquela que efetivamente preenche os pressupostos de vínculo afetivo, execução de projetos de vida em comum, ou seja, manifestação de constituição do núcleo familiar, pertencimento ao grupo familiar, zelo e cuidado entre seus membros e perpetualidade da situação familiar.

A família na concepção de aparência consiste em estágios anteriores ou de ordem unilateral no qual o indivíduo passa a se imaginar em situação familiar, porém, a realidade não se apresenta mais do simples atos preparatórios ou mesmo de mera aparência, ou de outra forma, família de aparência equivale a uma família inexistente.

Um exemplo de situação, que ocorre as indefinições de critérios para reorganizar a família, após o evento morte de um de seus membros, é: um homem e uma mulher resolvem ter filhos, sem no entanto, constituir uma união estável ou mesmo o vínculo de casamento, apenas focando na geração do filho, estabelecendo, para tanto, as obrigações reciprocas, havendo pagamento das despesas hospitalares e da criação da prole. O vínculo obrigacional entre homem e mulher pauta-se no respeito, vez que não registra conflito ou intenção marital, havendo a gestação, a partir de inseminação, inferindo que, formalmente, os dois nunca formaram ou foram um casal.

Ainda se acrescenta que o homem e a mulher nunca formaram ou chegaram a ser um casal, porém, cada qual, na sua medida, constitui uma família a partir do elo dos filhos, ou seja, uma família de ascendente e descendente. Indiscutível o elo familiar entre os pais e os filhos, mas, não entre os pais, vez que constituíram um vínculo de realização familiar e não de uma família, homem e mulher se permitiram constituir família a partir dos filhos comuns e não entre si. Os indicadores são a convivência, a vida marital, vida social e outros indicadores da afinidade afetiva existente entre homem e mulher na concepção de um casal. Pode-se incluir pessoas do mesmo sexo.

Neste caso, o pai e a mãe das crianças se voltam a uma preocupação única que é a criação e o desenvolvimento dos filhos. Assumem o compromisso recíproco no cuidado, criação, na formação moral, psíquica, física e intelectual dos filhos. Incluindo a divisão do custeio econômico e da guarda compartilhada. Os compromissos e as obrigações em relação a prole se evidência e efetiva, porém, o vínculo afetivo entre homem e mulher não prospera seguindo a independência da vida, do que seria um casal em seu cotidiano familiar. É a inexistência da não relação conjugal das duas pessoas, isto é, sem intenção ou vontade da constituição do vínculo conjugal.

Esta situação jurídica pode ser vista ou confirmada, ou não, pela feitura de testamento, de declarações, pela inserção na declaração do imposto de renda etc.

Ainda, acrescenta-se na descrição da situação familiar sobredobrada e oculta, no caso, tanto o homem, como a mulher, venha a manter um relacionamento heterossexual ou homoafetivo, com discrição, razão do ocultamento. E ao mesmo tempo uma indefinição de assumir uma relação familiar distinta, em andar de mãos dadas, ou lado a lado, nem mantém uma vida social.

Esta situação relatada acima, em muito se assemelha ao do comunicador Gugu Liberato, com a mãe de seus filhos, Rose Miriam Di Matteo e o suposto caso com Thiago Salvático. Nota-se que a legislação brasileira não contempla critérios de definição para resolução do caso acima, salvo o uso das regras gerais, isto é, "*quando a lei for omissa, o juiz decidirá o caso de acordo com a analogia, os costumes e os princípios gerais de direito*" (cfr. Art. 4º, da Lei de Introdução às Normas do Direito Brasileiro).

Diante das indefinições de critérios, tem-se as razões para se discutir e indicar definições de critérios para decidibilidade patrimonial e extrapatrimonial, na reorganização familiar pelo evento morte.

3. DEFINIÇÕES DE CRITÉRIOS PARA DECIDIBILIDADE PATRIMONIAL E EXTRAPATRIMONIAL

Um dos pontos mais complexos na tomada de decisão, no âmbito do Direito de Família, compreende no descompasso entre a realidade social e a dinâmica das relações humanas, com racionalidade, emocionalidade e afetividade, em contraponto, ao preceito normativo positivado como lei e, consagrado, nos valores e princípios constitucionais. Esta dicotomia ou descompasso entre o mundo social e o mundo jurídico, precisa buscar um viés que possa equilibrar as diferenças, sobretudo, se o valor "respeito" deve incidir na realidade social. Também, deve, o valor "respeito" ser parâmetros de balizamento normativo em conjunto com a inconstitucionalidade, ter um ferramental de definições de critérios para decidibilidade patrimonial e extrapatrimonial, que possam ser reenquadradas as situações fáticas da realidade social e da dinâmica da formativa familiar, com os preceitos legais, surgindo pelos critérios uma alternativa de realização da justiça.

Considerando que critérios compreende no ferramental de distinguir o verdadeiro do falso, do válido e do não-válido, do bom e do ruim etc. É a projeção da capacidade de julgamento assertivo e com discernimento para um equilíbrio simétrico das diferenças.

No âmbito jurídico, toda tomada de decisão precisa ser fundamentada, preferencialmente, nos critérios da lei. Todavia, a própria lei antevendo lacunas ou mesmo ausência contemplativa de um determinado conflito ou situação social diferenciada, reserva, ao julgador, mecanismos legais para solução do conflito. Considerando que o magistrado não pode deixar de decidir, como expressa o comando do art. 140, do Código de Processo Civil que diz: "*Art. 140. O juiz não se exime de decidir sob a alegação de lacuna ou obscuridade do ordenamento jurídico. Parágrafo único. O juiz só decidirá por equidade nos casos previstos em lei*". Logo, necessidade de definições de critérios para decidibilidade, tanto para questão patrimonial e extrapatrimonial, que envolva a seara de reorganização familiar, após o evento morte de um, ou mais, de seus membros consiste num imperativo da justiça.

A noção de critério ou parâmetros de decidibilidade, além das previsões de preenchimento ou colmatação de lacunas por meio da analogia, dos costumes e dos princípios gerais de direito, tem-se um ferramental da doutrina no auxílio e que pode ser visto em dois blocos de critérios, quais sejam:

I – Bloco de critério de situação familiar *até o* evento morte:

a) *critério de situação real*, no momento do evento morte;
b) *critério de garantia* de valor de alimento por equivalência de patrimônio;
c) *critério de intenção* de unidade familiar (projeção futura);
d) *critério de correção* por comprovação de vida oculta (vida preterida);
e) *critério de reconhecimento* de situação existente ou planejamento de reorganização familiar (testamento e última vontade).

Ainda, incluir os critérios de situação de reorganização familiar, após o evento morte, observando alguns pressupostos.

II – Bloco de critério de situação familiar *após o* evento morte:

a) *critério de situação própria* – com divisão inteira de forma legal;
b) *critério de situação imprópria* – com divisão fracionada;
c) *critério de situação mista* – com divisão legal e fracionária e vice-versa;
d) *critério de situação aparente* – indica alternativa ou desdobramento da reorganização familiar.

Com estes dois blocos de critérios, passa-se a detalhar cada um deles a seguir.

I – Bloco de critério de situação familiar *até o evento morte*

A reorganização familiar pode ter início em momentos anterior ao evento morte, razão por qual se deve ter esta preocupação com os critérios de situação familiar até ou antes do evento morte, como passa a observar abaixo:

a) *critério de situação real*, no momento do evento morte

O *critério da situação real* estabelece a prioridade, para resolução de conflito, com base no exato momento do evento morte. A base temporal e espacial é fixada no tempo e local da morte. Sua aplicabilidade se opera no conceito de família tradicional, vez que as regras já foram estabelecidas, bastando apenas a sua executoriedade, de divisão formal, no preceito normativo ou na liberdade dos sucessores. O critério de situação real atua com fundamento da divisão ou fração inteira, sem discórdia. A decisão assume o caráter ou efeitos homologatórios.

A reorganização familiar se opera com as regras estabelecidas como situação real e base no momento do evento morte.

b) *critério de garantia* de valor de alimento por equivalência de patrimônio

O critério da garantia de valor de alimento por equivalência de patrimônio tem por objetivo a garantia da subsistência de membros da família remanescentes de modo vitalício ou até adquirir condições de autonomia. São decisões sobre os direitos de pensão, pecúnia, seguro etc. Podendo recair de forma direcionada a um membro da família, em regra, menores e incapazes, ou com dependência econômica. Como pode ser dividida ou compartilhada entre os membros familiares remanescentes. Esta situação já preexiste ao evento morte, devendo projetar sua continuidade, ou sua adequação a um novo formato.

A reorganização familiar se opera com base na garantia de valor de alimento, ou seja, é critério de subsistência aos membros familiares remanescentes, seja por tempo determinado ou indeterminado.

c) *critério de intenção* de unidade familiar (projeção futura)

O critério de intenção de unidade familiar, tem como base de decisão o pleito com base na intenção ou expressão de vontade concreta, com projeção futuro de atos efetivos. Consiste no "animus" de formação familiar, com indicadores de pré-atitudes personalíssimas, acompanhada de pré-atitudes patrimonialísticas. Neste caso, a intenção ou a pré-atitudes personalíssimas não tem o caráter de antecipar o futuro ou mesmo transformar o momento presente em algo que ao futuro pertencia, com direito ao arrependimento, lembrando que do noivado (ato livre entre as partes) ao casamento (ato formal diante do juiz de paz) não consiste em ato contínuo. No entanto, as atitudes pré-familiares, no caso de firmarem o noivado ou a trajetória da convivência, mais as ações concretas de aquisição patrimonial em comum que são pré-atitudes patrimonialísticas, devem receber uma projeção futura diante do "*animus domini*" que foi interrompido pelo evento morte. Por este critério, justo o compartilhamento e continuidade das pré-atitudes patrimonialísticas, como parcela da viabilidade e conclusão dos atos patrimoniais iniciados, ainda que com projeção futura, mas, de intenção de unidade familiar. A intenção ou vontade não pode ficar apenas no campo das relações pessoais, e sim agregar sentido patrimonial, para efetivamente, ter uma correlação de pleito na reorganização familiar, após o evento morte. Tem o foco na projeção futura que foi interrompida pelo evento morte, mas, que a intenção revelada indica para a unidade familiar.

A reorganização familiar se opera com base na intenção de ações concretas projetando o futuro na incidência e construção patrimonial.

d) *critério de correção* por comprovação de vida oculta (vida pretérita)

O critério de correção, tem por finalidade corrigir injustiça, em decorrência da existência de uma vida familiar pretérita oculta, antes do evento morte. Podendo incluir, aqui, o sentido da existência de uma outra família, relacionamento ou convivência afetiva paralela, sem o conhecimento público. A questão de "vida oculta", para o direito público, é uma ofensa a transparência e recebe a reprovação jurídica pela impossibilidade do conhecimento, da informação, da boa-fé, da aparência e outras condições que norteiam a formação das obrigações, salvo questões de segredo de Estado ou segurança nacional. Por outro lado, a "vida oculta", para o direito privado, é uma garantia da própria essencialidade que transcende do privado, ou da privacidade, da intimidade e do segredo que cada ser humano se permite acessar em seu interior ou no seu íntimo, ou ainda, em esfera do absoluto segredo, que diz respeito a assuntos ou tema que a pessoa quer ver esquecida da própria vida. A tutela de proteção, visto de um sentido amplo, também é contemplada na dimensão do direito público, no qual o Estado estabelece restrições e acesso, a ponto de ter um controle de sigilo do reservado, do secreto e do ultrassecreto, conforme Decreto nº 7.845, de 14 de novembro de 2012. Logo, ter critério de correção por comprovação de vida oculta ou vida pretérita, deve ser considerado como diretriz de realização da justiça.

A reorganização familiar se opera com base na revelação dos fatos ocultos que surge somente diante do evento morte do membro da família que manteve oculto ou em segredo.

e) *critério de reconhecimento* de situação existente ou planejamento de reorganização familiar (testamento e última vontade)

O testamento ou as declarações de última vontade, compreende num instrumento jurídico que oportuniza o reconhecimento de situação existente oculta, como o reconhecimento de filhos, de união estável ou união afetiva, bem como permite o planejamento da reorganização dos membros da família, de modo que se passa a indicar quais os encaminhamentos e procedimentos que seriam desejo do falecido, para com o seu patrimônio e demais direitos. No âmbito formal e legal, o testamento ou declaração de última vontade é o documento feito em vida que instrumentalizam as ações e tomadas de decisões após a morte, evitando conflito e pacificando a gestão pelos encaminhamentos recebidos, vez que distribui o patrimônio e demais bens, como também, faz orientações que se julgam necessários.

A reorganização familiar tem por base a preocupação e o desejo de última vontade do falecido, vez que deixou, por escrito, em testamento qual seria o encaminhamento para esta etapa ou desdobramento familiar.

II – Bloco de critério de situação familiar *após o evento morte*

Como visto, a reorganização familiar é tema complexo, sendo que alguns fatores levam a resolução do conflito com base em elementos preparatórios ou existentes em período anterior ao evento morte. Porém, nem sempre isto é possível, devendo na tomada de decisão e na resolução do conflito visualizar situações ou critério de situação familiar após o evento morte em seu fator de reorganização. É desta propositura, de reorganizar a família, sem que se busque elementos anteriores, mas, tão somente após o evento morte, como se observa pelos critérios abaixo:

a) *critério de situação própria* – com divisão inteira de forma legal

O critério de situação própria compreende na divisão inteira de forma estabelecida na lei, vez que os parâmetros de partilha já estão previstos de acordo com o regramento do Código Civil brasileiro, Livro V – Do Direto das Sucessões. A forma de reorganização da família será feita na conformidade da ordem hereditária e na disponibilidade do patrimônio. O núcleo familiar tem sua base constituída e reconhecida, nas regras do casamento ou da união estável pura, o que não gera conflito na regra de divisão. Nota-se que este critério de situação própria incide, a partir, da definição da lei.

A reorganização familiar se efetiva com a incidência das regras jurídicas vigentes que estabelece os parâmetros de partilhas, bem como, legitima ou não os membros remanescentes, vez que pode ocorrer com as causas de exclusão da sucessão, entre outras, a indignidade e a deserdação.

b) *critério de situação imprópria* – com divisão fracionada

No critério de situação imprópria, surge a divisão fracionada, vez que o núcleo familiar advém de uma formação distinta do casamento ou da união estável pura. Neste caso, o exemplo pode ser a separação de fato e a união estável impura, no qual aplica-se parte da regra, indicada pelo dispositivo do art. 1.725, do Código Civil brasileiro, prescreve que: – *Na união estável, salvo contrato escrito entre os companheiros, aplica-se às relações patrimoniais, no que couber, o regime da comunhão parcial de bens.* Observa-se que a hipótese diz respeito a uma incidência de regras da comunhão parcial de bens. E ao mesmo tempo, indica a ressalva da existência de regras estabelecidas pelos interessados em contratos. Nota-se que a divisão fracionada, se opera, no caso de regime da comunhão parcial de bens, apenas de um lapso temporal que se compartilha. Situações diversas e fáticas implicam na incidência de outros critérios.

A reorganização familiar recebe tratamento específico do regime da comunhão parcial de bens, o que deve ser comprovado na partilha e observados os limites de participação na constituição patrimonial, ou seja, a divisão sofre um fracionamento diferenciado de acordo com a origem e a participação na formação patrimonial.

c) *critério de situação mista* – com divisão legal e fracionária e vice-versa

No critério de situação mista tem-se a situação própria e imprópria ou vice-versa, no qual contempla a situação própria para a imprópria ou da imprópria para a própria. No modelo de família, a situação mista, se opera, por exemplo, na união estável, situação imprópria, em sua conversão em casamento, situação própria. O inverso, no qual tem-se o casamento, situação próprio, sendo que transcorre a separação de fato, situação imprópria.

A reorganização familiar no critério de situação mista, implica em sobreposição de modelos familiares, e por consequência a divisão tanto pode iniciar com os critérios legais combinados com os parâmetros fracionários e vice-versa, pois, a combinação estrutural da família, exige uma reorganização que suspende e compatibiliza os interesses de modo a contemplar, proporcionalmente a todos, de modo a não desguarnecer nenhum dos membros familiares, salvo se o membro familiar der causa para sua exclusão, ou renúncia.

d) *critério de situação aparente* – indica alternativa ou desdobramento da reorganização familiar

O critério de situação aparente decorre de pretensões que surgem após o evento morte, avocando um modelo ou vivência familiar que aparentemente se aproxima com a realidade, porém, na reorganização familiar, indica alternativa ou desdobramento distintos, os quais devem sofrer crivos de veracidade, em decorrência de seu enquadramento aparente, e não real.

Dois exemplos de situação aparente é o namoro ou mesmo noivado que antes do casamento ou da configuração da união estável, é interrompido pelo evento morte, porém, a parte avoca a expectativa do direito ou a projeção futura que não se concretiza ou não tem a certeza necessária para tutelar a situação, a tutela jurídica não se presta a mera expectativa de direito, senão, a incorporação parcial ou efetivo de direito. O que contempla como aparente. A relação de "ficar" conduz a uma mera aparência. O outro exemplo é a existência de filhos ou prole comum, que é a intersecção familiar, não vinculando os genitores a um modelo de família. Constituindo a família entre os genitores de forma separadas, sem vínculo familiar, porém, com unidade comum na configuração familiar entre genitor e prole.

A reorganização familiar no critério de situação aparente não configura família entre os genitores, pai e mãe, não há vínculo familiar, mas, vínculo de compartilhamento de responsabilidade, cuidado, guarda, alimento, educação etc. para com os filhos ou proles. Neste sentido, a reorganização se opera entre genitor e prole, que passa a ser órfã de pai ou de mãe. E na relação entre os genitores, a responsabilidade, seja tutela, curatela ou afins, integraliza na figura do genitor remanescente, ou sobrevivente, se tiver condições econômicas. No caso, de menores, e haver ascendentes (avós, bisavós etc.), em linha reta, estes assumem as obrigações alimentícias, vez que os menores e incapazes não podendo subsidiar suas condições de sobrevivência sem que os provém os alimentos.

Nota-se que os critérios de reorganização familiar e, por consequência, a de tomada de decisão perpassa pelo divisor de situações antes do evento morte e de situações após o evento morte. Esta divisão ou marco *de antes* e *de depois*, segue relevância, vez que o marco "durante" ou no momento da morte, diz respeito ao instituto da comoriência, que indica a presunção legal de morte simultânea de duas ou mais pessoas ligadas por vínculos sucessórios, não se sabendo quem morreu primeiro, a lei estabelece ser simultâneos. O que para fins de reorganização familiar, neste momento, não será objeto de aprofundamento de pesquisa.

Ainda, cada critério de situação de reorganização familiar perpassa pela combinação com o modelo ou modelos familiares. Sendo que estes modelos também encontram subdivididos em modelos tradicionais ou formais. Em paralelo tem-se os modelos contemporâneos ou materiais, cuja atualidade e dinamismo acompanha o próprio tempo, as inovações, as disrupturas, as tecnologias, entre outros. Com destaque a problemática da fecundação artificial heteróloga, cujo material fertilizante é de terceiro. Para sistematizar e permitir uma visão de totalidade e de integralidade entre os modelos familiares e os critérios, formula-se os seguintes quadros:

a) Quadro de Modelo Familiar

Modelo Familiar
Família Tradicional – casamento
Família Afetiva – união estável
Família Monoparental
Família Anaparental
Família Unipessoal
Família Homoafetiva
Família Eudenomista
Família Poliamor
Família Bigâmea

A partir da identificação dos modelos de família, que se permite a pensar critério para subsidiar a tomada de decisão na reorganização familiar.

b) Quadro de Situação Familiar

I – Bloco de critério de situação familiar ***até o* evento morte:**
a) *Critério de situação real*
b) *Critério de garantia* de valor de alimento por equivalência de patrimônio
c) *Critério de intenção* de unidade familiar (projeção futura)
d) *Critério de correção* por comprovação de vida oculta (vida pretérita)
e) *Critério de reconhecimento* de situação existente ou planejamento de reorganização familiar (testamento e última vontade)
II – Bloco de critério de situação familiar ***após o* evento morte:**
a) *Critério de situação própria* – com divisão inteira de forma legal
b) *Critério de situação imprópria* – com divisão fracionada
c) *Critério de situação mista* – com divisão legal e fracionária e vice-versa
d) *Critério de situação aparente* – indica alternativa ou desdobramento da reorganização familiar

Diante dos quadros acima, do modelo familiar e dos critérios de situação familiar, é preciso fazer a correlação entre os dois quadros, de modo a identificar qual o modelo de família que se está discutindo, para avaliar a incidência de qual ou quais critérios são os adequados e pertinentes para a resolução do conflito.

Considerando situações de normalidade ou de ausência de conflito, a tomada de decisão, para alguns modelos familiares até o evento morte, já é pré-fixada em lei, ou recebe combinação de critérios, a exemplo têm-se:

Modelo Familiar *até o* Evento Morte	**Critério de Situação Familiar**
Família Tradicional – casamento	*Critério de situação real – regime*
Família Afetiva – união estável	*Critério de situação real – regime*
Família Monoparental	*Critério de situação real – sucessão*
Família Anaparental	*Critério de intenção* *Critério de garantia* de valor de alimento por equivalência de patrimônio
Família Unipessoal	*Critério de situação real – herança jacente ou vacante*
Família Homoafetiva	*Critério de situação real – regime*
Família Eudenomista	*Critério de situação real – sucessão / herança*
Família Poliamor	*Critério de reconhecimento*
Família Bigâmea	*Critério de correção*

Por outro lado, é preciso considerar um segundo fator significativo para a tomada de decisão, que corresponde a análise, ***após o evento morte***. Este marco temporal revela a incidência maior de conflitos e, por consequência da própria dinâmica social, sobretudo, na realidade, o que se observa no empirismo, a sobreposição dos modelos, a coexistência dos modelos, bem como a própria fusão e incorporação de novos modelos híbridos de família, como grupo humano que é a base da sociedade.

Desta forma, a concepção de análise, para incidência dos critérios devem assumir um segundo desdobramento, cuja percepção permite a somatória ou combinação dos modelos de família, bem como a somatória e combinação dos critérios de situação familiar e, teria o seguinte quadro:

Modelo Familiar *após o* Evento Morte	Critério de Situações Familiares – *aplicado*	Critério de Situação Familiar – *confirmado*
a) Família Tradicional – casamento **b)** Família Afetiva – união estável **c)** Família Monoparental **d)** Família Anaparental **e)** Família Unipessoal **f)** Família Homoafetiva **g)** Família Eudenomista **h)** Família Poliamor **i)** Família Bigâmea	**1)** *Critério de correção* **2)** *Critério de garantia* de valor de alimento por equivalência de patrimônio **3)** *Critério de intenção* **4)** *Critério de reconhecimento* **5)** *Critério de situação real – herança jacente ou vacante* **6)** *Critério de situação real – regime* **7)** *Critério de situação real – sucessão* **8)** *Critério de situação real – sucessão / herança*	**i)** *Critério de situação própria* – com divisão inteira de forma legal **ii)** *Critério de situação imprópria* – com divisão fracionada **iii)** *Critério de situação mista* – com divisão legal e fracionária e vice-versa **iv)** *Critério de situação aparente* – indica alternativa ou desdobramento da reorganização familiar
Análise ou Descrição da Realidade / Empírica / Provada – Incidência do Modelo/s e Critério/s		
Um ou mais Modelo Familiar	**Um ou mais Critério de Situação Familiar**	**Critério de Situação Familiar – *confirmado***

O quadro sistemático, acima, permite o encaminhamento específico a cada caso concreto. No caso do comunicador Gugu Liberato, em tese, poderia ser equacionado a questão, partindo-se de duas situações distintas: a) ***até o* evento morte**; e b) ***depois do* evento morte**.

Na primeira situação, ***até o* evento morte**, teria o seguinte quadro de análise:

Modelo Familiar	*Até o Evento Morte*	*Depois do* Evento Morte
1) Família Monoparental [Gugu e filhos]	*Critério de situação real – sucessão*	*Critério de situação própria*
2) Família Monoparental [Rose e filhos]	*Critério de situação real – sucessão*	*Critério de situação própria*
3) Família Unipessoal [Gugu]	*Critério de situação real – sucessão*	*Critério de situação própria*
4) Família Afetiva [Gugu + Rose + filhos]	*– Critério de situação real – regime*	*Critério de situação aparente*

No quadro acima, observa-se que a situação do modelo familiar 1 e 2, leva como consequência a exclusão do modelo 4, razão de incidir o critério de situação aparente. Por outro lado, aceitar o modelo familiar afetivo, no caso, item 4, este exclui os itens 1, 2 e 3, pois, duas famílias monoparentais, unificadas, deixa de existir, bem como a família unipessoal, no caso, tem-se a transformação em família afetiva, unificando a situação, vez que se trata dos mesmos membros familiares. E por consequência alteraria o quadro que passaria a ser:

Modelo Familiar	*Até o* Evento Morte	*Depois do* Evento Morte
4) Família Afetiva [Gugu + Rose + filhos]	*– Critério de situação real – regime*	*Critério de situação imprópria –* com divisão fracionada

Na segunda situação, ***depois do* evento morte**, e com as revelações do suposto caso, entre Gugu Liberato e Thiago Salvático teria o seguinte quadro de análise:

Modelo Familiar	*Até o* Evento Morte	*Depois do* Evento Morte
1) Família Monoparental [Gugu e filhos]	*Critério de situação real – sucessão*	*Critério de situação própria*
2) Família Monoparental [Rose e filhos]	*Critério de situação real – sucessão*	*Critério de situação própria*
3) Família Unipessoal [Gugu]	*Critério de situação real – sucessão*	*Critério de situação própria*
4) Família Afetiva [Gugu + Rose + filhos]	*– Critério de situação real – regime*	*Critério de situação aparente*
5) [Gugu + Thiago] pode ser: 5.1 Família Homoafetiva 5.2 Família Eudenomista 5.3 Família Poliamor 5.4 Família Bigâmea	**** Por se tratar de **sobreposição de modelo familiar** exige-se a combinação de mais de um Critério de situação familiar*	**** A combinação dos Modelos Familiares e as respectivas situações podem indicar: 1) Critério de situação mista 2) Critério de situação aparente*

Observa-se que os modelos familiares são excludentes entre si, porém, na sobreposição de modelo familiar, surge a unificação, transformação, modificação e incorporação, de acordo com a combinação feita ou existente na realidade. Destaca-se que a combinação ou arranjo familiar é de todas as ordens. O que implicaria na combinação de critérios de situação até o evento morte. O que refletiria na finalização e avaliação da aplicação do critério depois do evento morte.

Na hipótese em questão, pode ou não haver a sobreposição de modelos familiares, no caso de família afetiva com a família homoafetiva, dependendo do grau de conhecimento, ter-se-ia a *família poliamor* ou a *família bigâmea*. Ou ainda, o modelo de família Eudenomista. Mas, não poderia ser o modelo tradicional de família pelo casamento. A identificação ou combinação de modelo familiar se obtém a partir da verificação empírica, testamental, de reconhecimento ou por meio de processo judicial.

Assim, a definição do modelo familiar, pode se inferir o critério de situação familiar *até o* evento morte. E desta conclusão do critério ou dos critérios se permite avançar a última fase que se opera a confirmação do critério de situação familiar após o evento morte, e por consequência sua forma de reorganização familiar pelo evento morte. Com isto, tem-se as definições de critérios para decidibilidade patrimonial e extrapatrimonial.

CONCLUSÕES

A proposta da necessidade de reorganização familiar pelo evento morte, sobretudo, nas definições de critérios para decidibilidade, entre outros fatores, dos direitos patrimoniais e extrapatrimoniais. A reorganização familiar, nem sempre é uma tomada de decisão simples, razão que se precisa demonstrar o marco unificador, tanto de modelo familiar, como lapso temporal do evento morte, que se atribui como indicador antes do evento morte, como depois do evento morte. A discussão do momento morte encontra-se pacificada com o instituto da comoriência. Sendo que até o evento morte, em regra, a situação transparente também não leva ou gera conflito, pois, tem regras prévias ou regras a serem aplicáveis, a um grupo de modelo familiar, com destaque para o casamento, a união estável e a união homoafetiva. Nos demais, modelo de família, carece contemplação explícita da legislação, o que gera o conflito após o evento morte, para a reorganização familiar.

Neste vácuo ou lacuna, surge a necessidade de avançar a reflexão do tema no sentido da colaboração em demonstrar o marco unificador para reorganização familiar, com base nos momentos temporais de critérios *antes do* evento morte, bem como, do critério *depois do* evento morte, para a tomada de decisão ou de decidibilidade no que tange as questões patrimoniais e extrapatrimoniais.

Esta reorganização, pelo fim da personalidade jurídica de um ou mais dos membros da família tem reflexos e consequências no mundo do direito e deve espelhar, as tomadas de decisões dentro do campo da objetividade e da clareza, sobretudo, que os critérios e parâmetros possam ofertar, seja pela lei, seja pela jurisprudência ou mesmo pela doutrina, que advém das pesquisas e do campo das observações. No entanto, precede na resolução de conflito o domínio dos modelos familiares, para a sua reorganização, diante do evento morte.

Na pesquisa visualizaram-se os seguintes modelos de famílias, como base da sociedade: 1) *Família Tradicional* – pautada ou constituída pelo *casamento*; 2)*Família Afetiva* – pautada na *união estável*; 3) *Família Monoparental*; 4) *Família Anaparental*; 5) *Família Eudenomista*; 6) *Família Unipessoal*; 7) *Família Homoafetiva*; 8) *Família Poliamor*; e 9) *Família Bigâmea*.

Dos modelos de família verificou-se a constatação da questão problema que norteou a pesquisa foi: *com o evento morte de um ou mais membro da família, como reorganizar a família, no que tange ao patrimônio remanescente e os bens extrapatrimoniais, diante de vida oculta e declaração de última vontade por testamento, quais critérios de decidibilidade a seguir? Principalmente, em modelos não tradicionais de família?*

A resposta sinaliza para a formulação de critérios, cujos marcos sejam estabelecidos com referência ao evento morte, ou seja, um conjunto de critérios que se estabelecem e se aplicam *até o* evento morte, e outros, *após o* evento morte.

Os critérios resolutivos para decidibilidade de situação familiar antes do evento morte, podem ser vistos como:

a) *critério de situação real*, no momento do evento morte;
b) *critério de garantia* de valor de alimento por equivalência de patrimônio;
c) *critério de intenção* de unidade familiar (projeção futura);
d) *critério de correção* por comprovação de vida oculta (vida pretérita);
e) *critério de reconhecimento* de situação existente ou planejamento de reorganização familiar (testamento e última vontade).

Os critérios de situação de reorganização familiar com pressupostos após o evento morte seriam:

a) *critério de situação própria* – com divisão inteira de forma legal;
b) *critério de situação imprópria* – com divisão fracionada;
c) *critério de situação mista* – com divisão legal e fracionária e vice-versa;

e) *critério de situação aparente* – indica alternativa ou desdobramento da reorganização familiar.

Com base ou fundamento nos critérios, passa a ter um encaminhamento objetivo no que diz respeito a tomada de decisão ou de decidibilidade.

Em casos concretos e expostos ao longo do trabalho, a incidência e aplicação dos critérios demonstrou um indicador satisfatório para a tomada de decisão e realização da justiça. O exemplo citado foi o caso do comunicador Gugu Liberato, com a mãe de seus filhos, Rose Miriam Di Matteo e o suposto caso com Thiago Salvático. O quadro de análise feito com uso dos modelos familiares e os critérios de situação, seja até o evento morte ou mesmo depois do evento morte, pode verificar a pertinência de regra objetiva na tomada de decisão.

Assim, firmou-se o entendimento que os critérios expostos e aplicados são instrumentos indicados na resolução de conflito e nos parâmetros de efetividade das decisões ao caso concreto, com base no percurso da identificação do modelo familiar e a incidência combinatória dos critérios sejam *antes do* evento morte, como aqueles de prática para os eventos *após o* evento morte. Esta foi a contribuição da pesquisa.

REFERÊNCIAS

ALONSO, Eduardo Estrada. *Las uniones extra-matrimoniales em el Derecho Civil Español.* 2ª ed. Madrid: Civitas, 1991.

CHAVES, Antônio. *Tratado de Direito Civil – Direito de Família.* Volume 5. Tomo 1. 2ª ed. São Paulo: Revista dos Tribunais, 1991.

DE PAGE, Henri & DEKKERS, Bené. *Traité Élémentaire de Droit Civil Belge. Príncipes – doctrine – jurisprudence.* Tome Neuvième – les successions. Deuxième Édition. Bruxelles: Établissements Émile Bruylant, 1974.

DIAS, Maria Berenice. *Manual de Direito das Famílias.* 13ª ed. Revista, atualizada e ampliada. Salvador: JusPodivm, 2020.

DINIZ, Maria Helena. *Compêndio de Introdução à Ciência do Direito. Introdução à Teoria Geral do Direito, à Filosofia do Direito, à Sociologia Jurídica, à Lógica Jurídica, à Norma Jurídica e Aplicação do Direito.* 27ª ed. São Paulo: Saraiva, 2019.

DINIZ, Maria Helena. *Curso de Direito Civil Brasileiro – Direito de Família.* vol. 5. 34ª ed. São Paulo: Saraiva, 2020.

GAMA, Guilherme Calmon Nogueira da. *O Companheirismo – uma espécie de família.* São Paulo: Revista dos Tribunais, 1998.

IHERING, Rudolph Von. *El Espíritu del Derecho Romano en las diversas fases de su desarrollo.* Obra completa em cuatro tomos. Granada: Editorial Comares, 2011.

KIPP, Theodor & WOLFF, Martin. *Derecho de Familia.* Volumen primero. El Matrimonio. Segunda Edición. Barcelona: Bosch, 1979.

KIPP, Theodor & WOLFF, Martin. *Derecho de Sucesiones.* Volumen primero. Segunda Edición. Barcelona: Bosch, 1976.

LACERDA, Paulo de. *Manual do Código Civil Brasileiro.* Do Direito das Successões (da sucessão em geral, e da sucessão legitima) art. 1.579 – 1.625. Desembargador Hermenegildo de Barros. Volume XVIII. Rio de Janeiro: Jacintho Ribeiro dos Santos, 1918.

MACFARLANE, Alan. *História do Casamento e do Amor.* Inglaterra, 1300 – 1840. Tradução de Paulo Neves. São Paulo: Companhia das Letras, 1990.

MIRANDA, Pontes de. *Tratado de Direito Privado.* Tomo VII – Direito de Personalidade. Direito de Família. Direito matrimonial (Existência e validade do casamento). Atualizado por Rosa Maria de Andrade Nery. São Paulo: Revista dos Tribunais, 2012.

SICHES, Luis Recaséns. *Vida Humana, Sociedad y Derecho – fundamentación de la filosifía del derecho.* Terceira edición. Mexico: Editorial Porrua, 1952.

WALD, Arnoldo. *O Novo Direito de Família.* 13ª ed. São Paulo: Saraiva, 2000.